중동에 대한 풍부하고 생생한 경험으로 무장한 베일리는 원문에 대한 심도 있는 문학적 분석을 통해 우리가 익숙하다고 생각해온 성경 본문들을 대단히 낯설게 만들어준다. 『선한 목자』는 한마디로 시편 23장에 대한 "그리스도 목적적(christotelic) 해석"이다. 곧 시편 23편의 선한 목자가 이스라엘의 구속 역사에서 구체적으로 어떻게 성취되는지를 베일리 특유의 문체로 그리고 있다. 이 책을 읽는 독자들은 그 익숙한 본문과의 낯선 만남에 다시 한 번 영혼의 설렘을 경험하게 될 것이다.

김구원 | 개신대학원대학교 구약학 교수

시편 23편은 동서고금을 막론하고 가장 유명하고 널리 읽히는 성경 본문이라 할 수 있다. 그래서 어떤 풀이도 획기적이거나 새롭기 어려울 텐데, 베일리는 시편 23편의 표현 하나하나를 세심하게 다루면서 그 의미들이 지닌 고대 중동의 유목적 환경과 신학적 배경을 찾아간다. 이런 풀이에 기반하여, 저자는 시편 23편의 9가지 주제들과 그에 상응하는 신구약 본문들을 함께 다루어내고 있다. 이 책은 하나의 주제를 신구약 전체에서 풀어나가야 하는 매우 어려운 작업을 치밀하게 다루어낸 좋은 사례라고 할 수 있다. 특별히 아랍어 성경 번역을 비롯해 성경의 배경이 되는 중동 지역에서 산출된 문헌의 시각을 이 책 곳곳에서 볼 수 있다는 점도 이 책이 가진 장점 중 하나다.

김근주 | 기독연구원 느헤미야 구약학 교수

선한 목자는 기원후 400년 이전의 초기 교회가 가장 사랑했던 이미지였다. 이 소중한 이미지가 교회의 역사에서 갑자기 사라진 것은, 기독교회가 개념 중심의 사고를 하기 시작했고, 그 개념들이 이미지를 밀어내고 말았다는 실제적인 증거다. 이제 세계 신학은 내러티브의 중요성과 이미지의 중심성을 자각하기 시작했다. 이 책은 신구약성경을 통괄하는 선한 목자 이미지를 입체적으로 복원해내고 있다. 저자의 오랜 중동 생활의 경험, 깊은 묵상과 함께 정밀한 주석은 그 복원에 생동감을 더하고 있다. 이 책이야말로 이미지가 중심이 되고 개념들이 이미지를 섬기는, 성경 자체가 보여주는 신학 방법을 따르는 좋은 사례다.

박영호 | 한일장신대학교 신약학 교수

성경에서만 천 년에 걸쳐 지속되고 있는 선한 목자 전통의 이해 없이 성경 독자는 그 풍성한 이미지를 제대로 이해할 수 없다. 수천 년 전에 기록된 텍스트를 해석하는 데 그 시대의 신발을 신는 일은 고된 일이라 해도 불가피하기 때문이다. 유년시절부터 고대 문화에 익숙한 케네스 베일리는 자신의 이력을 십분 발휘하여 선한 목자에 대한 방대한 연구가 담긴 책을 집필해 냈다. 설교자로서 이런 책을 탐독하는 기쁨은 말로 다 할 수 없다. 선한 목자를 찾아 유리하는 양 떼와 같은 조국의 수많은 성도들에게 일독을 권한다.   송태근 | 삼일교회 담임 목사

시편과 예언서, 복음서를 넘나들며 "선한 목자"라는 모티프에 천착한 이 책에는 "전체는 부분들의 총합보다 더 크다"는 표현이 참으로 어울린다. 신구약을 아우르는 성경신학은 고사하고 같은 구약에서도 오경 전공자와 시편 학자 간의 소통조차 힘들어하는 병든 전문성의 시대에, 저자는 성서학을 넘어 언어와 역사 그리고 문화에 대한 넓은 식견, 개인적 체험과 목회적 감수성을 총동원해 우리를 선한 목자이신 그분 앞으로 안내한다. 독자들에게 예리한 지성과 뜨거운 믿음을 가져다줄 유익한 책으로 주저함 없이 추천한다.   유선명 | 백석대학교 신학대학원 구약학 교수

선한 목자가 그리운 시대다. 주께서 경계한 삯꾼 목자로 인해 오늘날 교회는 시끄럽다. 그러나 선한 목자에 대한 갈망에도 불구하고 선한 목자의 참된 초상화를 우리는 갖고 있지 않다. 그런데 여기 그 진지한 초상화를 제공하는 양서를 소개하고자 한다. 그동안 적지 않은 목자론이 논의되고 이를 바탕으로 많은 책들도 만들어졌으나, 베일리가 쓴 이 책만큼 철저한 목자론을 만난 적이 없다. 그것은 아마도 레바논에서의 20년, 팔레스타인에서의 10년의 경험에다가 그가 닦아온 성경신학자로서의 뛰어난 자질이 내놓은 결과물이라고 생각된다. 문자 그대로 구약에서부터 신약을 망라하는 이 책에서 우리는 목자론의 정수를 만난다. 신학적 담론의 철저성 위에 문화적 실용성으로 탐구된 목자론은 우리 시대가 기다려온 목자론의 모든 것을 포괄하고 있다. 나는 우선 이 책을 한국교회 모든 목자들이 읽었으면 한다. 그리고 이 책이 전망하는 목자론의 실천을 나누기 시작한다면 그것은 한국교회를 푸른 초장으로 바꾸는 희망의 시작이 될 것이다. 선한 목자 되신 그분의 리더십을 사모하며!   이동원 | 지구촌교회 원로 목사

본서는 시편 23편을 필두로 목자와 양, 잃어버림과 죽음, 그리고 돌봄과 섬김과 구원의 주제를 다루는 8개의 성경 본문에 대한 상세한 강해다. 베일리는 40여 년을 중동에서 연구하고 가르친 성경학자로서, 자신의 중동 문화 전반에 대한 해박한 경험과 지식을 이 책에 그대로 녹여내고 있다. 책에서 배우거나 누군가로부터 들은 간접 지식이 아니라 자신이 몸소 보고 들은 팔레스타인의 삶을 렌즈 삼아 성경을 읽어내고 있는 것이다. 2014년에 출판된 이 책에는 그가 이전에 연구하고 출판했던 14권의 단행본과 수많은 논문의 통찰력이 집약되어 있다는 점도 독자에게는 큰 유익이다. 흔히 시편 23편과 관련지어 생각하지 못하는 예레미야 23장, 스가랴 10장, 마가복음 6장, 베드로전서 2장과 같은 본문에서 고결한 목자와 양의 모티프를 연결한 점, 그리고 하나님의 여성적 면모를 부각시킨 점 등은 이 책의 독특한 기여다.

조재천 | 횃불트리니티신학대학원대학교 신약학 교수

시편 23편에 이런 풍부하고 깊은 뜻이 숨겨져 있었다니 참으로 놀라울 뿐이다! 이 책의 내용은 중동 지역에서 수십 년 동안 실제 살아본 경험을 가졌을 뿐만 아니라 탁월한 전문 성서학자이기도 한 베일리만이 내놓을 수 있는 걸작이다. 이는 분석의 분량으로 보나 내용의 깊이로 보나 시편 23편의 완결판이라고 할 수 있다. 선한 목자라는 개념이 고대 근동의 문화와 구약 및 신약을 관통하여 갖고 있는 의미를 이처럼 자세하고 다큐멘터리 영상을 보는 것같이 흥미진진하게 분석한 책을 아직 보지 못했다. 저자의 가이드로 실제 중동 지역의 목자와 양이 되어 천 년의 성지여행을 다녀온 기분이다. 독자들에게 선한 목자 투어의 최고의 가이드북으로 추천하고 싶다.

차준희 | 한세대학교 구약학 교수

"예수는 누구신가?" 그리스도, 주(主), 다윗의 아들, 하나님의 아들 등 많은 대답이 있다. 혹시 "선한 목자"는 어떤가? 케네스 베일리는 "선한 목자"라는 칭호가 떠올리기 좋은 "이미지" 정도가 아니라, 고대 근동뿐 아니라 구약과 신약, 초기 교회 그리고 오늘날 이슬람이 지배하는 중동 문화에까지 통용될 수 있는, 매우 오래되고 견고한 하나님의 칭호임을 확인시켜준다. 더구나 매우 적절하게도, 예수께서 바로 그 하나님의 칭호인 "선한 목자"를 통해 자신이 누구신지를 드러내셨다는 "목자 기독론"을 펼친다. 물론 "선한 목자 전통"으로부터 선별된 본문만을 다루었지만, 해박한 배경 지식과 꼼꼼한 본문 이해 그리고 쉽고 체계적인 설명까지, 이 책은 성경의 "목자 기독론" 연구뿐 아니라 실제적인 목회와 설교를 위해서도 크게 도움이 될 자료다.

채영삼 | 백석대학교 신학대학원 신약학 교수

저자는 중동 지역에서의 40년이 넘는 직접적 경험과 중동 지역 작가들의 여러 소논문, 아랍어 주석, 아랍어 성경 번역들을 적절히 사용함으로써 시편 23편과 신구약성경에 나오는 선한 목자에 대한 내용을 본문에서 최대한 충실하게 해설했고, 이를 통해 초기 교회 시절 선한 목자 이미지가 가졌던 그 풍성함과 부요함을 살려내는 데 성공했다. 가능한 많은 결핍을 창출해내고 그것을 수요로 바꾸어 소비함으로써 행복과 성공을 향유한다고 가르치는 오늘 같은 시대에, 이 책은 여호와 하나님만이 우리의 선한 목자가 되시고, 그분만이 길 잃은 양 같은 우리에게 부족함 없는 공급과 자유, 참된 복락을 주신다는 사실을 설득력 있게 가르친다. 이렇게 귀하고 좋은 책을 조국 교회 앞에 소개하는 나는 참으로 행복하고 즐겁다.   화종부 | 남서울교회 담임 목사

베일리는 1세기 중동 지역의 삶과 문화적 배경에 능통한 전문가다. 베일리는 이런 자신의 능력을 목자라는 하나의 모티프에 적용하고 또 어떻게 이것이 다양한 성경 속 이야기와 비유에서 이용되는지를 그려내고 있다. 고대 문화를 몸소 경험한 작가로서 중동의 다문화적 삶에 뿌리내린 개인적 이력을 바탕으로, 저자는 많은 이들이 낯설어하는 고대 문헌, 원어에 대한 지식, 문화 인류학 등과 같은 도구들을 자신의 해석에 적용한다. 언제나 통찰력 있고 신선하며 놀라운 작품을 선보였던 베일리가, 이 책을 통해 전혀 새로운 방식들로 그동안 우리에게 익숙한 성경 본문을 다시 생각하게 만들어줄 것이다.   개리 버지 | 휘튼 칼리지 교수

베일리는 시편 23편의 천 년 역사를 관통하는 목자 이야기의 전통에 관한 깊은 본문 지식과 도움이 될 만한 배경 지식을 가지고 독자의 영혼을 일깨운다. 그는 능숙한 방식으로 선한 목자에 대한 신선한 이해로 이끌어줄 복음서를 살펴보기 이전에 예언서의 중요한 부분들을 다룬다. 시편 23편을 사랑하는 모든 이에게 이 책을 추천한다.
데이비드 램 | 비블리컬 신학교 교수, 『나쁘게 행동하는 하나님』의 저자

"여호와는 나의 목자시니." 하나님과 그분의 백성 간의 관계를 설명하는 데 이보다 더 좋은 그림은 없을 것이다. 자신을 "선한 목자"라 칭했던 예수의 선포는 수세기에 걸쳐 그리스도인들에게 좋은 위안이 되어왔다. 베일리는 탁월한 성경 지식과 중동 지역에서의 오랜 생활을 바탕으로, 하나님의 양 무리에 속한다는 것이 무엇을 의미하는지에 대해 깊이 있는 통찰을 제공한다.
트램퍼 롱맨 III | 웨스트몬트 칼리지 교수

베일리는 성경 연구, 스토리텔링, 문화 해석학을 탁월하게 사용하여 성경의 가장 장엄한 이미지들 중 하나인 선한 목자의 특성과 역할을 완벽한 모습으로 되살려내고 있다. 이 책은 성경 교사와 목회자들에게 유용한 혜안을 안겨줄 보물인 동시에 매일을 사는 그리스도의 제자들을 위한 경건한 고전이 될 것이다.
대니얼 마이어 | 그리스도교회 목사

"주께서 내게 상을 베푸시고…내 잔이 넘치나이다." 베일리가 우리에게 선사한 식탁은 정말 풍성하다! 멋진 조명과 통찰력 넘치는 그의 잔은 그야말로 넘쳐흐른다! 만약 선한 목자라는 성경적 이미지에 관해 지금까지 배우거나 설교한 것 이상의 아무것도 없다고 생각한다면, 이 책은 당신에게 큰 놀라움을 선사할 것이다. 저자가 성경 본문을 해석하기 위해 중동 문화의 풍부한 일상 경험을 적용하고, 특별히 목자라는 주제를 둘러싼 신구약 사이의 우리 시야를 밝혀주는 연결 고리들을 보여주었을 때, 나는 반복해서 나 자신에게 물었다. "왜 나는 여태껏 이걸 보지 못했을까?" 이 책은 성경의 현실을 삶으로 전이시키며, 그리스도의 선교와 선한 목자로서의 그분의 주장에 대한 이해를 깊게 함으로써 주 예수 그리스도를 높이게 할 것이다.
크리스토퍼 J. H. 라이트 | 랭햄 파트너십 국제사역 디렉터

The Good Shepherd

A thousand-year journey
from Psalm 23 to the New Testament

Kenneth E. Bailey

Originally published by InterVarsity Press as *The Good Shepherd* by Kenneth E. Bailey.
ⓒ 2014 by Kenneth E. Bailey.
Translated and printed by permission of InterVarsity Press, P.O. Box 1400, Downers Grove, IL 60515, USA. www.ivpress.com.
License arranged through rMaeng2, Seoul, Republic of Korea.

This Korean edition copyright ⓒ 2015 by Holy Wave Plus, Seoul, Republic of Korea.

이 한국어판의 저작권은 알맹2 에이전시를 통하여 미국 InterVarsity Press와 독점 계약한 새물결플러스에 있습니다. 신 저작권법에 의하여 한국 내에서 보호받는 저작물이므로 무단 전재와 무단 복제를 금합니다.

선한 목자

시편 23편을 통해 본 성경적 참 목자상

케네스 E. 베일리 지음

류호준·양승학 옮김

차례

약어 _12
서문 _17
서론 _27

1장 / 시편 23편에 나타난 선한 목자   39

2장 / 선한 목자와 예레미야 23:1-8   93

3장 / 선한 목자와 에스겔 34장   113

4장 / 선한 목자와 스가랴 10:2-12   141

5장 / 누가복음 15:1-10에 나타난 예수 선한 목자와 선한 여인   161

6장 / 마가복음 6:7-52에 나타난 선한 목자   227

7장 / 마태복음 18:10-14에 나타난 선한 목자로서 제자들   277

8장 / 요한복음 10:1-18에 나타난 강도와 이리 떼에 둘러싸인 선한 목자   311

9장 / 선한 목자와 베드로전서 5:1-4   373

후기 _403

참고 문헌 _408

현대 저자와 문헌 색인 _417

고대 저자와 문헌 색인 _421

중동 신약성경 버전 색인 _422

성경 색인 _423

약어

BAGD   Walter Bauer, W. F. Arndt, F. Wilber Gingrich, Frederick W. Danker, eds., *A Greek-English Lexicon of the New Testament and Other Early Christian Literature* (Chicago: University of Chicago Press, 1979).

Ibrahim Saʿid, *Luqa*
    Ibrahim Saʿid, *The Gospel of Luke* (1970; reprint, Cairo: Middle East Council of Churches, 1980).

Ibn al-Salibi, *Tafsir*
    Dionesius Ibn al-Salibi, *Kitab al-Durr al-Farid fi Tafsir al-ʿAhd al-Jadid* [*The Book of Precious Pearls in the Interpretation of the New Testament*], 2 vols. (Cairo: ʿAbd al-Masih Dawlayani, 1914). Ibn al-Salibi wrote in Syriac and died in a.d. 1164. These volumes were translated into Arabic at the Monastery of Zaʿfarani (Southeast Turkey) in 1728. Volume one (*Matthew and Mark*) lists no date or place of publication. However volume two (*Luke and John*) lists "Cairo, 1914" as the place and date of publication.

Ibn al-Tayyib, *Tafsir*
        Ibn al-Tayyib, *Tafsir al Mashriqi*, 2 vols. (Cairo: Towfiq Press, 1910).

LVTL, *Lexicon*
        Lexicon in Vetris Testamenti Libros, ed. Ludwig Koehler and W. Baumgartner (Leiden: E. J. Brill, 1958).

LSJ, *Greek-English Lexicon*
        H. G. Liddell, Robert Scott and H. S. Jones, *A Greek-English Lexicon*, rev. J. S. Jones (Oxford: Clarendon, 1966).

TDNT   *Theological Dictionary of the New Testament*, ed. Gerhard Kittel and G. Friedrich, 10 vols. (Grand Rapids: Eerdmans, 1967-1976).

"미드라쉬는
성경이라는 모루에 잠들어 있는 불꽃을
깨우는 망치와 같다."

_바빌론 탈무드, 산헤드린

서문

이 책의 주제와 함께한 나의 여정은 유년시절부터 시작되었다. 1930년대 후반쯤 7살이었던 나는 가족과 함께 이집트 남부 민야(Minya) 지역에 있는 이드무(Edmu) 마을에서 지냈다. 몇 년간의 공백 후, 1950년대 중반부터 1960년대까지 약 10년에 걸쳐, 나는 같은 지역에 자리한 이집트 원주민 복음주의 교회를 섬기며 그곳에서의 여정을 계속했다. 그리고 그 여정에는 레바논에서 보낸 20여 년의 삶과, 이스라엘과 팔레스타인의 경계선에 있는 탄투르 에큐메니컬 연구소(Tantur Ecumenical Institute)에서의 10년간의 지도와 경험이 포함되어 있었다. 그곳은 양 떼를 방목하는 목자들을 매우 흔하게 볼 수 있는 장소로서 중동의 목자들과 양 떼들은 거의 50년간 내 인생의 크나큰 배경이 되었으며, 나는 그런 환경 속에서 신약을 가르쳤다. 오랜 세월 동안 지중해 동부 해안에서 목자 일을 하던 세 나라의 목회자와 성도들을 가르친 경험은 내 소중한 특권이었다.

중동 지역에서 양을 돌보는 일은 두 개의 중복되는 범주로 나뉜다. 첫 번째로 반유목 생활을 하는 목양업자들이 있는데, 이들은 대량으로 양 떼를 사육하며 때론 우기(雨期)에 맞춰 마을을 떠나 수개월간 드넓은 목초지에 머물면서 양 떼를 방목한다. 또 다른 범주에 속한 이들은 가족 단위로 정착해서 양을 기른다. 대개의 경우 각 가족은 관례적으로 자신들이 키우는 양들을 모아서 한 명의 젊은 남성(혹은 두 명의 젊은 여성)을 선정해 자기 양 떼를 방목하게 한다. 두 번째 형태는 광범위하게 퍼져 있으며, 첫 번째 경우보다 훨씬 보편적이다. 목동들은 거대한 양 떼를 몰고 밤 늦게야 마을로 돌아온다.

많은 책과 논문들이, 본서가 선택한 본문을 토대로 이 분야를 다뤄왔다. 그중에서도, 유년시절 목동으로 잔뼈가 굵은 중동 출신 작가들의 소논문들이 특별히 눈에 띈다. 그들은 목동으로서의 개인적인 경험을 되살려 시편 23편의 통찰을 책으로 엮어냈다. 나는 그 가운데 위의 두 범주를 식별 가능하게 해주는 5편의 논문으로부터 도움을 얻었다.

크리코리안(M. P. Krikorian)은 현재 터키에 해당하는 타르수스(Tarsus)와 아다나(Adana) 도시 뒤편에 있는 산마루에서 19세기 후반에 성장했다. 고등학교 재학 당시 그의 가족은 백여 마리의 양 떼를 사육했고 그의 부친은 아들에게 양 떼를 맡겼다. 학교를 그만둬야 할 것 같은 상황이 못 견디게 서글펐던 그는 결국 울음을 터뜨렸다고 한다.[1] 훗날 중동 지역에서 목회를 하던 크리코리안은 아르메니아인 집단 학살의 와중에서 살아남아 서구로 이민한 뒤 시편 23편을 주제로 책을 집필했다. 그는 이 책을 "목동으로서 일할 수 있는 첫 번째 기회를 제공해주신 친애하는 아버지"에게 헌정했다.[2] 그의 가족은 오랜 세월 목축을 가업으로 꾸려왔지만 정작 크리코리안 자신에게는 새로운 경험이었다. 그는 양 사육에 필요한 모든 기술을 가족과 이웃 그리고 양에게서 직접 배우고 터득했다고 한다. 그는 양

---

1) M. P. Krikorian, *The Spirit of the Shepherd: An Interpretation of the Psalm Immortal*, 2nd ed. (Grand Rapids: Zondervan, 1939), p. 11.
2) bid., p. 3.

을 방목하는 일을 마치고 매일 밤 마을로 귀가하는 것으로 하루 일과를 끝내곤 했다. 그가 저술한 책의 제목은 『목자의 영: 불멸의 시편에 관한 해석』 (The Spirit of the Shepherd: An Interpretation of the Psalm Immortal)이다.[3]

페도울 모갑갑(Faddoul Moghabghab)은 레바논의 산악 지대에 자리한 아인-제할타(Ain-Zehalta)라는 도시에서 태어났다. 그는 어렸을 때 자기 가족 소유의 소규모 양 떼를 돌봤다. 그는 말하기를 "나의 부친은 상당수의 양 떼를 키웠습니다. 당시 레바논 산악 지대에 사는 대부분의 사람들은 전통적으로 집집마다 일정한 수의 양을 키웠습니다." 훗날 그는 베이루트에 있는 일반대학을 거쳐 신학을 공부하고 미국으로 이민한 뒤 중동 지역에서의 목동으로서의 경험에 대한 책을 집필했다.[4]

중동의 북쪽에서 남쪽으로 가로지르면, 짧지만 아주 인상적인 목동 생활을 했던 조지 람사(George M. Lamsa)를 만날 수 있다. 시리아 정교회의 집사인 람사 박사는 시리아에 위치한 반유목민(seminomadic) 목동들의 공동체에서 성장했다. 그는 다음과 같이 기록했다.

> 저의 조상은 상당 기간 동안 양을 길렀습니다. 아버지와 어머니 모두 양을 무척 좋아하셨습니다. 저는 양과 함께 숙식했습니다. 저희 가족은 성경의 아브라함과 이삭처럼 염소 털로 엮어 만든 텐트에서 묵었습니다. 저는 다른 동무들처럼 목자 어른들로부터 교육받고 훈련받았습니다. 제 부친이 목자장이 되신 후로는 직접 제게 지도해주셨습니다.[5]

---

3) 나는 이 책을 내게 소개해주고 사용할 수 있도록 제공해준 아비디스 보이네리안(Avidis Boynerian) 목사에게 빚을 졌다.
4) Faddoul Moghabghab, *The Shepherd Song on the Hills of Lebanon: The Twenty-Third Psalm Illustrated and Explained* (New York: E. P. Dutton, 1907).
5) George M. Lamsa, *The Shepherd of All: The Twenty-Third Psalm* (Philadelphia: A. J. Holman, 1939), p. 8.

람사는 시리아어 학자가 되었고, 4세기 시리아어 성경인 페쉬타(Peshitta)를 영어로 번역했다. 그는 이 시리아어 성경과 씨름하며 상당한 양의 결과물을 출판했다. 이런 무수한 작품들 가운데서 『모든 이를 위한 목자: 시편 23편』(*The Shepherd of All: The Twenty-Third Psalm*)이 책으로 출판되었다.

스테판 하부쉬(Stephen A. Haboush)는 갈릴리에서 자랐다. 유년시절에 그는 집안의 양 떼를 돌보는 목동이었다. 세월이 흘러 장성한 그는 미국으로 이민했고, 『갈릴리에서의 나의 목동 생활: 목자 시편의 주해와 함께』(*My Shepherd Life in Galilee: With an Exegesis of the Shepherd Psalm*)란 제목으로 책을 썼다.[6] 그의 이 짧은 작품은 신뢰할 만하며, 상당한 도움을 준다.

이브라힘 미트리 리바니(Ibrahim Mitrie Rihbany)는 목동 출신은 아니지만 현재의 레바논에 해당하는, 유목민과 목동들로 둘러싸인 산악 지역에서 성장했다. 그는 매일같이 자신을 둘러싼 목동과 양들을 관찰하며 유년시절을 보냈다. 그는 근동 생활 양식과 복음서들을 다루는 다양한 책을 펴냈는데, 『시리아인 그리스도』(*The Syrian Christ*)라는 책에는 양과 목자들에 대한 이해에 도움이 되는 부분이 있다.[7]

위에 소개한 5명의 중동인 외에 주목할 만한 두 서구인(미국인과 영국인)이 있다. 윌리엄 톰슨(William Thomson)은 북미 장로교회의 선교사로 파송되어 25년간 레바논에서 사역하며 생활했다. 그는 아랍어를 배웠으며, 현재의 레바논, 이스라엘/팔레스타인에 해당하는 지역을 말을 타고 여

---

6) Stephen A. Haboush, *My Shepherd Life in Galilee: With an Exegesis of the Shepherd Psalm* (Chicago: Merchandise Mart, 1949), pp. 1-8.
7) Abraham M. Rihbany, *The Syrian Christ* (New York: Houghton Mifflin, 1916), pp. 295-309.

행했다. 그의 관찰과 생각들은 1858년에 『그 땅과 그 책』(The Land and the Book)이란 제목 아래 두 권으로 출판되었다.[8] 에릭 비숍(Eric F. F. Bishop)은 28년 동안 예루살렘에서 선교사회 교회(Church Missionary Society)와 함께 사역했다. 그는 『팔레스타인의 예수』(Jesus of Palestine)와 『팔레스타인의 예언자들』(Prophets of Palestine)을 저술했는데, 이 책들은 성경과 중동 세계의 목자에 대해 가치 있는 정보를 제공한다.[9] 최근에는, 다소 제한된 관점을 가지고 있지만 양과 목동의 생활을 접해본 여러 시대의 다양한 서구인들의 작품들을 만날 수 있다. 영국 출신 레슬리 웨더헤드(Leslie D. Weatherhead)는 멀리 인도에서 양과 관련한 자료를 수집했다.[10] 필립 켈러(Phillip Keller)는 북미에서 양과 관련된 업종에 종사했고 동 아프리카에서 자신이 소유한 목장을 직접 경영했다.[11] 이들 저자는 아프리카, 아시아, 북미에서 얻은 나름의 목축 경험을 되살려 시편 23편에 적용했는데, 이런 적용은 상황에 따라 적절하게 들어맞으며 또한 많은 유용성을 가지고 있다.

영어로 기록된 이 자료들에 덧붙여, 본 연구는 선한 목자를 본문으로 삼은 아랍어 작품들에 크게 의존하고 있음을 알린다. 세월의 여파로 많은 자료들이 유실되었음에도 고대와 현대의 귀중한 보물들이 조금은 남아 있다. 나는 아래의 주석서들을 참고했다.

---

8) W. M. Thomson, *The Land and the Book* (New York: Harper, 1871), 1:229-305.
9) Eric F. F. Bishop, *Jesus of Palestine* (London: Lutterworth, 1955), and *Prophets of Palestine* (London: Lutterworth, 1962).
10) Leslie D. Weatherhead, *A Shepherd Remembers* (New York: Abingdon, 1938).
11) Phillip Keller, *A Shepherd Looks at Psalm 23* (Grand Rapids: Zondervan, 1970).

아랍어 주석들

이븐 알-살리비, 디오네시우스(Ibn al-Salibi, Dionesius) *Kitab al-Durr al-Farid fi Tafsir al-'Ahd al-Jadid* [The Book of Precious Pearls in the Interpretation of the New Testament]. 2 vols. Cairo: 'Abd al-Masih Dawlayani, 1914. 이븐 알-살리비는 아마드(Amad)의 주교였다 (Diyarbakr). 그는 이 책을 시리아어로 기록했고 1164년에 사망했다. 이 주석서는 1728년에 터키 남부 자파라니(Za'farani) 수도원에서 아랍어로 번역됐다.

이븐 알-타입(Ibn al-Tayyib) *Tafsir al-Mashriqi* [A Commentary on the Four Gospels]. 2 vols. Cairo: Tawfiq Press, 1910. 이븐 알-타입은 동방 정교회(the Church of the East)의 일원이었다. 그는 뛰어난 신학자, 의학박사, 번역가, 작가인 동시에 교회의 주교였다. 그는 의학과 신학 분야에서 저술 활동을 펼쳤다. 뿐만 아니라 상당히 수준 높은 다양한 주석들과 함께 철학적인 작품들을 집필했다. 위의 두 권이 이에 해당한다. 그는 바그다드에서 살았고 1043년에 사망했다.[12]

마타 알-미스킨(Matta al-Miskin) *The Gospel According to Luke* [Arabic]. Cairo: Monastery of Saint Makar, 1998.

_____. *The Gospel According to Saint Matthew: Studies, Interpretation and Explanations* [Arabic]. Cairo: Monastery of

---

[12] Samir Khalil, "Ibn al-Tayyib, a Polyvalent Thinker," in *Christianity: A History in the Middle East* (Beirut: Middle East Council of Churches, 2005), pp. 518-29.

Saint Maqar, 1999. 마타 알-미스킨 신부는 와디 나트론(Wadi Natron; 카이로와 알렉산드리아 사이에 위치한)의 성 마카르 콥트 정교회 수사였다(2009년 사망). 그는 복음서 주석 작업을 포괄적으로 하는 데 일생을 보냈으며, 그의 저작물들은 수도원을 통해 출판됐다. 그의 업적은 아랍어권 기독교 세계에 조금 알려졌다. 알-미스킨의 수도사적 영성은 심오했는데, 그의 저작물들은 틀림없이 곧 영어로 번역되어 전 세계 교회의 다음 세대에게 환영받을 것이다.

사이드, 이브라힘(Sa'id, Ibrahim) *Sharh Bisharit Luqa* [Commentary on the Gospel of Luke]. Cairo: Middle East Council of Churches, 1980.

_____. *Sharh Bisharit Yuhanna* [Interpretation of the Gospel of John]. Cairo: Dar al-Thaqafa, n.d. 이브라힘 사이드 박사는 20세기 중반 이집트 복음주의 교회의 목사이자 학자였다. 그는 정교한 고전 아랍어를 사용한 탁월한 설교자였고, 그의 지도력 아래 카이로 중심부에 위치한 유명한 마이단 알-타릴(Maydan al-Tahrir)에서 카스르 알-두바라(Qasr al-Dubara) 교회가 세워졌다. 그는 누가복음과 요한복음에 대한 포괄적인 주석을 저술했다.

성경의 아랍어 번역들

번역은 항상 주석적이다. 번역자들은 텍스트 이해를 위해 반드시 최대한의 노력을 기울여야 하며, 수용 가능한 언어로 그 의미를 해석할 수 있어야 한다. 이 연구는 20개 버전의 신약 번역본과 4개의 구약 아랍어 번역본을 사용했다. 나는 16세기 말엽에 등장하기 시작한, 제작된 모든 아랍어 신약성경 사본들을 구하려고 했다. 또한 나는 9세기까지 거슬러 올라가는, 다양한 필사본 성경의 필름들을 수집했다. 이러한 역본들의 간략한 설명들은 나의 저서 『지중해 사람들의 눈으로 본 바울』(Paul Through Mediterranean Eyes)에서 확인할 수 있다.[13] 동방 교회들은 이 텍스트를 어떻게 이해했을까? 여기서 나의 이 질문은 그들이 어떻게 난해한 구절들을 번역하는지를 살펴봄으로써 답변될 수 있을 것이다. 수세기에 걸친 이런 중동 성경 번역본의 해석적 흐름은 끊임없이 본 연구에도 영향을 끼쳐 왔다.[14]

아르메니아 정교회

램브론의 자애로운 대주교 네르세스(Nerses the Graceful of Lambron)의 시편 23편 주석(1526년 사본)도 참고할 만하다. 이 문서는 뉴욕에 있는 북미 아르메니아 정교회의 신부 아누샤반(Anoushavan)이 나를 위해 번역해주었다. 이 12세기에 쓰여진 이 문헌은 아르메니아의 수도인 예레반(Yerevan)에 위치한 메소트 나쇼토츠(Mesot Nashotots) 고대 문서연구소에 소장되어 있다.

또한 나는 20년 넘게 레바논 베이루트 근동신학교(Near East School of Theology)에 있는, 한때 목동이었던 나의 제자들로부터 정보를 얻는 특권을 누려왔다. 나는 그들의 생생한 경험으로부터 많은 통찰을 얻어왔다. 마지막으로 여러 차례에 걸쳐 남부 지역의 목자들을 관찰하고 그들이 키

---

13) Kenneth E. Bailey, *Paul Through Mediterranean Eyes* (Downers Grove, IL: IVP Academic, 2011), pp. 538-43.
14) 모든 아랍어 인용은 내가 직접 번역한 것이다. 끊임없이 반복되는 나의 번역문으로 각주를 채워 넣는 작업은 만만치 않은 일이었다. 이 과정에서 발생하는 모든 책임은 나에게 있다.

우는 양들에 대해 질문할 수 있었던 환경은 나에겐 하나의 특권이었다. 나는 이집트 남부에서 10년, 레바논 산악 지역에서 20년, 그리고 이스라엘과 팔레스타인(베들레헴에서 가까운)의 요르단 강 서안 지구에서 10년을 보냈다. 이 책의 일부분을 저술하면서, 나는 베들레헴의 계단식 언덕에서 양 떼를 몰고 가는 수많은 목자들을 지켜볼 수 있었다. 이집트 남부에서부터 아르메니아까지, 내 친구들은 성경의 이 위대한 테마 작업을 진행함에 있어 내가 "의의 길로" 갈 수 있도록 힘을 다해 60년 동안 나를 지켜주었다. 그들에게 진심으로 감사한 마음을 전한다.

IVP 편집자인 앤드류 르 퓨(Andrew Le Peau)의 안내와 도움이 없었다면 이 책은 결코 완성되지 못했을 것이다. 앤드류의 우정과 지혜가 이 책의 모든 단계를 구성할 수 있도록 해주었다. 또한 내 개인 비서로서 교열을 위해 애쓰고 있는 사라 마카리(Sara B. Makari)에게 무한한 고마움을 전한다. 그녀는 이 연구에 필요한 모든 자료들을 수집해주었다. 개리 버지(Gary Burge) 박사에게도 감사를 전한다. 그는 신약학 강의와 저술이라는 바쁜 일정 가운데서도 기꺼이 이 연구의 복음서 텍스트 부분을 검토해주었고 도움이 되는 많은 제안을 해주었다. 컴퓨터 전문가 톰 피네간(Tom Finnegan)은 나의 컴퓨터 하드웨어가 제대로 작동할 수 있도록 해주었고 여러 차례에 걸쳐 소프트웨어상의 결함을 해결해주었다. 그에게 큰 빚을 졌다.

피츠버그 신학교(Pittsburgh Theological Seminary) 도서관 직원에게도 감사의 마음을 전해야 한다. 그는 흔쾌히 수많은 책들을 내가 열람할 수 있게 해주었고, 또한 내게 장기 대출을 허락해주었다. 미국 동부[15] 지역

---

15) *Manuscript* 1526 (13th cent.), in the Mesot Nashotots Institute of Ancient Manuscripts, Eravan, Armenia.

의 아르메니아 정교회 교구의 주교인 아누샤반 타니엘리언(Anoushavan Tanielian)에게도 감사한다. 그는 번역도 출판도 안 된, 네르세스의 12세기 아르메니아어 시편 주석에서 시편 23편을 직접 번역해주었다.

이제 나는 구약성경의 다윗의 유명한 시편으로부터 복음서를 지나 베드로의 마지막 당부로 이어지는 선한 목자의 주제에 대한 긴 여정으로 관대한 독자들을 초대한다. 윤리적이고 신학적이며 예술적인 기쁨의 풍성한 성경의 만찬이 우리를 기다리고 있다. 그 기쁨을 열방의 교회들에게 알려 맛보게 하는 것이 내 작은 바람이다.

케네스 E. 베일리, 펜실베니아 뉴 윌밍턴에서

서론

필립 샤프(Philip Schaff)가 8권짜리 『기독교회사』(History of the Christian Church)를 집필할 당시, 로마 안팎에서는 첫 4세기 동안에 만들어진 기독교 카타콤들이 발견되어 연구되고 있었다. 기독교 미술계는 이때 발견된 초기 기독인들의 무덤에 묘사된 이미지들에 상당한 관심을 가졌다. 샤프는 다음과 같이 말한다.

로마 가톨릭 교회의 무덤들은 주로 십자가, 십자가 처형, 연옥과의 관계, 죽은 자를 위한 기도와 관련된 내용을 보여준다. 프로테스탄트 무덤의 묘비에는 빈번한 성경 구절들과 더불어 이미 죽은 경건한 자들이 그리스도의 면전으로의 즉각적인 변화를 소망하는 환희와 소망의 표현들이 새겨져 있다. 하지만 카타콤은 로마 가톨릭 교회와 프로테스탄트 무덤과 구별되는 독특한 특성을 가지고 있다.

카타콤의 가장 특징적인 상징과 그림들은 선한 목자, 물고기, 그리고 포도원이다. 이 상징들은 4세기 이후에는 완전히 사라져버렸다. 그러나 어린아이 같은 단순함 속에서, 이 상징들은 모든 교리들로부터 그리스도인들에게 필수적인 것들, 즉 삶과 죽음의 유일한 위로인 그리스도와 그의 구원에 대한 개념을 초기 그리스도인들의 마음에 생생하게 표현했다. 목자의 이런 이미지는 사비네 족(Sabine; 고대 산지 부족)에서부터든, 갈릴리 언덕에서부터든 잃어버린 양에 대한 회복, 부드러운 돌봄과 보호, 푸른 초장, 그리고 맑은 샘물, 요컨대 희생과 같은 주제와 더불어 구원자에 대한 전체적 그림을 제시했다.[1]

여기서 샤프는 A. P. 스탠리(A. P. Stanley)의 저작인 『동방 교회의 역사에 대한 강의』(Lectures on the History of the Eastern Church)로부터 다음과 같은 각주를 추가한다.

초기 기독교인들에게 인기 있었던 종교는 무엇이었는가? 이에 대한 대답은 한마디로 선한 목자 종교다. 선한 목자의 친절함, 용기, 은혜, 사랑, 아름다움은 그들에게 모든 것을 하나로 연결해주는 기도 책이요 조항이요 신조인 동시에 교회법과 같았다. 그들은 그 형상을 보았고, 그 형상은 그들이 원했던 모든 것을 가져다주었다. 세월이 지남에 따라, 선한 목자는 기독교 세계에서 사라져갔고, 그 자리는 기독교 신앙의 다른 상징들이 대신하게 되었다. 예를 들어 온화하고 자비로운 목사 대신, 전능한 심판자, 십자가에 못 박힌 고난 받는 자, 마리아의 팔에 안긴 아기, 최후의 만찬에서의 주인, 수많은 성자들과 천사들의 형상, 혹은 신학적 논쟁의 여러 형태에 관한 정교한 해석들이 그 자리를 대체했다.[2]

---

1) Philip Schaff, *History of the Christian Church* (1859; repr., Peabody, MA: Hendrickson, 2002), 2:308.
2) Arthur P. Stanley, "Study of Ecclesiastical History," in *Lectures on the History of the Eastern Church* (n.d.), p. 283; quoted in Philip Schaff, *History of the Christian Church* (1859; repr., Peabody, MA: Hendrickson, 2002), 2:308, n. 1.

이 놀라운 인용문의 저자는 캔터베리 대성당 참사원이며 웨스트민스터사원의 주임사제다. 이 이미지에 대한 강렬한 또 다른 표현은, 리처드 트렌치(Richard C. Trench)의 비유 연구에 나타난다.

초기 기독교가 가진 이미지 중, 잃어버린 양을 데리고 집으로 돌아오는 선한 목자 그리스도의 이미지보다 더 큰 기쁨을 안겨주는 건 없다. 이에 관해 우리가 확인할 수 있는 증거는 많은 보석들, 인장들, 유리 조각들, 그리고 다른 초기 기독교 유물들인데, 이 물건들 속에서 그리스도는 잃어버린 양을 어깨에 둘러메고 돌아오는 모습으로 묘사된다. 테르툴리아누스(*De Pudicitia* vii 10)의 예전 암시로부터, 우리는 그것이 당대에 성찬식의 성배 위에 그려졌음을 알게 된다. 석관 위 얕은 돋을새김이나 카타콤(최후의 것으로 여겨지는 카타콤 중 하나는 이르면 3세기 초반 것으로 여겨짐)의 그림에서, 그리스도는 선한 목자와 동일 인물로 나타난다. 그리고 이런 묘사가 언제나 무덤 중앙에서 영광스런 자리를 차지하고 있다는 것은 주목할 만한 사실이다.[3]

성경은 선한 목자와 관련하여 9개의 주요 에피소드로 구성된, 마치 영화에 비견될 만한 천 년의 신학 여정으로 독자들을 초대한다. 상영 중인 영화 중간에 극장에 들어간 사람이라면 누구든지, 흥미롭게 전개되는 장면을 포착할 것이다(마치 예고편을 보는 것처럼). 그러나 그 관객은, 영화 이야기를 처음부터 끝까지 관람할 때에만 전체 이야기의 전말을 이해할 수 있다는 사실을 알게 될 것이다. 혹은 집에서 영화를 감상하고 있을 때, 중간에 들어온 한 친구가 "어떻게 되가는 거야?"라고 묻는다면, 그들 중 누

---

3) Richard C. Trench, *Notes on the Parables of Our Lord*, 7th ed. (London: John W. Parker, 1857), p. 380 (second note on page).

군가는 재빨리 그 친구에게 이야기의 배경을 설명해줌으로써 다른 친구들이 계속 영화의 남은 부분에 몰입할 수 있도록 도울 것이다.

시편 23편으로 시작하는 선한 목자에 관한 9개의 주요 성경 본문 중 어느 한 가지를 살필 때, 이와 동일한 역동성이 반드시 작용해야 한다. 즉 선한 목자 이야기의 각각의 에피소드는 동일 주제에 관한 이전 연구의 연장선상에서 연구될 필요가 있다. 하지만 독자들은 보통 각 장면을 오랜 전통의 한 부분으로 분리해서 별도로 읽는다. 본 연구는 9개의 주요한 에피소드에 초점을 맞추지만, 성경이 언급하고 있는 선한 목자에 관한 모든 목록들을 일일이 나열하지는 않을 것이다. 성경에는 양 떼와 목자에 대한 언급이 수백 구절에 이른다. 이 연구에서 나의 초점은 아래 열거한 주요 주제들이 등장하는 본문들이다.

1. 선한 목자(구약성경에서 항상 하나님을 지칭하는 표현)
2. 잃어버린 양(혹은 잃어버린 양 떼)
3. 목자의 대적
4. 선한 주인
5. 성육신(약속된 혹은 실현된)
6. 잃어버린 양을 되찾을 값비싼 대가(代價)
8. 회개/귀환의 주제
8. 나쁜 양
9. 축제
10. 이야기의 결말(여호와의 집에서? 거룩한 땅에서? 하나님과 함께?)

성경에서 이 모든 역동적인 요소들은 거의 9번 가까이 나타난다. 구약에서 4번(시 23장; 렘 23장; 겔 34장; 슥 10장) 그리고 신약에서 5번(마 18장; 막

6장; 눅 15장; 요 10장; 벧전 5장)이다. 마가복음 6:1-52이 여기에 포함된 이유는, 곧 보게 되겠지만, 마가복음에서 오병이어의 기적 이야기가 본문의 모든 곳에서 "배경음악"처럼 시편 23편을 전제하고 있기 때문이다. 다음의 이유로 인해서, 나는 복음서의 선한 목자에 대한 4개의 논의를 특별한 순서로 제시하려 한다.

- 누가복음 15장: 예수는 비유를 통해 자신을 선한 목자로 정의한다.
- 마가복음 6장: 예수는 역동적 행동 속에서 자신의 정체성을 실행에 옮긴다.
- 마태복음: 제자들은 선한 목자로 부름 받았다.
- 요한복음: 선한 목자 본문은 십자가와 부활에서 그 절정에 이른다.
- 베드로: 장로들은 목자들이고 베드로는 목자의 친구이며, 예수는 목자장이다.

즉 우리는 예수가 어떤 방식으로 스스로를 선한 목자로 표현했는지에 관하여 고려하고(눅 15장), 그 다음으로 그가 자기 신분을 어떻게 삶으로 살아냈는지를 살펴보는 것이 적절할 것이다(막 6장). 더 나아가 "목자"라는 명칭이 예수에 의해 제자들에게도 적용되고(마 18장), 요한복음 10장에서는 전체적으로 선한 목자 전통이 십자가와 부활에 반영됨에 따라 그 절정에 도달한다. 부활 사건 이후 30년이 지난 후, 베드로가 선한 목자를 교회의 장로들과 목사들을 위한 모델로서 사용하고 있음을 본다. 우리는 9개 본문에 대한 우리의 반응으로서, 수정되거나 생략된 것과 함께 유사한 것은 무엇이며, 무엇이 첨가되었는지에 대해 주의를 기울여야 할 것이다.

본문 내부를 주의 깊게 관찰해보면, 작가들은 내가 카메오라고 부르는 작은 단위로 자료를 분류한다는 사실을 알 수 있을 것이다.[4] 이런 카메오들은 마지막 결말을 향해 직선형 배열(straight-line sequence)의 구조 속에서 진행된다. 또 다른 경우, 연속적인 아이디어들이 제시되고 동일한 순서로 반복되는 A-B-C, A-B-C 패턴이 나타난다. 이런 시적 스타일을 나는 계단식 병렬구조(step parallelism)라고 부른다. 마지막으로 1-2-3-4-3-2-1과 같은 일반적인 패턴도 등장한다. 이런 패턴은 교차 대구(chiasm) 혹은 역행 병렬구조(inverted parallelism)로 불리워진다. 나는 덜 기술적인 용어인 순환 구성법(ring composition)을 선호하는데, 그 이유는 저자가 일련의 개념들을 보여준 뒤 문학적인 원형을 그리며 시작점으로 회귀하기 때문이다.[5] 이런 세 가지 기술적 현상이 하나의 단락에 나타나는 훌륭한 예는 이사야 28:14-18(표 0.1. 참조)이다.

---

4) 그것들은 "스탠자"(stanzas)라고 불릴 수도 있겠지만 나는 이 자료가 시(poetry)라고 제안하지는 않는다. 오히려 영화에서 특정 배우의 **카메오 출현**(cameo appearance)의 의미에서 사용되는 단어 **카메오**(cameo)를 선호한다. 카메오는 이야기 전체의 일부를 구성하는 동시에 그 자체로서 내부의 완전성을 지닌다.
5) 성경에 나타나는 이 세 가지 유형의 보다 상세한 설명은 Kenneth E. Bailey, *Jesus Through Middle Eastern Eyes* (Downers Grove, IL: IVP Academic, 2008), pp. 13-18; and Kenneth E. Bailey, "Prelude: The Prophetic Homily Rhetorical Style and Its Interpretation," in *Paul Through Mediterranean Eyes* (Downers Grove, IL: IVP Academic, 2011), pp. 33-53을 참고하라.

28:14 이러므로 예루살렘에서 이 백성을 다스리는 너희 오만한 자여 여호와의 말씀을 들을지어다

¹⁵너희가 말하기를

1. a) "우리는 사망과 언약하였고
   b) 스올과 맹약하였은즉 　　　　　　　　　죽음과 스올과의 언약 확정
   c) 넘치는 재앙이 밀려올지라도
   d) 우리에게 미치지 못하리니 　　　　　　　달아난 재앙

2. a) 우리는 거짓을 우리의 피난처로 삼았고
   b) 허위 아래에 우리를 숨겼음이라 하는도다" 　피난처

　　　¹⁶"그러므로 주 여호와께서 이같이 이르시되
3. 　보라 내가 한 돌을 시온에 두어 기초를 삼았노니
　　곧 시험한 돌이요 귀하고 견고한 기촛돌이라 　　건축 재료

4. 　　　'그것을 믿는 이는 다급하게 되지 아니하리로다' 　비문

5. 　¹⁷나는 정의를 측량줄로 삼고
　　공의를 저울추로 삼으니 　　　　　　　　　건축 도구

6. a) 우박이 거짓의 피난처를 소탕하며
   b) 물이 그 숨는 곳에 넘칠 것인즉" 　　　　피난처

7. a) ¹⁸너희가 사망과 더불어 세운 언약이 폐하며
   b) 스올과 더불어 맺은 맹약이 서지 못하여 　죽음과 스올과의 언약 취소
   c) 넘치는 재앙이 밀려올 때에
   d) 너희가 그것에게 밟힘을 당할 것이라 　　멸망시키는 재앙

표 0.1. 이사야서와 다가오는 폭풍(사 28:14-18)

본문 전체는 이해하기 쉽게 직선형 배열로 진행된다. 동시에 7개의 카메오는 역행 병렬구조로 나타난다(위 표에서 오른쪽에 있는 요약을 참고). 게다가 첫 카메오가 7번째 카메오와 비교될 때, 각 카메오 속의 개념은 내가 앞에서 계단식 병렬구조라 부르는 A-B-C-D, A-B-C-D의 패턴으로 반복해서 나타난다. 전체 예언적 설교는 세 부분으로 구성된다. 그 중심부 카메오가 미래에 대한 소망의 비전을 제시하는 동안, 그 시작과 끝의 카메오는 현재 상태를 반영하고 있다. 또한 외부에 있는 카메오들은 중심부에 나타난 카메오들보다 더 길다. 이런 수사학적 특징들은 지속적으로 사용되고 있다. 나는 본문을 연구해나가면서 그것들을 환기시킬 것이다. 이사야서의 이 놀라운 구절의 마지막 특징은 주의 깊게 살펴볼 가치가 충분한데, 왜냐하면 동일한 특징이 시편 23편과 요한복음 10장에도 나타나기 때문이다. 표 0.2.는 이사야 28:14-18의 시작(1), 중간(4), 그리고 끝(7)에 나타난 이런 수사적 특징을 강조하고 있다.

1. a) "우리는 사망과 언약하였고
   b) 스올과 맹약하였은즉　　　　　　　　　　죽음과 스올과의 언약 확정
   c) 넘치는 재앙이 밀려올지라도
   d) 우리에게 미치지 못하리니　　　　　　　　달아난 재앙

　　　4. '그것을 믿는 이는 다급하게 되지 아니하리로다'　　　　비문

7. a) ¹⁸너희가 사망과 더불어 세운 언약이 폐하며
   b) 스올과 더불어 맺은 맹약이 서지 못하여　　죽음과 스올과의 언약 취소
   c) 넘치는 재앙이 밀려올 때에
   d) 너희가 그것에게 밟힘을 당할 것이라　　　　멸망시키는 재앙

표 0.2. 이사야서의 외부와 중심부(사 28:14-18)

첫 번째 카메오(1a)는 "사망과의 언약"을 말한다. 그러나 이스라엘이 이미 언약을 맺었음에도 불구하고 왜 통치자들은 새로운 언약을 맺었는가?(1a) 이 첫 카메오는 "그것을 믿는 이"로 향하는 중심부(4a) 1행으로 이어진다. 고대 이스라엘에게 믿음이라는 주제는 이스라엘의 하나님과 맺은 그들의 독특한 언약 신앙을 필연적으로 포함한다. 이 주제는 1a에서 4b로 연결된다. 여기서 독자들의 의혹은 증폭되는데, 이스라엘이 하나님과 맺은 언약을 믿는다면, 어떻게 이스라엘이 "사망과 언약을 맺는가?"(1a) 이것은 불가능하다! 이사야는 기원전 701년경 아시리아가 이스라엘에게 위협을 가했을 때, 이집트와 계약을 체결한 예루살렘 지도자를 향해 비판한다. 이집트인들은 죽음의 신들을 숭배했다. "사망과의 언약"은 암호화된 언어로 "이집트와의 언약"을 암시한다. 중심부 카메오(4b)의 두 번째 줄 "다급하게 되지 아니하리로다"라는 표현은 카메오의 마지막 줄인 7d에서 말하는 "밟힘을 당할 것이라"로 연결된다. "죽음/이집트와 언약을" 맺고 그들을 신뢰하는 자는 "다급하게"(카메오 4b) 될 뿐만 아니라 "밟힘을 당하게"(카메오 7b) 될 것이다. 이런 뛰어난 수사학적 방식으로 이사야서는 중심부를 출발점과 종착점에 연계시켜나간다. 이 수사학적 스타일은 앞서 언급했듯이 시편 23편과 요한복음 10장에서도 나타날 것이다.

본 연구의 심층적 탐구를 위해 시리아어, 아랍어, 히브리어 버전의 성경 텍스트의 사용은 필연적이었다. 번역은 곧 해석이다. 어떤 개인이나 집단도 텍스트의 원래적 의미가 무엇인지를 결정하지 못한 채 한 텍스트를 다른 언어로 번역할 수는 없다. 이 자명한 이치를 모르는 이는 없을 것이다. 따라서 현대 영어 성경 해설자들은 종종 특정 단어나 문구가 어떤 방식으로 KJV(AV), NIV, RSV, NRSV와 같은 버전들에 나타나는지를 확인한다. 저명한 학자들이 이런 번역본들을 만들어냈고 그들의 관점은 주목할 만한 가치가 있다. 때때로 주석가는 루터의 독일어 번역 성경이나 5세기 라틴어 불가타를 참고할 것이다. 이 모든 노력은 값지고 귀하다. 그러나 중동의 번역 성경들은(비슷한 관심과 학문적 깊이가 있는) 그저 외면해야 하는 대상일 뿐인가? 초기 기독교의 삶에서 라틴어, 그리스어, 시리아어는 신자들의 주요 언어였다. 존 메이엔도르프(John Meyendorff)는 다음과 같이 기록했다.

> 초기 기독교 전통이 그리스어와 라틴어로 그 표현 범위가 제한되었다는 생각이 여전히 널리 퍼져 있다. 이런 가정은 역사적 진실을 왜곡하고 기독교 영성과 신학의 뿌리에 대한 이해를 약화시킨다. 3세기와 4세기경, 시리아어는 교회의 세 번째 국제어였다. 시리아어는 페르시아, 아르메니아, 인도, 심지어는 에티오피아에서의 기독교 선교 확장의 매개체였다.[6]

히에로니무스(Jerome)와 킹제임스 번역자들, 그리고 NRSV나 ESV를 번역한 학자들의 작업이 주목할 만한 가치가 있다고 생각한다면, 성경의 시리아어, 아랍어, 히브리어 버전들에 대한 고대 번역가들의 작업도 충분히 숙고할 만한 가치가 있다. 나는 이 연구 전반에 걸쳐 그들의 결과물들을 표기해둘 것이다.

이 연구에 사용된 텍스트의 범위가 나를 상당히 곤혹스럽게 만들었다. 우리의 여정 앞에는 시편, 세 명의 다른 예언자들, 예수, 사복음서의 저자들, 그리고 베드로가 있다. 이 책에서 나의 의도는 관련 성경 본문에 대해 완벽히 문서화된 기술적 주석서를 만드는 것이 아니다. 오히려 우리의 초점은 시편 23편에서부터 천 년을 가로질러 베드로의 기록에 이르기까지,

---

[6] John Meyendorff, preface to *Ephrem the Syrian: Hymns*, by Kathleen McVey (New York: Paulist Press, 1989), p. 1.

반복되는(변화와 함께) 이야기의 전개 그 자체에 있다. 더 나아가 부연하면, 선한 목자와 잃어버린 양의 이야기가 각색되어온 이런 과정은 베드로전서와 함께 자연스럽게 중단되었다. 정경은 이미 완성되었고, 우리는 이스라엘의 예언자들이나 초기 교회 사도들이 아니기에, 그들의 이름으로 글을 쓴다는 걸 감히 생각할 수 없다. 우리의 임무는 선한 목자가 등장하는 다양한 설명들의 원래 의도를 최선을 다해 이해하는 것이며, 우리 시대의 교회와 세상에 적절한 방식으로 그 의미를 신실하게 적용해나가는 것이다.

다시 한 번 강조하지만, 선한 목자 이미지는 초기 기독교에서 상당한 무게를 차지했다. 나는 이 위대한 고전적 이미지의 중요성이 언젠가 그 본연의 힘과 광채를 회복하며, 나의 이 작은 노력이 그 회복에 도움이 되기를 기도해본다. 『경쟁자들로 이루어진 팀: 아브라함 링컨의 정치적 천재성』(Team of Rivals: The Political Genius of Abraham Lincoln)의 저자 도리스 굿윈(Doris K. Goodwin)은 텔레비전 인터뷰에서 아브라함 링컨에 관해 쓰여진 책이 실제로 14,000권 이상 출판되었다고 말했다. 당연히 이 사실은 그녀로 하여금 큰 두려움을 느끼게 만들었다. 하지만 그녀는 자신의 책에서, 아브라함 링컨에 대한 새로운 통찰을 밝혀낼 수 있을 거라는 희망을 담대하게 전했다. 나 또한 그녀와 비슷한 두려운 딜레마를 피할 수 없다. 단지 나는 선택된 내 렌즈가 선한 목자에 관해 이미 잘 알려진 성경 텍스트의 이해에 새로운 통찰력을 던져주며, 이 연구가 당신과 관대한 독자와 전 세계의 기독교 교회에게 가치 있는 것으로 입증되기를 소망한다.

1장

시편 23편에 나타난 선한 목자

시편 23편의 풍성함이 주는 도전은 가히 위협적이라 할 만하다. 이 유명한 본문은 수세기에 걸쳐 많은 이들에게, 사망의 음침한 골짜기에서조차 "나/우리와 함께하시고 목자 되신" 주님을 향한 경외감을 불러 일으켰다. 자신의 양을 위하여 목숨을 버린 선한 목자 예수께 2,000년이 넘게 헌신하게 한 것이 바로 이 본문이다. 따라서 나는 현재 내게 주어진 것, 수십 년에 걸친 본 주제에 대한 연구, 그리고 이에 대한 고찰과 함께 나 자신이 신실할 수 있기를 기도하며 이 여정을 시작한다.

구약에서 선한 목자 이미지는 세 가지 방식으로 사용된다. 첫 번째는 하나님을 이스라엘의 목자로서 묘사하는 부분이다. 시편 78:52은 다음과 같이 노래한다.

> 그가 자기 백성은 양같이 인도하여 내시고
> 광야에서 양 떼같이 지도하셨도다

같은 주제가 시편 79:13에서 백성의 확신 속에 나타난다.

> 우리는 주의 백성이요 주의 목장의 양이니 우리는 영원히 주께 감사하며
> 주의 영예를 대대에 전하리이다

동일한 이미지를 반복하면서, 이사야 40:11은 이렇게 말한다.

그는 목자같이 양 떼를 먹이시며

어린 양을 그 팔로 모아 품에 안으시며

젖먹이는 암컷들을 온순히 인도하시리로다

두 번째, 이스라엘의 지도자들 역시 목자로 등장한다. 시편 78:70-71에서, 다윗은 하나님의 백성의 목자로 부름 받았다.

또 그의 종 다윗을 택하시되

양의 우리에서 취하시며

젖 양을 지키는 중에서 그들을 이끌어 내사

그의 백성인 야곱, 그의 소유인

이스라엘을 기르게 하셨더니

모세 역시 목자로 등장한다. 이사야는 하나님에 대해 다음과 같이 서술한다(사 63:11).

백성이 옛적 모세의 때를 기억하여 이르되

백성과 양 떼의 목자를[1] 바다에서 올라오게 하신 이가 이제 어디 계시냐

세 번째, 구약성경은 베들레헴에서 나올 이스라엘의 새 지도자에 관한 약속을 포함한다. 예언자 미가는 그 통치자에 대해 이렇게 말한다(미 5:4).

---

[1] 히브리어 원문에서는 이 단어가 단수로 표기되어 있고 KJV, NIV에서도 단수로 표기한다. 아랍어 성경과 시리아어 성경도 마찬가지로 단수로 표기한다. RSV, ESV는 복수로 표기하고 있다.

그가 여호와의 능력과 그의 하나님 여호와의 이름의 위엄을 의지하고 서서 목축하니 그들이 거주할 것이라 이제 그가 창대하여 땅끝까지 미치리라

목자 이미지의 이런 세 가지 표현 방식은 중요한데, 이는 구약성경에서 목자 이미지에 대한 일반적 배경을 제공한다. 위에 있는 본문들을 마음에 새기면서, 본 연구에서 제시하는 9개의 주요 본문들은 선한 목자에 대한 성경적 시들의 다양한 저자들에게 알려진 곡조 위의 음표와 같은 일정한 주제들로 구성되었기에 여기서 채택되었다. 서문에서 소개한 것처럼 이런 "음표들"은 아래와 같다.

1. 선한 목자와 그의 정체성
2. 악한 목자
3. 잃어버린 양/양 떼
5. 선한 주인(여주인)
5. 선한 목자의 성육신
6. 목자는 잃어버린 양을 찾고 복귀시키기 위해 값비싼 대가를 지불함
7. 회개/귀환(동사 *shuv*의 쓰임)
8. 나쁜 양
9. 축하 연회
10. 이야기의 결말(여호와의 집에서? 거룩한 땅에서? 하나님과 함께?)

1. ²³:¹여호와는 나의 목자시니   여호와-목자
    내게 부족함이 없으리로다   부족함 없음

2. ²그가 나를 푸른 풀밭에 누이시며ᵃ⁾
    쉴 만한 물가로   양식
    인도하시는도다   마실 물

3. ³내 영혼을 소생시키시고ᵇ⁾(데려오다/회개하게 하다)
    자기 이름을 위하여   자기 이름을 위하여
    의의 길로 인도하시는도다   보호

4. ⁴내가 사망의 음침한 골짜기로ᶜ⁾ 다닐지라도   사망/악
    해를 두려워하지 않을 것은   두렵지 않음

5. 주께서 나와 함께하심이라
    주의 지팡이와 막대기가   보호
    나를 안위하시나이다   평안

6. ⁵주께서 내 원수ᵈ⁾의 목전에서
    내게 상을 차려 주시고
    기름을 내 머리에 부으셨으니   양식

7. ⁶내 평생에 선하심과 인자하심이
    반드시 나를 따르리니
    내가 여호와의 집에   선하심과 자비하심
    영원히 살리로다ᵉ⁾   여호와-영원한 집

---

a) 윌리엄 할러데이(William Holladay)는 ירביצני(Hiphil)를 "그가 나를 눕게 만든다"의 전통적인 번역이 아닌 "나를 머물게 한다"로 옮겼다. William L. Holladay, *A Concise Hebrew and Aramaic Lexicon of the Old Testament Based upon the Lexical Work of Ludwig Koehler and Walter Baumgartner* (Grand Rapids: Eerdmans, 1971), p. 332. 아랍어 본문은 *London Polyglot* (1657)를 참조하라. 여기서 *aballani*는 "나를 정착시키다"라는 뜻이다. 1993년 아랍어 성경은 이것을 "그가 나를 쉬게 한다"로 번역했다. 렘 33:12(RSV)은 같은 동사를 사용하여 "양 떼를 쉬게 할"이라고 번역했다.

b) 히브리어로 *nafshi yeshobeb*이라고 발음하며 문자적으로 그 뜻은 내가 본문 목록에 표기한 두 개의 선택을 가능하게 한다. 아랍어와 시리아어역으로 볼 때 그 뜻은 "그가 나를 데려온다"이다. 시리아어역은 히브리 성경을 그대로 반사하여 "그가 나를 회개시킨다"로 옮겼다.
c) 히브리어로 "사망의 골짜기"와 "깊은 어둠의 그늘" 둘 다를 의미한다.
d) 여기서 원수에 해당하는 히브리어는 צררי이며 시 31:11에 나타난 것처럼 "대적들"로 번역할 수 있다. 그 어근으로는 어떤 것을 굴복시키거나 누군가를 제한하다는 의미가 있다.
e) 히브리어로는 *leorek yamim*이다(문자적으로는 "그가 날을 장구하게 하다"). 아르투르 바이저(Arthur Weiser)는 이 번역을 사용했다. Arthur Weiser, *The Psalms* (Philadelphia: Westminster Press, 1962), p. 227.

표 1.1. 선한 목자와 시편 23편

43쪽의 10개 목록 중, 시편 23편에는 오직 나쁜 양과 악한 목자들에 대한 내용만 빠져 있다. 동시에 이 시편은 내가 "예언 수사 템플릿"(prophetic rhetorical template)이라 부르는 기법을 사용하고 있다(표 1.1. 참조).[2]

수사법

선한 목자 시편은, 서두에서 언급한 스타일을 사용함으로써, 내가 "카메오"라고 부르기를 선호하는 7개의 의미 단위로 이루어져 있다. 그 단위들이 바로 시편이라는 건물을 구성하는 블록이다. 나는 각 부분에 반복적으로 나타나는 주요 개념들을 부각시키기 위해, 각 카메오의 오른편에 개요들을 추가했다.

시편의 전체 구조에서 중요한 부분은 1인칭, 2인칭, 그리고 3인칭을

---

[2] Kenneth E. Bailey, *Paul Through Mediterranean Eyes* (Downers Grove, IL: IVP Academic, 2011), pp. 39-41. 나는 4번 절정으로 이동했다가 역행하는 문자적인 7개의 짧은 카메오를 언급하기 위해서 "예언 수사 템플릿"이란 칭호를 선택했다. 이런 유형은 "교차대구"(chiasm)라고 불린다. 나는 이것을 "순환 구성법"(ring composition)이라 칭하길 선호한다. 도입 부분 몇몇의 행간에 윗첨자로 표시된 번호들은 전통적인 절(節)을 가리킨다.

사용해야 한다(표 1.2. 참조).

1. 1인칭("부족함이 없나이다")

2. 3인칭("그가 나를 누이시며/인도하시는도다")

3. 3인칭("그가 소생시키시고/인도하시는도다")

4. 1인칭("내가 다닐지라도/해를 두려워하지 않은 것은")

5. 2인칭("당신께서 나와 함께/당신의 지팡이/당신의 막대기가 나를 안위하시나이다")

6. 2인칭("당신이 내게 상을 베푸시고/기름으로")

7. 1인칭("내가 살리로다")

편주-히브리어 성경(MT)과 대부분의 영어 번역(KJV, JPS, ESV, NIV등)은 카메오 5, 6의 하나님을 가리키는 대명사를 2인칭으로 서술하는 반면, 개역개정은 "주께서"라고 서술함.

표 1.2. 시편 23편의 1인칭, 2인칭, 3인칭

"인칭"의 이런 사용은 무작위적이지 않다. 앞서 밝혔듯이, 순환 구성법을 사용하고 있는 저자는 자주 본문의 시작, 중앙, 끝부분을 서로 연결 짓는다. 이 본문에서 1인칭 주체인 "나"(I)는 이런 관련성을 만들어낸다.3) 3인칭(he)으로의 전환은 2번과 3번 카메오에 등장한다. 5번과 6번 카메오에서 하나님은 "무대 위에 등장"하고, 하나님과 다윗 사이의 대화는 매우 개인적인 것이 된다. 1번, 4번, 7번 카메오는 서로 밀접하게 연결되어 있어서, 설령 시편 23편이 이 세 개의 카메오로만 구성된다 하더라도 전혀 어색하지 않다.

---

3) 이 특징은 N. W. 룬드에 의해 일반적으로 순환 구성법으로 생각되었다. N. W. Lund, *Chiasmus in the New Testament* (1942; repr., Peabody, MA: Hendrickson, 1992), p. 41.

순환 구성법의 두 번째 특징은 본문의 개념들이 거꾸로 반복되기 시작하는 중앙 부분을 지나는 전환점(turning point)이 있다는 사실이다.[4] 바로 그 지점에서 전체 본문과 관련된 핵심적인 내용이 등장할 수 있다. 이런 특징은 여기에 나타난다. "주께서 나와 함께하시니"(incarnation: "성육신", "신적 임재", 또는 "현현"으로 번역된다)는 시편의 정점에 위치하여 결론적으로 제시된다.

주석

시편 전반에 사용되고 있는 하나님의 이미지는 마치 국토 안보부(homeland security)같이 그들에게 비춰진다.[5] 하나님을 묘사하는 지배적인 은유들은 다음과 같다.

- 방패
- 높은 산성
- 요새
- 지고한 처소
- 피난처
- 바위
- 성채
- 구원의 뿔

---

[4] 룬드는 "중심부 변형의 법칙"을 언급한다. 그는 중심부를 지나며 개념을 반복하는 전환점을 발견했다. ibid., pp. 40-41 참조.
[5] 참조의 편의를 위해 논의 중인 카메오는 다시 표기될 것이다.

때로 이런 이미지들은 함께 등장하며 강한 점증적 효과를 발휘한다. 시편 18:1-3은 위에 나열한 대부분의 항목을 포함한다.

> 나의 힘이신 여호와여 내가 주를 사랑하나이다
> 여호와는 나의 반석이시오
> 나의 요새시오 나를 건지시는 이시오
> 나의 하나님이시오
> 내가 그 안에 피할 나의 바위시오
> 나의 방패시오
> 나의 구원의 뿔이시오
> 나의 산성이시로다
> 내가 찬송 받으실 여호와께 아뢰리니
> 내 원수들에게서 구원을 얻으리로다

일반적 구문인 "나의 힘이신 여호와여"로 시작하는 이 본문은 그 "힘"의 본질을 7가지 이미지로 설명한다. 목록을 순서대로 나열하면, 반석, 요새, 건지시는 분, 피난처, 방패, 구원의 뿔, 산성이다. 마지막에, 두 번째 비은유적 확언("내가 여호와께 아뢰리니…")이 있다. 고대 중동 사람들은 안전상의 이유로 가장 높은 언덕 위에 철통같이 잘 요새화된 장소를 원했다. 시편의 저자들과 독자들에게는 이런 맥락이야말로 명쾌한 이해에 도움을 준다. 침략자들이나 베두인들이 성을 침략했을 때, 성안 사람들은 자기 목숨을 건지기 위해 몸을 숨길 만한 높은 언덕 위, 방어가 견고한 은신처가 필요했다.[6] 그러나 이런 종류의 표현을 남용하는 것은 자칫 편집증이나

---

6) 요새였던 마을에 대한 이런 필요는 고대 중동 전체에 보편적인 것이었다.

강박관념 같은 문제를 유발할지도 모른다. 어쨌든 시편은, 예상치 못한 이런 잠재적인 위험을 인식하고 하나님의 본질을 이해하기 위한 세 가지 반문화적인 선택지를 제공한다. 그것은 다음과 같다.

1. 하나님은 목자다. "여호와는 나의 목자시니."
2. 여호와는 어머니와 같다. 시편 131:2은 다음과 같이 말한다. "실로 내가 내 영혼으로 고요하고 평온하게 하기를 / 젖 뗀 아이가 그의 어머니 품에 있음 같게 하였나니 / 내 영혼이 젖 뗀 아이와 같도다." 여기서 표현이 어딘가 모호하다. 그러나 이사야 66:12-13에서 하나님은 자신에게 돌아오는 피난민들에게 "강 같은 평강을 예루살렘에게" 부어줄것을 약속한다. 그리고 "어머니가 자식을 위로함같이 / 내가 너희를 위로할 것인즉 / 너희가 예루살렘에서 위로를 받으리니"라고 확증한다. 이사야 42:13은 "여호와께서 용사같이 나가시며"라고 말하며, 이어지는 구절에서 하나님은 말한다. "내가 해산하는 여인같이 부르짖으리니 숨이 차서 심히 헐떡일 것이라"(사 42:14). 이 세 본문들은 은유법보다 직유법을 사용했다. 하나님은 "어머니"로 직접 불리지는 않지만, 종종 어머니와 같은 부드러운 연민으로 행동한다.
3. 하나님은 아버지와 같다. 시편 103:13은 "아버지가 자식을 긍휼히 여김같이 / 여호와께서는 자기를 경외하는 자를 긍휼히 여기시나니"라고 말한다. 이사야 63:16과 이사야 64:8에서 예언자는 동일한 이미지를 사용하지만 직유법에서 은유법으로 전환하여 하나님을 선포한다. "주는 우리 아버지시라."[7)]

---

7) 하나님은 아버지와 같으며(직유적으로) 또한 아버지로 확인된다(은유적으로).

이와 같이 하나님의 본질과 관련해서 시편은 "소수 의견"(minority point of view)을 제공한다고 할 수 있다. 그렇다. 하나님은 높은 산성, 요새, 반석과 비교될 수 있다. 동시에 그분은 선한 목자, 선한 어머니, 선한 아버지 같은 모습으로 이해될 수 있다.

누가복음 15:1-31의 비유 삼부작(trilogy)에서 선한 목자, 선한 여인, 그리고 선한 아버지에게 그 중심을 두는 것은 결코 우연이 아니다.[8] 예수는 시편에서 하나님에 대한 두 종류의 이미지에 주목하고, 이미 언급된 세 가지의 반문화적인 이미지를 선택하는 것으로 보인다. 동시에 구약에서 지배적이었던 "국토 안보부" 같은 이미지가 신약에서는 보이지 않는다. 하나님은 더 이상 요새나 반석 혹은 높은 산성의 이미지를 갖지 않는다. 내가 즐겨 부르는 마르틴 루터의 시 "내 주는 강한 성이요"와 같은 곳에서, 구약의 이미지는 여전히 즐기고 보존할 가치가 있다. 하지만 새로운 신약 삼부작을 무시할 수는 없다. 구체화된 그림언어는 신약성경에서 특별히 두드러진다.[9] 먼저 선한 목자부터 살펴보자(표 1.3. 참조). 시편 23편은 다음의 유명한 행과 함께 시작한다.

1. 여호와는 나의 목자시니   여호와-목자
   내게 부족함이 없으리로다   부족함 없음

표 1.3. 여호와는 나의 목자시니(시 23:1)

사마리아와 유대의 야생 목초지는 사마리아 동쪽으로부터 아래로 내

---

[8] 누가는 "그가 그들에게 이 비유로 말씀하셨다"라고 적고 있다. 즉 누가는 분명히 단 하나의 비유에서 세 가지 부분으로 이야기를 이해했다.
[9] "아버지"는 하나의 이름이며, 하나의 은유 이상이라는 것에 나는 동의한다. 사 63:16과 64:8을 보라.

려가 브엘세바 남쪽 네게브까지 펼쳐져 있다. 현대 사회에서 휴대 전화가 발달되기 이전, 외로운 여행자와 목자가 남북 능선을 따라 마을에서의 쉼과 보호로부터 멀리 떠나던 시대에 그들은 모든 것을 스스로의 힘으로 감당해야만 했다. 수년에 걸쳐 넓게 펼쳐진 구릉지를 터벅터벅 걸으며, 또 사하라 사막 깊은 곳으로 낙타를 타고 장기간의 여행을 하면서, 나는 사막 혹은 광야의 은총에 몸을 던지는 특별한 경험을 해왔다. 그곳에서 "여호와는 나의 목자시니"라고 고백하는 것은 마치 "저는 경찰관의 보호를 받지 않습니다"라고 말하는 것과 같다. 인적 없이 탁 트인 공간에서, 여행자와 동료는 철저히 고립되어 있다. 강도, 야생동물, 뱀, 갑작스런 모래폭풍, 식수의 부족, 언제 굴러올지 모를 바위와 용광로 같은 무더위는 어느 여행객들에게라도 위협적인 요소임이 분명하다. 아르메니아 램브론의 대주교 네르세스가 저술한 시편에 관한 광범위한 주석서를 통해 12세기 아르메니아 정교회 전통 속에서 이 모든 사실을 확인할 수 있다. 그는 다음과 같이 기록했다.

"여호와는 나의 목자시니." 즉 나를 둘러싼 들짐승들, 늑대나 황소 한가운데서 나는 배회했다. 사자들은 입을 열어 나를 물어 뜯으려 한다. 나는 무서워 떨며, 이 두려움으로 인해 나의 구원자와 계약을 맺었다. 자, 이제 두려워 말라, 오 나의 영혼아! 왜냐하면 그가 나의 목자시다. 그리고 나는 부족함이 없다.[10]

네르세스는, 시편의 도입 구절은 도움의 손길을 요청할 수 없는 수많은 위험 한복판에서 안전의 원천인 주님께로의 온전한 의탁임을 잘 알고

---

10) Nerses the Graceful of Lambron, *On Psalm 23 [22]*, in *Commentary on the Psalms*, *Manuscript* 1526.

있었다. 양은 목자의 인도 속에 있음을 깨닫게 될 때, 주저하지 않고 담대하게 목자를 따른다.

더 나아가 이 시편 본문은 9개의 본문 중에서도 독특한 특징을 가지고 있다. 풀밭에 혼자 방목되는 양은 결코 없다. 양 한 마리를 따로 관리한다면 비용이 터무니없이 비싸질 것이기에, 양은 자연히 무리지어 방목된다. 그런데 이 유명한 본문의 초점은 하나의 개체에 있다. 다윗은 개인의 영적 여정을 묘사한다. 고도로 개인화된 서구사회에서는 믿음의 문제를 논할 때 공동체의 중요성이 너무도 쉽게 잊혀져버린다. 반대로 동양에서는 공동체에 대한 인식이 매우 강해서 전체라는 맥락에서 개인의 가치가 간과될 수 있다. 공동체와 개인, 둘 다 없어서는 안 된다. 그러나 그중 하나가 "무대 위"(on stage)에 있을 때, 다른 하나도 여전히 가까이 있으며, 단지 "무대 밖"(off stage)에 있을 뿐이다. 레바논 출신의 유명한 시인 칼릴 지브란(Kahlil Gibran)은 기쁨과 슬픔의 상호 연관성을 상기시킨다. 그는 이렇게 표현했다. "슬픔이 찾아올 때, 여러분은 자신의 마음 깊은 곳을 응시해 보아라. 그리하면 여러분은 자신이 기뻐했던 그것으로 인하여 지금 울고 있는 자기 모습을 발견하게 될 것이다." 그는 계속해서 이렇게 썼다. "기쁨과 슬픔은 항상 함께 온다. 어느 하나가 그대들과 함께 식탁에 앉아 있을 때, 다른 하나는 그대들의 침대에서 잠들어 있음을 기억하라."[11] 우리가 신앙 공동체에서 개인과 공동체의 중요성을 주목할 때에도, 심오한 상호 연관성의 문제는 부각된다. 시편 23편에서 개인은 "우리의 식탁에서"(at our board) 우리와 함께 먹고, 전체는 "우리의 침실에서"(on our bed) 잠든다. 각각의 중요성을 인정할 때, 다윗이 그의 목자와 함께하는 개인

---

11) Kahlil Gibran, *The Prophet* (1926; repr., West Molesey, UK: Merchant, 2004), pp. 36-37.

적인 여정을 본문에 반영하고 있음을 확실히 알 수 있다.

"내게 부족함이 없으리로다"라는 구절은 자본주의 사회에서 특별한 뉘앙스를 지닌다. 우리의 전체 경제 시스템은 가급적 많은 결핍을 양산해 내며, 이를 만족시키는 것에 기반을 두고 있다. 텔레비전 광고는 의도적으로 시청자의 이목을 집중시키기며, 건강, 놀이, 행복, 성공을 위해 "난 저 약 먹어야 해!" 혹은 "저 신제품 꼭 사야겠어!"와 같은 반응을 조성하는 방식으로 만들어진다. 결핍을 창출해내고, 이를 필요로 하는 수요로 바꾸는 것이 그들의 목표다. 만약 우리가 이렇게 할 수만 있다면, 우리 모두는 보다 풍요롭고 행복한 삶을 지속할 수 있을지도 모른다.

시편 기자는 목자가 양에게 제공하는 최소한의 필요품을 제시한다. 그 목록들은 음식, 마실 물, 평안, 길을 잃었을 때의 구조, 악과 사망의 두려움으로부터 자유, 주의 은혜 속에 둘러 쌓여 있음에 대한 감각, 여호와의 집에 영원히 머물 장소 등이다. 끊임없이 늘어나는 물질적 소유물은 리스트 상에 없다. 권력이나 통제의 필요에 대한 어떤 단서도 없다. 외부로부터 야기되는 지독한 욕망이나 오락에 대한 필요는 더 이상 존재하지 않는다. 양은 목자가 도와줄 때만 기본적인 결핍에 대해 최소한의 필수품이 보장된다는 사실을 알게 된다.

성경 본문의 구조에서 순환 구성법이 사용될 때, 카메오 간의 조화가 고려되어야 한다. 1번과 7번의 카메오가 한 짝을 이루며, 결과적으로 시편은 7번 카메오에서(본문 끝에서) 시편 기자의 가장 절실한 필요가 하나님의 선하심(*tov*)과 은혜(*khesed*)로 채워져야 한다고 단언한다. 본문의 시작과 끝에는 오직 "여호와"(the Lord)라는 표현만이 직접적으로 언급되고 있다. 목자는 (당연히) 나의 인도자이고 매일의 나의 부족함을 돌보아주므로(카메오 1), 나는 저녁마다 "선하심과 자비하심" 속에 집으로 돌아온다(카메오 7).

이 도입부에서 한 걸음 더 나아가 시편 기자는, 선한 목자가 자신의 가장 내밀한 절박함을 채워주는 경이로운 방법들을 나열하기 시작한다. 양식과 마실 물이 그 시작이다(표 1.4. 참고).

2. ²그가 나를 푸른 풀밭에 누이시며
　　쉴 만한 물가로　　　　　　　　양식
　　인도하시는도다　　　　　　　　마실 물

표 1.4. 풀밭과 쉴 만한 물가(시 23:2)

개는 조련을 통해 앉거나 눕도록 훈련될 수 있다. 하지만 양에게는 해당되지 않는 이야기다. 한 유명한 격언은 이렇게 말한다. "말을 물가로 끌고 갈 수는 있어도 물을 마시게 할 수는 없는 노릇이다." 마찬가지로 그 누구도 양을 억지로 눕게 만들 순 없다. 양이 자리에 눕는 건 오직 배가 불렀을 때나 갈증이 해결되었을 때, 그리고 야생동물에 의해 위협을 받지 않거나 곤충의 괴롭힘으로부터 자유로워졌을 때만 가능하다.[12] 목자가 민첩하게 제지하지 않으면, 유기견의 짖는 소리에 양 떼 전체가 이리 뛰고 저리 뛰며 삽시간에 흩어질 수도 있다. 본문의 전통적 표현인 "그가 나를 푸른 풀밭에 누이시며"는 일종의 압력이 느껴지는 표현이다. 이 번역은 불필요한 문제를 만들 수 있다. 그리스어로 된 구약성경 번역은 *kataskē-noō*를 사용하는데 LSJ 그리스어-영어 사전에서는 이 단어를 "정착시키다" 혹은 "쉬게 하다"로 번역한다.[13] 람사(Lamsa)는 "풀이 풍성한 곳에서 양은 빨리 만족한다. 곧이어 양들은 알아서 자리에 눕고 소화시킨다"고

---

12) W. Phillip Keller, *A Shepherd Looks at Psalm 23* (Grand Rapids: Zondervan, 1970), pp. 23-48.
13) LSJ, *Greek-English Lexicon*, p. 912.

지적했다.14) 표 1.1.의 각주a)에서 논의한 것처럼, 내가 선택한 번역은 "그가 나를 안정시키시며"(he settles me down)이다.

성지(The Holy Land)에 평온이 찾아오면 11월부터 우기가 시작되어 2월 말경에 비가 그친다. 메마른 대지가 "푸른 풀밭"을 조성하는 데는 일정 기간이 걸린다. 나는 베들레헴과 레바논에서 30번의 겨울을 보내면서, 푸른 풀밭이 기껏해야 일 년에 석 달 정도밖에 안 된다는 사실을 알게 됐다. 나머지 9달 내지 10달가량은 온통 갈색 풀밭이다. 갈색 풀밭이 무성할 쯤, 나는 베들레헴 끝자락에 붙어 있는 탄투르 에큐메니컬 연구소에서 열심히 강의를 하고 있었다. 매일 아침 학교 정원사가 당나귀를 타고 출근해서 내 연구실 창가 아래에 있는 나무에 당나귀를 묶어두고 일을 했다. 매년 12월과 1월이면 나는 그 동물이 행복하게 야금야금 풀을 뜯어 먹는 광경을 기분 좋게 감상하곤 했다. 그 후 이어지는 9달 동안은 갈색의 마른 풀 더미를 묵묵히 씹으며 뜨거운 더위 속에 그저 먼 곳을 바라보는 녀석을 측은하게 바라보았다. 이렇게 초록색의 즙이 많은 풀밭이란 얼마나 큰 기쁨을 주는가!

성지의 대초원에는 담장이 세워진 곳도 재배지도 없다. 양들은 매일같이 마을을 떠나 목초지에서 방목될 뿐이다. 나는 레바논 베이루트 도시 뒤편에 솟아 있는 제벨 산닌(Jabel Sannin)의 2,609미터 정상 부근에서 양 떼를 지키는 목자들을 마주친 적이 있다. 그곳에서 한번은 어떤 경험 많은 목자(그는 큰 양 떼를 거느렸다)와 흥미로운 대화를 나누었다. 그는 매일 100마리가 넘는 양들에게 줄 먹이와 마실 물을, 조수나 개 한 마리의 도움도 없이 홀로 우여곡절 끝에 찾아내는 과정을 생생하게 들려주었다. 그렇다면

---

14) George Lamsa, *The Shepherd of All*: *The Twenty-Third Psalm* (Philadelphia: Holman, 1939), p. 36.

다윗이 말하고 있는 "푸른 풀밭"은 도대체 무엇이란 말인가? 대주교 네르세스가 이 구절을 어떻게 해석하는지 살펴보자.

언제든지 누군가 믿음의 입을 열어 마실 물을 구한다면, 성경은 교회의 터전 위에 심은 다양한 나무들 안에서 많은 영양분을 공급함으로써 자라게 한다. 어떤 사람에게는 순결함을, 어떤 사람에게는 자비의 행동으로 열매 맺음을, 또 어떤 사람에게는 순교를, 또 다른 이들에게는 온화함을 가지고 성장하게 한다. 바로 이런 것들이 사람의 영혼에게 영양분을 주는 쉴 만한 물가로서, 소망이 없는 자들에게 소망을 주어 선교에 힘쓰게 하고, 사랑 안에서 그들을 세우며 또 하늘왕국의 모든 열매를 쌓게(생산하게) 해준다.[15]

시편 23편의 이런 해석은, 동방 정교회가 수세기에 걸쳐 교회에 전해준 영적 풍요로움의 한 예에 불과하다. 산허리에서 양들과 함께하는 목자의 이야기로 돌아가 보자. 아침 식사를 한 다음, 양들에게 필요한 것은 마실 음료다.

목자는 한낮에 물을 이용할 수 있는 곳 주위에서 하루 일과를 계획해야 한다. 기온이 낮은 겨울일수록 따뜻한 목초지가 제공되지만, 기온이 높아지는 계절일수록 시원한 언덕 경사지들이 여름의 열기를 피할 수 있는 곳으로 준비되어야 한다. 목자들과 그들의 마을 혹은 부락의 지배력간의 전통적인 방목 소유권과 그들간의 상호 관계는 양 떼를 먹일 목초지와 식수의 선택과 관련된다. 고요한 물가를 에워싼 "푸른 초장"에서 풀을 뜯는 양 떼들의 아침이야말로 우리가 애타게 갈망하던 이상적인 장면이다.

목자는 자기 양들이 자리에 누운 채 막 배부른 위를 소화시키기 위해

---

15) Nerses of Lambron, *Psalm 23*.

서는, 배불리 먹을 풀, 물, 그리고 안정이 필요하다는 것을 알고 있다.

선한 목자는 "나를 인도하신다." 그는 "나를 몰고 가지" 않으신다. 이것은 뚜렷한 차이점이다. 나는 야생 목초지가 없는 이집트에서 막대기를 들고 양 무리를 뒤에서 몰고 가는 목자들을 종종 보았다. 그러나 거룩한 땅의 야생 광야에서는, 목자가 자기 양 떼를 천천히 앞서 걸으면서, 자신의 10초 선율(ten-second tune)을 피리로 연주하거나 (더 빈번하게는) 혼자만의 독특한 "신호"(call)를 준다. 양들은 주로 자신들이 알고 따르기 원하는 목자의 목소리에 이끌려 간다. 일반적으로 목자들은 정오에 우물이나 샘 주위에 모여 각자의 양들이 서로 어울려 물을 마시면서 쉬게 한다. 그러다 한 목자가 시간이 되어 떠날 채비를 갖추고 자신의 양들을 부르면, 다른 양들과 섞여 있던 그의 양들은 순식간에 무리에서 떨어져 나와 목자가 어디로 그들을 인도하든 그 뒤를 따른다. 에릭 비숍은 다음과 같은 사건을 우리에게 들려준다.

30년대 중반 팔레스타인에 있었던 폭동 기간 동안 하이파(Haifa) 근처의 한 마을이 양과 소를 정부로부터 가압류 당하는 집단 처벌을 선고받았다. 그러나 주민들은 고정 가격으로 자신들의 소유물을 변제하는 것이 용인되었다. 주민들 가운데에는, 가진 것이라고는 6-8마리 정도의 양과 염소가 전부인 고아 출신 목동도 있었다. 이 목동은 어떻게든 자기 가축을 되사기 위해 돈을 마련했다. 그리고 가축들이 우글거리는 거대한 우리로 다가가, 영국군 중사에게 돈을 주었다. 그러자 그 장교는 지불한 금액에 맞춰 가축들을 자유롭게 가져가도 좋다고 말했다. 그는 압류된 수백 마리의 가축들 가운데서 자신의 "적은 양 무리를" 가려낼 수 있을 것이라는 목동의 생각을 조롱했다. 그러나 이 작은 목동은 자기 양들을 잘 알고 있었기에 장교와는 다르게 생각했다. 그가 호각(nai; 목자의 통소)을 가지고서 자신의 "신호"를 주자, "그의" 양들은 수많은 가축들부터 나와, 목동에게로 뛰어왔다. "나는 선한 목자다. 나는 내 양들을 알며, 양도 나를 안다."16)

앞서 말했듯이 양 떼에게 물을 먹이는 작업 역시 매우 중요한 일과다. 양은 아무리 얕은 물가라 해도 흐르는 물을 두려워한다. 이에 대해 람사(Lamsa)는 "양은 물이 빠르게 흐르면 마시지 않는다"고 전한다.17) 중동의 목자들은 물살이 있는 개울에서 양을 방목할 때 개울로부터 멀찌감치 떨어진 곳에 땅을 판 다음 관을 연결해 물을 마시운다. 람사는 이렇게 말한다. "목자들은 물살이 강한 시냇가를 만나면 그 가장자리 끝에 물이 고이도록 하여 양이 편하게 마실 수 있도록 해준다."18) 그리고 나면 양들은 재빨리 "잔잔한 물가"로 나란히 다가와 갈한 목을 축인다. 시냇물을 따라 자연히 형성된 작은 못이 아닌 우물이나 저수지가 유일한 물 저장소라면, 목자가 우물이나 저수지로부터 길어 올린 물을 부을 수 있는 저장소 옆 돌 급수 웅덩이(stone watering trough)가 만들어지거나, 저장소의 한쪽을 트거나, 땅을 파야 한다. 이사야 8:6은 "천천히 흐르는 실로아 물"(양들이 마실 수 있는)과 흉용하고 창일하여 모든 골짜기에 차고 언덕에 넘치는 큰 "하수"(유프라테스)를 비교한다(사 8:7-8). 다윗은 양이 물을 마셔야 한다면, 잔잔한 물가가 필수적이라는 사실을 인식하고 있다. M. P. 크리코리안(M. P. Krikorian)은 터키 남동쪽에 위치한 타르수스 근처의 한 작은 마을에서 자랐다. 건축업자 집안에서 태어난 그는 학교를 등지고 백 마리가 넘는 양 떼를 도맡아 키워야 했다. 훗날 미국 아르메니아 감리교 목사가 된 그는 유년시절의 목동 경험을 바탕으로 책을 썼다. 그는 자신의 책을

---

16) Eric F. F. Bishop, *Jesus of Palestine* (London: Lutterworth, 1955), pp. 297-98.
17) Lamsa, *Shepherd of All*, p. 43.
18) Ibid., p. 42.

통해 양 방목에서 발견한 놀라운 사실 한 가지를 전했는데, 바로 양은 흐르는 물을 마시지 않는다는 것이다. 그는 이렇게 서술한다.

> 물소리가 들리고 물이 시야에 들어오면, 양들은 허겁지겁 소리가 나는 방향으로 달려가 자신들의 갈증을 알린다. 하지만 내가 가만히 양 떼를 살펴본 결과, 양들은 마치 대도시 사이에 있는 화려한 보도를 오가는 사람들처럼 개울을 옆에 끼고 위 아래로 왔다 갔다 할 뿐 극소수를 제외한 대부분의 양들은 좀처럼 물을 마시지 않았다. 나는 이로부터 중요한 교훈을 얻었다. 양들은 흐르는 물을 마시지 않는다는 것이다. 양들은 흐르는 시냇물 가운데서 돌이 방패막이 되어 물살이 잔잔해진 곳을 찾을 때까지 그저 두리번거릴 뿐이다.…어떤 소용돌이치는 강줄기 혹은 물결이 일어나는 시냇물도 양들의 주의를 끌 수는 없다.…양들은 고요히 흐르는 잔잔한 물을 원한다.[19]

목자는 이 사실을 알기에 어떤 대가를 치르고서라도 양들에게 "잔잔한 물가"를 제공해준다.[20] 이런 이미지는 충분히 생각할 만한 가치가 있다.

외부의 모든 위협으로부터 자유로워진 상태에서 최고급의 음식(푸른 풀)과 양들이 자신 있게 마실 수 있는 잔잔한 물로 만족을 얻은 양들은, 섭취한 풀을 소화시키기 위해 마침내 자리를 잡고 누울 것이다. 싱싱한 풀이 무성한 초원과 그 옆으로 잔잔한 물이 고요히 흐르며 그늘까지 드리워진 곳이야말로 양들에겐 천국일 것이다. 다윗은 목자이신 여호와께서 이 모든 것을 그에게 주신다고 확신했다. 우리는 다윗의 삶이 분명 폭풍처럼

---

[19] M. P. Krikorian, *The Spirit of the Shepherd: An Interpretation of the Psalm Immortal*, 2nd ed. (Grand Rapids: Zondervan, 1939), p. 45.
[20] 양은 오직 깨끗한 물만 마신다고 하는 크리코리안의 제안은 겔 34:19의 무력한 양이 다른 양에 의해 더러워진 물을 마시도록 강요받는 구절을 통해 지지를 얻지 못한다.

파란만장했지만, 그 모든 시련 한복판에서 그가 쉼, 안식, 그리고 평온을 찾았으리라는 것을 짐작해볼 수 있다. 다윗은 살인, 근친상간, 배신, 간통, 배반, 내전, 그리고 아들의 죽음을 경험했다. 그러나 다윗은 자신이 잔잔한 물가에 서 있음을 인식했다. 목자는 매일 양 떼를 그들의 쉼터로 인도한다. 쉼과 안식은 다윗의 일상이었다. 시편은 계속해서 다음과 같이 말한다(표 1.5. 참조).

3. 내 영혼을 소생시키시고
    자기 이름을 위하여 　　　　　　　　　　구출
    의의 길로 인도하시는도다 　　　　　　　　보호

표 1.5. 의의 길로 돌아옴-그의 이름을 위하여(시 23:3)

널리 존경받는 킹제임스 성경은 영어권에서 유명한 한 구절을 우리에게 선사했다. "내 영혼을 소생시키시고." 영어에서 이 구절의 쓰임은 종종 "나는 낙망했고 주께서 '나의 영혼을 회복시키신다.' 그리고 나 자신과 세상에 대해 편안한 마음을 가지는 데 도움을 주신다" 정도로 사용된다. 많은 경우에 영어 성경들은 구체적인 이미지를 하나의 개념으로 만들어놓았다. 앤서니 티슬턴(Anthony Thiselton)은 통찰력을 가지고 이 부분을 주목했다. 그는 말하기를, "대부분의 영어 번역본들, 특히 NRSV 그리고 종종 NIV 등은 은유의 개념적 내용을 강력한 정서적 이미지로부터 분리해 버린다."[21] 나는 이 본문이 이런 성향의 대표적인 사례라고 생각한다. 이 구절의 축어적 번역인 "그는 나를 제자리에 데려다 놓다"는, 양은 길을 잃

---

21) Anthony Thiselton, *The First Epistle to the Corinthians* (Grand Rapids: Eerdmans, 2000), p. 1053.

었고 선한 목자는 양을 추적하고 찾아서, 다시금 데리고 와야 한다는 표현에서 그 설명이 분명해진다.

레바논과 성지(혹은 또 다른 지역)의 목자들은(나의 몇 학생들 외에도) 내게 길 잃은 양에 대한 정황을 설명해주었다. 일단 양이 스스로 길을 잃어버렸다는 것을 알게 되면, 양은 덤불 속이나 바위 밑에 숨어서 파르르 떨며 "메~에" 소리를 낸다는 것이다. 목자는 이 양이 야생동물에게 발각되어 먹이가 되지 않도록 신속하게 찾아내야 한다. 발견된 양은 극도로 불안정하여 제대로 걸을 수조차 없기에 목자는 양을 어깨에 걸쳐 메고 양무리 혹은 마을로 돌아온다. 이 명확한 그림이 추상적 개념으로 대체된다면, 시편 23편의 "잃어버린 양" 이미지는 증발해버린다. 동시에 이 본문과 성경에 나타난 "선한 목자와 잃어버린 양" 이야기의 연결 고리도 사라져버리고 만다. 다행히도 동방 정교회는 이런 실수를 피했다. 70인역(Septuagint)은 동사 *epistrepho*를 사용하는데 그 뜻은 "되돌아오다" 또는 "데리러 오다"이다. 아랍어역은 이것을 *yaruddu nafsi*("그가 나를 데리러 오다")로 번역했고, 시리아어역인 페쉬타도 비슷한 방식으로 번역했다.[22] 5세기 초의 고전 아르메니아어 번역본은 "그가 나를 잘못된 길에서 옳은 길로 데려가신다"로 진술한다.[23] 이 권위 있는 초기 번역본은 문제의 양을 잃어버린 양으로 단언했고, 목자는 그 양을 반드시 찾아서 "옳은 길"로 가도록 제자리에 돌려놓는다고 한다.

유감스럽게도 서구에 살고 있는 우리들은 시편 23편의 심장인 잃어버린 양의 이미지를 잃어버렸다. 시편의 이런 이미지를 복원하는 것은 시편을 선한 목자-잃어버린 양에 대한 성경적 이야기의 나머지 부분들과 재

---

22) 아랍어역 중에서 예외는 New United Arabic Bible Society version인데 그 역본은 서양 전통 텍스트를 적용했다.
23) 나는 아비디스 보이너리언 박사에게 이 번역과 교정 작업에 빚을 졌다.

연결시키는 물꼬를 트게 한다. 히브리어 동사 *shuv*(돌이키다/회개하다)가 그 연결을 뒷받침해준다.

히브리어 동사 *shuv*는 선한 목자 이야기의 수집 과정에서 지속적으로 등장하여 논의되어왔다. 이야기 전개에서는 목자가 "나를 되돌려 놓다"는 의미가 있으며, 신학적 맥락에서는 내가 "회개하게 되다"는 의미를 가진다. 시편 23편은 사역동사(polel)의 형태를 취한다. 이런 사역동사의 사용은 타자가 나를 위해 행동한다는 의미를 더욱 명확히 한다. 그(선한 목자)는 나를 데리러 온다. 잃어버린 양은 목자의 도움 없이는 집으로 돌아올 수 없다. 내가 만약 양의 입장이라면, 유일한 희망은 목자가 내 뒤를 쫓아와 나를 찾아 품에 안고 안전하게 데리고 돌아가는 것이다. 이 핵심 동사의 반복에 초점을 맞추는 것은 여기서 논의 중인 연구에서 중요한 부분을 차지한다.

다행스럽게도 서구 전통이 이 이야기의 중요한 부분을 완전히 놓치지는 않았으나, 이것을 살펴보기 위해서는 잠시 과거로 거슬러 올라갈 필요가 있다. 유명한 찬송 "사랑의 왕이신 나의 목자"(The King Of Love My Shepherd Is)의 3절 가사는 다음과 같다.

내가 어리석게 방황해도 사랑의 손길로 주님의 어깨 위에 나를 메시고 그분의 집으로 나를 기쁘게 인도하시었네.[24]

18세기 아이작 왓츠는 시편 23편을 자신의 시로 풀어썼다.

내가 주의 길을 잃었을 때 주님은 나의 방황하는 영혼을 데려다 놓으셨습니

---

24) Henry Baker, "The King of Love My Shepherd Is," 1868.

다. 그리고 그분의 자비 때문에 나를 진리와 은혜의 길로 인도하셨습니다.25)

두 가지 행동은 서로 관련되어 있다. 첫째, 목자는 최선의 노력을 다해 반드시 나를 찾아내고야 만다. 둘째, 잃어버린 양을 찾아 양 무리에게로 데려오기 위해서는 그만큼의 값이 지불되어야 한다. 우리 앞에 있는 시편은 오직 두 번째만을 언급했다("그가 나를 데려다 놓다"). 첫 번째 내용이 짐작되기는 하나, 명백히 진술되지는 않는다. 선한 목자 전승이 그 자체의 특수한 역사를 통해 전해 내려오면서, 이런 연구를 위해 요구된 작업에 대한 의견들도 점차 발전해왔다.

본문은 계속해서 이어진다. "그가 나를 의의 길로 인도하시는도다." 명쾌한 해석(앞서 언급한 전통적인 아르메니아어역으로 확인된 것처럼)은, 나는 길을 잃고 잘못된 길에서 방황했지만, 선한 목자가 나를 데리러 와서 옳은 길로 인도하셨다는 것이다. 예루살렘 광야에 있는 길들은 무수히 많은 양 떼들에 의해 닳아진 희미한 오솔길들의 미로로 이루어져 있다. 목자만이 이 미로 같은 길에서 방향을 바로잡아 막다른 길이나 벼랑 끝이 아닌, 골짜기를 지나 다음 여행 경로로 향하는 올바른 행선지를 제시할 수 있다. 이 구절의 신학적인 함의에 관하여, "의의 길"은 역사속에서 구원하시기 위해 행하시는 "하나님의 의"를 가리킨다. 하나님의 의는 개인의 의를 위한 모델이 된다.

선한 목자는 자신의 양 떼를 "자신의 이름을 위하여" 옳은 길로 이끈다. 람사는 "목자는 자신의 양 떼를 사랑하기 때문에, 양 떼를 위한 길을 신중히 살핀다. 자기 이름을 걸고 어떻게 해서든지 모든 사고나 들짐승들로부터 자신의 양 떼를 보호해낸다. 그는 선한 목자라는 자신의 명성

---

25) Isaac Watts, "My Shepherd Will Supply My Need," 1719.

을 지켜내야 한다"고 기록한다.[26] 선한 목자는 성실하게 자기 임무에 최선을 다하며 그 성실함은 훼손되지 않을 것이다. 그는 선한 목자다. 선한 목자는 자신의 양을 버리는 법이 없다. 이 주제는 앞으로 보게 될 에스겔 36:22-32에서 반복되고 확장된다. 대주교 네르세스는 "왜 하나님은 그런 섭리적 돌봄의 방식을 사용하시는가? 뇌물을 위해서 혹은 단순히 그가 나를 그의 양 떼에 포함시키려는 목적 때문이 아니라, 단지 자기 이름을 위해 그런 일을 했단 말인가?"라고 예리하게 논평했다.[27] 그러나 시편의 카메오 도입 초반부터 이미 목자는 양들에게 음식, 마실 물, 평온, 구출, 회복을 제공한 것으로 보인다.

이 반전구조(inverted structure) 때문에 시편의 고대 독자들은 이야기의 절정이 문단 끝에 있지 않고 중간에 위치했다는 사실을 알고 있었다 (표 1.6. 참조).

4.	⁴내가 사망의 음침한 골짜기로 다닐지라도	사망/악
	해를 두려워하지 않을 것은	두렵지 않음

표 1.6. 죽음의 골짜기를 통과하는 통로(시 23:4)

이 카메오의 히브리어 본문은 "죽음의 그늘진 계곡"(KJV, RSV, ESV) 또는 "깊은 어둠의 계곡"(NRSV) 정도로 번역될 수 있다. 성지에 있는 많은 계곡들 바닥의 바위에는, 겨울 물살이 갈라놓은 길고 깊은 균열들이 있다. 이런 계곡들 중 하나가 요르단 남부의 도시 페트라로 이어지는 통로다. 내가 이 유명한 도시를 처음 방문한 것은 1957년의 여름이었다. 몇 달

---

26) Lamsa, *Shepherd of All*, p. 52.
27) Nerses of Lambron, *On Psalm* 23.

후, 아무런 예고도 없이 돌발적인 홍수가 일어나 그 도시의 입구로 이어지는 길고 좁은 9미터짜리 협곡으로 쏜살같이 들이닥쳤다. 당시 그 계곡을 지나던 50명의 프랑스 관광객들이 이 홍수로 익사했다. 나는 해당 장소에서 근무했던 요르단 현지 관광서비스 담당자를 사로잡았던 트라우마를 떠올렸다. 그들은 우리에게 사고 지점을 손가락으로 가리켰다. 당시 여행자 그룹을 이끌었던 두 여성 인도자는 갑자기 뒤에서 터져나온 괴성을 듣고 고개를 돌려, 비좁은 동굴의 갈라진 틈으로 관광객을 끌어 올리려고 했지만 물살의 여파로 옥석이 떨어져나가면서 관광객의 몸이 쓸려나가는 장면을 목도해야만 했다. 이 계곡은 실제로 "죽음의 계곡"이었다. 우리는 후세인 왕(King Hussein)이 다음날 생존자와의 연대 및 희생자들을 애도하기 위해 현장을 방문했다는 말을 들었다. 나는 비슷한 협곡을 방문해본 경험이 있다. 그 계곡은 신약의 여리고 근처 산에 위치한 정교회 성 조지 수도원(Orthodox Saint George's Monastery) 위쪽 와디 켈트(Wadi Qelt; 편주-우기에는 물이 있으나, 건기에는 메마른 유대 지방 근교의 계곡 가운데 하나다) 안에 있다. 목자 다윗은 폭우로 형성된 이런 계곡을 알고 있었을 것이며, 그것을 염두에 두고 이 유명한 시편을 구성했을 것이다. 목동 출신 크리코리안은 예루살렘-여리고 길 남쪽에 있는 비슷한 계곡을 아래와 같이 묘사했다.

팔레스타인에는 실제로 죽음의 그림자가 드리운 계곡이 있고 모든 목자들이 이것을 알고 있다.…나는 운 좋게도 이 계곡을 최소 한 번은 무사히 지나가본 경험을 가지고 있다.…매우 비좁은 이 협곡은 산맥을 통해 연결돼 있는데, 뾰족뾰족 찢겨진 바위들 사이로 포효하는 듯 강한 물줄기가 종종 형성되곤 했다. 물줄기는 인상 찌푸린 스핑크스 같은 흉벽으로 돌출된, 가파른 절벽의 깊고 비좁은 협곡으로 돌진했다. 협곡의 좌우 벽은 마치 대성당 측벽처럼 세워져 있었다. 계곡 길이는 약 8킬로미터 정도지만, 바닥의 가장 넓은 부분은 고작 3.7미터 정도였다.…딱딱한 바위 위의 길은 너무 비좁아서, 위험을 만난 양이 방향을 바꾸기란 거의 불가능하다.…계곡 곳곳에는 2.1-2.4미터 되는 작은 협곡들이 침식되어 있다.28)

람사는 다음과 같이 지적했다.

죽음의 그림자 골짜기란 어두운 그림자가 있고 깊은 협곡들이 있는 산 사이로 바람이 부는 길들을 말한다. 행인들은 강도에게 노출되는 것을 피하기 위해 천천히 그리고 조용히 그 길을 빠져나와야 한다. 죽음의 공포가 끊임없이 그들의 마음에 도사리고 있다. 그들은 언제 들이닥칠지 모르는 곤경과 죽음에 촉각을 세우고 떨면서 그 길을 지난다.29)

죽음과 흑암의 계곡은 피할 수 없는 길이다. 우회로도 없으며, 영화 같은 극적인 탈출도 기대할 수 없다. 이 죄와 죽음의 골짜기를 통과해야만 앞으로 나아갈 수 있다.

그러나 시편은 "이 골짜기가 여정의 종착지다. 이곳에 적응하라!"고 말하지 않는다. 시편 기자는 이 골짜기야말로 통과해야 하는 길이라고 말한다. 시편 기자는 그의 여정이 거기서 끝나지 않는다는 것을 알고 있다. 이런 종류의 사람들은 손실을 참으면서, 자신들이 어둠의 골짜기의 한가운데 사면초가가 되어 있음을 상상한다. 종종 골짜기와 관련된 주요 문제는 사람들 속에서 일어나는 두려움이다. 골짜기에 다다르기 한참 전부터 두

---

28) Krikorian, *Spirit of the Shepherd*, pp. 68-69.
29) Lamsa, *Shepherd of All*, p. 53.

려움은 행인을 무력화시킨다. 이런 골짜기를 통과할 때 예상되는 두려움만큼이나 그 여정 자체가 기쁨을 앗아가지는 못한다. 시편 기자는 이 흑암의 골짜기가 언젠가는 반드시 지나가야 하는 통로임을 안다. 그는 결코 이 무서운 어둠 속 두려움에 잠식되어 넋을 잃지 않는다. 그에게 이 길은 열려 있다. 다른 비유로 말하자면, 시편 기자는 다리에 다다랐을 때, 그 다리는 손상된 것이 아니며, 그것은 반대편의 안전한 장소로 이어진다는 사실을 인식하면서 기쁜 마음으로 다리를 건너게 될 것이다.

두려움의 실상이 구체적으로 언급된 곳은, 이 연구에서 선택된 9개의 본문 중 세 곳이다. 나머지 5곳에서는 하나의 기본 가정이 된다. 시편 23편에서 두려움은 두 번 나타난다. 첫 번째는 길 잃은 양이 겪은 무언의 두려움이다. 길을 잃어버렸다는 걸 직감한 양은 그 두려움으로 마비된다. 목자가 반드시 "양을 제자리로 안전하게 데려다 놓아야" 할 이유가 여기 있다. 두 번째는 죽음의 골짜기로 인해 겪은 두려움이다. 여기서 양은 길을 잃지 않았다. 단지 골짜기를 지날 때의 두려움을 느낄 뿐이다. 하지만 시편 기자는 "해를 두려워하지 않을 것이다"라고 단언한다.[30]

이 지점에서 하나님이 극적으로 "무대 위로" 등장하시며 시편 기자는 그분에게 직접 이야기한다(표 1.7. 참조).

---

[30] 간략한 사설을 덧붙일 필요가 있다. 역사적 해석은 최소한 4세기 크리소스토모스 이래로 성경의 진지한 성찰을 위한 기초를 이루어왔다. 원시 화자/저자가 원시 청자/독자에게 전달하고자 했던 것이 무엇인지가 언제나 대답되어야 하는 질문이다. 그러나 기독교의 시 23편 읽기는 그리스도의 조명 아래에서 다윗이 무엇을 생각했고 경험했는지를 자유롭게 상상해볼 수 있으며 이런 단어들을 반영한다. 왜 신자들은 죄와 사망을 두려워하지 않는가? 그 대답은 우리가 그리스도 안에 있기 때문이며 그리스도 안에 있다는 의미는 우리가 그와 함께하는 연합을 통하여 그와 함께 죽고 살아났다는 뜻이다(골 3:1-3). 따라서 죄와 사망을 극복한 승리는 우리가 이미 경험했던 현실인 것이다. 바로 이것 때문에 "그리스도 안에" 있는 자는 "그와 함께 존재하고 이루었다"는 깊은 의미로서 죄와 사망을 대면할 수 있게 된다.

5. 주께서 나와 함께하심이라

    주의 지팡이와 막대기가   보호

    나를 안위하시나이다   평안

표 1.7. 죽음의 골짜기를 통과하는 통로(시 23:4)

시편의 수사학적 구성의 "전환점"을 맞이하는 지점이 바로 여기다. 이 카메오의 처음에, 다윗은 충격적인 문구로 직접 하나님께 이야기한다. "주께서 나와 함께하심이라!" 만약 내가 의지하는 보안제도가 사법경찰이나 정부의 군대라면, 정부가 위기에 처했을 때 발생하는 두려움은 쉽게 나를 사로잡고 말 것이다. 그러나 주께서 나의 목자시라면, 나는 그분께서 나를 흑암의 골짜기에서 인도하시며 나를 예기치 못할 불안[31]으로부터 구해 주실 것을 알고 있다. 그렇다면 무엇이 이런 확신과 자신감을 가져오게 하는가?

양은 한 가지 특별한 문제를 가지고 있다. 그들은 방어체계가 없다. 고양이는 날쌔며 날카로운 이빨과 발톱이 있다. 개는 튼튼한 턱과 스피드가 있다. 말은 발로 차거나 물기도 하며 빠르게 달릴 수 있다. 곰은 육중한 무게로 할퀴고 물어 뜯는다. 사슴은 민첩하게 도망칠 수 있다. 그러나 양은 물 수도 할퀼 수도 없으며 포식자가 나타나도 빠르게 달아나지 못한다. 양들이 할 수 있는 거라곤 자기들끼리 들이받는 것이 전부다. 이런 실력으로 이리나 곰과 맞선다는 건 불가능하다. 양에게 있어 유일한 안전망은 목자뿐이다. 진정으로 "주께서 나와 함께하심이라."

---

[31] 우리에게 다양한 사례들이 있다(예를 들어 9.11테러). 우리 가족이 10년간 레바논 내전에서 살아남았을 때 거기에는 경찰도 군인도 사실상 사라졌다.

이스라엘은 하나님의 변함없는 임재를 자랑스러워했다. 신명기 4:7은 이렇게 말한다. "우리 하나님 여호와께서 우리가 그에게 기도할 때마다 우리에게 가까이 하심과 같이 그 신이 가까이 함을 얻은 큰 나라가 어디 있느냐." 이스라엘 주변 국가들의 신들은 그들을 위해 지어진 사원에 살았다. 그 신에게 청원하기 위해서는 신이 거주하는 "집"을 방문해야만 한다. 우상이 제작되었고 그 우상이 곧 신이었다. 하지만 이스라엘의 신은 그것과 달랐다. 그들은 "여호와의 집"인 성전을 가졌으나, 동시에 시인은 이렇게 질문한다(시 139:7-10).

> 내가 주의 영을 떠나 어디로 가며
> 주의 앞에서 어디로 피하리이까
> 내가 하늘에 올라갈지라도 거기 계시며
> 스올에 내 자리를 펼지라도 거기 계시니이다
> 내가 새벽 날개를 치며 바다 끝에 가서 거주할지라도
> 거기서도 주의 손이 나를 인도하시며
> 주의 오른손이 나를 붙드시리이다

시편 23:4에서도 동일한 신학적 아이디어를 볼 수 있다. 자세한 설명은 누락되어 있으나, 주의 "성육신"(incarnation)에 관한 아이디어는 분명하게 드러나 있다. 하나님께서 어디서, 어떻게 자신만의 방식으로 우리와 함께 거하시는지에 관한 논의는 없다. 보다 자세한 내용은 후일에 위대한 확신인 "임마누엘, 우리와 함께하시는 하나님"(마 1:23)에 관한 전통에서 나타나게 될 것이다. 이 두 본문은 서로 연관성이 깊다.

다윗은 목자의 임재가 그를 두려움으로부터 건져내는 방식에 대해 계속해서 설명한다. 다윗은 다음과 같이 말한다. "주의 지팡이와 막대기가

나를 안위하시나이다." 이 두 개의 도구는 꼼꼼히 이해할 필요가 있다. "막대기"(shbt; 편주-개역개정은 "지팡이와 막대기"로 번역했으나, 히브리 성경과 영어 번역은 "막대기(rod)와 지팡이(staff)"로 번역)로 번역된 히브리어 단어는 긴 역사적 배경을 가지고 있다. 이 단어 자체의 의미는 몽둥이, 권장(權杖), 무기[32]로 생각될 수 있지만, "지팡이"(walking stick)와는 의미가 전혀 다르다. 오히려 목자가 야생동물이나 적들로부터 양 떼를 보호할 때 사용하는 공격용 무기에 더 가깝다. 이 도구는 0.6-0.8미터 정도로 길고, 끝에는 철퇴와 비슷한 금속붙이가 끼워진 "전곤"(mace)과 유사하다.[33] 이것은 위협적인 무기가 될 수 있다.

나일 강 유역에 정착했던 원주민들은 목자들이었다. 기원전 3,000년경 것으로 추산되는 63.5센티미터 길이의 점판암 팔레트(slate pallet)가 이집트에서 발견되었는데, 그 팔레트에는 나르메르(Narmer)라고 불렸던 왕과 그 앞에 무릎을 꿇고 앉아 있는 포로가 묘사되어 있다. 왕은 왼손으로는 포로의 머리를 움켜쥐고 다른 손으로는 전곤을 높이 치켜들고 있다. 그는 무기력한 포로의 머리 위에서 전곤을 내리치려고 하는 있는데, 나르메르 왕의 도구는 우리가 여기서 묘사하려고 하는 목자의 몽둥이와 모양과 크기가 동일하다.[34] 게다가 그 전곤은 상형문자(hieroglyphic writing) 체계의 표음문자 중 하나로 묘사되었다.[35] 같은 종류의 "막대기"(전곤)가 20세기까지 성지의 목자들 사이에 사용됐다. 성경에서 이 막대기/전곤의 다양한

---

32) LVTL, *Lexicon*, p. 941.
33) 크리코리안은 "때때로 금속이나 못이 몽둥이 끝에 부착되어 위협을 가중시킨다. 이 몽둥이로 후려치면 제아무리 사나운 맹수라 해도 굴복당하거나 죽음을 피할 수 없게 된다"고 기록한다(Krikorian, *Spirit of the Shepherd*, p. 84).
34) William H. Peck, "The Constant Lure," in *Ancient Egypt: Discovering Its Splendors*, ed. Jules B. Billard (Washington, DC: National Geographic Society, 1978), pp. 34-35.
35) William K. Simpson, "The Gift of Writing," in Billard, *Ancient Egypt*, p. 147.

용례는 다음과 같다.

1. 양을 셈하기 위해(레 27:32). 목자가 저녁에 우리로 돌아와 양의 숫자를 셀 때, 목자는 우리 입구에서 막대기를 수평으로 들고 그 아래로 한 번에 하나씩 양들이 들어가게 한다.[36] 이런 방식으로 양들의 수를 셈한다. 혹시 양의 숫자가 모자라기라도 하면 목자는 즉시 수색에 나선다. 양들은 목자의 이 막대기를 주목하고 있으며, 목자의 막대기가 마치 "경보 시스템"과 같이 모든 무리의 안전을 도모한다는 것을 기억하고 있다. 양의 실종 유무는 바로 이 "야간 점호" 때 파악된다. 목자의 손에 들린 막대기 덕분에, 양을 잃어버린다 하더라도, 구조대 같은 것이 즉각 보내어질 것이다. 이에 대한 전체 그림은 레위기 27:32에서 확인할 수 있는데, 거기서 목자의 막대기가 양을 셈하는 데 쓰일 수 있다.

2. 야생 동물과 도둑들로부터 양을 보호하기 위해. 20세기 이전에 이 막대기(전곤)는 야생 동물과 도둑들을 물리칠 용도로 사용하기 위해 목자의 손에 들리워진 전형적인 무기였다. 다윗은 사울 앞에서 골리앗과 맞설 자신의 방어 능력을 이렇게 피력했다.

> 다윗이 사울에게 말하되 주의 종이 아버지의 양을 지킬 때에
> 사자나 곰이 와서 양 떼에서 새끼를 물어가면
> 내가 따라가서 그것을 치고 그 입에서 새끼를 건져내었고
> 그것이 일어나 나를 해하고자 하면 내가 그 수염을 잡고 그것을 쳐죽였나이다
> (삼상 17:34-35)

---

[36] ESV나 RSV는 이 구절에서 "staff"를 사용하고 있다. 여기서 논의 중인 히브리어 단어는 "rod"(שבט)이다.

다윗은 사자를 죽이기 위해 근접거리에서 자신이 사용한 도구에 대해 분명하게 묘사한다. 그 도구가 바로 그의 막대기(전곤)다. 양인 시편 기자는 목자의 막대기를 떠올리며 스스로에게 말한다. "나는 **외부의 해악으로부터** 안전하다. 나의 목자는 막대기를 가지고 있으며, 그것을 능숙하게 다루어 필요할 때 언제라도 나를 지켜주신다."

그리스어 성경(LXX)에서 이와 유사한 단어는 *rhabdos*로서 바울이 고린도전서 4:21에서 사용한 단어다. "너희가 무엇을 원하느냐 내가 매를 가지고 너희에게 나아가랴 사랑과 온유한 마음으로 나아가랴." 바울은 고린도후서 11:25에서 진술할 때, 동일한 단어의 동사 형태를 사용한다. "세 번 태장으로 맞고 한 번 돌로 맞고 세 번 파선하고 일주야를 깊은 바다에서 지냈으며."

확실히 "철장"(rod of iron)이라는 구문(시 2:9; 계 2:27; 12:5)은 머리 부분에 철갑을 씌운 목자의 막대기/전곤을 가리킨다. 이것이 쇠지렛대(crow bar)를 의미하지는 않는다. 오히려 돌도끼(stone ax)와 그 용도가 유사하다. 돌도끼는 손잡이가 아니라 머리 쪽이 돌로 연결돼 있다. 손잡이는 나무이며 날만 부싯돌인(수 5:2-3 참고) 부싯돌 칼(flint knife)과 동일하다. "철장"도 확실히 동일한 방식으로 생각할 수 있다.

그렇다면 목자의 돌팔매(sling)는 무엇인가? 전통적으로 목자들은 포식자들을 쫓아내기 위해(가능하다면) 혹은 양 떼를 인도하기 위한 목적으로 투석기를 사용했다. 목자는 투석기를 이용해 능숙한 솜씨로 나무나 돌무더기를 무너뜨리며, 양의 길목을 터주었다. 그러나 앞에서 읽었듯이 사자를 때려 눕히는 데 사용된 무기는 막대기(전곤)였다. 유명한 골리앗과의 대결에서는 사용했을지 몰라도 이 본문에서는 투석기에 대한 언급이 없다.

목자의 손에 들린 또 다른 유명한 도구는 "지팡이"(staff)다. 전통적인 목자의 지팡이는 막대기보다 길고 가볍다. 목자는 이 지팡이에 기대 서거나 언덕을 오를 때 혹은 양들에게 방향을 지시할 때도 흔히 사용한다. 지팡이의 길이는 양 떼 전체를 옳은 방향으로 통솔하거나 먼 거리를 가리키기에 충분하다. "지팡이"의 어근인 sh'n이라는 히브리어 동사의 의미는 "무겁게 내리누르다"(press down)와 더불어 "기대다", "지원하다" 등이다.[37] 아랍어 성경은 이런 명확한 의미를 가지는 'uqqaz라는 단어로 번역하고 있다. 서 있거나 걸을 때 혹은 기어오를 때, 목자는 자신의 지팡이에 의존한다. 이 지팡이는 약 1.5미터 정도의 길이로 목자는 항상 이를[38] 지니고 다닌다. 지팡이 끝은 갈고리처럼 굽어 있다. 양이 절벽이나 낭떠러지에서 강기슭이나 바위 틈새로 기어 나오지 못할 때, 목자는 지팡이의 굽은 부분으로 양의 다리나 어깨를 낚아챈 후, 부드럽게 끌어올려 원위치 시킬 수 있다.[39] 이탈리아 북부 보지오(Bosio)의 초기 기독교 카타콤 프레스코 천장에는 지팡이를 붙들고서 그의 어깨에 양 한 마리를 메고 있는 선한 목자이신 예수의 모습이 새겨져 있다. 예수의 왼손은 양의 네 다리를 쥔 채 가슴 위를 덮고 있고, 오른손으로는 끝부분이 굽어진 바로 그 지팡이의 꼭대기를 쥐고 기대어 서 있다.[40] 목자의 지팡이의 용도는 외부의 위협으로부터 양들을 지키는 게 아니며, 매일 양들에게 필요한 양식과 물과 평온과 휴식처를 찾아 양들을 이끌고 돌보는 것이다.

두 도구는 한 쌍이다. 첫 번째 도구(막대기)는 양 떼를 외부의 위협으로부터 보호하는 데 사용된다. 두 번째 도구(지팡이)는 일상적인 양 떼의

---

37) LVTL, Lexicon, p. 1000.
38) 아랍어역은 계속해서 'uqqaz라는 단어로 번역한다. 단어의 어근은 "어떤 것에 기대다"는 뜻이다. 'uqqaz는 지팡이라는 뜻이다.
39) 투탕카멘(Tutankhamen)은 이와 같은 지팡이를 가슴에 안고 매장되었다. 그는 자신의 백성의 목자였다.
40) 필립 샤프는 이 내용을 언급한다. History of the Christian Church (1859; repr., Peabody, MA: Hendrickson, 2002), 2:867. 또한 "대부분의 카타콤은 초기 3세기 동안 지어졌는데, 그중 소수는 거의 사도 시대까지 거슬러 올라간다"(ibid., p. 291).

방목을 부드럽게 돕는 데 사용된다. 양들은 이 두 도구를 바라보며 평안함을 얻는다.

카메오 6으로 넘어가보자(표 1.8. 참조).

6. 주께서 내 원수의 목전에서
   내게 상을 차려 주시고
   기름을 내 머리에 부으셨으니   양식
   내 잔이 넘치나이다   마실 물

표 1.8. 식탁과 잔(시 23:5)

여기서 독자들은, 이야기의 흐름이 여전히 목자와 그의 양에 대한 것인지 아니면 주인과 손님이 함께하는 축제의 연회 이미지로 전환되는 것인지에 대한 해석상의 선택의 기로에 서 있다. 성경의 진리가 다수결의 원칙으로 결정될 수는 없지만, 대다수 주석가들은 후자에 더 강한 동의를 표명한다.

어떤 주석가들은 "상을 차려 주시고"가 가리키는 것이 "부지런한 목자"라고 주장한다. 부지런한 목자는 양 떼를 방목하기에 앞서, 평평하고 고른 초원을 선정하고, 독초를 제거하며, 뱀을 없앰으로써 최적의 환경을 준비한다.[41] 따라서 "원수"는 야생동물이 된다. 그러나 이런 관점은 케냐나 스

---

[41] 식탁에 해당하는 히브리어 단어 *shulhan*에 대해 쾰러(Koehler)와 바움가르트너(Baumgartner)는 땅위에 숨겨진 장소라고 정의했다(LVTL, Lexicon, pp. 976-77). 미첼 다훗(Mitchell Dahood)은 이런 정의를 강력히 반대했다. *Psalms I, 1-50*, Anchor Bible (New York: Doubleday, 1965), p. 146. 그 후로 쾰러와 바움가르트너는 그들의 앞선 번역을 철회했다(Ludwig Koehler and W. Baumgartner, *Supplementum ad Lexicon in Veteris Testamenti Libros* [Leiden: Brill, 1958], p. 190을 참고하라). 다훗은 대안을 제공하지 않았다. 일반적으로 중동 지역의 전통적인 마을에서 여전히 사용하고 있는 낮은 형태의 둥근 식탁으로 여겨진다. 사람들은 식탁을 중심으로 둥그렇게 책상다리를 하고

위스에서나 볼 수 있는 높은 고원이 없는 성지의 지리적 특성에는 적합하지 않다. 더 나아가 "기름 부음"과 "내 잔이 넘침"이라는 표현이 목자의 양 떼에 대한 돌봄을 말한다는 주장은 다소 설득력이 떨어진다.[42] 설사 이런 주장이 맞다 하더라도, 목자가 양이 포도창(葡萄瘡; 역주-동물 다리에 생기는 질병의 일종)에 걸렸을 때 올리브 기름을 사용하긴 하지만 "넘치는 잔"은 목자와 양의 영역에서 적합하지 않다. 차라리 이 본문은 인자한 주인과 그의 손님 간의 관계에서 볼 때 보다 쉽게 이해되고 그 의미도 더 풍성해진다. 그렇다면 우리는 이 카메오를 어떻게 이해해야 할까?

카메오 2에서 시편 기자는 동물에게 필요한 양식과 마실 물에 대해 이야기했다. 현재 카메오 6에서의 주제는 사람들을 위한 양식과 마실 물이다. 동물과 사람 사이에 발생하는 일에 대한 논의에서 사람으로의 관심의 변화는 신약 복음서에서 익숙한 장면이다. 누가복음 13:15-16("소와 나귀"를 사탄에게 매인 여인과 대조)과 14:1-5(수종병 든 사람과 나귀와 소를 대조)에서, 예수는 비난하는 이들에 맞서 자신을 방어할 수 있는 비교대조를 사용한다. 시편 기자도 비슷한 절차를 밟는다. 카메오 1-5에서 목자와 양에 관한 은유적 사용은 풍부한 의미를 가진다. 곧 살펴보겠지만, 누가복음 15장에서 예수는 잃어버린 양의 비유로 시작하며(그리고 잃어버린 동전), 이어서 잃어버린 두 아들을 논한다(눅 15:1-32). 동물과 동전에서 사람으로 이동한 것이다. 하나님의 본성에 대한 시편 기자의 표현은 주인과 그의 손님의 이미지 사용을 통해 더욱 강화된다.

바닥에 앉아서 식사를 한다. 식사를 하는 모든 사람이 먹기 편하게 중심 메뉴는 식탁 중앙에 위치한다.

42) Faddoul Moghabghab, *The Shepherd Song on the Hills of Lebanon: The Twenty-Third Psalm Illustrated and Explained* (New York: E. P. Dutton, 1907), pp. 99-115을 참고하라. 람사는 이 구절이 양이 아닌 사람을 언급한다는 데 동의한다(Lamsa, *Shepherd of All*, pp. 76-78).

시편 본문으로 되돌아가보면, 여기 사용된 언어는 상당한 의미를 담고 있다. 식사 접대는 전통적인 중동 문화에서 중요한 부분을 차지한다. 이에 대해서는 람사의 글이 도움을 준다.

중동 지역에서 한 사람의 명성은 그가 소유한 재산이 아니라, 손님에게 베푸는 식탁과 풍성한 환대에 의해 평가받는다. 객이나 이웃들은 자신이 손님으로서 방문했던 식탁에 대해 즐겨 논한다. 이야기가 엮어져 소문이 되고 그 소문은 마을과 마을로 전해지며 또 세대를 거쳐 전해지게 된다. 따라서 객과 이웃을 즐겁게 해줄 방법은 언제나 의미 있는 이야기거리다.[43]

전통적인 중동 문화에서 만약 지역사회에 자신의 부를 자랑하고 싶다면, 고급세단이나 운동장만 한 크기의 잔디로 둘러싸인 궁궐 같은 주택을 구매할 필요는 없다.[44] 오히려 최대한 많은 손님을 불러 모아 그들을 만족시킬 만큼 많은 음식을 맛깔나게 차려 세 번 대접하면 된다. 개인의 부를 증명하는 현대의 서구적 방법은 공동체로부터의 가시적 분리와 거리다. 집 마당을 자동차로 운전해가며 초호화 건물과 그 옆에 주차된 고급세단을 자랑해줄 정도면 된다. 시편 기자의 이미지는 함께하는 식사에 의해 유대감이 강화되고 견고해진 공동체의 삶을 분명히 필요로 한다. 하지만 한 가지 더 생각해야 할 부분이 있다.

"상을 차려주시고"는 곧 "식사 준비"를 의미한다(시 78:19; 잠 9:2; 사 21:5; 65:11; 겔 23:41). 이 구절은 "식탁을 차림"을 말하는 것이 아니다. 왜냐하면 전통적으로 중동 사회에서 사람들은 개인용 접시나 식기용구 없이 식사

---

43) Lamsa, *Shepherd of All*, pp. 65-66.
44) 하지만 천문학적인 부가 갑작스럽게 생기면, 오늘날 아라비아 만(Arabian Gulf)에서 볼 수 있는 것처럼, 이런 전통적인 가치는 깊이 약화되게 마련이다.

를 했기 때문이다. 납작한 빵을 적당한 크기로 찢어 그 위에 음식을 올려놓고 입으로 가져가면 그만이다. 식사의 시작은 신선한 빵 한 조각이다. "식탁보를 펴는" 일을 제외하곤 특별히 "상을 차리기 위해서" 할 일은 없다(사 21:5). 음식은 종과 여인들이 준비한다. 집주인은 음식을 제공하지만 음식을 조리하지는 않는다. 여성이 음식을 장만하는 것과 관련해서는 특별히 잠언 9:1-5에 잘 나와 있다.

> 지혜가 그의 집을 짓고 일곱 기둥을 다듬고
> 짐승을 잡으며 포도주를 혼합하여 상을 갖추고
> 자기의 여종을 보내어 성중 높은 곳에서 불러 이르기를
> 어리석은 자는 이리로 돌이키라 또 지혜 없는 자에게 이르기를
> 너는 와서 내 식물을 먹으며 내 혼합한 포도주를 마시고

천사를 환대하는 아브라함의 이야기에서도 같은 장면을 확인할 수 있다(창 18:1-8). 아브라함은 손님을 맞아 그들에게 음식과 휴식을 권한다. 천사가 응하자, 아브라함은 서둘러 장막으로 들어가 아내 사라에게 고운 가루로 "떡을 만들라"고 말한다. 그리고 아브라함은 송아지 한 마리를 택하여 즉시 하인에게 주며 "요리하라"고 명령한다. 아브라함은 격식 있는 중동 스타일로 사라와 하인에게 음식을 준비시키고, 그 음식을 손님들에게 제공한다. 그리고 아브라함은 식사 중인 손님들 곁에 서서 예의를 갖춰 시중을 든다. 하지만 아브라함은 직접 요리를 하지는 않는다.[45] 방탕한 아들 비유에서 아버지는 연회를 명령한다. 그는 하인에게 연회를 준비하

---

45) 시 78:19에 "상을 차리다"(prepare/spread a table)라는 구절이 있고, 본문에서 그 뜻은 "빵이나 고기를 주다"로 정의된다(RSV). 하나님은 "주방에서" 요리를 준비하는 게 아니다.

라고 자연스럽게 명령한다(눅 15:22-23). 아버지가 직접 주방에 들어갔다고 상상하는 사람은 없을 것이다. 미쉬나(Mishnah)는 동일한 사회적 장면을 재현한다.

> 5. 만일 한 남자가 여관의 여주인에게 재료를(음식을 위한) 주려 한다면, 그는 재료에서 반드시 십의 일을 구별해야 하고 그가 그녀에게 받는 것에서도 동일하게 해야 한다.
>
> 6. 만일 한 사람이 장모에게 재료(음식을 위한)를 주려 한다면, 그는 재료에서 반드시 십의 일을 구별해야 하고 그가 장모로부터 받는 것에서도 동일하게 해야 한다.[46]

당연한 말이지만, 보통의 경우 남자 혼자서는 요리하지 않을 것이다. 그가 재료를 주면 여성이 요리를 한다. 중동 문화에서처럼 다른 많은 나라에서도 전통적으로 여성과 하인이 음식을 준비하는 중요한 임무를 책임져왔다. 시편 23편에서 하나님은 하인이 아니라 목자(그의 양 떼를 인도하는)이며, 따라서 본문 5절의 식사와 관련된 일은 여성의 소관으로 보는 게 자연스럽다. 또한 관련된 다른 성경 본문의 조명 아래에서 보아도, 이것은 놀랄만한 것이 아니다. 창세기 1:27은 다음과 같이 기록했다.

> 하나님이 자기 형상
> 곧 하나님의 형상대로 사람(단수, 히브리어 ha-'adam)[47]을 창조하시되
> 남자와 여자로 그들(복수)을 창조하시고

---

46) Mishnah Demai 3.5, in Herbert Danby, The Mishnah (Oxford: Oxford University Press, 1933), p. 23.
47) 여기에 사용된 히브리어 ha-'adam에 대해 ESV는 그 뜻을 인류라고 여백에 달았다.

분명히 남성과 여성은 하나님의 형상대로 창조되었다. 영이신 하나님은 남성도 여성도 아니다. 두 성별 모두 하나님으로부터 왔고, 하나님은 두 성(性)을 모두 "하나님의 형상대로" 창조했다. 따라서 시편 23:5에서 여성처럼 행동하는 하나님의 이미지는 성경전통의 조화로움 속에서 자연스럽게 이해된다.

이와 동일한 개념이 하나님께서 스스로 "강한 남성처럼" 행동하는 이사야 42:13과, "여성처럼" 행동하는 이사야 43:14에서 보여진다. 현재 우리가 다루는 시편 본문에서 하나님은 양을 치는 선한 목자로서 묘사된다. 또한 그는 자신의 식탁에서 손님을 위해 식사를 준비하는 여인처럼 행동한다.[48] 즉 시편 23편의 이야기는 선한 목자인 동시에 선한 주인에 관한 것이다. 분명히 본문에서 히브리어 동사 "차려주다"(you prepare)는 남성 동사이지만,[49] 전통적으로 여성이 하는 일과 관련된 남성 동사다. "상을 차려주시고"는 앞서 잠언 9:2-5에서 언급했듯이 여성의 일에 부합한다.[50]

"선한 목자 시편"에 담긴 남성과 여성적 요소들의 조화로운 구성은 천년 동안 자취를 감추었다가 선한 목자와 선한 여인에 대한 예수의 비유 속에서 드라마틱하게 재등장한다(눅 15:3-10). 다른 여러 주제들은 시편에서 소개되며, 선한 목자에 대한 이어지는 논의들은 예언서에서는 무시되

---

48) 베드로와 요한은 예수와 제자들을 위한 "유월절을 준비하도록" 요청받는다(눅 22:7-13). 하지만 이 임무는 유월절 희생양을 사고 준비하라는 의미이지 직접 요리를 하라는 뜻은 아니다. 동시에 그들은 주인의 명령을 받는 하인으로서 적절히 반응하고 있다.
49) 하나님을 남성과 여성으로 발음하는 것은, 남신과 여신을 가지고 가나안으로 들어가는 형태를 제안하게 된다.
50) 잃어버린 두 아들의 비유(눅 15:11-32)는 둘째 아들의 요청대로 유산을 주는 자비로운 아버지의 그림으로 시작한다. 그 후, 같은 비유에서 아버지는 비뚤어진 아들을 맞으러 눈물을 흘리며 거리로 달려나와 입을 맞춘다. 중동 문화에서 이런 극진한 태도는 아버지가 아닌 어머니의 행동으로서 더 자연스럽다. 즉 예수는 어머니의 연민과 아버지의 행동을 담은 장면을 창작하고 있는 것이다. 다윗이 보여준 여성처럼 행동하는 남성(목자)의 상 차리는 모습을 예수가 다시 취하여 재현한다.

지만, 예수에 의해 부활된다는 사실을 주목할 필요가 있다. 이에 대해서는 후반부에서 더 자세히 설명하겠다.

본문으로 되돌아가서, "내 원수의 목전에서"는 검토가 필요한 난해 구절이다. 여기서 핵심사항은 다음과 같이 이해되는 것이 가장 바람직할 것이다. 즉 하나님은 누가 보든지 개의치 않으시고, 값비싼 사랑을 내게 증명해 보이신다. 내게 적의를 품은 자들은 하나님이 하시는 일을 볼 것이며, 나에 대한 그들의 적개심은 결과적으로 하나님께까지 확대될 것이다. 그러나 하나님은 개의치 않으신다. 하나님은 그저 자신의 사랑을 베푸실 뿐이다.

오래전 미국의 남부 혹은 북부에서, 한 유럽계 미국인이 한 아프리카계 미국인을 백인지역에 위치한 고급 레스토랑에 초대한다고 가정하자. 이런 그의 행동은 해당 지역 사회에서 강력한 적개심을 유발할 수 있다. 탕자의 비유에서(눅 15:11-32), 만약 길 한복판에서 공개적으로 보여준 아버지의 희생적인 중재가 없었더라면, 탕자를 증오하는 마을 사람들은 그를 호되게 때렸을지도 모른다(20절). 그날 저녁 축하 파티는 돌아온 탕자를 위한 환영식이 아니었다. 그것은 자신과 아들을 화해시킨 아버지의 값비싼 노력의 성공에 대한 연회였다.[51] 가족을 버렸고 모욕감과 수치심만을 가족에게 안겨주던 탕자가 유산의 일부를 잃어버린 후 갑자기 빈털터리가 되어 넝마를 걸치고 나타났으니, 마을 전체가 그런 자를 경멸하는 건 당연하다. 마을 사람들은 아버지가 베푼 연회에 참석함으로써, 자식을 받아들인 아버지의 값비싼 노력에 경의를 표한다. 그들이 탕자에게 경의를 표하기 위해 연회에 참석했다는 건 말이 안 된다.[52] 그날 밤 아들

---

51) Kenneth E. Bailey, *The Cross and the Prodigal* (Downers Grove, IL: IVP Books, 2005), pp. 63-74.
52) Kenneth E. Bailey, *Finding the Lost* (St. Louis: Concordia Press, 1992), p. 156ff.

은 스스로에게 말한다. "나의 아버지께서 원수들의 목전에서 내게 연회(회복의 표현으로서)를 베푸셨구나! 마을 사람들은 날 미워하고, 형은 날 경멸한다. 그러나 내 아버지는 가족들과 온 공동체의 증오에도 불구하고, 그들 모두가 지켜보는 가운데 나를 사랑으로 끌어안아 주셨구나!"

삭개오의 이야기에서도 이와 유사한 장면 속에서 중요 부분을 포착할 수 있다(눅 19:1-10). 예수는 세리 삭개오의 집에서 하루를 묵는다. 군중은 분노하며 "그가 죄인의 집에 손님으로 하룻밤을 보내기 위해 들어갔다"고 수군거린다. 또 다시 예수는 군중이 증오하는 이들과 식사를 함으로써 들끓는 적대감을 불러일으킨다. 예수는 "원수의 목전에서" 그들과 함께 식사함으로써 그의 식탁 친구들에게 고귀한 사랑을 보여준다. (곧 보게 될) 마가복음 6장에서 예수는 오천 명의 사람들을 위하여 원수(헤롯)의 목전에서 연회를 베푸는 장면이 나온다. 다윗이 이 구문을 봤다면 그 의미를 이해했을 것이다.

성경에서 기름 부음은 다양한 이유들로 일어났다. 임명식이나 취임식 진행 때(사 61:1), 상처나 부상에 관한 치료 목적으로 기름이 부어졌으며(10:34), 일반적으로는 병자에게(약 5:14) 사용되었다. 하지만 본문에서 기름 부음은 환대의 행동을 의미한다. 시편 23:5은 연회에서 주인이 손님의 머리 위에 기름을 붓는 장면에 초점을 맞춘다. 중동에서는 이런 기름 부음을 위해 향수가 사용된다.[53] 이 관습을 가장 명확하게 보여주는 성경의 예는 누가복음 7:35-50이지만, 여기서는 더 고대의 관습을 가리키고 있다.

이집트 왕 투트모세 3세(Thutmose III; 기원전 1426년 죽음) 통치 기간 동안에 그려진 놀라운 무덤 벽화에는, 8명의 젊은 여인들이 연회장에서 각자의 머리 위로 향기로운 기름을 채운 원뿔 모양의 물체를 이고 있는 장

---

[53] 나는 중동 전역에서 다양하게 특별한 호의를 대접받는 특권을 누렸다.

면이 있다. 놀라운 것은 하객들의 체온이 그 향유의 원뿔 모양의 물체를 서서히 녹이게 되고, 점차적으로 기름은 저녁 내내 여인의 몸 전체를 적시면서, 그들의 몸을 타고 흘러내린다는 사실이다. 그 여종은 자신의 머리 위에 있는 향유를 온전히 즐기게 되는 것이다.[54]

시편 23편으로 되돌아가서, 다윗은 지금 원수의 목전에서 공식적으로 연회를 베푸는 장면을 묘사하고 있다. 이 특별한 행동은 원수들을 격노하게 만들 수밖에 없다. 주인은 "연회에 만전을 기한다." 또 다른 비유로, 주인은 지금 최대의 노력을 기울여 "모든 수단을 동원하여" 손님들 모두가 최상의 대접, 존경, 그리고 사랑 속에 있음을 확신케 한다. 게다가 하인들까지 달라붙어 시중을 든다. 다윗이 잔에 입을 갖다 대기 무섭게 하인들은 그의 잔을 채운다. 그들은 대단히 열정적으로 자신들의 의무를 다하고 있기에, 다윗의 잔은 넘쳐흐르고 있다.[55] 이 모든 대우가 극진하다는 사실을 다윗은 충분히 알고 있다. 그는 시편 31:11에서 이렇게 고백했다.

내가 모든 대적들 때문에 욕을 당하고
내 이웃에게서는 심히 당하니
내 친구가 놀라고
길에서 보는 자가 나를 피하였나이다

여기서 원수들(대적들)은 다윗을 증오의 대상으로 보았으며, 이로 인해 이웃들은 거리에서 그를 보고 달아났다. 놀라운 것은 이 원수들(대적들)이 바로 선한 목자가 시편 23:5의 연회장에서 그 시인을 접대할 때, 그가 무

---

54) Barbara Mertz, "The Pleasures of Life," in Billard, *Ancient Egypt*, pp. 132-33.
55) 주인이 직접 포도주를 부었다고 추측할 수도 있다.

시했던 자들과 동일 인물들이라는 것이다.

마지막으로, 이 카메오는 "식탁"과 "잔"이 중요하게 다루어지는 고린도전서 10:16-21과 비교될 때, 신약성경과 중요한 연결점을 갖는다(표 1.9. 참조).

a. 너희가 주의 잔과   주의 잔과

b.   귀신의 잔을 겸하여 마시지 못하고   마귀의 잔

c. 주의 식탁과   주의 식탁과

d.   귀신의 식탁에 겸하여 참여하지 못하리라[a]   마귀의 식탁

---

a) Bailey, *Paul Through Mediterranean Eyes*, p. 275.

표 1.9. 바울이 말한 잔과 식탁(고전 10:21)

바울은 성찬식에 관해 논하면서, 우상과 관련된 예식과 성찬식의 성례에 동시에 참여할 수 있다는 고린도 교인들의 착각에 대해 지적한다. 중요한 이 주제를 설명하기 위해 바울은 시편 23:5의 "잔"과 "식탁"을 인용한다. 시편 23:5을 보며 바울은 자신에게 질문한다. 주께서 값비싼 대가를 지불하시면서 나를 위해 베푸신 "식탁"과 "잔"은 도대체 무엇이었을까? 바울의 결론은 이런 언어가 성찬식에서 사용되는 "주의 식탁과 잔"에서 온전한 표현을 찾을 수 있다는 것이다.[56] 이제 시편은 마지막 카메오로 나아간다(표 1.10.).

---

56) 시 69:22은 "식탁"과 "희생제사"를 연결하여 이 관계를 강화한다.

7. 내 평생에 선하심과 인자하심이
   반드시 나를 따르리니
   내가 여호와의 집에　　　　　　선하심과 자비하심
   영원히 살리로다　　　　　　　　주님—영원한 집

표 1.10. 집으로 오는 내내 나와 동행하심(시 23:6)

　　이 카메오는 목자 이미지의 반향 안에서 이해될 수 있다. 목자는 일과를 마치고 집으로 돌아오는 노정에 어리고 상처 입은 양이 뒤처지거나 손쉬운 먹잇감이 될지 모른다는 생각 속에서, 돌아오는 양 떼를 따라오는 늑대나 다른 포식자들의 위험이 도사리고 있다는 사실을 알고 있다. 만약 목자가 조수를 두었다면, 조수를 시켜 양 떼의 뒤를 바짝 쫓아 그런 우발적인 비극을 막도록 할 것이다. 만약 개라도 있다면, 그 개는 "후방경호"를 담당하게 될 것이다. 일반적으로 양들은 집으로 돌아오는 길에 익숙하다. 조수나 후방경호가 없는 상황이면 목자가 직접 "후방경호"까지 담당해야 한다.

　　1990년대 후반, 그리스를 방문하는 동안 나는 젊은 시절 목동으로 일했던 한 그리스인 택시기사와 유용한 대화를 나누는 특권을 누렸다. 그는 말하기를, 어느 나른한 오후에 양 떼를 방목하고 깜빡 낮잠에 골아 떨어졌다가 일어나보니 양 떼가 다 사라지고 없었다고 한다. 절망한 그는 정신없이 마을로 달려왔는데, 다행히 자신의 집 근처에서 서성거리고 있는 양 떼를 발견했다. 양들은 "잔잔한 물가"에서 집으로 돌아가는 길에 익숙했다. 때가 되었을 때, 양들이 그 길을 따라 집으로 돌아온 것을 안 목자는 그제서야 안도의 숨을 내쉴 수 있게 되었다.

　　마지막 카메오에서 다윗은 이런 큰 그림을 상상하고 있다고 해석될 수 있다. 양 떼를 이끌고 집으로 돌아오는 길에, 늑대나 사자가 뒤따르는 것이 아니라 하나님의 "선하심"(tov)과 "인자하심"(khesed)이 그의 평생에 걸쳐 뒤따른다고 느끼는 것이다.

이곳의 문체는 하나의 움직임을 가정한다. 움직이지 않는 사람을 따라 갈 수는 없다. 그러나 누군가가 뒤에서 따라온다는 생각은 부정적인 느낌을 준다. 미행당하고 있다는 생각은 크고 작은 어떤 여행 단체에게도 두려운 일이고 만약 혼자라도 된다면 공포감이 엄습할 것이다. 그러나 뒤따르는 대상이 누구냐에 따라서 상황은 달라질 수 있다. 마라톤 주자들은 뒤따라오는 구급차로 인해 격려를 받으며 안정감을 얻게 될 것인데, 만일 사고나 낙오자가 발생해도 도움의 손길이 가까움으로 걱정할 필요가 없기 때문이다.

시편의 언어는 의인법(personification)을 사용한다. 시편 기자를 따르는 선하심과 인자하심은 마치 사람처럼 시편 기자의 뒤를 좇고 있다. 즉 이 장면에서 하나님은 드라마의 배우처럼 "무대 위에 등장"한다.

첫 번째 단어인 선하심(tov; goodness)은 "좋음"(good)을 뜻하는 통상적인 히브리어다. 쾰러(Koehler)와 바움가르트너(Baumgartner)는 이 단어의 의미를 "기쁨, 유용함, 효과적임, 아름다움, 착함, 옳음, 도덕적 선함"[57]으로 정리했다. 다윗은 그를 따르며 에워싼 세력이 악이 아니라 선이라는 사실에 먼저 주목했다. 이것은 상당한 논의가 요구되는 부분이다.

7차례에 걸친 중동전쟁의 생존자로서, 나는 악의 기운이 왕성했던 시절을 정확히 기억하고 있다. 이미 지적했듯이, 다윗은 수많은 곤경을 지나왔고 몸소 겪었다. 밧세바와의 추악한 사건(삼하 11장)과 이에 더하여 자녀들 간의 근친상간과 살육(삼하 13장)이 있었다. 여기에 다윗의 군대장관 요압에 의해 자행된 친아들 압살롬의 죽음으로 절정에 이른 내전(삼하 18

---

57) LVTL, *Lexicon*, p. 349.

장)도 있었다. 이런 날들을 떠올리며 그가 "선하심이 뒤따랐다"라고 말할 수 있었을까? 놀랍게도 다윗은 "그렇다"고 고백한다. 어쩌면 때때로 다윗을 보호할 만한 선함이 그의 배후에 있었지만, 다윗은 그것을 피하기로 선택하기도 했다. 하지만 지난 날들을 돌아보며, 다윗은 자신을 따라다녔던 선함을 생생하게 기억할 수 있었다.

다윗의 목록에서 두 번째 단어는 *khesed*(자비, 은혜, 자애심)이다. 신학적으로 중요한 이 단어는 마치 동전의 양면과 같은 의미를 지닌다. 한쪽 측면은 언약(covenant) 안에서의 신실함을 뜻한다.[58] 다른 측면은 무가치한 대상에게 값없이 제공되는 은혜를 의미한다. 불트만(Bultmann)은 다음과 같이 말한다.

> 구약성경에서 *khesed*는 하나님과 인간 사이의 상호 관계에서 나오는 하나의 태도를 의미한다. 이 태도는 서로의 관계 안에서 한쪽이 다른 한쪽을 기대하는 태도인데, 이 태도가 관계 안에 묶여 상대방에게 보증이 된다. *khesed*의 또 다른 뜻으로는 상급자의 은혜로서의 도움과 친절을 나타낸다.[59]

불트만은 이렇게 결론을 내린다. "*khesed*의 의미는 (계약적) 신실함, 의무, 그리고 사랑/은혜 사이를 오르내린다."[60] 본문은 다윗이 그의 삶 전체에 걸쳐 모든 두려움과 위험 가운데 노출되어왔으며(카메오 4 참조), 자신을 뒤따라오시는 분이 하나님이시며, 하나님께서는 자격 없는 그에게 언약적 신실함으로 지원하시는 동시에 은혜(사랑스런 친절함)를 베푸신다

---

[58] Nelson Glueck, *Hesed in the Bible* (1927; repr., Eugene, OR: Wipf & Stock, 2011).
[59] Rudolf Bultmann, "ελεος" in *TDNT*, 2:479.
[60] Ibid. 이 두 의미에 관한 뛰어난 해석과 그것들에 관한 긴 논의는 R. Laird Harris, "ḥsd," in *Theological Workbook of the Old Testament* (Chicago: Moody Press, 1980), 1:305-7을 참고하라.

는 사실을 확신하고 있다. 다윗은 1인칭 시점으로 시작했다(카메오 1, "여호와는 나의 목자시니"). 앞서 언급했듯이 1인칭 시점은 죄와 죽음의 고찰과 함께 중심부에서 재등장하며(카메오 4, "해를 두려워하지 않을 것은"), 지금 다윗은 자신이 하나님의 언약적 신실함(은혜)에 의해 인도되어왔음을 확신하며 결론을 내린다(카메오 7, "내가 여호와의 집에 영원히 살리로다").

이와 비슷한 이미지가 히브리서 12:2에 등장한다. 여기서 예수는 우리를 앞선 "개척자"일 뿐만 아니라 "우리의 믿음을 온전케 하시는" 자로서 우리를 뒤따라오며 목표를 향해 바로 나아갈 수 있도록 우리의 믿음을 격려해주시는 분임을 알 수 있다.

7번째 카메오는 시편을 마무리짓는다(표 1.11. 참조).

내가 여호와의 집에
영원히 살리로다

표 1.11. 영원한 집(시 23:6)

수세기에 걸쳐 시리아어와 아랍어 성경 버전들을 참고하면서, 나는 히브리어 텍스트를 문자 그대로 번역하길 바랬다. "장구한 날"(length of the days)은 "영원히"(forever)를 의미하는가(KJV, ESV), 아니면 "일평생"(my whole life long)을 의미하는가?(NRSV) 다윗은 그의 일평생을 논의하고 있는가, 아니면 하나님의 날을 의미하고 있는가? 두 가지 해석 모두 가능하다. 나는 히브리어 원문을 그대로 두어 텍스트가 독자의 상상력을 자극하도록 내버려두고 싶다. 이 본문이 "일평생"과 "하나님의 날"을 동시에 뜻한다고 말할 수는 없을까?

한 걸음 더 나아가, 장구한 날(일평생이든 하나님의 날이든, 혹은 둘 다이든) 동안 내가 "여호와의 집에 거함"이란 어떤 의미를 가지고 있는가? 이 뜻은 아마도 다윗이 성전 예배에서의 하나님의 임재에 관해 말하는 것 같다. 또한 그가 어디로 가든지, 그가 하나님의 집에 있다는 것을 깨닫는다는 것을 의미할 것이다. 하나님이 자연을 포함하여 존재하는 모든 것을 창조하셨고, 그것들은 하나님의 것이다. 하나님은 만물 안에 존재하지 않으시는가? 이것이 다윗의 의도라면, 이는 우리가 자연을 보고 다루고 보존하는 방식에 깊은 영향을 주지 않을까? 어떤 이들은, 자연은 우리가 부모로부터 물려받은 유산이 아니라고 말한다. 다만 그것은 자녀들에게 물려주어야 할 책임이 있는 하나의 위탁물이다. 이런 사고는 좋은 출발점이다. 하지만 시편은 창조된 우주 전체가 하나님의 집이라고 노래한다. 신성한 예배당 한가운데 더러운 쓰레기를 쌓아둘 수 있을까? 시편은 모든 자연계가 성스러운 장소이며, 우리는 그에 걸맞게 행동해야 함을 말하려는 것 같다. 선한 목자에 대한 다양한 이야기들 사이의 관계를 평가할 기준을 만들기 위해, 성경 본문을 통해 추적할 수 있는 10가지 주제(이미 살펴보았지만)를 이해할 필요가 있다. 시편 23편에서 다루어지는 주제들은 아래와 같다.

1. 선한 목자는 하나님임(시편은 이 선포로 시작함)
2. 잃어버린 양("잃어버린 양 떼"가 아님)
3. 대적자들(죽음 그리고 "원수들")
4. 선한 목자와 선한 남자(여자) 주인(남성과 여성의 이미지가 뚜렷이 표현됨)
5. 목자의 임재(임재는 "주께서 나와 함께하시나이다"로 선포됨)
6. 목자는 잃어버린 양을 회복시킴(그가 "나를 데려다 놓으심")
7. 회개/돌아옴(동사 *shuv*의 등장)
8. _____(나쁜, 구원받지 못한 양에 대한 묘사는 없음)
9. 연회 식사(막대한 경비로 제공된 식사)

10. 이야기의 결말은 집에서 일어남(나의 일평생과 하나님의 날이 관계됨)

선한 목자와 잃어버린 양에 관한 이야기의 원구조를 염두에 두고서, 우리는 "신학적 클러스터"(theological cluster)라고 부를 수 있는 요약을 시도해보자. 이것은 결론으로 도출되는 합리적인 주장이라기보다는, 시편이 마치 다이아몬드처럼 다양한 방향으로 빛을 비추는 이야기임을 보여준다. 이런 시편의 클러스터들은 다음의 내용을 포함한다.

시편 23편의 신학적 클러스터

카메오 1. 여호와는 나의 목자다.
    a. 나의 근원적인 안전은 나라의 국방력과 안보 능력에 있지 않고, 목자이신 나의 주님 안에서 발견된다.
    b. 하나님은 개별적으로 양을 돌보신다. 각각의 양들이 양 떼의 일부분이지만 동시에 주님은 나의 목자가 된다.
    c. 목자는 나의 정당한 필요를 보장해준다.

카메오 2. 잔잔한 물가와 푸른 풀밭.
    a. 목자는 부드러운 목소리로 양 떼를 인도한다. 그는 막대기로 양을 몰지 않는다.
    b. 목자는 양 떼에게 양질의 양식과 잔잔한 물을 제공한다.
    c. 목자는 양들이 쉴 만한 장소로 매일 이끈다. 항상 떠돌아다니지 않는다.

카메오 3. 그는 자기 이름을 위하여 나를 데려다 놓는다.
    a. 잃어버린 양을 찾아 데려오는 선한 목자 이야기는 시편 23편의 전체 핵심이다.

b. 잃어버린 양은 스스로 집을 찾을 수 없다. 목자만이 필요한 구조 작업을 제공할 수 있다.

c. 목자는 나를 의의 길로 인도한다. 길 잃어버린 나를 구해서 그 길로 되돌리는 것만으로는 충분하지 않으며, 반드시 양 무리 속으로 나를 인도해야만 한다.

d. 목자는 진실한 마음과 헌신적인 사랑으로 잃어버린 양을 찾아낸다. 이것이 "자기 이름을 위한" 일이다. 따라서 크든 작든 양으로서의 내 가치는, 나를 (찾거나) 회복시키는 그의 결정권에 아무런 영향을 미치지 못한다.

카메오 4. 죽음의 골짜기.

a. 악과 죽음은 실재하며 우리는 여기에 맞서야 한다. 그러나 목자의 확실히 보증된 임재로 인하여 우리는 이런 두려움으로부터 해방될 수 있다.

b. 양 떼는 죽음의 골짜기에 남아 있지 않는다. 양은 목자를 따라, 흑암을 뚫고 지나간다.

카메오 5. 주님은 막대기와 지팡이를 사용하여 나와 동행하신다.

a. 주님이 갑자기 "무대 위로" 등장하고 다윗은 직접 그분께 이야기한다.

b. 하나님은 (그의 막대기로) 나를 포식자로부터 보호하시고, (그의 지팡이로) 나를 옳은 길로 인도하신다.

카메오 6. 내게 상을 차려주신다.

a. 주님은 마치 여성처럼 나를 위해 식사를 준비하신다.

b. 그 식사는 비싼 대가가 지불되었다. 나의 대적들은 주께서 내게 하신 일을 주목하고 이런 일을 하신 주님께 분개한다. 이 일은 나에 대한 주님의 사랑의 척도다.

c. 귀빈을 위해 예비된 특별한 호의가 내게 베풀어진다. 기름이 내 머

리에 부어지고 내 잔은 흘러넘친다.

카메오 7. 선하심과 인자하심 – 모든 날 동안.

  a. 매일 저녁 집으로 돌아오는 동안(양 떼와 함께) 내 뒤를 좇는 것은 들짐승이나 무자비한 강도가 아니라, 하나님의 선하심과 언약적 신실함/사랑스런 친절함이다.

  b. 이런 사실은 나의 날(내가 사는 날 동안)과 하나님의 날(영원)을 포함하는 모든 날들(all of the days)에 확실하다.

  c. 나는 어디로 가든지 하나님의 집에 거하며, 하나님이 임재하시는 신성한 장소로서 나를 둘러싼 자연세계를 바라본다.

위대한 이 시편이 우리의 마음 밭에 심겨졌다면, 이제 우리는 예레미야가 동일한 이야기를 어떻게 재설정하고 재구성했는지를 숙고하기 위해 400년 후로 이동할 준비가 된 것이다.

2장

선한 목자와
예레미야 23:1-8

예레미야서의 많은 부분이 정확한 연대기적 순서를 따라 배열되지 않았다는 사실은 이미 잘 알려져 있다. 예레미야 21:1-24:10은 예루살렘이 바빌론과 갈대아인에 의해 멸망하기까지(기원전 586) 시드기야 왕 통치 기간에 기록되고 전달된 일련의 신탁(oracles)이다. 그 기간의 말년에 예레미야는 사로잡혔고 물 없는 저수 동굴에 내던져졌다. 예루살렘이 멸망할 것이라는 확신 속에 그는 전해야 할 메시지와 함께 자신의 자유가 사장(死藏)되어 버릴 것이라는 생각으로 절망할 수밖에 없었을 것이다. 그러나 그가 그렇게 되지 않았다는 것은 놀라운 일이다.

과거를 냉정하게 평가하면서, 특히 예루살렘의 왕들이 더 이상 살아남지 않았음을 기억하며 예레미야는 소망으로 가득 찬 미래를 상상한다. 이 때 그가 소망을 갖도록 결정적 도움을 준 이미지 중 하나가 시편 23편의 선한 목자에 관한 것이다. 다윗의 개인적인 하나님과의 여정은 예레미야에 의해 이스라엘의 여정으로 바뀌고 패배, 파괴, 흩어짐에서의 회복과 귀환의 비전으로 재형성되었다. 선한 목자 서사에서 국가적 이야기로의 이런 개작은 시편을 구성하는 이미지에 몇 가지 극적인 변화와 추가 사항을 도입함으로써 가능했다. 이번 장에서는 시편의 선한 목자에 대한 예레미야서 버전을 탐구하며, 다윗의 최초 작품과의 연속성과 차이점을 보게 될 것이다.

목자들과 양 떼에 대한 예레미야의 고찰은 5개의 카메오로 이루어져 있다. 예레미야는 다음과 같이 시작한다. "여호와의 말씀이니라 내 목장의 양 떼를 멸하며 흩어지게 하는 목자에게 화 있으리라"(렘 23:1). 이어서 이스라엘 하나님 여호와께서 그의 목자들의 실패에 반응하여 어떤 태도를 취할 것인지에 대한 고찰이 뒤따른다.

1. ²³:¹내 목장의 양 떼를 멸하며 흩어지게 하는   악한 목자들
   목자에게 화 있으리라   멸망 & 흩어진 양들
   〈여호와의 말씀이니라〉ᵃ⁾(역주-저자의 성경 순서를 따름)

2. ²그러므로 이스라엘의 하나님 여호와께서
   내 백성을 기르는 목자ᵇ⁾에게 이와 같이 말씀하시니라
   너희가 내 양 떼를 흩으며   악한 목자
   그것을 몰아내고 돌보지 아니하였도다   비평 & 위협
   보라 내가 너희의 악행 때문에
   너희에게 보응하리라
   〈여호와의 말씀이니라〉

3. ³내가 내 양 떼의 남은 것을
   그 몰려 갔던 모든 지방에서 모아
   다시 그 우리로 돌아오게 하리니   하나님: 선한 목자
   그들의 생육이 번성할 것이며   그들을 돌아오게 함(shuv)
   ⁴내가 그들을 기르는 목자들을 그들 위에 세우리니   & 목자들을 세움
   그들이 다시는 두려워하거나   잃어버리지 않음, 두려움 없음
   놀라거나 잃어 버리지 아니하리라
   〈여호와의 말씀이니라〉

4. ⁵보라 때가 이르리니

---

a) 저자 직접 번역.
b) 여기에서 히브리어의 언어유희가 나타난다. 같은 어근(r'y)의 단어가 명사로는 "목자", 동사로는 "목양"으로 쓰인다. 나는 영어에서 단어를 중복하여 그 유희를 나타내려고 했다(역주-목자를 의미하는 영어 단어 shepherd는 명사와 동사로 각각 사용됨). "내 백성을 기르다"의 번역은 무능한 목자의 행태를 조롱한다. 그런 목자의 행태는 말도 안 되는 것이라는 사실을 본문은 강조하고 있다. 아랍어와 시리아어 성경 역본은 동일한 언어유희를 유지한다.

〈여호와의 말씀이니라〉
　내가 다윗에게 한 의로운 가지를 일으킬 것이라　　다윗에게 약속
　그가 왕이 되어 지혜롭게 다스리며　　유다가 구원받음
　세상에서 정의와 공의를 행할 것이며　　이스라엘이 땅에서 평안함
　⁶그의 날에 유다는 구원을 받겠고
　이스라엘은 평안히 살 것이며
　그의 이름은 여호와
　우리의 공의라 일컬음을 받으리라

5.　⁷그러므로 보라 날이 이르리니
　〈여호와의 말씀이니라〉　　여호와가
　그들이 다시는 이스라엘 자손을　　이집트로부터
　　애굽 땅에서 인도하여 내신 여호와의 사심으로　　이스라엘을 데려옴
　　　맹세하지 아니하고
　⁸이스라엘 집 자손을 북쪽 땅,　　여호와가
　　그 모든 쫓겨났던 나라에서 인도하여 내신c)　　북쪽 땅으로부터
　　여호와의 사심으로 맹세할 것이며　　이스라엘을 데려옴
　그들이 자기 땅에 살리라 하시니라　　자기 땅에 거함

---

c) 저자 번역 LVTL, *Lexicon*, pp. 112-13을 참고하라.

표 2.1. 목자들과 잃어버린 양에 대한 예레미야의 고찰(렘 23:1-8)

　　예레미야가 이 5개의 카메오를 구성할 때, 이스라엘 민족 가운데 거대한 흩어짐이 있었다(렘 23:3).[1] 본문은 기원전 597년에 일어났던 1차 바빌론 추방과 확실히 관련이 있다. 예레미야 23:1-8과 시편 23편을 비교해보면,

---

1) 예레미야는 이 카메오들을 "oracles"(*ne'um-Yahweh*)라고 부른다.

예레미야가 청중과 독자들에게 그를 둘러싼 붕괴되어가는 세상의 조명 아래서 새로운 버전의 시편을 제공하고 있는 것으로 보인다. 특별히 다윗의 구절인 "그가 나를 제자리로 돌려놓으시며"(*nafshi yeshobeb*; 시 23:3)는 예레미야의 심금을 크게 울렸음이 틀림없다. 예레미야의 이 본문은 표 2.1.에 나타난다.

수사법

5개의 카메오는 "그들 자신의 땅"에 거하는 "양 떼"와 함께 마무리되는 "직선형 배열" 속에서 이어진다. 동시에 특별한 강조점이 하나님이 자기 양 떼를 몰고서 그들의 우리(땅)로 돌아오게 한다고 약속하는 카메오 3에 나타난다. 앞서 언급한 바와 같이, 그 귀환의 목표가 구체적으로 언급된다. 카메오 3의 중심은 카메오 5의 끝부분에서 "그 몰려 갔던 모든 지방에서"라는 반복된 구절로 채워진다. 카메오 1 또한 "흩어진" 양들에 대해 말하고 있다. 1절에서 양들은 흩어졌고 쫓겨난 것으로 그려진다(카메오 1). 끝부분(카메오 5)에서 이스라엘은 여호와가 쫓아낸 그곳에서 다시 제자리로 모아진다. 표 2.2.는 5개의 카메오를 통한 이런 아이디어의 흐름의 요약을 제공한다.

1. 현재: 양을 흩어지게 만든 악한 목자들을 폭로한다.
2. 현재: 악한 목자들을 비난하고 위협한다.
3. 하나님의 등장: 양 떼를 모아서 제자리로 돌려놓고(*shuv*), 양 떼를 위하여 목자들을 제공한다.
4. 미래: 새롭고 선한 왕이 주어짐(다윗으로 인하여): 구원과 안전이 제공된다.
5. 미래: 이집트로부터의 구원이 아니라, 바빌론으로부터의 구원임을 명심한다. 모여진 양 떼들은 자신들의 땅에 거주할 것이다.

표 2.2. 예레미야서의 선한/악한 목자에 대한 요약

말하자면, 예레미야의 선한 목자 시편에서 현재의 재앙은(1-2) 역사에 개입하신 하나님의 구원 사역 때문에(3) 종국에는 역전될 것이다(4-5). 마지막 카메오(5)는 계단식 병렬구조(step parallelism)를 사용한다.

주석

5개의 연결된 각 카메오는 히브리어 *ne'um-Yahweh*를 담고 있으며, 이 뜻은 종종 "여호와께서 선포하신다" 혹은 "여호와께서 말씀하신다"로 번역된다. 이 구문에는 동사가 없으며, 문자적으로 그대로 번역하면 "여호와의 말씀"(oracle of Yahweh)이 된다. 오늘날 예배 의식을 중시하는 교회에서는 공적으로 성경을 봉독한 후 종종 히브리어 구문과 유사하게 "이것은 주님의 말씀입니다"라는 후렴구를 붙이곤 한다.[2] 카메오 1-3은 현재에 대해 말하며, 각각의 카메오 맨끝에 "여호와의 말씀"이라는 문구를 반복한다. 마지막 두 카메오(4-5)는 미래를 향하고 있으며, "보라 때가 이르리니"라는 표현에 이어서 카메오 초입에 이 후렴구가 붙는다(편주-우리말 개역개정은 해당 후렴구가 먼저 나온다). 후렴구는 카메오가 서로 구별되게 도와준다. 쉽게 참고할 수 있도록 각각의 카메오를 다음과 같이 차례대로 나열한다(표 2.3. 참조).

1. ^{23:1}내 목장의 양 떼를 멸하며 흩어지게 하는   악한 목자들
   목자에게 화 있으리라   멸망 & 흩어진 양들
   〈여호와의 말씀이니라〉

표 2.3. 악한 목자는 양 떼를 파멸시키고 흩어놓는다(렘 23:1)

---

2) 현대에 사용하고 있는 구절은 히브리어의 발전된 양상으로 보인다.

시편 23편에서 하나님은 선한 목자로 표현되지만 같은 본문에서 악한 목자는 거론되지 않는다. 예레미야는 악한 목자들을 향해 "멸망시키고 흩어놓는 자들"이라고 직설적으로 책망하고 있다(표 2.3. 참조). 그는 요시야의 개혁을 파기해버리고, 우상을 끌어들이고, 고아와 과부와 가난한 자들을 무시하는 이스라엘의 왕들을 공격했다. 이런 악한 목자들은 예언자들을 탄압하고, 예레미야는 감옥에 수감되거나 가택연금된 배경에서 글을 쓰고 있다.

두 번째 카메오에서 그는 이스라엘 왕들에 대한 공격을 계속한다(표 2.4. 참조).

2. ²그러므로 이스라엘의 하나님 여호와께서
　내 백성을 기르는 목자에게 이와 같이 말씀하시니라
　너희가 내 양 떼를 흩으며　　　　　　　　　　악한 목자
　그것을 몰아내고 돌보지 아니하였도다　　　　비평 & 위협
　보라 내가 너희의 악행 때문에
　너희에게 보응하리라
　〈여호와의 말씀이니라〉

표 2.4. 악한 목자들의 죄악과 하나님의 대응(렘 23:2)

악한 목자들은 양 떼를 흩어놓았을 뿐 아니라(카메오 1), 그들을 쫓아버렸고 "돌보지도 않았다"(not attended to them). 이런 실패 까닭에 하나님은 "목자들에게 보응하는"(attending to the shepherds) 것으로 지금의 상황을 뒤바꾸실 것이다. 모든 양 떼를 잃어버린 것은 아니다. 동사 "attend"의 이중 사용은 일반적인 영어에서는 발견하기 힘들다. 예를 들어, 한 소설에서 어떤 인물이 이렇게 말했다고 가정해보자. "당신이 직무에 신경 쓰지 않았으니, 이제 내가 당신을 신경 쓸 것이다." 이때 독자들은 재빨리 "신경

쓰다"(take care of)의 이중 사용을 발견하고, 화자가 청자에 대해 보복의 의미를 담고 있는 강한 언어를 지향한다는 것을 예상할 것이다. 본문도 같은 맥락에서 이해할 수 있다. 해당 목자들이 양 떼를 돌보는 것에 실패했지만, 하나님께서는 무기력하게 있지 않고 역사에 직접 개입하신다. 이들 무익한 목자들은 하나님의 양 떼를 돌보지 않았고, 하나님은 이에 대하여 다음과 같이 반응하신다. "내가 너희의 악행 때문에 너희에게 보응하리라(attend)." 하나님의 반응은 아래와 같다(표 2.5.).

3. ³내가 내 양 떼의 남은 것을
　그 몰려 갔던 모든 지방에서 모아
　다시 그 우리로 돌아오게 하리니　　　　　하나님: 선한 목자
　그들의 생육이 번성할 것이며　　　　　　그들을 돌아오게 함(shuv)
　⁴내가 그들을 기르는 목자들을 그들 위에 세우리니　& 목자들을 세움
　그들이 다시는 두려워하거나　　　　　　잃어버리지 않음, 두려움 없음
　놀라거나 잃어버리지 아니하리라
　〈여호와의 말씀이니라〉

표 2.5. 하나님께서 양 떼를 모으시고 다시 제자리로 데려오신다(렘 23:3-4)

　이스라엘 백성을 그들의 땅에서 몰아낸 이들은 바빌론 사람들만이 아니었다. 하나님이 직접 이스라엘 백성을 이집트와 바빌론으로 몰아 넣었다. 이제 하나님은 다시 역사에 개입하셔서 그분의 양 떼 중 "남은 것들을 모으실 것이다." 하나님은 양 떼를 "그들의 우리 가운데"(그들의 땅에) 옮겨 놓으실 것이다"(shuv). 하나님이 창세기 1:28에서 아담과 하와에게 "생육하고 번성하라"고 하셨던 그 명령을 돌아온 이스라엘이 다시 시작할 수 있게 되었다.

　자신의 양들을 "모으시고" "데려오는" 중대한 과업을 성취하신 하나님

은 이제 "그들을 목양할 목자들"을 임명하신다. 카메오 1-2에서와 같이 목자(shepherd)라는 단어로 나타났던 동일한 언어유희가 여기서도 재현된다. 목자들은 양 떼를 목양하지 않고 흩어놓는다(카메오 1). 하나님은 그 양 떼를 진정으로 목양할 수 있는 다른 목자들을 보내실 것이다(카메오 3).

양 떼는 두려움으로부터 해방될 것이다. 시편 23:4에 등장한 두려움으로부터의 해방이라는 주제가 여기서 반복된다. 이 위대한 시편과의 추가적인 연결 고리가 "다시는 잃어버리지 아니하리라"라는 구문에서 나타난다. 다윗 자신이 잃어버린 바 되었고, 하나님이 그를 제자리로 데려다 놓으셔야 했다(시 23:3). 마지막으로 중요한 동사 *shuv*(데려오다)가 두 개의 본문을 연관 짓는 데 결정적인 역할을 한다.

카메오 4는 하나님이 흩어진 양 떼를 위해 계획한 특별한 목자에 대해 생각하는 부분으로 나아간다(표 2.6. 참조).

4. ⁵보라 때가 이르리니
　　〈여호와의 말씀이니라〉

내가 다윗에게 한 의로운 가지를 일으킬 것이라	다윗에게 약속
그가 왕이 되어 지혜롭게 다스리며	유다가 구원받음
세상에서 정의와 공의를 행할 것이며	이스라엘이 땅에서 평안함
⁶그의 날에 유다는 구원을 받겠고	
이스라엘은 평안히 살 것이며	
그의 이름은 여호와	
우리의 공의라 일컬음을 받으리라	

표 2.6. 양 떼들의 안전과 평안(렘 23:5-6)

본문은 미래로 이동한다. 예레미야는 하나님이 "다윗을 위해" 세우실

의로운 가지를 꿈꾸고 있다(그는 다윗의 후손이 될 것이다).[3] 미래의 이 통치자는 왕으로서 통치하고, 지혜롭게 다스릴 것이며, 정의와 공의를 실행할 것이다. 유다는 구원받을 것이며, 이스라엘은 안전하게 거할 것이다. 예레미야는 역사의 끝이 아니라 역사 속에서 통치하게 될 미래의 한 왕에 대해 깊이 생각하고 있다. 이런 종류의 전망은 예언서 전반에 걸쳐 나타난다(사 9:5-6; 11:1-9; 미 5:1-5; 암 9:11; 호 3:5). 미래의 왕은 *Yahweh-tsidqenu*(주는 우리의 의로움이다)라고 불릴 것이다. 이것은 예레미야서 저작 당시에 시드기야(*Tsadqiyahu*: 여호와는 나의 의로움) 왕의 이름을 통해 드러난 언어유희다. 미래의 왕이 보여줄 왕권의 자태는 예레미야 시대의 시드기야 왕이 보여줬던 그것과는 천양지차(天壤之差)다. 예레미야가 꿈꾸고 있는 "의"란 역사 속에서 구원을 이루시는 하나님의 행동에 대한 적합한 반응이며, 하나님의 의를 모델로 하는 윤리적 기준과 관련된 "정의"다. 시드기야 왕은 이런 왕권을 감히 흉내조차 내지 못했다. 기 쿠튀리에(Guy Couturier)는 이 본문에 대해 아래와 같이 논평한다.

> 따라서 예레미야는 앞선 그의 선조들처럼 다윗 왕조의 회복을 예언했는데, 그가 예언한 회복은 정치적 토대가 아닌 언약에 대한 종교적·도덕적 의무 차원에서의 회복이다. 지나간 역사의 모든 과정을 알고 최후의 계시를 목격한 우리는 이제 예수만이 훨씬 더 높은 차원에서 이 소망을 성취했음을 보게 된다.[4]

예레미야 23:1-8은 새 언약의 기초 위에 있는 예레미야 31:1-8에서

---

3) 사 11:1은 또한 다윗의 계보 안에서의 "가지"를 말하고 있다.
4) Guy Couturier, "Jeremiah," in Raymond E. Brown, Joseph A. Fitzmyer and Roland E. Murphy, *The Jerome Biblical Commentary* (Englewood Cliffs, NJ: Prentice-Hall, 1968), p. 321.

보여지는 더 친숙한 문단과 함께 잘 읽혀질 수 있다(표 2.7. 참조).

5. ⁷그러므로 보라 날이 이르리니
    〈여호와의 말씀이니라〉   여호와가
    그들이 다시는 이스라엘 자손을   이집트로부터
    애굽 땅에서 인도하여 내신 여호와의 사심으로   이스라엘을 데려옴
    맹세하지 아니하고
    ⁸이스라엘 집 자손을 북쪽 땅,   여호와가
    그 모든 쫓겨났던 나라에서 인도하여 내신   북쪽 땅으로부터
    여호와의 사심으로 맹세할 것이며   이스라엘을 데려옴
    그들이 자기 땅에 살리라 하시니라   자기 땅에 거함

표 2.7. 바빌론으로부터의 귀환이 이집트로부터의 귀환을 능가한다(렘 23:7-8)

이 동일한 카메오는 예레미야 16:14-15에서도 나타나는데, 거기서 이 본문은 그 자체로 또 다른 의미를 가진다. 하지만 우리가 다루고 있는 목자 텍스트에 잘 부합하는 결론을 짓는다.

멸망할 운명에 처한 도시에 감금되어 있음에도, 이런 글을 저술할 수 있는 이 예언자의 흔들리지 않는 소망과 견고한 믿음에 대해 생각해볼 때 이는 놀랄 만한 것이다. 침략자들은 도시를 약탈했으며, 이곳에서 목숨을 부지한 사람들은 외국의 낯선 곳에서 노예로 살아야 했다. 얼마나 많은 자들이 바빌론 집단이주 과정에서 목숨을 잃었을 것인가? 이 상황에서 예레미야는 원색적인 용기와 대담함을 보여준다. 하지만 그는 단지 "모든 게 잘 될 것이다"라고 말하지 않고 바빌론으로부터의 귀환이 출애굽을 능가하게 된다고 보고 있다. 다시 말해서, 위의 본문은 다음과 같이 이해할 수 있다.

하나님은 홍해를 가르시며, 파라오의 군대를 수장시키셨으며, 우리에게 율법과 그 모든 것들을 주심으로써 우리를 이집트로부터 구해 내셨다. 그러나 바빌론으로부터의 귀환은 이 모든 걸 무색하게 만들 것이다. 미래에는 너희가 맹세할 때, 이집트가 아닌 바빌론으로부터 돌아오게 하신 하나님께 맹세하게 될 것이다.

그보다 더 중요한 것은, 우리가 기억하는 것이 곧 우리라고 하는 인식이다. 개인과 사회는 기억하기 원하는 것을 선택한다. 그 선택은 그들의 정체성을 형성하게 한다. 어떤 가족이 음주 운전자로 인해 심각한 자동차 사고를 당했고, 가족 중 일부가 사망하는 사건이 있었다고 가정해보자. 어디선가 갑자기 나타난 한 여성이 아비규환(阿鼻叫喚) 같은 현장에 목숨을 걸고 뛰어들어 위독한 가족들을 인근 병원의 응급실로 옮겨 목숨을 구했다. 끔찍한 사고로 가족을 잃은 슬픔을 씻을 수는 없겠지만, 무엇이 진정 그들의 기억에 뚜렷이 남아 있을까? 참혹한 사고일까, 아니면 그들의 목숨을 건져준 "선한 사마리아인"의 특별한 은혜일까? 그들이 선택한 지배적인 기억이 그들의 남은 인생 동안 그들의 존재 내면에 커다란 영향을 줄 것이다.

예레미야는 독자들에게 "북쪽 땅"으로부터 되돌아오게 하신 주님을 기억할 것을 요청한다. 바빌론인에 관하여 부정적인 표현을 사용하는 것이 위험했는가? 아마 그럴지도 모른다. 하지만 예레미야는 "예루살렘의 사로잡힘과 멸망의 공포를 잊지 말라"고 말하지 않는다. 그들이 당한 참혹한 고통은 씻을 수 없지만 그것은 그들이 우선적으로 집중해야 할 내용이 아니다. 오히려 예레미야는, 언젠가는 그들이 지난날을 되돌아보며 그들을 "북쪽 땅으로부터" 데려오신 주님을 기억할 것이라고 말하고 있다. 문제는 그들의 고통이 아니라 그들의 구속과 구속자다. 공동체의 불평에 대한 세심한 주의는 없으며, 단지 신적 개입에 대한 감사만이 존재한다.

"북쪽 땅"으로부터의 귀환에 대한 강조에 대해서는 어떠한가?

이스라엘은 아이성(수 8:1-29)의 만이천 명이나 되는 사람들을 몰살시키고 그들의 왕을 매달았으며 그곳을 연기 나는 폐허로 방치했는데, 이스라엘은 이런 도시들을 완전히 진멸해버릴 수 있는 강력한 정복 군대로서 이집트로부터 돌아왔다. 예레미야와 동시대의 인물이었던 에스겔은, 바빌론에서 귀환한 백성이 여러 일들 가운데 반드시 해야 할 일에 대한 환상을 보고 음성을 들었다(겔 40:1-4). 본문은 아래와 같다.

> 그런즉 너희가 이스라엘 모든 지파대로 이 땅을 나누어 차지하라
> 너희는 이 땅을 나누되 제비 뽑아 너희와 너희 가운데에 머물러 사는 타국인 곧 너희 가운데에서 자녀를 낳은 자의 기업이 되게 할지니 너희는 그 타국인을 본토에서 난 이스라엘 족속같이 여기고 그들도 이스라엘 지파 중에서 너희와 함께 기업을 얻게 하되
> 타국인이 머물러 사는 그 지파에서 그 기업을 줄지니라 주 여호와의 말씀이니라(겔 47:21-23)

다시 말해, 에스겔이 들은 것은 다음과 같다. "너희들은 50년 동안 떠나 있었다. 다른 사람들이 이 땅에 들어와 살았다. 그들은 이 땅에 대하여 너희와 동일한 권리를 지니며 너희는 적절한 방식으로 그들을 대해야 한다."

예레미야에 이어 에스겔은 곧바로 저술 작업을 하고 있다. 에스겔이 어느 정도까지 예레미야의 관점을 반영하는지를 단정하기는 어렵다. 우리가 확신할 수 있는 것은, 상당한 영향력이 있다는 것과 예레미야가 이집트로부터의 귀환을 대체할 수 있는 바빌론으로부터의 귀환을 원한다는 사실이다. 분명히 예레미야는 바빌론으로부터의 귀환이 단순히 연대기적으로 나중에 발생했기 때문에 더 중요한 것이라고 생각지는 않았다. 예레

미야는 바빌론에서의 귀환이 출애굽보다 본질적으로 더 뛰어난 일이라는 생각을 품어온 것으로 보인다. 아마도 에스겔은 앞의 문단을 구성할 때 이런 특성을 반영한 것 같다. 만약 이스라엘이 예레미야와 에스겔의 글을 마음에 품고서 바빌론으로부터의 귀환에 대한 그림을 그리고 있다면, 이스라엘은 바빌론의 포로라는 공포의 렌즈를 통해서가 아니라, 이방인들을 향한 정의에 대한 하나님의 관심사라는 렌즈를 통해서 자기 자신과 세상을 바라볼 것이다.

예일 대학교 신학과 교수인 미로슬라브 볼프(Miroslav Volf)는 우리의 고통과 기억에 관한 감명 깊은 책을 저술했다. 그는 이렇게 말한다.

> 우리는 기뻐하기 위하여 "망각"하지 않는다. 우리는 기뻐할 것이고 그래서 기억은 우리 마음에서 슬그머니 빠져나갈 것이다! 나쁜 추억을 기억해내지 못함도 동일한 이치다. 우리의 마음은 하나님의 선하심과 하나님의 새로운 세상의 선함 속에서 크게 기뻐하게 될 것이며, 나쁜 추억들은 마치 물 없는 식물처럼 시들어질 것이다.[5]

예레미야는 독자와 청중에게 인간의 죄와 그로 인한 황폐함이 아닌, 역사 속에서 밝혀진 하나님의 은혜에 관한 그들의 기억을 모으라고 말한다. 무엇을 기억할지에 대한 선택이 정의, 평화, 안전으로 가득 차게 될 미래를 극적으로 만들어준다.

이 이야기는 땅에서 끝난다(렘 23:8).

---

[5] Miroslav Volf, *The End of Memory* (Grand Rapids: Eerdmans, 2006), p. 214.

시편 23편이 예레미야 23:1-8과 어떻게 비교되는지 알아보자(표 2.8. 참조).

시편 23:1-6	예레미야 23:1-8
(개인적인 이야기)	(공동체적 망명과 귀환)
1. 선한 목자=하나님	선한 목자=하나님
2. 잃어버린 양	———
	잃어버린 양 떼
3. 대적:	대적:
죽음과 악	악한 목자들
	멸망시킴/흩어놓음
4. 여성 등장:	———
선한 주인(여주인?)	———
5. 성육신	성육신
현재에 나타남	미래에 약속됨
6. 대가:	대가:
데려옴	모아서 데려옴
7. 하나님께로 돌아옴	땅으로 돌아옴
(shuv)	(shuv)
8. 잃어버린 착한 양과 나쁜 양	———
9. 연회	———
10. 집에서 이야기가 끝남	땅에서 이야기가 끝남

표 2.8. 선한 목자에 관한 다윗과 예레미야 사이의 비교

예레미야는 최초의 시편 이야기에서 상당히 중요한 변화를 시도했다. 위에 나열한 10가지 개념과 더불어 아래의 내용을 추가한다.

1. **목자의 정의**. 선한 목자는 여전히 양 떼의 주인이신 하나님이다. 하나님은 양 떼를 데려다 놓으실 것이고 다윗 왕권을 따라 새로운 목자들을 임명해 그 양 떼를 인도하게 하실 것이다.
2. **잃어버린 양**. 잃어버린 양은 잃어버린 양 떼로 바뀌었다. 전체 공동체는 잃어버린 상태다.
3. **대적들**. 다윗의 대적들은 "죽음과 악"이다. 여기서 악한 목자들이 처음으로 소개된다.
4. **여성 등장**. 다윗이 소개했던 여성 이미지를 예레미야는 생략한다.
5. **성육신**(incarnation). 다윗에게, 하나님은 그의 목자로서 나타나시고 행동하시며 또 길 잃은 자신을 인도하시고 우리에 데려다 놓으셨다 (*shuv*). 예레미야에게, 하나님은 언젠가 모든 양 떼를 모으실 분이다.
6. **대가**. 시편은 하나님이 다윗을 데려오시는 장면을 보여준다. 예레미야서에서 하나님은 모으시고, 일으키시며(다윗을 위하여), 데려오시고 (*shuv*), 구원하시며, 안전을 제공한다.
7. **귀환과 관련해서**. 다윗의 귀환은 하나님을 향한다. 예레미야의 귀환의 목적지는 땅이다. 이것은 중요한 강조점의 변화다. 하나님을 향한 다윗의 개인적인 회복을 묘사하는 시편은 예레미야서에서는 특별한 지리적 장소로의 이동에 대한 국가적 이야기로 재형성된다.
8. **나쁜 양**. 이후의 전통에서 에스겔은 양의 본성을 반영한다. 예레미야나 다윗에는 이런 논의가 없다.
9. **연회**. 다윗이 묘사했던 연회를 예레미야는 생략한다.
10. **결말**. 예레미야의 마지막 장면은 "여호와의 집"이 아닌 "땅"에서 이루

어진다.

지금까지 논의된 목자와 양 떼에 대한 예레미야의 비전을 요약해보자.

예레미야 23:1-8에 담긴 선한 목자와 신학적 클러스터

1. 리더쉽의 실패는 심각한 문제를 일으킨다. 예레미야는 믿음의 공동체에서 리더십의 실패는 간과될 수 없는 심각한 문제라고 힘주어 강조한다.
2. 개인뿐 아니라 집단도 길을 잃을 수 있다. 집단이 방향을 잘못 잡고 길을 잃어버릴 수 있으며 뿔뿔이 흩어져 멸망을 초래할 수도 있다.
3. 양 떼는 하나님께 속한다(목자들의 소유가 아님). 양 떼는 하나님의 것이고 목자가 실패해도 하나님은 여전히 그분의 양 떼를 돌보신다.
4. 파멸 중에서도 희망은 사라지지 않는다. 예레미야는 자신을 둘러싼 멸망, 죽음, 노예, 추방이라는 절망의 심연으로부터 미래에 대한 변치 않는 소망을 포기하지 않았다.
5. 하나님의 임재가 유일한 해결책이다. 예레미야는 하나님께 속한 양 떼가 비록 뿔뿔이 흩어져 실종되었지만 언젠가 반드시 하나님께서 나타나셔서 그것들을 불러 모아 원래의 자리로 데려오실 것이라고 확신했다.
6. 새로운 목자들에 대한 약속과 다윗의 왕권은 미래를 밝힌다. 양 떼를 위하여 하나님은 다른 목자들을 보내시며, 구원과 안전을 주시며, 지혜, 정의, 공의로 통치할 다윗의 왕권을 일으킬 것이다. 이 표현은 새로운 소망으로 가득 찬 미래의 계획 속에서 예레미야 31:31-35과 함께 짝을 이룬다.
7. 두려움으로부터의 자유는 모든 의미 있는 삶에서 중추적인 역할을 한

다. 두려움에 대한 언급은 다시 나타난다(카메오 3). 그들은 더 이상 "두려워하거나 놀라지 않을 것이다."

8. 흩어진 양 떼에 대한 예상된 귀환은 "하나님"이 아닌 "땅"이다. 예레미야는 시편에서 볼 수 없는 새로운 정치적 준거기준을 이 이야기에 부여한다. 그러나 시편 23편은 육체를 떠난 영혼에 관한 노래가 아니다. 다윗은 음식, 음료, 보호, 은신처, 영원한 주거지에 대해 기록한다. 시편 23:3에서 "내 영혼을 소생시키시고"와 같은 전통적인 번역은, 종종 "영혼"은 "몸"과 더불어 아무것도 할 것이 없다는 관념적 해석을 야기했다. 하지만 시편의 히브리어 번역은 *nafshi*(나의 전 인격)에 대해 말하며, 시편 기자는 양식, 음료, 은신처에 대해 근심하고 있다. 게다가 예레미야는 고향으로 돌아가는 난민들에 대해 논의하고 있으나, 에스겔이 분명히 지적한 것처럼, 고향 땅에 이미 살고 있는 사람들을 위한 이동 장소는 없다. 정의와 공의와 더불어 선하심, 만족, 자비/은혜는 예언자들의 비전의 필수 요소다.

9. 예레미야는 다윗의 비전 중 일부를 제쳐두었다. 예레미야 23장에는 연회가 없고 집도 없으며 하나님의 일하심에 등장하는 여성적 활동에 대한 인식도 없다.

10. 바빌론 포로에서의 귀환은 출애굽을 능가한다. 바빌론으로부터 투영된 구원은 홍해에서 경험한 구원을 무색하게 만들 것이다. 새로운 구원에 대한 기억은 인간의 잔인성이 아니라 하나님의 선하심에 그 초점을 둘 것이며, 계획된 귀환은 출애굽 이야기에 중심을 두었으나, 군사적인 요소를 배제할 것이다.

예루살렘은 무너졌고 예레미야는 이집트로 추방되어 그곳에서 죽음을 맞이한다. 그로부터 몇 년 후 바빌론에서 기록된 에스겔의 목소리가 울려 퍼지는데, 그 음성은 선한 목자에 관한 다윗의(그리고 예레미야의) 위대한 찬양을 포함한다. 이제 새로운 그 음성에 귀를 기울일 시간이다.

3장

선한 목자와
에스겔 34장

그 당시 예레미야보다 어렸던 에스겔은 예레미야가 선한 목자에 대해 말했던 것을 알았음이 분명하다. 곧이어 보겠지만, 이 사실은 예레미야서와 에스겔서의 본문의 비교를 통해 분명해진다. 예루살렘에서 바빌론으로의 제 1차 추방 시기에 바빌론 사람들에게 사로잡힌 에스겔은 기원전 598년에 바빌론으로 이송된다.

몇 년이 지나 두 번째 봉기가 일어났고 유대 땅은 또 다시 침략당했다. 기원전 586년, 예루살렘은 무너졌고 파괴되었다. 최후 격전의 기간 동안 에스겔은 멀리 떨어진 바빌론에서 침묵하고 있었다. 도시의 패망을 알리는 소리가 들리자 그는 이렇게 기록했다. "내 입이 열리기로 내가 다시는 잠잠하지 아니하였노라"(겔 33:22). 몇 달간의 침묵이 끝난 후, 에스겔은 예루살렘의 멸망에 관한 충격적인 소식에 대해 히브리 난민들에게 무슨 말을 할 수 있었을까?[1] 이에 관해 로렌스 보트(Lawrence Boadt)는 다음과 같이 간결하게 기록했다.

> 에스겔은 이스라엘 역사에서 최대의 위기를 겪었다. 유다와 수도 예루살렘의 최종 멸망, 약속의 땅에서의 독립 상실, 전체 지도 계층의 바빌론 이주, 성전 붕괴와 다윗 왕가의 제거가 바로 그것이다.[2]

---

1) 에스겔서는 대단히 잘 구성된 책이다. 겔 33-34장까지의 내용의 순서는 역사적인 것일 수도 있고 신학적인 것일 수도 있다. 어떤 경우가 되었든지 독자는 이렇게 배열된 순서로 본문을 읽게 된다. 중요한 질문은 이런 본문의 배치가 독자들에게 무엇을 시사하는가 하는 점이다.

2) Lawrence Boadt, "Ezekiel, Book of," in *Anchor Bible Dictionary*, ed. David Noel Freedman (New York: Doubleday, 1992), 2:713.

예언자의 첫 번째 반응은, 자신의 나라가 틀림없이 조속히 재건될 것이라 예상했던 사람들의 희망을 꺾어놓는 것이었다(겔 33:23-27). 에스겔은 유다에 남아 있는 자들을 기다리고 있는 것이 추방과 황폐함이라고 공표한다. 그러고는 사람들이 하나님의 말씀, 적어도 그를 통해 선포되는 예언을 더 이상 듣고 싶어 하지 않음을 깨닫는다. 하나님의 편에 서서 에스겔은 다음과 같이 예언한다(표 3.1. 참조).

> 백성이 모이는 것같이 네게 나아오며
> 내 백성처럼 네 앞에 앉아서 네 말을 들으나
> 그대로 행하지 아니하니 이는 그 입으로는 사랑을 나타내어도
> 마음으로는 이익을 따름이라
>   그들은 네가 고운 음성으로
>   사랑의 노래를 하며
>   음악을 잘하는 자같이 여겼나니
> 네 말을 듣고도 행하지 아니하거니와

표 3.1. 에스겔과 사랑의 노래를 부르는 자의 비유(겔 33:31-32)

따라서 멸망에 관한 에스겔의 예언은(33:27-28) 부드러운 음성으로(사랑의 노래처럼) 전달되지만, 에스겔은 그들이 듣긴 들어도 결코 행하지 않는다는 사실을 분명히 알고 있었다. 그러나 심판을 전하는 것만이 에스겔이 해야 할 소임의 전부는 아니었다. 더 먼 미래는 소망으로 가득 차 있었으며, 이런 희망을 표현하기 위해 에스겔은 시편 23편의 고전적인 이야기(예레미야에 의해 이미 재구성된)를 다시 들려주었다. 예루살렘의 붕괴와 유다의 멸망이라는 파괴적인 소식의 그림자 아래서, 에스겔은 선한 목자 이야기의 새 버전을 구성한다. 에스겔은 현실을 미화하지 않는 동시에, 하

하나님이 그분의 백성을 포기하지 않으신다는, 그의 내면으로부터 불타오르는 강렬한 소망도 버리지 않았다. 그는 이것을 4가지 방식으로 말한다 (표 3.2.-3.5. 참조).

A. 악한 목자들은 고발당하고 죄가 드러나며 정죄당한다.

1. ¹여호와의 말씀이 내게 임하여 이르시되
    ²인자야 너는 이스라엘 목자들에게 예언하라   목자들을 향해 예언
    그들 곧 목자들에게 예언하여 이르기를   하도록 예언자를 부르심
    주 여호와께서 이같이 말씀하시되

2. 자기만 먹는 이스라엘 목자들은 화 있을 진저
    목자들이 양 떼를 먹이는 것이ª) 마땅하지 아니하냐   자신들만 먹고
    ³너희가 살진 양을 잡아   양 떼는 먹이지 않는
    그 기름을 먹으며 그 털을 입되   악한 목자들
    양 떼는 먹이지 아니하는도다

3. ⁴너희가 그 연약한 자를 강하게 아니하며
    병든 자를 고치지 아니하며 상한 자를 싸매 주지 아니하며   돌아오게 하는 것과
    쫓기는 자를 돌아오게 하지(shuv) 아니하며   다른 많은 것들을
    잃어버린 자를 찾지 아니하고   실패한 목자들
    다만 포악으로 그것들을 다스렸도다

4. ⁵목자가 없으므로
    그것들이 흩어지고 흩어져서
    모든 들짐승의 밥이 되었도다
    ⁶내 양 떼가 모든 산과   목자들의 실패로
    높은 멧부리에마다 유리되었고   양 떼는 흩어졌고
    내 양 떼가 온 지면에 흩어졌으되   먹이가 되고 유리되었다
    찾고 찾는 자가 없었도다

5. ⁷그러므로 목자들아

    여호와의 말씀을 들을지어다

    ⁸(주 여호와의 말씀에) 내가 나의 삶을 두고 맹세하노라   이런 실패의 이유로

    내 양 떼가 노략거리가 되고   양 떼는 들짐승에게 먹힘

6. ⁹그러므로 너희 목자들아

    여호와의 말씀을 들을지어다

    ¹⁰주 여호와께서 이같이 말씀하시되

    내가 목자들을 대적하여   내가 목자들을 물리치고

    내 양 떼를 그들의 손에서 찾으리니   내가 양 떼를 구할 것이다

    목자들이 양을 먹이지 못할 뿐 아니라

    그들이 다시는 자기도 먹이지 못할지라

    내가 내 양을 그들의 입에서 건져내어서

    다시는 그 먹이가 되지 아니하게 하리라

---

a) 히브리어에서 r'y은 양 떼, 목자들, 먹이기, 목양 등의 어근이다. 나는 위의 "목자들이 양 떼 먹이는 것"에 나타나는 이 언어유희를 유지하기 위해 최대한 노력했다. 본문 자체가 증언하듯이 단순히 "먹이는 것" 이상의 의미를 담고 있다.

표 3.2. 악한 목자들(겔 34:1-10)

B. 선한 목자이신 하나님이 찾으시고, 모으시고, 구원하시고, 먹이시고, 데려오시고(shuv), 싸매시고, 힘주시며 정의를 베푸신다.

7. ¹¹주 여호와께서 이같이 말씀하셨느니라

    나 곧 내가 내 양을 찾고 찾되   하나님 스스로 구원하시고

    ¹²목자가 양 가운데에 있는 날에 양이 흩어졌으면   사람들 가운데서

    그 떼를 찾는 것같이 내가 내 양을 찾아서   그들을 데려오신다(꺼내신다)

    흐리고 캄캄한 날에

    그 흩어진 모든 곳에서 그것들을 건져낼지라

¹³내가 그것들을 만민 가운데에서 끌어내며	
여러 백성 가운데에서 모아	
8. 그 본토로 데리고 가서	
이스라엘 산 위에와 시냇가에와	
그 땅 모든 거주지에서 먹이되	하나님이 그들을 먹일 것이다
¹⁴좋은 꼴을 먹이고	훌륭한 목초지에서
그 우리를 이스라엘 높은 산에 두리니	그들이 누울 것이다
그것들이 그곳에 있는 좋은 우리에 누워 있으며	
이스라엘 산에서 살진 꼴을 먹으리라	
9. ¹⁵내가 친히 내 양의 목자가 되어	
그것들을 누워 있게 할지라ᵃ⁾	
주 여호와의 말씀이니라	
¹⁶그 잃어버린 자를 내가 찾으며	하나님이 목자가 되신다
쫓기는 자를 내가 돌아오게 하며	그가 잃어버린 자를 찾아
상한 자를 내가 싸매 주며	데려오신다
병든 자를 내가 강하게 하려니와	살찐 자와 강한 자를 멸하신다
살진 자와 강한 자는 내가 없애고	
정의대로 그것들을 먹이리라	

a) 동일한 히브리어 동사 רבץ(rbts)가 시 23:2에 사용되는데, 여기서는 "그것들을 누워 있게 한다"로 번역된다. 이 동사의 동사 형태는 "휴식처"를 의미한다. LVTL, *Lexicon*, p. 871을 참고하라.

표 3.3. 선한 목자(겔 34:11-16)

C. **나쁜 양**들은 고발당하고 심판받는다.

10. [17]주 여호와께서 이같이 말씀하셨느니라
    나의 양 떼 너희여 내가 양과 양 사이와
    숫양과 숫염소 사이에서 심판하노라
    [18]너희가 좋은 꼴을 먹는 것을 작은 일로 여기느냐   나쁜 양을
    어찌하여 남은 꼴을 발로 밟았느냐   나 여호와가 심판할 것이다
    너희가 맑은 물을 마시는 것을 작은 일로 여기느냐
    어찌하여 남은 물을 발로 더럽혔느냐
    [19]나의 양은 너희 발로 밟은 것을 먹으며
    너희 발로 더럽힌 것을 마시는도다 하셨느니라

11. [20]그러므로 주 여호와께서 그들에게 이같이 말씀하시되
    나 곧 내가 살진 양과 파리한 양 사이에서 심판하리라
    [21]너희가 옆구리와 어깨로 밀어뜨리고   나 여호와가 나쁜 양을
    모든 병든 자를 뿔로 받아 무리를 밖으로   심판하고 양 떼를
    흩어지게 하는도다   구원할 것이다
    [22]그러므로 내가 내 양 떼를 구원하여
    그들로 다시는 노략거리가 되지 아니하게 하고
    양과 양 사이에 심판하리라

표 3.4. 나쁜 양(겔 34:17-22)

D. **선한 목자이신 하나님**이 지도자들을 임명하고 양육할 것이며 양식, 보호, 평화, 축복, 자유를 베풀 것이다.

12. [23]내가 한 목자를 그들 위에 세워 먹이게 하리니
    그는 내 종 다윗이라
    그가 그들을 먹이고 그들의 목자가 될지라   나 여호와가 다윗을
    [24]나 여호와는 그들의 하나님이 되고   목자와 왕으로 세울 것이다

내 종 다윗은 그들 중에 왕이 되리라
　　　나 여호와의 말이니라

13. ²⁵내가 또 그들과 화평의 언약을 맺고
　　　악한 짐승을 그 땅에서 그치게 하리니　　　나 여호와가 평화와
　　　그들이 빈 들에 평안히 거하며　　　　　　보호의 언약을 맺을 것이다
　　　수풀 가운데에서 잘지라

14. ²⁶내가 그들에게 복을 내리고
　　　내 산 사방에 복을 내리며 때를 따라
　　　소낙비를 내리되 복된 소낙비를 내리리라　나 여호와가 복을 주고
　　　²⁷그리한즉 밭에 나무가 열매를 맺으며　　번영과 보호를 베풀 것이다
　　　땅이 그 소산을 내리니
　　　그들이 그 땅에서 평안할지라

15. 내가 그들의 멍에의 나무를 꺾고
　　　그들을 종으로 삼은 자의 손에서 그들을 건져낸 후에
　　　내가 여호와인 줄을 그들이 알겠고
　　　²⁸그들이 다시는 이방의 노략거리가　　　나 여호와가 멍에를 꺾고
　　　되지 아니하며
　　　땅의 짐승들에게 잡아먹히지도 아니하고　이방의 노략거리가 없게 하고
　　　평안히 거주하리니 놀랠 사람이 없으리라　야생동물의 위협이 없게 하고
　　　²⁹내가 그들을 위하여 파종할　　　　　　보호와 번영을 베풀 것이다
　　　좋은 땅을 일으키리니
　　　그들이 다시는 그 땅에서 기근으로 멸망하지 아니할지며
　　　다시는 여러 나라의 수치를 받지 아니할지라

16. ³⁰그들이 내가 여호와 그들의 하나님이며　그들은 나 여호와가 그들과
　　　그들과 함께 있는 줄을 알고　　　　　　함께하고 그들이 내 백성임을
　　　그들 곧 이스라엘 족속이 내 백성인 줄 알리라　알게 될 것이다
　　　주 여호와의 말씀이라

E. 결론: 너희는 내 양이다.

17. ³¹내 양 곧 내 초장의 양 너희는 사람이요　　　너희가 내 양이고
　　　나는 너희 하나님이라　　　　　　　　　　　나는 너희 하나님이다.
　　　주 여호와의 말씀이니라

표 3.5. 선한 목자이신 하나님(겔 34:23-31)

수사법

이 본문은 성경의 선한 목자 본문 중에서 가장 길다. 17개의 카메오로 구성된 이 본문의 개요를 표 3.6.을 통해 확인할 수 있다.

A. **악한 목자들**은 고발당하고 죄가 드러나며 정죄당한다.　(카메오 1-6; 겔 34:1-10)

　　B. **선한 목자이신 하나님이 약속하신다.**
　　　　내가 직접 올 것이고, 찾고, 모으고, 구원하고, 먹이고, 데려오고, 싸매고, 힘을
　　　　줄 것이며 정의를 베풀 것이다.　　　　　　(카메오 7-9; 겔 34:11-16)

　　C. **나쁜 양들**은 고발당하고 심판받는다.　　　(카메오 10-11; 겔 34:17-22)

　　　　D. **선한 목자이신 하나님이 맹세하신다.**
　　　　　　내가 목자들을 임명하고 양육할 것이며, 양식, 보호, 평화, 축복, 자유를 베풀
　　　　　　것이다.　　　　　　　　　　　　　　(카메오 12-16; 겔 34:23-30)

E. 너희는 **내 양**이다
　　나는 **너희 하나님**이다.　　　　　　　　　　(카메오 17; 겔 34:31)

표 3.6. 에스겔 34장의 개요

이번 장의 간단한 요약/개요는 다음과 같다.

- 악한 목자들(A)과 악한 목자들에 대한 하나님의 대응(B)
- 나쁜 양들(C)과 나쁜 양들에 대한 하나님의 대응(D)
- 이 문제에 대한 결론(E)

주석

에스겔은 예레미야가 선한 목자 이야기의 흐름에 도입한 모든 변화들을 유지했다(그리고 확장했다). 에스겔이 변화시킨 주요 사항은 "나쁜 양"에 대한 삽입이다. 이어지는 고찰들에서, 에스겔서의 5개의 분류들(A-E)을 살펴볼 것이다.

A. 악한 목자들은 고발당하고 죄가 드러나며 정죄당한다(카메오 1-6; 겔 34:1-10).

예레미야는 그의 선한 목자 이야기를 "악한 목자들"에 대한 공격과 함께 시작한다. 악한 목자들에 대한 에스겔의 표현은 광범위하고 직설적이며 엄청난 분노를 표출한다. 6개의 카메오를 통한 내용은 다음과 같이 전개된다.

카메오 1. 예언자의 명령. 예언자는 "이스라엘 목자들을 향해 예언하도록" 명령받는다.

카메오 2. 목자들의 이기심. 목자들은 양 떼가 아닌 자기만을 돌봤다. 그들은 양들을 살육했고, 살찐 양을 잡아먹었으며, 양털로 옷을 짜 입었으나, 양을 보살피지는 않는다.

예루살렘의 멸망 이후 시드기야 왕은 결박되고, 두 눈을 빼앗긴 채, 바빌론에 포로로 끌려갔다(왕하 25:6-7). 에스겔은 (아마도) 이런 세부사항을 몰랐을 것이다. 그러나 모든 게 끝나버린 상황에서, 국가를 도탄에 빠뜨린 시드기야 왕(생존 여부를 떠나)에 대한 국민 전체의 분노가 들끓었을 것이라는 점은 의심의 여지가 없다. 이와 같이 이스라엘 "목자들"에 대한 에스겔의 비판은(카메오 2) 바빌론에서 그를 둘러싼 상당수의 망명자들로부터 공감을 얻었을 것이다.

카메오 3. 목자들이 양 떼에게 가한 고통. 에스겔은 목자들의 7가지 실패를 열거한다.

약한 자―강하게 하지 않음
병든 자―고치지 않음
상한 자―싸매주지 않음
쫓기는 자―돌아오게(*shuv*) 하지 않음
길 잃은 자―찾지 않음
사람들―무력으로 통치함
　　　―포악으로 다스림

여기서 "찾다"(카메오 2)와 "데려오다"(카메오 3)의 두 가지 동사가 사용된다. 목자들은 부유한 직업은 아니었던 것 같다. 큰 양 떼의 소유주(욥과 같은)는 부유할 수 있으나, 야생동물과 강도의 위험에 직면하면서 겨울 추위와 여름 더위 속에 매일같이 양 떼를 이끌어야만 하는 목자에게 해당되는 말은 아니다. 목자에게, 그가 가진 최상의 가치 하나는 목자로서의 명성이다. 이 주제는 앞서 시편 23편에서 다루었는데, 선한 목자는 "자기 이름을 위하여…나를 데려온다"(시 23:3).

에스겔은 이름을 거명하면서 사람을 비난하지는 않는다. 그는 단지 실패한 쓸모없는 목자들에 관한 이야기와 하나님이 이 문제를 어떻게 처리하신지에 대해 말한다. 에스겔 주변의 포로들은 이미 바빌론에서 유배의 몸이되었고, "흩어진 양 떼"에 대해 잘 알고 있으며, 이미 언급했듯이 실패한 목자들에게 공적으로 쏟아지는 거센 비판의 말을 통쾌한 마음으로 들을 수 있었을 것이다. 여기서 핵심 키워드 shuv가 다시 등장한다. 목자들은 "쫓기는 자들을 돌아오게 하는(shuv)" 데 실패했다.

카메오 4. 이런 총체적 실패들의 결과:

- 양 떼는 "모든 지면(地面)으로" 흩어졌다.
- 양 떼는 들짐승의 먹잇감이 되었고,
- "그들을 찾는 이가 아무도 없다."

"살펴보다/찾아보다"와 "데려오다"라는 두 개의 동사가 언급된다. 일반적으로 목자는 양을 잃어버렸을 때 이 두 가지 방식을 통해 구출 작업에 전념하게 될 것이다. 선한 목자는 반드시 먼저 양을 찾아내고 원래 상태로 되돌아가게 한다. 잃어버린 양을 찾을 때까지, 어떤 값을 치르고서라도 목자는 바위투성이 언덕을 헤매고 다녀야 한다. 양을 찾은 것만이 전부는 아니다. 목자의 두 번째 임무는 23-32킬로그램에 다다르는 양을 어깨에 둘러메고 거리와 상관없이[3] 마을까지(아마도 오르막길에 위치한) 되돌아오는 것이다. 시편 23편은 그 중 두 번째 임무인 "그가 나를 데려 오신다"만 언급했다. 예레미야는 하나님이 양 떼를 "모으시고" "그들을 데려오신다"고 했다. 모으기 위해선 찾아봐야 한다. 그러나 여기 에스겔에서는, 처음으로 구원 사역에 필요한 두 양상이 나타나고 있다.[4] 신학적으로,

---

3) 야생 초원이 사해 둑으로부터 경사를 이루어 펼쳐져 있는 반면, 유대에 있는 마을들은 산마루 위에 위치하고 있다. 이와 같은 풍경은 지금도 그대로다.
4) 현대의 긴급 복구반은 "수색구조"팀으로 불린다. 수색과 구조는 서로 연결되는 작업이지만

첫 번째는 성육신(incarnation)을, 두 번째는 속죄(atonement)를 말하기 때문에 이 둘 모두 중요한 사안이 된다. 자세한 내용은 추후 논의하겠다.

악한 목자들은 들짐승처럼 변한다. 목자들과 들짐승들 모두 양을 죽이고 잡아먹는다.

카메오 5-6. 이처럼 이기적이고 무책임한 목자들은 어떻게 되는가? 악한 목자들의 행위를 요약하면서 에스겔은 다음과 같이 말한다. (5)목자들이 양 떼를 보살피기는 커녕 자신들만 돌보았고, 양 떼는 들짐승(바빌론 사람들)의 밥이 되었기 때문에, (6)그러므로 내가 목자들에게 말하는데, "너희들은 해고다!" 이제 나는 내 양 떼를 너희들로부터 구출할 것이다.

목자들이 들짐승처럼 양 떼를 해쳤기 때문에, 하나님(양 떼의 주인)은 양 떼를 구출하기 위해서 현재의 목자들을 해고해야만 한다.

여태까지는 에스겔의 "선한 목자" 버전이 의심의 여지없이 잘 받아들여졌다. 그 메시지는 왕과 고관들 그리고 "들짐승들"(바빌론 사람들)에 대한 비난이다. 바빌론의 끝자락 강제 노동 수용소에 앉아 에스겔은 단지 바빌론 사람들을 손가락질하기보다 자신의 공동체의 지도력에 대해 비난하기로 결심했다. "들짐승들"이 밖에 진을 치고 있지만, 에스겔은 양 떼를 점점 더 파괴하게 될 이 일그러진 목자들을 하나님이 우선적으로 처리하실 것이란 걸 알고 있다. 이는 놀라운 일이다! 일반적으로 엄청난 상실의 시대에는 "왕과 국가"에 대한 충성심은 "압제자들을 비난하라!"와 같은 울부짖음을 만들어낸다. 그런데 이에 더해 에스겔은 자신이 속한 공동체의 지도력을 비난한다.

하나님은 목자들을 "해고한다"! 이제 무엇을 해야 하는가? 이 질문은 섹

분리된 활동으로 구별될 수 있다. 예수는 삭개오에게 "인자가 온 것은 잃어버린 자를 찾아 구원하기 위함이라"고 하며 목자의 언어를 사용한다(눅 19:10). 두 가지의 행동이 구체적으로 언급되고 있다.

선B에서 세 개의 키메오들(겔 34:11-16)과 함께 나타나는 하나님을 아연실색케 만드는 반응으로 우리를 안내한다. "악한 목자들"에게 욕을 퍼붓는 것만으로는 부족하다. 하나님은 미래의 소망을 보여주신다. (이 내용은 매우 중요하기 때문에 독자가 쉽게 참고할 수 있도록 해당 본문을 옮겨놓았다.)

B. 선한 목자이신 하나님이 찾으시고, 모으시고, 구원하시고, 먹이시고, 데려오시고(*shuv*), 싸매시고, 힘주시며 정의를 베푸신다.

7. ¹¹주 여호와께서 이같이 말씀하셨느니라
   나 곧 내가 내 양을 찾고 찾되
   ¹²목자가 양 가운데에 있는 날에 양이 흩어졌으면
   그 때를 찾는 것같이 내가 내 양을 찾아서
   흐리고 캄캄한 날에
   그 흩어진 모든 곳에서 그것들을 건져낼지라
   ¹³내가 그것들을 만민 가운데에서 끌어내며
   여러 백성 가운데에서 모아

   하나님 스스로 구원하시고
   사람들 가운데서
   그들을 데려오신다(꺼내신다)

표 3.7. 하나님이 직접 양 떼를 찾으신다(겔 34:11-13)

표현의 방식은 대단히 강력하다. 문제의 해결자로 부름 받은 사회의 지도자들이 오히려 문제의 일부가 되어버렸다. 구원을 위한 유일한 희망은 하나님의 성육신이다. 하나님은 "나 곧 내가 내 양을 찾되"라고 말한다. 동사들은 그 자체로 의미를 지닌다. 하나님은 수색하시고, 찾아내시고, 구출하시고, 꺼내시고, 사람들을 그 흩어져 있는 곳으로부터 모으신다. 그리고 어떻게 하시는가?(표 3.8. 참조)

8. 그 본토로 데리고 가서

　　이스라엘 산 위에와 시냇가에와

　　그 땅 모든 거주지에서 먹이되　　　　　　　하나님이 그들을 먹일 것이다

　　14좋은 꼴을 먹이고　　　　　　　　　　　훌륭한 목초지에서

　　그 우리를 이스라엘 높은 산에 두리니　　　그들이 누울 것이다

　　그것들이 그곳에 있는 좋은 우리에 누워 있으며

　　이스라엘 산에서 살진 꼴을 먹으리라

표 3.8. 하나님이 직접 그분의 양 떼와 지키신다(겔 34:13b-14)

　　하나님은 단순히 119 구급대원이 아니다. 오히려 하나님은 스스로가 그들의 목자가 되실 것이다. 하나님은 그들의 땅과 훌륭한 목초지로 그들을 인도하실 것이다. 시편에서 다윗은 하나님이 그를 "푸른 풀밭"으로 인도하신다고 진술했다. 그는 배불리 먹으며 풍요롭고 안락한 장소에 눕는 것이 가능해진다. 시편에서 최초로 나타났던 아이디어가 에스겔의 작품 속에서 재등장한다. "그들이 좋은 목초지에 누울 것이다."

　　이 카메오는 이스라엘의 산이라는 구문과 함께 시작하고 끝난다. 에스겔은 "이스라엘의 산들이 황폐하여 지나갈 사람이 없으리라"(겔 33:28)고 말할 정도로 하나님이 "이스라엘 땅"을 완전히 잿더미로 만드실 것이라 말했다. 동일한 이스라엘의 산들이 우상을 숭배하는 "산당"이 되었고 따라서 특별한 심판의 대상으로 준비되는 중이었다. 그리고 이스라엘 백성의 시체들은 자신들이 숭배했던 동일한 "산당"의 우상들 앞에 버려질 것이다(겔 6:1-7). 그러나 이제 그 산들은 회복된 양 떼가 눕게 될 "풍요로운 목초지"로 변할 것이라고 한다.

　　미래에 대한 소망은 맑은 날 어느 꿈꾸는 사람의 눈앞에서는 쉽게 어른거리겠으나, 정신과 마음을 모든 면에서 압도하는 파괴적인 폭풍의 여파

가운데 숨죽이고 있는 자들에게서 그런 꿈은 어떻게 살아남을 수 있을까? 뒤이어 나오는 카메오 9는 카메오 8의 많은 주제들을 반복한다(표 3.9. 참조).

9. ¹⁵내가 친히 내 양의 목자가 되어
　　그것들을 누워 있게 할지라
　　주 여호와의 말씀이니라
　　¹⁶그 잃어버린 자를 내가 찾으며　　　　하나님이 목자가 되신다
　　쫓기는 자를 내가 돌아오게 하며　　　　그가 잃어버린 자를 찾아
　　상한 자를 내가 싸매 주며　　　　　　　데려오신다
　　병든 자를 내가 강하게 하려니와　　　　살진 자와 강한 자를 멸하신다
　　살진 자와 강한 자는 내가 없애고
　　정의대로 그것들을 먹이리라

표 3.9. 하나님이 직접 데려오시고, 싸매시고, 자신의 양 떼를 먹이신다(겔 34:15-16)

　　이제 세 번째로 에스겔은 인간적 견지에서 이스라엘의 문제가 해결되지 않았음을 재확인한다. 카메오 7-8에서 이미 나타났던 대답이 카메오 9에서 확장, 반복되고 있다. 하나님은 언젠가 역사 속으로 들어오셔서 직접 잘못된 것들을 바로잡으시리라는 것을 예언자를 통해 알리시며 선포하신다. 성육신하신 하나님에 의해 약속된 구속 행위가 이어지는 본문에 나타난다(표 3.10. 참조).

9. 내가 친히 내 양의 목자가 되어
　　그것들을 누워 있게 할지라
　　잃어버린 찾으며
　　쫓기는 자를 돌아오게(*shuv*) 하며
　　상한 자를 싸매 주며

3장 선한 목자와 에스겔 34장

병든 자를 강하게 하려니와

정의대로 그것들을 먹이리라(괴롭히는 자들을 제압하면서)

표 3.10. 에스겔 34:15-16의 6가지 위대한 구원하는 행동

동사 "눕히다"와 "데려오다"는 시편 23편에서 두드러진다. 이번 장 서두에서(카메오 3), 에스겔은 잃어버린 양을 "데려오지(*shuv*) 않는" 목자들에 대해 논의했다. 그러나 카메오 9에서는 같은 동사가 긍정적인 문맥의 중심부에 나타난다.5) 에스겔은 인간 목자가 이런 임무를 완성해낼 수 없으며 오직 신적인 목자만이 이 일을 처리하실 수 있다고 확신한다.

"악한 목자들"(A)에 관해서 그리고 이에 대한 하나님의 반응(B)을 논의하면서, 이제 에스겔은 "나쁜 양 떼"(C)에 관한 주제로 시선을 돌린다. "나쁜 양 떼"에 대한 그의 관점은 두 개의 카메오로 나뉜다(카메오 10-11)(표 3.11. 참조).

C. 나쁜 양들은 고발당하고 심판받는다.

10. ¹⁷주 여호와께서 이같이 말씀하셨느니라

　　나의 양 떼 너희여 내가 양과 양 사이와

　　숫양과 숫염소 사이에서 심판하노라

　　¹⁸너희가 좋은 꼴을 먹는 것을 작은 일로 여기느냐　　나쁜 양을

　　어찌하여 남은 꼴을 발로 밟았느냐　　　　　　　　　나 여호와가 심판할 것이다

　　너희가 맑은 물을 마시는 것을 작은 일로 여기느냐

　　어찌하여 남은 물을 발로 더럽혔느냐

　　¹⁹나의 양은 너희 발로 밟은 것을 먹으며

　　너희 발로 더럽힌 것을 마시는도다 하셨느니라

11. ²⁰그러므로 주 여호와께서 그들에게 이같이 말씀하시되
　　나 곧 내가 살진 양과 파리한 양 사이에서 심판하리라
　　²¹너희가 옆구리와 어깨로 밀어뜨리고
　　모든 병든 자를 뿔로 받아 무리를 밖으로　　　　나 여호와가 나쁜 양을
　　흩어지게 하는도다　　　　　　　　　　　　　　심판하고 양 떼를
　　²²그러므로 내가 내 양 떼를 구원하여　　　　　구원할 것이다
　　그들로 다시는 노략거리가 되지 아니하게 하고
　　양과 양 사이에 심판하리라

표 3.11. 양 떼가 나쁜 양 무리로부터 구원받다(겔 34:17-22)

　　이스라엘의 예언자들은 고집불통인 백성을 비판하는 역할로 알려졌지만, 그것은 그들의 땅에서 안전이 미치는 범위 내에서 가능한 일이었다. 현재 에스겔과 이스라엘 백성은 유배지에 있다. 에스겔이 실패한 지도력을 비판하는 것은 예상된 일이었다. 일반 백성이 보인 반응 또한 비슷했을 것이다. "지도자들이 우리를 혼란에 빠뜨렸다. 예언자가 그들을 비판하는 건 너무나 당연하다." 그러나 에스겔은 그렇게 함과 동시에(겔 34:1-10), 양 떼에 대해서도 거친 말들을 쏟아 붓는다. 그들은 무죄하지 않다. 학대받은 양 떼 속에는 그들을 억압한 무리가 존재했기 때문이다. 그렇다. 그들은 바빌론이라는 짐승들에 의해 그리고 그들의 목자였던 지도자들에 의해서 억압을 당했다. 하지만 동시에 나쁜 양들이 나머지 양 떼를 압제하기 시작했고, 거기서 고통 받는 양 떼가 생겨났다!

　　"어떻게 우리를 비판한단 말인가! 우리가 당한 고통이 보이지 않는가?" 이들의 공허한 울음소리가 천 년에 걸쳐 메아리친다. 종종 고통 받

---

5) 이 목록에서 첫 번째 개념을 "목자 됨"으로 이해한다면, 약속된 긍정적 사항은 모두 7개가 된다.

는 자들이 많을수록 사람들은 스스로를 무죄하다고 생각하지만, 그들의 압제자들은 유죄라는 확신을 가진다. 그들 자신이 당하는 바로 그 고통이 그들이 무고하다고 생각할 권리를 준다. 그들은 이렇게 생각할지 모른다. "맞다, 너희들이 고통 받았으나 양 떼 내부에 심각한 잘못이 있었다는 것을 잊지 말라!'고 감히 말하는 설교가나 예언자들에게 화 있을지어다." 카메오 7-8(표 3.7.-3.8.)에서 독자들은 양 떼가 악한 목자들, 들짐승들, 그리고 나쁜 양으로부터 구출되어야 한다는 걸 알게 된다.

이 주제는 에스겔서에서 더욱 과감하고 명백하게 나타나지만, 시편 23편에서도 희미한 단서가 엿보인다. 다윗은 "그가 나를 데려다 놓으시고"라고 썼다. 이 본문은 다윗 본인이 자신의 잃어버림의 원인이 된다는 것을 독자가 상상하게 한다. 다윗의 개인적인 삶이 그런 상상력을 독려한다. 시편에서 이런 개념은 두 번째 구절을 통해 보강된다. "그가 나를 의의 길로 인도하시는도다." 시편 기자는 "불의한" 길에 있었던 것이고 따라서 의의 길로 되돌려줄 도움이 필요했다. 다윗은 자신이 "데려다 놓임"을 받고 의의 길로 인도함을 받아야 할 대상이란 걸 알고 있었다. 예레미야서를 펼쳐보면 결함 있는 인간 목자들이 "양 떼를 흩어놓아…그들을 쫓아버리는" 장면이 눈에 들어온다(렘 23:1-3). 동시에 예레미야 23:3에서 하나님은 "그분이 모든 지방으로 몰아냈던" 양 떼의 남은 것들을 모으실 것이다. 하나님은 역사 속에서 적극적으로 영향을 끼치시며 주권적이시다. 하나님은 양 떼를 흩으시는 동시에 악한 목자들이 동일한 양 떼를 흩어놓는 행위를 비판하신다. 하나님이 행동하셨고 악한 목자들도 행동했다. 이런 역설을 어쩔 수 없이 인정하더라도, 사실상 결코 해결할 수 없다.6)

---

6) 에스겔은 이런 역설적 논지에 대해 전혀 당황해하지 않는다. 그는 아리스토텔레스를 읽지 않았다.

에스겔은 이 역설에 창의적인 장식들을 더한다. 그는 "신적 드라마" 속에 세 명의 배우들을 등장시킨다. 깊고도 무한한 의미에서 하나님은 역사를 통제하고 계신다. 그러나 양 떼를 흩어놓는 행위의 원인은 악한 목자들과 나쁜 양들이 분명하다.

하나님은 결코 오해하지 않는다. 그분은 역사 속에서 자신의 완전함에 신실하게 행동하신다. 하나님은 연약한 자들을 잔혹하게 대하는 강한 자들(에스겔 시대에 짓밟힌 망명자들이었던)의 목격자다. 양 떼가 이 문제를 해결할 수 없다. 유일한 해결책은 인간 역사에 대한 하나님의 개입뿐이다.

카메오 12-16(겔 34:23-30)에서 예언의 초점은 하나님이 양 떼를 모으시고 그것들을 땅으로 되돌려놓으신 다음 무엇을 하실 것인가에 집중한다. 그 내용을 아래에 요약된 카메오들을 통해 살펴보자.

- **카메오 12.** 여호와는 그들의 하나님이고, 그의 "종 다윗"을 그들 가운데 왕으로 임명할 것이다.
- **카메오 13.** 하나님은 그들과 평화의 언약을 맺고 그들을 광야 한 가운데서조차 모든 들짐승들로부터 보호하실 것이다. 여기서 약속된 평화의 언약은 특별히 황폐한 삼 년 전쟁에 졌을 때, 망명자들이 절박하게 갈망하던 선물이다.
- **카메오 14.** "내 언덕 주변"(최근에 멸망했던)이 축복의 장소가 될 것이다. 풍요로운 비와 풍성한 추수 그리고 안전한 땅이 그들의 것이 될 것이다. 독자들은 최근의 전쟁으로 파괴된 예루살렘 도시의 황폐한 지역들이 축복의 땅으로 변할 것이라 확신한다. 비옥한 토지의 수확과 과수원들이 굶주림을 없애줄 것이다.
- **카메오 15.** 노예라는 멍에와 다른 나라들 앞에서의 공개적인 굴욕이 만천하 앞에서 사라질 것이다. 이에 따른 결과로서 보호/안보는 노예,

두려움, 배고픔, 치욕으로부터의 자유를 보장할 것이다. "내가 여호와, 그들과 함께하는 그들의 하나님"임을 깨닫게 될 것이다.

에스겔의 선한 목자 이야기 개작의 이 4번째 부분(D)은 그들의 귀환 이후 공동체의 삶에 집중한다. 그 배경은 더 이상 바빌론이 아닌 이스라엘 땅이다. 들짐승과 배고픔이 사라질 것이며 촉촉한 비와 풍요로운 곡식이 그들을 기다릴 것이다. 하지만 텍스트는 이에 더하여 추가적인 힌트를 준다. 그 땅에 정착한 뒤 그들은 아래의 세 가지를 경험하게 될 것이다.

- 평화의 언약
- 광야에서조차 보장된 안전(그들은 "수풀 가운데서 잠잘 것이다")
- 두려움으로부터의 자유(아무도 그들을 두렵게 하지 못한다)

에스겔은 이스라엘 백성이 깨뜨린 그들과 하나님 사이의 언약에 대해 많은 것을 말한다(겔 16-17장 참조). 그러나 우리는 오직 "선한 목자이신 하나님"과 관련된 "평화의 언약"[7]을 말할 수 있다. 이것의 희귀성과 그 내용으로 인하여, 이 언약은 독자들에게 "이목을 끄는 대목"(showstopper)이 된다. 그들이 귀환할 때 두려움 없이 "수풀에서 잠을 잘 수 있을" 만큼 안전이 보장되기 때문에, 그 "평화의 언약"은 이미 그곳에 살고 있는 비유대인(non-Jews)과의 평화를 반드시 포함해야 한다. 에스겔은 이 주제에 관해 할 말을 가지고 있는가? 그렇다.

일찍이 예레미야 23장의 논의에서 언급된 것처럼, 에스겔은 귀환자들

---

[7] 선한 목자 비유의 잔재와 파편들이 겔 37:24-28에 재등장한다. 반복되는 그 개념들 중에 하나가 "평화의 언약"이다. 에스겔서에 나타나는 이 평화의 언약 구절은 오직 이 두 개의 본문에만 등장한다.

에게, 그들이 잠시 부재한 동안 그 땅에 들어와 살았던 비유대인도 땅에 대한 동등한 권리가 있다고 말했다(겔 47:13-48:35). 에스겔은 예레미야를 성큼 넘어 들어와 이 논지를 펼친다. 예레미야는 새 왕이 "세상에서 정의와 공의를 행할 것"과(렘 23:5), 바빌론으로부터의 귀환이 이집트로부터의 귀환보다 위대할 것임을 단언했다(렘 23:7-8). 이제 에스겔은 그 정의로부터 중요한 부분을 설명한다. 즉 유대인과 비유대인은 그 땅에 대한 권리를 포함해 동등한 권리들을 가진다. 이 날은 새로운 날이다! 이스라엘이 이집트로부터 돌아왔을 때, 성지에 살았던 사람들과 관계 맺는 방식은 그들을 죽이고 내쫓는 것이었다(여호수아 비교). 에스겔에게 이런 형태는 더 이상 적합한 것이 아니었다. 이제 귀환자들은 그 땅에서 "평화의 언약"을 가질 것이며, 그들은 필연적으로 평화의 언약의 한 부분으로 올바로 대우받은 비유대인 이웃들 때문에 "수풀에서 잠잘 수" 있을 정도의 안전을 누릴 것이다.[8]

이 세 가지 주제는 특히 시편 23편과 밀접하다. 우리가 시편 23:4에서 주목했던 "내가 해를 두려워하지 않을 것이다"가 그 첫 번째에 해당한다. 이 주제는 에스겔 34:28에서 "놀랠 사람이 없으리라"에서 반복되어 나타난다. 두 번째는 시편 23:4이다. "주께서 나와 함께하심이라." 이것은 "내가 여호와 그들의 하나님이며 그들과 함께 있을 것이다"는 에스겔 34:30과 조화를 이룬다. 세 번째는 "하나님이 무대 위로 나오시는" 장면인 시편 23:4-5에서 이미 주목했던 극적 요소의 반복이다. 대명사 "그"는 "당신"으로 전환되어 하나님께 직접적으로 이야기한다. 이는 다음과 같다.

- 당신이 나와 함께하십니다.

---

[8] 지난 350년 동안 미국에 정착했던 유럽계 미국인들은 이 본문들을 인정하려 들지 않았다.

- 당신의 지팡이와 막대기가 나를 평안하게 해줍니다.
- 당신이 내 원수 앞에서 나를 위해 상을 차려주십니다.
- 당신이 내 머리 위에 기름을 부으십니다.

이와 유사하게 여기 에스겔의 선한 목자의 끝부분에서(카메오 17), 하나님은 더 이상 "그"로서 불리워지지 않으며, 처음으로 하나님은 자신의 양 떼에게 직접적으로 말씀하신다.

내 양 곧 내 초장의 양
    너희는 사람이요
나는 너희 하나님이라
    주 여호와의 말씀이니라(31절)

하나님은 지금 사람들 가운데 거하신다. 이제 선한 목자 이야기를 연결하는 주요 요소들을 추적할 시간이다. 표 3.12.에 나열한 세 가지 본문을 참고하면서 그 요소들을 확인해보자.

우리가 이미 살펴본 대로 에스겔이 예레미야의 표현들을 따랐다는 사실은 분명하다. 이미 언급했듯이, 예레미야가 다윗 이야기의 맥락 속에서 도입한 모든 변화들을 에스겔도 유지한다. 시편 23:3의 "나쁜 양들"에 관한 힌트는 에스겔에 의해 선택, 확장된다. 이제 예레미야가 시편 23편을 재구성한 것에서 에스겔이 확장한 것을 요약하며 결론을 맺도록 하자.

시 23:1-6	렘 23:1-8	겔 34:1-31
다윗의 실종과 발견	(유배 그리고 귀환)	(유배 그리고 귀환)
1. 선한 목자 = 하나님	선한 목자 = 하나님	선한 목자 = 하나님
2. 잃어버린 양 (양 떼 아님)	———— (잃어버린 양 떼)	———— (잃어버린 양 떼)
3. 대적들: (죽음 & "원수들")	대적들: 악한 목자들 양 떼를 파괴함/흩어놓음	대적들: 악한 목자들 양 떼를 흩어놓음/먹음
4. 선한 주인(여주인?)	————	————
5. 성육신(함축됨)	성육신(약속됨)	성육신(약속됨)
6. 대가 (두려움으로부터 구출) 데려옴	대가 (두려움으로부터 구출) 모음, 데려옴	대가 (두려움으로부터 구출) 찾음
7. 하나님께로 돌아오는 회개 (shuv)	땅으로 돌아오는 회개 (shuv)	땅으로 돌아오는 회개 (shuv)
8. 나쁜 양(?)	————	좋은 양/나쁜 양
9. 연회	————	————
10. 집에서 이야기 종결	땅에서 이야기 종결	땅에서 이야기 종결

표 3.12. 다윗, 예레미야, 에스겔의 목자와 양의 이야기

에스겔 34:1-31에 담긴 신학적 클러스터

섹션 A: **악한 목자들**(카메오 1-6)
>   1. 악한 목자들은 혹독하게 비판받고 직위 해고된다.
>   2. 그들의 형편없는 지도력으로 양 떼 전체가 흩어지고 잃어버림을 당한다.

섹션 B: **하나님, 선한 목자**(카메오 7-9)
>   3. 이런 절박한 상황 속에서 유일한 해결책은 하나님의 성육신이다. 하나님은 반드시 찾아오셔서 잃어버린 양 떼를 모으시고 데려가시고(shuv) 돌보실 것이다.
>   4. 하나님은 그들을 그들의 땅으로 데려오시고 황폐한 "이스라엘의 산들"은 "목초지"가 될 것이다(동사 "데려오다"[shuv]의 초점이 바뀜). 시편 23편에서 하나님은 그분의 품인 그분의 집으로 "나를 데려다 놓으신다." 여기서 돌아오는 곳은 땅이다.
>   5. 하나님이 임재하셔서 약한 자를 강하게 하시고 "그들을 정의로 다스리신다"는 특별한 약속이 있다.

섹션 C: **나쁜 양들**(카메오 10-11)
>   6. 학대받는 양이 반드시 의로운 것만은 아니다. 그들 중 악한 양들은 다른 양들을 가혹하게 괴롭혔기 때문에 심판받을 것이다.
>   7. 양 떼의 대적들처럼, 공격적인 이 양들은 약한 양들을 흩어놓았다.

섹션 D: **하나님, 선한 목자**(카메오 12-16)
>   8. 하나님은 "나의 종 다윗"을 그들의 목자와 왕으로 보내신다.
>   9. 하나님은 "평화의 언약"으로 그들을 안전하게 지키실 것이다.
>   10. 하나님은 모든 것 가운데서 (무방비 상태라 할지라도) 그들을 보호하실 것이다.

섹션 E: **하나님이 그들에게 직접 말씀하신다**(카메오 17).

    11. "너희가 내 양이고" 나는 "너희 하나님이다."

이제 선한 목자와 잃어버린 양/양 떼에 대한 4번째 이야기를 들려주는 스가랴서로 관심을 돌릴 차례다.

4장

선한 목자와
스가랴 10:2-12

선한 목자에 관한 연구에 스가랴 10:2-12을 포함시키는 것을 두고 약간의 망설임이 있었다. 스가랴서의 첫 8장은 오랫동안 예언자 스가랴의 저작으로 여겨져왔으며, 내부적 정황을 볼 때 저작연대는 기원전 518년(슥 1:1)에서 기원전 520년(슥 7:1) 사이로 추정된다. 9-14장은 거의 보편적으로 "제2스가랴"(Deutero-Zechariah)로[1] 공인되어왔으며, 알렉산더 대왕 치세 때 그리스가 성지를 정복한 후(기원전 332)에 저술된 것으로 생각된다. 그리스 군대의 등장은 스가랴 9:13에서 언급된다. 이 연구는 양과 목자에 관한 표현으로 가득한 스가랴 10:2-12에 초점을 맞춘다.

하지만 여기서 나는 스가랴 11장은 생략했는데, 그 장에서 예언자는 "잡혀 죽을 양 떼를 먹이는 목자가 되라"는 말을 듣는다(슥 11:4). 하나님은 세 목자들을 파멸하신다. 두 지팡이가 꺾이고 "화 있을진저"라는 가혹한 말이 "어리석은 목자들"에게 쏟아진다(슥 11:15-17). 이러한 대부분 표현들에서는 시편 23편의 이야기 전개를 추적할 만한 것이 보이지 않는다. 하지만 스가랴 10장에서는, 비록 예레미야서와 에스겔서만큼 뚜렷하진 않으나, 선한 목자 시편으로부터 영향을 받은 흔적을 발견할 수 있다. 따라서 우리의 관심은 스가랴 10:2-12에 있다(표 4.1. 참조).

---

[1] 스가랴서에 관한 최근 학계의 동향은 David L. Petersen, "Zechariah, Book of," in *The Anchor Bible Dictionary*, ed. David Noel Freedman (New York: Doubleday, 1992), 6:1065-66을 참고하라.

1. ²드라빔들은 허탄한 것을 말하며　　　　　　　　　　　　그릇된 지도자들의 실패
　　복술자는 진실하지 않은 것을 보고 거짓 꿈을 말한즉
　　그 위로가 헛되므로 백성들이 양같이 유리하며　　　　잃어버린 양
　　목자가 없으므로 곤고를 당하나니　　　　　　　　　　목자 없음
　　³내가 목자들에게 노를 발하며　　　　　　　　　　　　주님의 분노
　　내가 숫염소들을 벌하리라　　　　　　　　　　　　　　악한 목자들의 심판

2. 만군의 여호와가 그 무리 곧 유다 족속을 돌보아　　　선한 목자 하나님
　　그들을 전쟁의 준마와 같게 하리니ª⁾　　　　　　　　　하나님의 전쟁 준마
　　⁴모퉁잇돌이 그에게서,　　　　　　　　　　　　　　　모퉁이 돌
　　말뚝이 그에게서,　　　　　　　　　　　　　　　　　　말뚝
　　싸우는 활이 그에게서,　　　　　　　　　　　　　　　싸우는 활
　　권세 잡은 자가 다 일제히 그에게서 나와서　　　　　권세 잡은 통치자
　　⁵싸울 때에 용사같이 거리의 진흙 중에　　　　　　　진흙에서
　　원수를 밟을 것이라　　　　　　　　　　　　　　　　　원수를 짓밟음
　　여호와가 그들과 함께한즉　　　　　　　　　　　　　　하나님이 함께하심
　　그들이 싸워 말 탄 자들을 부끄럽게 하리라　　　　　말 탄 자들을 부끄럽게 만듦

3. ⁶내가 유다 족속을 견고하게 하며　　　　　　　　　　선한 목자 하나님
　　요셉 족속을 구원할지라　　　　　　　　　　　　　　　요셉 족속의 구원
　　내가 그들을 긍휼히 여김으로 그들이 돌아오게 하리니　긍휼이 여김
　　그들은 내가 내버린 일이 없었음같이 되리라　　　　데려옴(shuv)
　　나는 그들의 하나님 여호와라　　　　　　　　　　　　거절당하지 않음
　　내가 그들에게 들으리라　　　　　　　　　　　　　　　응답함

4. ⁷에브라임이 용사 같아서 포도주를 마심같이　　　　　용사 같은 에브라임
　　마음이 즐거울 것이요
　　그들의 자손은 보고 기뻐하며　　　　　　　　　　　　자손들이 기뻐함
　　여호와로 말미암아 마음에 즐거워하리라

5. ⁸내가 그들을 향하여 휘파람을 불어 　　　　　　　　　내가 휘파람을 붐

　　그들을 모을 것은 내가 그들을 구속하였음이라 　　내가 모으고/구속함

　　그들이 전에 번성하던 것같이 번성하리라

　　⁹내가 그들을 여러 백성들 가운데 흩으려니와

　　그들이 먼 곳에서 나를 기억하고 　　　　　　　　　그들이 기억함

　　그들이 살아서 그들의 자녀들과 함께 돌아올지라 　　그들이 돌아옴(shuv)

6. ¹⁰내가 그들을 애굽 땅에서 돌아오게 하며 　　　　　내가 데려옴

　　그들을 아시리아에서부터 모으며 　　　　　　　　　이집트

　　길르앗 땅과 레바논으로 그들을 이끌어 가리니 　　아시리아

　　그들이 거할 곳이 부족하리라

7. ¹¹내가 그들이 고난의 바다를 지나갈 때에

　　바다 물결을 치리니

　　나일의 깊은 곳이 다 마르겠고 　　　　　　　　　　이집트 &

　　아시리아의 교만이 낮아지겠고 　　　　　　　　　　아시리아가 정복당함

　　애굽의 규가 없어지리라

8. ¹²내가 그들로 나 여호와를 의지하여 견고하게 하리니 　하나님 안에서 견고해짐

　　그들이 내 이름으로 행하리라 　　　　　　　　　　　그분의 이름으로 걸음

　　나 여호와의 말이니라

---

a) 저자의 번역은 다음과 같다. "will make them like the steed of his majesty in battle"(그들을 주님의 전쟁용 준마처럼 만들 것이다). 본문은 말의 존귀함이 아닌 주님의 위엄을 묘사하고 있다. 말이 주님의 위엄을 표현하는 강하고 귀중한 동물인 것은 맞지만 본문의 강조점은 주님이지 말이 아니다. 엘리자베스 여왕의 예복의 기능은 그녀의 위풍과 등장을 과시해주는 데 있다. 여기서 우리는 페쉬타와 아랍어역을 따른다.

표 4.1. 스가랴의 선한 목자(슥 10:2-12)

수사법

목자들과 양 떼에 관한 설명은 8개의 카메오로 나뉜다. 8개의 카메오는 직선형 배열의 형태를 띠고 있다. 카메오 1은 악한 목자들을 공격하며 하나님의 "뜨거운 분노"를 표출한다. 카메오 2-3은 하나님이 어떤 방식으로 직접 역사에 침투하셔서 양 떼를 바꿔놓으시고 그들을 구원하시며 데려오실 (*shuv*) 것인지에 집중한다. 시편 23편, 예레미야 23장, 에스겔 34장과 마찬가지로 스가랴서도 하나님을 인간적인 용어들로 표현한다. 즉 "그가 (그런 식으로) 할 것이다"(카메오 2)라는 표현이 "내가 견고하게 하며, 구원하고, 돌아오게 할 것이다…"(카메오 3)로 바뀐다. 백성들의 반응은 마지막 끝부분에 나타난다. "그들이 그의 이름으로 행하리라"(역주-저자가 번역한 해석을 따름). 이런 직선형 배열에서 글의 절정은 마지막 부분에 나타난다.

주석

카메오 1은 거짓 지도자들을 향한 공격으로 시작한다(표 4.2. 참조).

1. ²드라빔들은 허탄한 것을 말하며

복술자는 진실하지 않은 것을 보고 거짓 꿈을 말한즉	그릇된 지도자들의 실패
그 위로가 헛되므로 백성들이 양같이 유리하며	잃어버린 양
목자가 없으므로 곤고를 당하나니	목자 없음
³ᵃ내가 목자들에게 노를 발하며	주님의 분노
내가 숫염소들을 벌하리라	악한 목자들의 심판

표 4.2. 악한 목자들을 향한 하나님의 진노(슥 10:2-3a)

이 카메오를 여는 히브리어 *ki*는 지시 불변사(demonstrative particle)로서 가장 잘 읽힐 수 있으며, 원인을 나타내는 접속사인 "때문에"(for/because)보다 "실제로"(indeed)라는 의미로 번역될 수 있다[2](역주-저자가 번역한 성경에서는 카메오 1의 맨앞에 indeed라는 선행사가 붙는다). 이런 번역은 스가랴 10:2을 새로운 장의 시작으로 인식하는 데 도움을 준다.[3]

카메오 1은 사람들을 속이고 그들을 목자 없는 사람들(양 떼)로 방치한 "드라빔들"과 "복술자들"의 실패에 집중한다. 따라서 이 본문은 예레미야와 에스겔과 마찬가지로, 양 떼를 방치한 까닭에 심판받게 될 "악한 목자들"에 대한 공격으로 시작된다. 여기서 사용된 언어는 예레미야서와 에스겔서의 영향을 보여준다.

두 번째 카메오는 하나님이 완성하게 될 양 떼의 어떤 놀라운 변화를 묘사한다(표 4.3.).

2. [3b]만군의 여호와가 그 무리 곧 유다 족속을 돌보아	선한 목자 하나님
그들을 전쟁의 준마와 같게 하리니	하나님의 전쟁 준마
[4]모퉁잇돌이 그에게서,	모퉁이 돌
말뚝이 그에게서,	말뚝
싸우는 활이 그에게서,	싸우는 활
권세 잡은 자가 다 일제히 그에게서 나와서	권세 잡은 통치자

---

2) William L. Holladay, *A Concise Hebrew and Aramaic Lexicon of the Old Testament Based upon the Lexical Work of Ludwig Koehler and Walter Baumgartner* (Grand Rapids: Eerdmans, 1971), p. 155.
3) "소낙비"의 약속(슥 10:1)은 9장 끝에 자연스럽게 첨부된다.

⁵싸울 때에 용사같이 거리의 진흙 중에 원수를 밟을 것이라	진흙에서 원수를 짓밟음
여호와가 그들과 함께한즉	하나님이 함께하심
그들이 싸워 말 탄 자들을 부끄럽게 하리라	말 탄 자들을 부끄럽게 만듦

표 4.3. 양 떼가 하나님의 말들, 군인들, 무기들이 됨(슥 10:3b-5)

　하나님은 "유다의 족속"으로 인정된 "그의 양 떼"를 돌보신다. 따라서 하나님의 행동은 동기가 명확하다. 단어 "돌보다"(fqd)는 "염려하다"라는 개념을 포함한다. 하나님은 단지 양 떼가 자신의 것이기 때문에, 혹은 단순히 "자신의 이름을 위하여"(시 23:3) 행동하실 뿐 아니라, 이 모든 일이 가능한 건 하나님이 그들을 돌보시기 때문이다.[4]

　이 카메오는 말 이미지로 시작하고 마친다. 시작 부분에서(3절), 양들은 하나님이 그들을 "전쟁의 준마와" 같이 만드실 것이라는 말을 듣게 된다. 3절에서 보여지는 것처럼 "위엄"(majesty)은 만군의 여호와의 위엄을 묘사하지, 말들의 위엄(majesty)을 묘사하진 않으나, 양 떼는 마치 왕이 전쟁터에서 타는 말과 같이 그려진다. 왕이 그의 무리 앞에 나타날 때, 그는 틀림없이 "훌륭한 말을 타야" 한다. 이빨 빠진 조랑말에 걸터앉은 채 사람들을 전쟁터로 이끌 수는 없다. 잘 장착된 안장, 고삐, 그리고 장식 띠로 정갈하게 단장된, 힘 차게 뛰는 군마만이 왕에게 어울린다. 왕의 위엄 있는 등장은 그의 군대에게 자신감을 불어넣는 동시에 적군의 간담을 서늘하게 만드는 중요한 순간이 된다. 이 비유는 생동감 넘치고 강력하다. 놀라운 것은 왕의 양 떼가 "전쟁의 준마와 같이" 될 것이라는 사실

---

4) 이 주제는 요 10:13에서 다시 다룰 것인데 거기서 삯꾼은 양 떼를 목양하는 데 실패한다.

이다. 그들은 왕을 태운 강력하고 두려운 준마를 닮은 모습으로 변할 것이다. "유다 족속"은 "그의 양 떼"이고, 만약 당신이 우연히 한 마을의 돌집에 산다면, 그의 양 떼로부터 한 모퉁이 돌이 나올 것이다. 하지만 만약 당신이 장막에 거한다면, 하나님은 양 떼중에서 말뚝을 만드실 것이다. 서두에서 살펴보았듯이, 중동에서 유목민과 반유목민들은 장막을 치되 항상 4개의 약 1.5미터짜리 말뚝으로 장막을 세우고 고정시킨다.[5] 이 말뚝은 장막에서 약 4.6미터 떨어진 땅속에 1.2미터 정도로 높이가 보이게 하여 박아놓는다(앞뒤로). 긴 밧줄로 말뚝 꼭대기를 묶어 장막의 지붕 끝부분과 연결한다. 말뚝은 장막의 앞뒤 부분을 높여주어 최대한 바람이 통하도록 해준다. 돌집의 모퉁이 돌보다 장막의 말뚝이 기능적인 면에서 훨씬 더 중요하다.

또한 양 떼로부터 "전쟁용 활"이 등장하고 양은 "전쟁의 용사"로 변형된다. 더 나아가 그들의 승리는 단순히 원수를 무찌르는 것을 넘어 "진흙 거리에서" 원수를 짓밟아 욕보일 정도로 완벽하게 이루어질 것이다. 말(그리고 전차)은 고대 전쟁터에서 "탱크"였다. 변화된 양 떼는 말 탄 군대를 능욕할 것이다(부끄럽게 만들 것이다).

이 양 떼(군대로 변한)는 "여호와가 그들과 함께하기 때문에" 싸울 것이다. 다윗은 주께서 그와 함께하여(시 23:4) 자신을 죽음과 악으로부터 구원할 것을 알았다. 여기서는 "여호와가 그들과 함께하여" 그들에게 적군을 무찌르는 승리를 안겨준다. 유순한 양 떼가 군대와 군마 같은 것들로 변하는 이런 놀라운 장면은 스가랴서에서만 나타난다. 예언자들이 이 고대의 이야기를 새로운 문맥에 맞도록 자유롭게 개작했다는 것은 충분히 가능한 설명일 것이다. 하지만 이것은 우리에게 한 가지 딜레마를 남긴다.

---

[5] 영어에서 그것들은 보통 "외부 텐트 폴"로 불린다.

앞 장(슥 9:9-10)은 다음과 같이 서술하고 있다.

9:9시온의 딸아 크게 기뻐할지어다
예루살렘의 딸아 즐거이 부를지어다
보라 네 왕이 네게 임하시나니 그는 공의로우시며
구원을 베푸시며 겸손하여서 나귀를 타시나니 나귀의 작은 것 곧 나귀 새끼니라
9:10내가 에브라임의 병거와 예루살렘의 말을 끊겠고
전쟁하는 활도 끊으리니 그가 이방 사람에게 화평을 전할 것이요
그의 통치는 바다에서 바다까지 이르고 유브라데 강에서 땅끝까지 이르리라

스가랴 9장에서 군마와 전쟁용 활은 예루살렘으로부터 "끊어진다." 그러나 10장에서 군마와 전쟁용 활이 즉시 재등장한다. 본문에서 타국과의 평화는 사라지고, 그 대신 적병들은 진흙 가운데서 짓밟히며, 기병대는 수치를 당한다. 10장의 호전적인 군대 언어가 하나님의 양 떼에 관한 논의와 결부되는 장면을 발견하는 것은 실로 놀라운 일이 아닐 수 없다. 양의 무리가 군마, 전쟁용 활, 그리고 군인들로 바뀔 것이다. 스가랴 9장과 10장의 두 본문 간의 긴장은 쉽게 해결되지 않는다. 두 개의 본문은 전도서 3:8을 예증하고 있는지도 모른다. "전쟁할 때가 있고 평화할 때가 있느니라." 사려 깊은 모든 사람들은 이 긴장과 싸운다. 어쩌면 우리는 이 긴장을 해결하기 위해 분투하는 대신 평화롭게 긴장의 끈을 놓지 않는 것이 바람직할 수도 있다.

신약으로 시선을 옮기면, 예수는 자신에게 허락된 이 두 본문 중 스가랴 10장의 군마가 아닌 9장의 나귀를 선택하셨음을 분명히 확인할 수 있

다.[6] 마태는 예수가 나귀를 타고 예루살렘에 입성하는 이 유명한 장면에 대한 성경적 기초로서 9장의 이미지를 적절히 인용했다(마 21:2). 예수는 사역 초기에 세례자 요한의 사형 집행 앞에서 비폭력적 선택을 하면서, "전쟁과 평화"라는 선택에 직면하셨다(참조. 막 6장; 추후 논의).

"전쟁터의 용사들"로의 양들의 변화는 신구약 전체의 선한 목자 이야기 가운데 유일하게 여기서만 나타난다.

카메오 3은 신적 현현(incarnation)을 약속한다(표 4.4. 참조).

3. [6]내가 유다 족속을 견고하게 하며	선한 목자 하나님
요셉 족속을 구원할지라	요셉 족속의 구원
내가 그들을 긍휼히 여김으로 그들이 돌아오게 하리니	긍휼이 여김
그들은 내가 내버린 일이 없었음같이 되리라	데려옴(shuv)
나는 그들의 하나님 여호와라	거절당하지 않음
내가 그들에게 들으리라	응답함

표 4.4. 약속된 하나님의 현현(슥 10:6)

"데려와야 할"(shuv) 대상은 남왕국(유다 족속)과 더불어 북왕국(요셉 족속)까지 포함된다. 양 떼의 구원에 대한 예언자의 비전은 기원전 722년 아시리아인들의 북왕국 함락 이전으로 거슬러 올라간다. 이 구원은 그들이 지닌 고유한 가치 때문이 아니라 하나님의 긍휼하심으로 인하여 일어날 것이다. 실제로 그분의 은혜가 그들에게 미칠 것이다. "그들은 내가 내버린 일이 없었음같이 되리라."

긍정적이며 희망에 찬 목록이 주어진다. 하나님의 긍휼은 자기 자신에

---

6) 만약 사용할 말이 없었다면, 그는 예루살렘으로 걸어 들어갔을지 모른다.

게 잃어버린 양을 견고하게 하고, 구원하고, 되찾고, 데려오게(*shuv*) 할 동기를 준다. 포로생활 이후, 사람들은 구원을 위해 간절히 기도했다(아무런 쓸모없이). 결국 하나님은 "그들에게 응답하실 것이다."

이미 언급했듯이, 3인칭 대명사가 1인칭으로 대체된다. 본문은 알려진 것처럼 보다 더 개인적인 용어로 하나님에 대해 말한다. 이것은 과거의 선한 목자 이야기가 어떤 방식으로 전달되었는지와 조화를 이룬다. 시편 23편 중반부에서 하나님은 "무대 위로" 등장하시고, 시편 기자는 그분에게 직접 "당신이(주께서) 나의 상을 차려 주시니"라고 고백한다. 예레미야의 설명에서 하나님은 다음과 같이 약속한다. "내가 나의 양 떼를 모을 것이다." "내가 그들을 데려올 것이다." 에스겔서에서 하나님은 직접적이고 단호한 언어로 표현한다. "보라, 나 스스로가 나의 양을 찾아낼 것이다." 여기서 하나님은 직접 역사에 개입하여, 양 떼를 데려오시고 싸매시고 강하게 하시고 먹이실 것을 반복해서 약속하신다. 마찬가지로 카메오 3에서 스가랴 선지자는 "내가 견고하게 하고… 구원하고… 데려오고… 긍휼히 여기고… 내버리지 않고… 그들에게 들을 것"으로 바꾸어놓았다. 구원을 이루시기 위해 친히 역사에 개입하신다는 하나님의 약속은 이런 반복을 통해 더욱 힘을 얻는다.

카메오 4는 카메오 2의 군사적인 이미지를 강화한다(표 4.5. 참조).

4. ⁷에브라임이 용사 같아서 포도주를 마심같이   용사 같은 에브라임
   마음이 즐거울 것이요
   그들의 자손은 보고 기뻐하며   자손들이 기뻐함
   여호와로 말미암아 마음에 즐거워하리라

표 4.5. 용사와 그들의 자손들이 기뻐함(슥 10:7)

긴 레바논 내전(1975-1991) 중 첫 10년간을 베이루트에서 살아남았던 나는, 전쟁이 잔혹한 동시에 비극적이게도 상당한 호기심을 자극한다는 것을 알게 되었다. 수많은 전쟁을 거치면서 우리는 "고통의 외설"(pornography of suffering)에 사로잡힌 사람들을 양성한다. 자신의 아드레날린에 미혹되어 영혼을 팔아버린 그들에게 화가 있을 것이다. 예언자는 자녀들이 지켜보며 참여하는 술 취한 모습 속에서 이런 상황을 묘사한다.

이 그림은 카메오 5로 이어진다(표 4.6. 참조).

5. ⁸내가 그들을 향하여 휘파람을 불어   내가 휘파람을 붐
    그들을 모을 것은 내가 그들을 구속하였음이라   내가 모으고/구속함
    그들이 전에 번성하던 것같이 번성하리라
    ⁹내가 그들을 여러 백성들 가운데 흩으려니와
    그들이 먼 곳에서 나를 기억하고   그들이 기억함
    그들이 살아서 그들의 자녀들과 함께 돌아올지라   그들이 돌아옴(*shuv*)

표 4.6. 하나님이 모으시고 구속하신다(슥 10:8-9)

"휘파람 불다"(whistle)라는 히브리어 동사의 명사형(*sheriqah*)은 연주하는 피리를 의미한다. 이사야 5:26은 다음과 같이 말한다.

또 그가 기치를 세우시고 먼 나라들을 불러 땅끝에서부터 자기에게로 오게 하실 것이라 보라 그들이 빨리 달려올 것이로되

이사야는 고집불통인 이스라엘을 벌하기 위해 "땅끝에서부터" 아시리아를 부르시는 하나님에 대해서 말한다. 주어진 평행 구문에서 "휘파람을

불다"는 "기치를 세우다"와 동일한 의미를 가진다. 이 장면은 자신의 양 떼를 부르는 목자에 관한 표현인 것 같다. 목자는 특별한 신호를 내거나 자신의 피리로 특별한 곡조를 연주하여 자신이 원하는 목적지로 양 떼를 인도한다. 이런 해석은 "그들을 모을 것"이라고 표현되는 나머지 문장에서 더욱 확실해진다. 하나님이 그들을 흩으셨고 이제 그들은 그분의 연주(노래나 휘파람) 가락에 맞추어 돌아올 것이다(shuv). 이 카메오는 양 떼를 부리는 목자의 부름(calling)과 모음(gathering)의 언어로 풍성하다.

카메오 6은 귀환을 묘사한다(표 4.7. 참조).

6. ¹⁰내가 그들을 애굽 땅에서 돌아오게 하며   내가 데려옴
그들을 아시리아에서부터 모으며   이집트
길르앗 땅과 레바논으로 그들을 이끌어 가리니   아시리아
그들이 거할 곳이 부족하리라

표 4.7. 이집트와 아시리아로부터의 귀환(슥 10:10)

앞선 카메오는 사람들의 "귀환"으로 끝났다. 같은 동사(shuv)가 여기서 반복되는데, 하나님은 배우로 등장한다. 하나님이 "그들을 데려오신다"(shuv). 한쪽에는 하나님의 주권적 신비가, 다른 한쪽에는 인간의 자유와 책임이 신학적 동전의 양면에 도드라지게 새겨져 있다. 사람들(양 떼)은 반드시 스스로 돌아올 것이며, 동시에 하나님은 반드시 목자로 강림하여 그들을 데려오실 것이다. 이제 예언자는 카메오 3에서 제시한 개념을 확장한다. 단순히 바빌론과 관련된 사람들의 최근 역사뿐 아니라, 흩어진 양 떼를 "데려오시는" 하나님의 행동은 이집트와 아시리아를 포함한다.

이 회복의 범위는 카메오 7에서 계속해서 이어진다(표 4.8. 참조).

7. ¹¹내가 그들이 고난의 바다를 지나갈 때에
   바다 물결을 치리니
   나일의 깊은 곳이 다 마르겠고   이집트 &
   아시리아의 교만이 낮아지겠고   아시리아 정복당함
   애굽의 규(scepter)가 없어지리라

표 4.8. 아시리아와 이집트를 정복함(슥 10:11)

출애굽 이미지를 재사용하면서, 하나님은 백성을 이끌고 "곤경의 바다"라는 무시무시한 통로를 앞서 지나가시는 분으로 그려지고 있다. 하나님은 그들 앞에서 거세게 출렁거리고 있는 파도를 "무너뜨리시며", 그들 뒤에 있는 나일 강(이집트의 세력)을 마르게 하신다. 이집트는 나일 강을 빼면 시체다. 이집트의 홀/막대기(*shebet*)가 떠나갈 것이다. 같은 단어가 시편 23:4에서 목자의 막대기(*rod*)를 묘사할 때 쓰였다. 실제로 이것은 목자의 유일한 공격용 무기다. 히브리인들에게 영향력을 행사했던 파라오의 홀/막대기는 사라질 것이다. 여기서도 아시리아와 이집트 둘 다 언급된다. 악한/선한 목자들에 대한 예레미야의 설명 역시 이집트와 "북쪽 나라"(아시리아와 바빌론)로부터 모아들이는 것에 대해 언급하면서 결론을 맺는다.

문단은 카메오 8에서 끝난다(표 4.9. 참조).

8. ¹²내가 그들로 나 여호와를 의지하여 견고하게 하리니   하나님 안에서 견고해짐
   그들이 내 이름으로 행하리라   그분의 이름으로 걸음
   나 여호와의 말이니라

표 4.9. 주 안에서 강해짐(슥 10:12)

이 결론은 본문을 간략히 요약한 것이다. 첫 번째 구절은 하나님이 그들을 위해 무엇을 하실 것인지에 대해 말한다. 두 번째 구절은 그들의 예상되는 반응을 확언한다.

앞선 논의와 마찬가지로, 이제 스가랴서가 선한 목자에 관한 성경적 전통을 이루는 핵심 요소에 대한 목록을 어떻게 연결하는지 살펴보는 것이 적합할 것이다. 이 작업을 수행하기 위해서는 선한 목자와 잃어버린 양/양 떼에 관한 이전 세 개의 설명들과 스가랴서의 설명을 비교해야 한다(표 4.10.).

시 23:1-6	렘 & 겔 (유배 & 귀환)	슥 10:2-12
1. 선한 목자 = 하나님	선한 목자 = 하나님	선한 목자 = 하나님
2. **잃어버린 양**[a] (양 떼 아님)	——— (잃어버린 양 떼)	——— (잃어버린 양 떼)
3. 대적들: (죽음 & "원수들")	대적들: 악한 목자들 양 떼를 파괴함/흩어놓음	대적들: 악한 목자들 양 떼를 흩어놓음/먹음
4. **선한 주인(여주인?)**	———	———
5. 성육신(함축됨)	성육신(약속됨)	성육신(약속됨)
6. 대가 (두려움으로부터 구출) 데려옴(shuv)	대가 (두려움으로부터 구출) 모음, 데려옴(shuv)	대가 (두려움으로부터 구출) 찾음(shuv)

7. 하나님께로 돌아오는 회개 (shuv)	땅으로 돌아오는 회개 (shuv)	땅으로 돌아오는 회개b) (shuv)
8. ———	좋은 양과 나쁜 양	하나님이 양 떼를 거절하심
9. 연회	———	(그들이 기뻐함)
10. 집에서 이야기 종결	땅에서 이야기 종결	땅에서 이야기 종결 양 떼가 변함: 하나님의 군마, 전쟁용 활, 승전가를 부르는 도도한 군대, 말뚝/모퉁이 돌, 통치자들

a) 굵게 표시된 부분은 추후의 설명에서 변경되거나 생략되는 이야기의 양상을 가리킨다.
b) 슥 10:2-12은 돌아오는 장소를 언급하지 않는다. 하지만 슥 10:2-6의 전(슥 9:16)과 후(슥 10:10)에 "땅"이 언급돼 있다. 따라서 이 본문에서 땅으로 긍정할 수 있겠다.

표 4.10. 시편 23편, 예레미야/에스겔서, 스가랴서의 선한/악한 목자(슥 10:2-12)

시편 23편에서 다져진 문학적 기초는 여전히 유효한데, 예레미야서와 에스겔서에 나타나는 주요 변화와 추가된 부분들은 스가랴에서도 수용된다. 위의 비교를 참고하면, 다음과 같이 간단히 요약될 수 있다.

1. **선한 목자.** 전체 텍스트는 "선한 목자" 언어로 가득하다. 그러나 "자기의 양 떼를 돌보시는" "만군의 주"이신 하나님은 이 본문에서는 "전쟁용 준마"에 앉아 있는 군대 지도자로서 등장한다.

2. **악한 목자**. 악한 목자들은 자신들의 양 떼를 방치하고 버림으로써 길을 잃게 만들었다. 하나님은 그들에게 노를 발하시며 심판하실 것이다.

3. **잃어버린 양**. 예레미야서와 에스겔서처럼 본문에서는 모든 양 떼를 잃어버린다.

4. **여성의 자질**. 본문에 여성의 자질에 대한 단서는 없다. 정반대로 본문은 예레미야서와 에스겔서보다 표현과 암시를 남성적으로 더 대담하게 한다.

5. **성육신**. 하나님의 임재는 다시 약속된다. 주님이 그들과 함께하시고 대적에게는 굴욕을, 백성들에게는 승리를 안겨준다.

6. **목자의 노력의 대가**. 목자/군대 지휘관은 "자신의 양 떼"를 견고하게 하고, 그들을 구원하며 데려온다.

7. **회개/귀환**. 그들은 "귀환"할 것이고 또한 하나님은 "그들을 데려오실 것이다"(shuv).

8. **나쁜 양**. 스가랴서에서 "나쁜 양"에 관한 주제는 하나님이 "그들을 내버리시지 않은" 것처럼 그들을 다루실 것이라는 사실에 의해 제한된다. 만약 하나님이 "그들을 내버리셨다"면 틀림없이 그들의 결함을 지적하셨을텐데, 이 본문에서는 그와 관련된 어떤 언급도 없다(그들이 우상을 숭배했다는 건 모두가 아는 사실이다).

9. **연회**. 연회에 대해 아무런 설명도 없다. 유일한 단서라고 한다면 ("전쟁의 용사들"로 변한) 양이 "거리의 진흙 중에" 원수를 짓밟을 것이라는 표현이 전부다. 그때 군대는 교전 중이었으며, 확실한 승리를 얻자 열광적이면서도 온전한 승리감, 곧 "감격에 도취해 있었다." 그날 밤 늦게 "연회"가 개최될 것이라는 사실을 자연스럽게 예측할 수 있다.

10. **결말의 위치**. 이 항목과 관련해서 간단한 힌트가 존재한다. 본문은 진술한다. "내가 그들을 데려올 것이다." 그러나 어디로 데려오는지 본문

에서 특정한 위치를 확인할 수는 없다. 그럼에도 살펴본 바와 같이(참조. 표 4.10. 각주 b), "그 땅"은 스가랴 9:16과 10:10에 소개되며, 이 본문에서도 추측할 수 있을 뿐이다.

이 이야기에서 파격적으로 더해진 내용은 전쟁용 준마, 전쟁용 활, 적군을 무찌르고 부끄럽게 만드는 군인으로의 양 떼의 극적 변화다. 주지한 바와 같이, 이런 주제들은 선한 목자에 관한 다른 설명들에서는 찾아볼 수 없는 부분이다. 스가랴 10:2-12은 이 극적 변화를 만듦과 동시에 명백히 선한 목자 전통을 따른다.

마지막으로, 이 오래된 이야기를 재구성한 스가랴서에서 확인할 수 있는 윤리적이고 신학적인 내용은 무엇인가? 나의 제안은 다음과 같다.

스가랴 10:2-12의 신학적·윤리적 클러스터

1. **믿음의 공동체의 지도자들**은 자기 소명을 저버리고 그들이 마땅히 인도해야 했던 사람들을 잃어버린 것으로 보인다. 이런 실패는 하나님의 분노를 샀고 그 결과는 참담했다.
2. 하나님은 그분의 **버림받은 양 떼**를 돌보시고, 흩어진 양 떼로부터 새로운 지도력을 창조해내신다. 즉 그것은 양 떼 가운데서 지도자들이 생겨난다는 것을 의미한다(슥 10:4).
3. "전쟁용 준마"와 같은 공격적인 **군사적 문맥**이 사람들에게 주어졌다. 동시에 텍스트의 보다 광범위한 문맥은 "겸손하게 나귀를 타고 오는" 온유한 구원자를 포함하고(슥 9:9-10), "전쟁용 준마"라는 이름은 거부된다. 독자들은 "전쟁과 평화"가 제공하는 긴장감 속에 놓이게 된다(이런 대조는 우리가 연구하고 있는 9개의 선한 목자에 관한 시 중에서 오직 여기서만 발생한다).

4. **하나님은 친히 오셔서** 그들을 강하게 하고, 구원하고, 데려오며, 그들의 절박한 요구에 응답할 것을 **약속하신다**.
5. 군사적 문맥이 특별한 종류의 **술 취함**(intoxication)을 동반한다(비판받지는 않음). 심지어 자녀들까지 그 광경에 동참한다.
6. **선한 목자이신 하나님은** 백성의 잘못에도 불구하고 **그들을 데려오신다**. 지난 수년 동안 하나님은 그들의 잘못 때문에 그들을 흩어놓으셨다. 이제 하나님이 오셔서 그들을 회복시키신다고 약속하신다. 그것은 그들이 선한 양이기 때문이 아니라, 바로 하나님이 선한 목자이시기 때문이다.
7. "모으심과 구속하심"의 비전은 400년 이상을 거슬러 올라간다. 역사는 중요하다. 기원전 4세기에 자신의 성경을 저술한 예언자는 기원전 8세기를 회상하는 가운데 유실된 이야기를 복구한다. 과거를 버려서도 안 되며 현재의 중요성을 무시해서도 안 된다.
8. 본문은 **정체성과 생활 양식의 균형**으로 결론을 맺는다. 정체성이라 함은 "여호와 안에서 강해짐"을 의미하고, 생활 양식이라 함은 "그들이 주의 이름으로 걷게 됨"을 의미한다.

이 본문을 끝으로 선한 목자에 관한 구약성경의 이야기를 마무리하고자 한다. 이제 우리는 이 고전적인 시가 복음서 안에서 어떻게 그려지고 있는지를 확인해볼 것이다.

5장

누가복음 15:1-10에 나타난 예수 선한 목자와 선한 여인

서론에서 언급한 대로, 먼저 복음서에 나타난 선한 목자의 특징을 파악한 다음 그 실제적 쓰임새를 살펴보는 것이 적절할 것 같다. 예수는 누가복음 15장의 두 개의 연결된 비유에서 선한 목자에 대한 자신의 이해를 피력한다. 그 후 예수는 마가복음 6장에서 그 이해를 자신의 사역의 특정한 위기에 적용하고 있음을 보게 된다. 따라서 우리는 누가복음 15:1-10의 두 가지 비유에 대한 검토로부터 이 작업을 시작하고자 한다.

누가복음 15:1-10에 관한 여러 연구들을 집필할 수 있었던 건 큰 특권이었다.[1] 기존의 내 저서들을 특별히 참고하면서, 이 장은 동일한 주제를 다룬 4개의 구약성경 본문(이 책의 1-4장)의 조명 아래서, 누가복음 15:4-7(이어지는 눅 15:8-10의 선한 여인과 함께)의 선한 목자 이야기를 연구해가는 것에 중점을 두기로 한다. 또한 나는 예수와 그의 대적자들 간의 갈등에 관한 이해를 도울 초기 유대 문서와 더불어, 지난 천 년 동안 전해져온 아랍어 신약 주석서들로부터 필요한 통찰력을 얻을 것이다.

이 쌍둥이 비유(twin parables)의 설정은 매우 중요하다(표 5.1. 참조).

---

[1] Kenneth E. Bailey, *Poet and Peasant and Through Peasant Eyes* (1976; repr., Grand Rapids: Eerdmans, 1983), pp. 142-58; Kenneth E. Bailey, *Finding the Lost* (St. Louis: Concordia, 1992), pp. 54-92; Kenneth E. Bailey, *Jacob and the Prodigal* (Downers Grove, IL: IVP Academic, 2003), pp. 65-94; Kenneth E. Bailey, *The Cross and the Prodigal*, 2nd ed. (Downers Grove, IL: IVP Academic, 2005), pp. 23-37.

¹ 모든 세리와 죄인들이 말씀을 들으러 가까이 나아오니

² 바리새인과 서기관들이 수군거려 이르되

이 사람이ᵃ⁾ 죄인을 영접하고 음식을 같이 먹는다 하더라

³ 예수께서 그들에게 이 비유로 이르시되

---

a) 번역자들에 의해 "사람"이라는 단어가 추가되었지만, 그리스어 성경에는 생략되어 있음.

표 5.1. 설정(눅 15:1-3)

예수는 버림받은 자들을 환영했다. 이븐 알-타입(Ibn al-Tayyib)은 "모든 죄인들"이 "그들 중 많은"을 의미한다는 사실에 주목했다.²⁾ "모든 죄인들이 그에게 가까이 나아온다"는 구절은 또한 그들이 예수에게 끌렸던 "모든 경우에서"의 뉘앙스를 가진다.³⁾ 이븐 알-타입은 말한다.

단지 그가 행한 놀라운 일과 기적들을 보기 위해서뿐만 아니라, 그의 가르침을 듣기 위해서, 죄인들은 규칙적으로 그리스도를 찾았다. 그 이유는 예수가 힘써 환자를 고치려는 의사처럼 죄인들의 초대에 응하여 그들의 집에 들어갔으며, 그 기회를 붙들어 자신의 선함으로 그들을 얻었기 때문이다.⁴⁾

환자를 부르는 "의사"에 대한 그의 언급에서, 이븐 알-타입은 전문의

---

2) Ibn al-Tayyib, *Tafsir*, 2:261
3) Ibid.
4) Ibid. 이븐 알-타입은 같은 장 후반부에서 초대하고 있는 예수에 대해 이야기한다. 신부이면서 성경학자인 그는 11세기에 바그다드에 살았던 유명한 의사이기도 하다. Samir Khalil "The Role of Christians in the Abbasid Renaissance in Iraq and in Syria(750-1015)," in *Christianity: A History in the Middle East*, ed. Habib Badr (Beirut: Middle East Council of Churches Studies & Research Program, 2005), pp. 518-19.

사로서 자신의 배경을 반영한다. 그는 또 다른 본문에서 예수가 자신을 의사에 비유하고 있다는 사실을 충분히 인지하고 있다(막 2:17; 눅 4:23).

게다가 예수는 아마도 가버나움에 자기 소유의 집을 가지고 있었고, 자신의 집으로 "세리들과 죄인들"을 초대해 제자들과 함께 식사를 나누었다(막 2:15-17). 바리새인들은 예수가 죄인들을 "영접하는 것"에 불만을 토로했다(눅 15:2). 그리스어로 "받아들이다"(receives)는 어떤 사람을 손님으로 맞이한다는 개념을 포함하고 있다.[5] 예레미야스(Jeremias)는 "때때로 그(예수)는 자신의 손님들을 환대했다"(눅 15:1f)라고 진술했다.[6] 이것은 그가 식사를 대접했다는 것을 의미하는가? 그렇다. 그리고 이것은 즉시 문제가 되었다.

랍비 전통은 식사 교제에 대한 질문에 매우 분명한 입장을 취한다. 본문에서 바리새인들은 이런 질문과 관련해 예수에게 항의했던 것이다. 그렇다면 바리새인은 누구였는가? 신약 본문들과 요세푸스의 작품들에 나오는 증거에 따르면, 율법에 대한 진실된 헌신과 실생활에의 적용을 위한 관심을 제외하고, 특별한 회원 자격이 필요없는 상당히 포괄적인 그룹이었음이 분명하다. 그들은 십일조, 안식일 준수, 그리고 음식 규례와 정결예법을 포함하는 모호한 신학적·윤리적 관심사들을 가졌던 것으로 보인다. 그러나 이 진지한 유대인 대그룹 안에는 하베림(haberim)이라 불리는 조직이 있었는데 이 "조직"이 필요로 하는 엄격한 요구 조건을 따르는 자에게는 특별한 회원자격이 주어졌다.[7] 하베림은 보통 "동료들/친구

---

5) 전체 본문의 독자는 곧 자연스럽게 세 번째 이야기 말미에서 아버지가 거리로 뛰쳐나와 눈물로 입 맞추며 비뚤어진 탕자를 끌어안는 장면을 읽게 된다. 이를테면, 아버지는 탕자와 함께 식사를 하기 위해 "그를 끌어오게" 된다. 눅 15:2는 극적 장면의 전조다.

6) Joachim Jeremias, *The Eucharistic Words of Jesus* (New York: Scribner's, 1966), p. 47.

7) Tosefta, *Demai* 2:2:9, in *The Tosefta, First Division Zeraim*, ed. Jacob Neusner (Hoboken, NJ: KTAV, 1986), 1:82-90.

들"(associates)정도로 번역된다. 히브리어 단어 하베르(haber)는 문자적으로 "친구"를 의미한다. 하베림은 율법의 엄격한 준수를 위해 서약을 맺은 일종의 길드(guild)였다. 길리한(Gillihan)은 하베림이 "일반적으로 하나의 바리새인 운동이라 생각된다"고 언급했다.[8] 바빌론 탈무드는 하베림의 일원이 되기 위해 필요한 구체적인 조건에 대해 기록한다.[9] 음식 규례와 관련해서 조지 무어(George F. Moore)는 하베림의 일원은 일반 사람들, 곧 암 하-아레츠('am ha-'arets)라 불리는 "땅의 사람들"과 교제하는 것이 허락되지 않았다고 지적한다. 하베림은 "땅의 사람들의 손님이 되거나 또는 자신들의 집으로 [그들]을 초청할 수도 없다.…하베림은 그들과 함께 동행하여 여행할 수도, 방문할 수도, 함께 율법을 논할 수도 없으며, 그와 같은 일체의 것들을 해서도 안 된다."[10] 이런 엄격한 조항들 중 일부는 1세기에는 강요되지 않았던 것 같은데, 특정 기간 동안에 그것들은 급작스럽게 확산되었다. 일찍이 언급했듯이 토세프타(Tosefta)로부터 나온 몇몇 자료는 기독교 탄생 이전의 자료를 포함하는 미쉬나(Mishnah)보다 오래되었을 수 있다. 아론 오펜하이머(Aharon Oppenheimer)는 "친구들의 길드"(habera)를 "엘리트 바리새인들"로 불렀다.[11]

오늘날 모든 나라들이 보안부대를 가지고 있다. 이런 보안부대 내에는

---

8) Yonder M. Gillihan, "Associations," in *Eerdmans Dictionary of Early Judaism*, ed. John J. Collins and D. C. Harlow (Grand Rapids: Eerdmans, 2010), p. 398.
9) Babylonian Talmud *Bekorot* 30b.
10) George F. Moore, *Judaism in the First Centuries of the Christian Era* (1927; repr., New York: Schocken, 1971), 2:159.
11) Aharon Oppenheimer, "People of the Land," in *Eerdmans Dictionary of Early Judaism*, ed. John J. Collins and Daniel C. Harlow (Grand Rapids: Eerdmans, 2010), pp. 1042-43. 같은 주제에 대한 보다 상세한 논의를 확인하려면 Aharon Oppenheimer, *The 'Am ha-Aretz: A Study in the Social History of the Jewish People in the Hellenistic-Roman Period* (Leiden: Brill, 1977)를 참고하라.

일반적으로 "특수부대"로 알려진 특별훈련을 받은 그룹이 존재한다. 말하자면 하베림은 바리새인 운동 내의 "특수부대"였던 것이다. 진실로 그들은 매우 엄격한 바리새인들이었다. 이것이 누가복음 15장과 무슨 관련이 있는가?

누가복음의 선한 목자 비유는 목자의 "친구들"(눅 15:6)을 언급한다. 어떤 바리새인들도 "그 친구들"로 불리는 바리새인 중에서 이 특별한 그룹을 제외한 다른 단어를 생각할 수 없었을 것이다. 예수의 손님들에 대해 불평했던 사람들은 이 하베림이라는 길드의 구성원이었을 것이다. 따라서 "죄인들과 세리들"(땅의 사람들로 알려진)은 오펜하이머가 "사회의 가장 낮은 계층"이라고 적절히 묘사했던 사람들이었으며, 반면에 바리새인들의 "친구들"은 그 사회의 가장 높은 엘리트 계층이었다. 사람들과 제자들은 예수를 "랍비"라고 불렀다. 따라서 예수를 둘러싼 사회에서 십일조, 안식일 준수, 정결예법과 같은 지배적인 규범을 위반한다는 것은 상상할 수도 없는 일이었다. 그러나 예수는 "찌꺼기"(dregs) 같은 이들을 자신의 집으로 초대해 상을 차려주었다! 그는 바리새인들의 항의에 기꺼이 대답해야만 했고, 예수의 대답은 누가복음 15장의 비유 속에서 주어진다. 그런데 그의 대답의 요점과 방향은 모두를 놀라게 하는 것이었다.

예수는 바리새인들에게 다양한 방법으로 반응할 수 있었다. (1) 그는 "직공과 기술자들"(집회서 38:24-29)을 논하는 「집회서」(*The Wisdom of Ben Sirach*)로부터 시작할 수 있었다. 즉 농부와 옹기장이 그리고 대장장이들과 숙련된 기술자들은 "법률을 알지도 못하는"(집회서 38:33; 공동번역)자들이며 사회적 지위도 없는 자들이지만, 자신들이 하는 일에서만큼은 중요한 사람들임을 지적할 수 있었을 것이다. 집회서 38:32은 "이런 사람들이 없이는 도시를 건설할 수가 없다"고 기록하고 있다. 우리가 어느 곳에서든지 순조롭게 도시를 운영하기 위해 이런 사람들을 필요로 한다면, 그

논쟁은 "왜 그들에게 친밀하게 대하지 않느냐"는 방향으로 이루어져야 한다. (2) 두 번째로 하나님이 진정 우리에게 원하시는 것에 대해 논의하거나, 유명한 미가서 6:8을 인용하여 논쟁할 수 있었을 것이다. "사람아 주께서 선한 것이 무엇임을 네게 보이셨나니 여호와께서 네게 구하시는 것은 오직 정의를 행하며 인자를 사랑하며 겸손하게 네 하나님과 함께 행하는 것이 아니냐." 만약 이 명령을 심각하게 고려한다면, 예수는 이 구절로 "친구들"(하베림)과 "땅의 사람들"('am ha-'arets), 즉 "죄인들" 사이의 장벽을 허물기 위한 논쟁을 할 수도 있었을 것이다. (3) 예수는 "친구들" 길드의 멤버쉽 자격 요건을 완화하는 방안을 논의할 수도 있었다. 왜냐하면 이런 방안은 종교 엘리트들의 회합에서 일반인들의 목소리에 힘을 실어줄 수 있으며, 상호 이해를 구축하는 방안이 되기 때문이다. (4) 또 다른 가능성은 예식을 불결하게 만드는 것과 관계된 범주에 대해 논쟁하는 것이다. "율법의 강도가 지나치게 높지 않은가?"라는 질문이 있을 수 있을 것이다. (5) 위에 언급된 것들을 제외하고, "의로운 사람"에게는 죄인들(땅의 사람들)이 방문해서 합석하는 것만으로도 의롭게 되는 특별한 좌석을 만들 수도 있을 것이다. (6) 마지막 가능성으로 예수는 정결예법을 논하면서, 참으로 불결한 것은 입으로 들어가 뒤로 나가는 것이 아니라 입에서 밖으로 나오는 것이라는 자신의 관점을 반복할 수도 있었을 것이다(마 15:11). 하지만 예수는 이 모든 접근법들을 밀쳐놓고, 그의 비판자들이 논의를 펼치도록 내버려두지 않고, 자신이 직접 적합한 프레임을 제시했다.

예수는 시편 23편에 진술된 선한 목자에 관한 고전적인 비유에 대해 말하기 시작하며, 이 위대한 이야기를 활용하여 자신만의 버전을 제공한다. 이것은 놀라운 일이다! 곧 확인하겠지만, 이 과정에서 그는 "구원의 교리"를 재구성한다. 이 선택은 그 자체로 많은 의미를 지니고 있다. 사실상 예수는 그의 비판자들에게 이렇게 말하는 것과 같다.

> 이스라엘 친구들아, 나는 너희들이 나와 함께 "누가 무슨 율법을 그리고 어떻게 준수해야 하는지" 논하고 싶어한다는 사실을 잘 알고 있다. 나는 너희들의 고민이 소중하다고 인정한다. 하지만 나는 너희에게 내가 누구이며 또 여기서 무엇을 하고 있는지를 이해시키기 위하여, 먼저 하나님과 우리의 관계에 대한 큰 그림을 보여줄 필요가 있다고 느끼고 있다. 나는 너희에게 구원(회개)에 대해 말해주고 싶은데, 왜냐하면 너희들이 왜 내가 죄인들과 함께 식사를 하는지에 대해 정확하게 아는 것은 오직 이 큰 그림 안에서만 가능하기 때문이다.

예수는 자신이 위반하고 있다고 사람들로부터 오해받고 있는 정결예법에 관하여 논의하기를 거부한다. 대신 그는 회개에 대한 자신의 관점을 설명하기로 선택하는데, 회개는 바리새인들에게 있어서도 믿음의 가장 중요한 측면 중 하나였다. 무어는 그의 고전 『기원후 1세기의 유대주의』(*Judaism in the First Centuries of the Christian Era*)에서 회개를 "모든 종류의 죄를 사면하기 위한 필수적인 조건" 그리고 "유대교의 기본적인 교리"로 묘사한다. 그는 이것을 "구원에 대한 유대교의 교리"라 부른다.[12]

결론적으로 만일 예수가 회개/구원에 대한 자신의 이해를 제시하기 원했다면, 그가 선택한 "큰 그림"이란 무엇이었을까? 큰 경기에서 승리하기 위해 분투하는 운동선수의 그림인가, 아니면 산 정상을 정복하기 위해 혼신을 다해 올라가는 산악인의 그림인가? 과연 어떤 그림이었을까? 예수가 입을 열어 다윗으로부터 출발한 시편 23편의 선한 목자에 관한 옛

---

12) George F. Moore, *Judaism in the First Centuries of the Christian Era* (1927; repr., New York: Schocken, 1971), 1:500.

이야기에 대한 자신의 해석을 내놓자 청중은 충격에 휩싸인다.[13] 이것은 상당한 의미를 지닌다. 선한 목자와 선한 주인은 시편 23편과 누가복음 15장에서 모두 나타난다. 시편 23편은 "여호와는 나의 목자"임을 확인하는 구절로 시작한다. 그러나 일찍이 언급했듯이 하나님은 목자만이 아니라 주인이기도 하다. 이어서 시편은 "주께서 내 원수의 목전에서／내게 상을 차려 주시고"라고 기록하고 있다(시 23:5). 시편 기자의 대적들은 하나님이 그에게 식사를 대접하시는 것에 대하여 분노한다. 예수는 동일한 행동 양식을 따르는데, 그는 오직 "부정한" 자들만을 자신의 식탁 손님으로 초대한다. 몇 년 전 아프리카 어느 국가의 수반이 이스라엘과 아랍 국가들 사이에서 좋은 관계를 유지하고 있는 비결에 관한 질문을 받았다. 그는 "우리는 친구를 선택했고, 그 친구가 우리의 적을 선택하도록 조장하지 않을 뿐이다"라고 대답했던 걸로 전해진다.[14] 예수는 그 대답을 이해했을 것이다. 그는 바리새인과 기꺼이 식사를 나눴지만(눅 14:1), 그러면서도 그들이 자신의 손님 목록을 통제하도록 방치하지 않았다.

하지만 바리새인들에게는 "죄인들"과의 식사와 관련된 추가적인 문제가 있었다. 바리새인들이 "죄인들"과 식사를 꺼렸던 이유는 부분적으로 쿰란 공동체로 인한 것이었다. 유명한 사해사본의 제작자들인 쿰란 종파는 정결예법을 위해 일반 사람들과 완전히 분리된 곳에서 살았다. 이와는 반대로 바리새인들은 일반인들 가운데서 부정에 노출된 상태로 살기를 택했다. 바리새인들은 분리된 식사를 함으로써 정결예법을 유지할 수 있다고 주장했다. 따라서 바리새인들은 식탁 손님들을 선정하는 것을 대단히 중요하게 생각했다. 랍비 아키바(Akiba)의 다음과 같은 말이 여기에

---

13) Bailey, *Finding the Lost*, pp. 63-92.
14) 나는 이 잊을 수 없는 대답을 1957년 여름 예루살렘에서, 케냐에서 사역하는 한 미국 퀘이커교도로부터 들었다.

인용될 수 있다. "누구든지 죄인들과 합류하는 자는 그의 행위 유무를 떠나 그들과 같이 처벌받을 것이다."15) 저명한 유대계 미국인 야콥 누스너 (Jacob Neusner)는 다음과 같이 적고 있다.

> 종파에 속하지 않는 평범한 이웃들과 더불어 하루하루를 사는 일반인들은 날마다 다양한 방법으로 식사를 한다. 이것은 실제적인 정결 규례와 음식 규제의 중요성을 더욱 부각시키는데, 그 이유는 이러한 규제와 규례들로 인해 바리새인들은 사람들 가운데서 살면서도 또한 분리된 삶을 살 수 있기 때문이다.16)

이런 물음 속에서 예수에 대한 바리새인들의 분노는 식탁 교제를 놓고 예수를 상대로 불평을 표현하는 방식에서 나타난다. 그리스어 본문을 문자적으로 보면 "이 사람이…죄인을 영접하고 음식을 같이 먹는다"이다. "사람"(man)은 일반적으로 현대 번역가들에 의해 덧붙여졌는데, 이 단어가 원어에서는 존재하지 않는다는 것을 쉽게 놓친다. 단어 "이것"(*boutos*)은 뒤에 붙는 명사가 없이 단독으로 쓰일 때 "경멸의 의미"를 내포한다.17) 따라서 청자나 독자는 생략된 말을 더할 수 있는데, 이 단어는 "이 멍청이", "이 무지한 소작농", "이 애송이" 혹은 보다 더 강한 말들로 번역될 수 있다.18)

---

15) Babylonian Talmud *'Abot de Rabbi Nathan* 30.
16) Jacob Neusner, "Pharisaic Law in New Testament Times," *Union Seminary Quarterly Review* 26(1971): 340.
17) BAGD, p. 596. 조셉 피츠마이어는 "지시대명사 *boutos*의 경멸적인 의미"를 지적한다. *The Gospel According to Luke X-XXIV*, Anchor Bible Commentary (New York: Doubleday, 1985), p. 1076.
18) BAGD, p. 596. "경멸에 대한 함축"의 또 다른 경우는 다음과 같다: 마 13:56; 눅 5:21; 7:39, 49; 19:14; 요 6:52; 7:15에서 찾아볼 수 있다.

바빌론의 탈무드는 이 문제에 대해 이렇게 말했다. "하늘의 신성한 음식을 더럽히지 않으려거든 **암 하-아레츠**(*'am ha-'arez*)와 함께 식사를 하지 마라."19) 이 문제는 예수와 비난자들 사이에서 중요한 역할을 했다. 동방 교회의 성경학자들 역시 이 문제를 주목해왔다. 콥트 정교회 신부이자 신약학자인 마타 알-미스킨(Matta al-Miskin)은 이 본문과 관련해 이렇게 쓰고 있다.

죄인들이 찾아와 예수와 함께 앉아 식사를 나누도록 만든 것은 예수 스스로에 의해 시작된 것이 분명하다. 그들은 예수 안에서 자신들이 잃어버린 자라는 사실을 발견했으며, 또한 고통 받고 있는 양심이 쉼을 얻고 평화를 얻을 수 있었기 때문에 예수에게로 나아왔다. 자신들을 향한 예수의 사랑을 느꼈던 그들은 또한 예수를 사랑했다.20)

이와 같은 끌림과 반응은 이사야 6장에서도 나타나는데, 거기서 예언자는 성전으로 올라가 하나님의 거룩하심에 대한 환상을 보았다. 이런 환상의 결과로서 그는 울부짖었다. "그때에 내가 말하되 화로다 나여 망하게 되었도다 나는 입술이 부정한 사람이요 나는 입술이 부정한 백성 중에 거주하면서 만군의 여호와이신 왕을 뵈었음이로다 하였더라"(사 6:5). 마타 알-미스킨은 본문에서 동일한 역동성을 주시했다. 죄인들이 예수를 찾은 건 예수가 그들을 사랑했다는 사실을 알았기 때문이고, 예수에게 다가갈수록 그들은 (이사야처럼) 자신들이 죄인임을 깨닫게 되었다. 또한 마타 신부는 이 죄인들의 바로 그 죄야말로 그들의 구속자이신 예수가 오신

---

19) Babylonian Talmud *Kallah Rabbathi* 53a3.
20) Matta al-Miskin, *The Gospel According to Saint Luke* (Arabic), (Cairo: Dayr al-Qiddis Anba Maqar, 1998), p. 568.

이유였다고 말한다. 그는 사려깊게 다음과 같이 기록한다. "그들은(죄인들은) 예수에게 다가감으로써 십자가를 돋보이게 했다."[21]

또한 이븐 알-타입은 서문에서 이렇게 말한다.

바리새인들이 그리스도를 비난했던 건 그가 죄인들을 초대했고 받아들였기 때문이다. 그러나 예수는 바리새인들이 자신을 경멸하고 비난한 이유가 도리어 그를 이 세상으로 오게 한 이유였으며, 그의 사역의 초점이었다는 것을 분명히 한다. 바리새인들이 메시아를 부끄럽게 여길수록 그리스도에게는 더 큰 영광이 된다. 바리새인들의 바로 그 비난이 예수가 참으로 메시아였다는 증거였다.[22]

그뿐 아니라 이븐 알-타입은 예수에 대한 바리새인들의 적개심은 세리들과 죄인들의 곤경에 대한 바리새인들의 냉담함을 드러낸다고 지적한다. 알-타입은 "죄인들에 대한 긍휼의 결핍과 그들의 구원에 대한 무관심이 바리새인들의 말 속에 나타난다"고 쓰고 있다.[23] 1세기적 배경과 이런 배경 위에서 동방 교회와 유대적 성찰을 염두에 두고, 이제 우리 앞에 있는 두 비유로 돌아가보자. 먼저 목자부터 살펴보도록 하자(표 5.2. 참조).

수사법

표 5.2.는 세 개의 카메오를 갖는다. 처음 두 개의 카메오는 비유로 구성되어 있다. 이어지는 세 번째 카메오는 앞선 비유의 해석이다. 카메오 1

---

21) Matta al-Miskin, *Luke*, p. 569.
22) Ibn al-Tayyib, *Tafsir*, 2:262.
23) Ibid., p. 261.

은 세 가지 주제를 진술한다. **너희, 하나, 아흔아홉**이라는 이 세 가지 주제는 두 개의 카메오와 함께 묶여 카메오 3에서 같은 순서로 반복된다. 아람어의 빛 아래서 그리스어 본문을 연구할 때 본문 속의 아람어에는 언어유희가 나타난다. "하나"는 아람어로 *badh*인데 *bedhwa*는 "기쁨"을 뜻하는 단어다. 본문은 "하나"(*badh*)라는 단어로 시작하고 있다. 카메오 2는 "기쁨"(*bedhwa*)을 소개하고 있고, 카메오 3에는 "하나"(*badh*)를 넘어 "기쁨"(*bedhwa*)에 대해 말하고 있다.24) 이 언어유희는 예수가 구성한 누가의 비유(그리고 해석)를 지원해준다.

카메오 2는 7개의 도치된 주제로 구성된 예언 수사 템플릿이라 부르는 것으로 짜여 있다.25) 일련의 개념들이 제시되며 또한 거꾸로 반복된다.26) 동일한 수사학적 형태가 시편 23편에서 이미 제시되었다. 이 비유의 두 번째 구역은 실종에서 발견, 기쁨, 그리고 최종적인 회복으로의 전이 과정을 확실히 보여준다.

---

24) 이 언어유희는(아람어역에서) 다음 참조에서 확인할 수 있다. Matthew Black in *An Aramaic Approach to the Gospels and Acts* (Oxford: Clarendon Press, 1967), p. 184.

25) Kenneth E. Bailey, *Paul Through Mediterranean Eyes* (Downers Grove, IL: IVP Academic, 2011), pp. 38-41.

26) 이런 형태는 보통 *chiasm*이라고 불린다. 또한 순환 구성법이나 역행 병행법이라고 불리기도 한다.

예수께서 그들에게 이 비유로 이르시되

1. a. 너희 중에 어떤 사람이   너희(사람)
      양 백 마리가 있는데

   b. 그중의 하나(hadh)를 잃으면   하나

   c. 아흔아홉 마리를 들에 두고   아흔아홉
   ------------   ------------

2. a. 그 잃은 것을 찾아내기까지   실종

      b. 찾아다니지 아니하겠느냐   발견

         c. 또 찾아낸즉 즐거워 어깨에 메고   기쁨(hedhwa)

            d. 집에 와서 그 벗과 이웃을 불러 모으고   회복

         c. 말하되 나와 함께 즐기자   기쁨(hedhwa)

      b. 나의 양을 찾아내었노라 하리라   발견

   a. 잃은   실종
   ------------   ------------

3. a. 내가 너희에게 이르노니 이와 같이   너희

   b. 죄인 한 사람이(hadh) 회개하면   한 사람

   c. 하늘에서는 회개할 것a) 없는 의인 아흔아홉으로
      말미암아 기뻐하는(hedhwa) 것보다 더하리라   아흔아홉

---

a) Bailey, *Jacob and the Prodigal*, p. 65; and Bailey, *Poet and Peasant,* p. 144.

표 5.2. 선한 목자의 비유와 잃어버린 양(눅 15:4-7)

카메오 3의 *badh*(한 사람)는 *hedhwa*(기쁨)과 연합한다. 카메오 2의 중앙에서 목자는 집으로 돌아와 "친구들"과 이웃들을 불러 그들과 함께 기뻐한다.

카메오 3은 카메오 1, 2의 비유에 대한 "해석"이다. 이 해석에 대하여 무엇을 말할 수 있을까? 탕자의 비유에서는 이런 식으로 해석하며 결론을 짓지 않는다. 그렇다면 왜 누가복음 15:8-10에서의 선한 여인과 함께 이런 비유들을 사용하는가? 드문 경우이지만 예수는 비유를 사용하고 거기에 해석이나 어떤 적용을 덧붙이는데, 그가 히브리 전통에 새로운 양식을 도입하는 것은 아니다. 이 형식은 비슷한 유형을 보이는 이사야 55:10-11의 예언만큼, 아니 그 이상 오래된 것이다(표 5.3. 참고).

¹⁰이는 비와 눈이 하늘로부터 내려서	비 – 내려서
그리로 되돌아가지 아니하고	돌아가지 않음(*shuv*)
땅을 적셔서 소출이 나게 하며 싹이 나게 하여	결론
파종하는 자에게는 종자를 주며	
먹는 자에게는 양식을 줌과 같이	
¹¹내 입에서 나가는 말도	나의 말 – 나가서
이와 같이 헛되이 내게로 되돌아오지 아니하고	돌아오지 않음(*shuv*)
나의 기뻐하는 뜻을 이루며	결론
내가 보낸 일에 형통함이니라	

표 5.3. 본문과 해석(사 55:10-11)

10절은 비유를 보여주고 11절은 이 비유의 해석을 제공한다. 독자는 11절의 해석이 없이는 그 비유의 의도를 종잡을 수 없다. 히브리어로 비유는 마샬(*mashal*)이라 부르고, 만약 설명이 비유에 추가된다면 그것은 님샬(nimshal)로 정의된다(mashal과 nimshal 두 단어 모두 mshl이라는 히브리어 어원에서 파생). 이와 비슷한 유형의 또 다른 예가 포도원에 대한 이사야의 유명한 설명(사 5:1-7)에서 보여지는데, 다음과 같이 요약된 내용에서 확인될 수 있다(표 5.4. 참고).

1. ⁵:¹⁻²한 사람이 사력을 다해 포도나무를 심었다.
   좋은 포도 맺기를 바랐더니 들포도를 맺었다.
2. ³⁻⁶그 사람은 자신의 포도원에 대하여 소송을 제기한다.
   이제 그가 할 일은 무엇일까? 그는 포도원을 짓밟을 것이다.

   (그리고 nimshal[비유에 대한 해석]이 이어진다.)
3. ⁷포도원은 이스라엘과 유다이다.
   하나님("농부")은 그들에게 정의와 공의의 수확물을 기대했다(좋은 포도).
   포도원은 유혈과 고통의 절규를 양산했다(들포도).

표 5.4. 비유와 해석(사 5:1-7)

먼저 mashal(비유)에 대해 살펴보자. 이사야 55:10-11에서처럼 포도원 본문은 비유를 먼저 보여주고(카메오 1-2) 추가적으로 그 비유에 관한 해석을 덧붙인다(카메오 3). 앞서 언급했듯이, 이런 유형은 기원전 8세기에 이미 사용되었다.[27] 그리고 계속해서 바빌론 포로기 동안과 이후 광범위한 랍비 문헌에서 나타났다. 랍비 문학의 비유를 언급하면서, 로버트 존슨(Robert Johnson)은 다음과 같이 지적한다.

---

27) 야콥 누스너를 언급하면서, 클라인 스노드그라스는 이렇게 쓰고 있다. "그것들(예수의 비유)은 특징적인 문맥과 nimshalim(대부분의 랍비식의 비유를 따라가는 해석적 설명들)과의 관계에서 구성된다. Klyne Snodgrass, *Stories with Intent* (Grand Rapids: Eerdmans, 2008), pp. 55-56. Jacob Neusner, *Rabbinic Narrative: A Documentary Perspective* (Leiden: Brill, 2003), 4:185, 221을 보라.

전형적인 *mashal*은 매우 명확한 방식으로 의도된 교훈을 잘 이해시키는 적용을 포함하는데, 이러한 적용은 대부분의 경우 כן(*kn*: "그러므로", "따라서")[28]이라는 단어로 시작한다. 이 적용은 최소한의 수준에서 해석으로 생각될 수 있다.[29]

위의 예는 누가복음 15:4-7이 예수 시대 전후 수 세기 동안 사용되었던 문학적 패턴을 따른다는 것을 보여준다. 일반적으로 이사야와 예수 모두 해석을 동반하지 않는 비유와 은유를 사용한다. 이미 지적했듯이, 누가복음 15장의 탕자 비유의 결론이 그런 경우다. 누가복음 15:32에서 아버지의 마지막 대사와 함께 비유는 끝이 난다. 단지 *nimshal*(해석)이 없을 뿐만 아니라 이야기 자체가 미완성으로 막을 내린다. 독자들은 큰아들이 아버지의 청에 대해 어떻게 반응할지 알 수가 없다.[30] 예수는 이사야처럼 유연하다. 예수는 비유의 끝에 짧은 해석을 추가하거나(눅 15:7), 아니면 어떤 해석도 없이 결론만 남겨둘 수도 있다(눅 15:32).

주석

이 비유에서 세 개의 카메오 중 첫 번째가 표 5.5.에 나타난다.

예수께서 그들에게 이 비유로 이르시되

1. a. 너희 중에 어떤 사람이 양 백 마리가 있는데   너희
   b. 그중의 하나(*hadh*)를 잃으면   하나
   c. 아흔아홉 마리를 들에 두고   아흔아홉

표 5.5. 양을 잃어버린 목자(눅 15:3-4a)

누가는 "예수께서 그들에게 이 비유로 이르시되"라고 기록하면서, 15장의 세 개의 이야기들이 하나의 비유임을 암시한다. 이것은 선한 목자, 선한 여인, 그리고 선한 아버지(탕자의 비유에서) 간의 관계에 대한 논의에서 중요하게 부각된다. 그러면 누가복음 15:4-7은 모두 무엇에 관한 이야기인가?

만약 본문을 선한 목자와 그의 양에 관한 예언적 설명으로부터 따로 독립해서 읽는다면, 이 비유는 아주 자연스럽게 가치 있는 물건을 분실해서 그 물건을 찾을 때까지 수색하는 한 남자의 이야기처럼 들린다. 현대 사회에서 이런 이야기는 누군가 지갑이나 자동차 열쇠 또는 메모지나 휴대전화 등을 분실한 이야기처럼 들릴 수 있다. 물건을 분실한 사람은 자신을 자책하며 순간 정신을 못 차리다가 이내 잃어버린 물건을 찾기 위해 광적으로 몰두한다. 그는 일단 물건을 찾고 나서는 엄청난 기쁨을 주체하지 못하고 자기 친구에게 자초지종을 나눌 것이다. 분실물 앞에서 우리 모두가 한 번쯤은 이런 "광기"와 발견의 기쁨을 경험했을 것이다. 일반적인 수준에서 예수는 청중에게 말한다.

> 너희들은 이스라엘의 목자들이다. 너희들이 양을 잃어버렸다고 한번 상상해 보아라. 이런 곤경에 대한 자연스럽고 예측 가능한 반응은 양을 찾으러 가는 것이다. 너희는 양을 찾고 난 이후, 그 기쁨에 열광하며 주체할 수 없는 희열을 나눌 만한 좋은 친구들을 초대할 것이다.

이 일차적인 의미의 타당성에 동의하면서, 우리는 예수가 교육받은 청

---

28) 이상하게도 동일한 단어가 현대 이집트 아랍어 회화에서 같은 뜻으로 존재하고 있다.
29) Robert M. Johnson, *Parabolic Interpretations Attributed to Tannaim* (Ph.D. diss., Hartford Seminary, 1977), 1:192.
30) Bailey, *Cross and the Prodigal*, pp. 75-98; Bailey, *Finding the Lost*, pp. 164-93.

중에게 익숙한, 시편 23편에서 최초로 보았고 예레미야, 에스겔, 그리고 스가랴에 의해 수정되고 재구성된 이 오래된 이야기를 개작하고 있음을 감지하게 된다. 따라서 어떻게 "이 비유"가 시편에 의해서 유명해진 거룩한 노래에 대한 예수의 버전을 만들 것인지를 보기 위하여, 그들은 귀 기울여 들을 것이다. 우리 또한 집중해 들을 필요가 있다.

카메오 1은 목자와 양의 삶에서 매우 극적인 시점으로부터 시작하게 된다. 평범한 날을 보내고, 늦은 오후에 관례대로 목자는 양 떼를 어두운 밤 동안 안전한 보금자리에 들이기 위해 숫자를 파악한다. 숫자 파악이 끝나갈 무렵, 머릿 속으로 요란한 알람이 울리면서, 목자는 양 한 마리가 모자란다는 사실을 깨닫는다. 목자는 광야의 정확한 장소에 "나머지 양 떼를 두고 떠나야 하는" 중대한 결정을 내린다.

카메오 1에서 그는 결정을 내리고 "떠날" 준비를 마친다. 카메오 2에서는 행동을 개시한다. 여기서 첫 질문은 "양의 소유주는 누구인가?" 하는 것이다.

예수는 청중을 무대 위로 초대해 그들이 양 떼의 소유주라고 상상하게 만든다. 예수는 질문한다. "만약 너희들이 백 마리의 양이 있는데 그들 중 한 마리를 잃어버렸다면 너희들은 이러저러한 행동을 하지 않겠는가?" 그리스어 본문은 누가 백 마리의 양을 소유했는지에 대해 다소 모호한 입장을 취하지만, 셈어 계열의 언어들은 보통 "가지다"라는 동사가 빠져 있다. 본문은 "너희 중에 누군가 백 마리의 양을 치는데…" 혹은 "백 마리의 양 떼를 돌보는 그가…"라고 읽지 않고, "어떤 사람이 백 마리의 양이 있는데"로 읽힌다. 지난 1,900년 이상 그리스어에서 히브리어, 시리아어, 아랍어로 번역될 때, 항상 이 본문은 전치사와 대명사를 사용해 예외 없이 "그에게 백 마리의 양이 있었다"로 읽혔다. 이 세 가지 셈어족 번역은 항상 לה(*lahu*: 그에게)로 읽는다. 이 구문은 소유권을 표현한다. 실제로 양 떼의 소유권은 이야기 후반에 "나의 양을 찾았다"(6절)라고 친구에게 말하는 목자에 의해 확인된다. 따라서 중동의 크리스천이라면, 10개의 동전을 가진 여인과 세 번째 이야기에서 종이 아닌 두 아들을 가진 아버지의 경우에서와 같이 이 목자가 양 떼를 소유한 것으로 항상 이해해 왔다. 세 가지 비유 해석에 있어 이 설명은 중요하다. 예수는 이 비유에서 목자가 자신의 양 떼를 가졌다면, 세리와 죄인은 양 떼의 일부라고 바리새인들에게 말한다! 잃어버린 양 하나 하나의 손실은 그들의 손실이며, 그 손실은 중요하다. 두 번째 이야기에서 그 잃어버린 동전은 대부분의 가정들이 상당한 경제적 타격을 받을 수 있는 하루치 품삯을 나타낸다. 그러나 완전히 성장한 양의 손실은 이보다 훨씬 더 크다.

실제로 백 마리 양을 소유했다는 건 상당한 재력을 소유했음을 의미한다. 두 번째 비유에서 돈을 사용한 건 우연히 아니다. 예수는 첫 번째 이야기를 통해 "너희가 광야를 여행하다가 금화를 가득 담은 돈 자루를 떨어뜨렸다고 가정해봐라. 너희라면 어떻게 하겠는가?"라고 간접적으로 질문한다. 보통 사람들은 자신의 돈을 아무도 모르는 은밀한 장소에 꼭꼭 숨겨둔다. 예수는 "잃어버린 개인의 부"를 언급하면서 "잃어버린 사람들"(세리들과 죄인들)에 대한 논의를 시작한다. 이렇게 함으로써 그는 청중의 영혼 깊은 곳에 자리한 꾸밈없는 감정에 호소할 수 있게 된다.[31] 비록 한 마리의 "실종"이 차지하는 비율은 전체 양 떼의 1퍼센트에 불과하지만, 그것은 여전히 찾을 만한 가치가 있다. 하물며 잃어버린 사람들의 가치가 적다고 할 수 있는가?

게다가 예수의 목자 비유의 창작은 랍비들이 양 목축이라는 직업을 "혐오감을 일으키는 업종" 중 하나로 생각해왔다는 사실로 인해 더욱 복

---

31) 예수는 동일한 심리를 눅 13:10-17과 14:1-6에서 사용한다.

잡해진다.³²⁾ 예수는 이 이야기를 창작할 때, 목자에 대한 랍비의 통상적인 경멸을 고의적으로 무시했다. 그가 그렇게 했던 것에는 어떤 이유가 있음이 분명하다. 예수의 두 번째 이야기는 한 여인에 대한 이야기인데, 일반적으로 여성은 남성보다 열등하게 여겨졌다! 아가에 대한 미드라쉬에서처럼 만약 동전을 잃어버린 한 남자의 단일한 이야기로 풀었다면 보다 쉬웠을지도 모른다.

> 만일 어떤 사람이 집에서 *sela'*나 *oblo*³³⁾를 잃어버렸다면 그는 등불을 들고서 그 동전을 찾는 데 혈안이 될 것이다. 사람이 이 세상의 덧없는 동전 하나를 찾기 위해서도 그토록 애를 써가며 많은 등불과 시간을 쓰는데, 이 세상과 오는 세상의 생명을 주는 감추인 보석 같은 토라의 말씀이야말로 그대가 찾아야만 하는 어떤 것이며, 이치에 합당한 것이 아니겠는가?³⁴⁾

만약 예수가 위의 문맥을 따라 그의 비유를 구성했다면, 그는 배척받는 사업이나 여인과 관련한 어떤 부정적인 혼선을 피하려고 했을지도 모른다. 하지만 목자와 관련한 이야기에서 발생할 수 있는 불협화음을 잘 알면서도, 예수는 고의적으로 목자의 이야기를 들려주기로 선택했다. 그 선택은 선한 목자와 잃어버린 양으로 잘 구성된 유명한 구약의 이야기를 이끌어내려는 강렬한 열망을 통해 표출된다. 예수는 어떻게 시작할 것인가?

예수는 양을 잃어버린 목자를 책망하는 것으로 입을 연다. "만일 그가 양 한 마리를 잃어버렸다면"이라는 구절은 이 점을 분명히 한다. 예수는 에

---

32) Joachim Jeremias, *Jerusalem in the Time of Jesus* (Philadelphia: Fortress, 1976), p. 304.
33) 이것들은 일정치 않은 가치를 지닌 조그마한 동전이다. "Song of Songs Rabbah" 1.1, 9, Midrash Rabbah, ed. H. Freedman (New York: Soncino, 1983)를 보라.
34) Ibid.

스겔 34:1-10처럼 "악한 목자들" 이야기로 출발하지만, 예수의 비판은 에스겔의 것보다는 훨씬 온화하다. 4절에서 에스겔은 다음과 같이 기록했다.

> 너희가 그 연약한 자를 강하게 아니하며
> 병든 자를 고치지 아니하며
> 상한 자를 싸매 주지 아니하며
> 쫓기는 자를 돌아오게 하지 아니하며
> 잃어버린 자를 찾지 아니하고
> 다만 포악으로 그것들을 다스렸도다

예수는 이를 하나의 비판적인 표현으로 제한했으나, 그것은 "악한 목자"에 관한 예언자적 설명을 떠올리게 할 만큼 충분하다. 예수는 "만일 어떤 사람이 양 한 마리를 잃어버렸는데"라는 표현 대신 수동형을 사용해 "만일 양 한 마리가 실종됐는데"라는 표현을 사용할 수도 있었다. 중동에서 후자는 일상에서 사용하지 않는다.

중동 지역의 오래된 형태의 화법에서 화자는 스스로를 비난하지 않는다. 예를 들어 "접시가 내 손에서 떨어졌다"(내가 "접시를 떨어뜨린 게" 아니다). "기차가 나를 떠났다"(내가 "기차를 놓친 게" 아니다). "연필이 나에게서 사라졌다"(내가 "연필을 잃어버린 게" 아니다) 등과 같다.35) 이런 관용적 구어체는 아랍어와 스페인어 그리고 아르메니아어와 같은 중동 지역의 언어에서 보편적인 것이다.36) 고대 시리아어 역본을 시작으로 페쉬타(Peshitta: 시리아어역 성경의 개정판)와 아랍어 역본에 이르는 1800년 이상 동안, (내

---

35) Revised from Bailey, *Finding the Lost*, p. 65.
36) 나는 이탈리아어와 그리스어를 확인하지 못했다.

가 아는 바로는) 누가복음 15:4이 항상 "만일 한 마리가 실종되었으면"의 형태로 번역되어 목자의 책임을 회피하게 만든 것은 의아한 일이다. 19세기 후반에 이르러서야 비로소 문학적으로 어색한 "그것들 중 한 마리를 잃어버렸다면"의 형태가 아랍어 번역으로 채택되었다. 이야기가 재빨리 전개되는데(6절), 목자가 자신의 마을로 돌아와 친구들을 초대해서 파티를 열 때, 그는 전통적인 체면 차리기 식의 화법을 사용하면서 "잃어버렸던(수동형) 나의 양을 찾았다"고 말한다. 그는 개인적인 명예 때문에 양을 잃어버린 자신의 과오를 공개적으로 인정하지 않는다.[37] 예수는 목자를 책망하면서, 그리고 온화하면서도 단호하게, 악한 목자들에 관한 오래된 예언적 전통을 예로 들고 있다.

목자와 그의 잘못에 대한 성찰은 하나(the one)와 다수(the many)에 관한 논점을 제기한다. 시편 23편에서 다윗은 한 마리의 잃어버린 양(다윗)과 그것을 찾아 제자리에 데려다 놓으시는 선한 목자(하나님)를 노래했다. 하지만 양 떼를 언급하지는 않았다. 예레미야, 에스겔, 스가랴는 이 이야기를 개작하여, 선한 목자이신 하나님이 잃어버린 양 떼를 어떻게 구원하시는지에 관하여 이야기한다. 세 권의 예언서 그 어디서도 양 떼가 아닌 개별적인 양을 별도로 등장시키지 않는다. 그렇다면 예수가 말하는 양 떼로부터 한 마리의 양으로 가는 강조점의 변화는 고의적인 것인가? 맞다. 그러나 잃어버린 양 떼는 이야기에서 완전히 배제되지 않는다.

선한 목자 전통에 대한 인식과 세심한 주의와 더불어, 예수는 시편의

---

37) 동전을 잃어버린 여성이 보다 공개적이고 정직하다. 그녀는 친구들에게 자신이 동전을 분실했음을 알린다. 마태복음에서 양은 "길을 잃어버린다"(마 18:12). 알렉산드리아의 키릴로스(Cyril of Alexandria; d. 444)은 우리에게 누가복음의 주석서를 남겼다. 키릴로스는 눅 15장에서 "그들 중에 잃어버린 한 마리"라고 정교하게 인용한다. 그리고 몇 줄 아래에서 그는 "그들 중에 한 마리가 길을 잃었다"고 기록했다. Cyril of Alexandria, *Commentary on the Gospel of Saint Luke*, trans. R. Payne Smith (n.p.: Studion, 1983), p. 428.

잃어버린 양(시 23편)과 잃어버린 양 떼(예레미야, 에스겔, 스가랴)를 하나의 비유로 결합시킨다. 예수의 이야기는 비유의 시초부터 그 둘에 대한 체험(traumas)을 따라간다. 비유는 백 마리의 양 떼로 시작한다. 부주의한 목자는 그들 중 한 마리를 잃어버리고, 나머지 양 무리는 "광야에" 남겨진다. 목자와 양의 상황을 아는 중동의 청중과 독자는 한 마리 양을 구출하는 그 설명을 따라가면서, 목자가 어서 속히 광야로 돌아가 나머지 아흔아홉 마리 양 떼를 데리고 집으로 돌아오길 학수고대한다! 그러나 이런 일은 일어나지 않는다(이 문제는 다시 언급할 것이다).[38] 예수는 능숙하게 한 마리와 아흔아홉 마리를 연결시킨다. 예수만이 이 일을 할 수 있다. "양 떼"가 예레미야, 에스겔, 스가랴로 이어지는 모든 설명의 초점인 반면, 시편 23편은 온통 "한 마리"에만 집중한다. 여기서 예수는 둘 다에 관심을 갖는다.

중동 지역 시골의 실제 생활에 책임 있는 목자라면, 아흔아홉 마리의 양 떼를 집으로 데리고 갈 것이며, 동굴(혹은 대충 만들어진 광야의 울타리)에서 보호할 목동 하나 없이 양 떼를 광야에 내버려두는 일은 결단코 없을 것이다.[39] 자신의 주장을 입증하기 위해, 예수는 평범한 목자가 가능한 일의 경계와 틀을 확장시킨다. 그는 자신의 메시지의 이런 측면을 충분히 납득시키기 위해 침묵을 사용한다. 그러나 우리는 목자에 대한 예수의 (온화한) 비판에 관해 무엇을 알 수 있는가? 악한 목자에 대한 세 가지 예언서 해석은 다음과 같이 점차적으로 확장된다. 하나님은 예레미야서에서 악한 목자들에게 "내가 너희의 악행 때문에 너희에게 보응하리라"(렘 23:2)고 위협적으로 말한다. 에스겔서에서 악한 목자들의 많은 잘못들을 열거

---

38) 세 번째 이야기에서 이 일은 실제로 일어난다. 아버지는 둘째 아들을 회복시키고 첫째 아들을 구출/화해시키려고 두 번 찾아간다. 이 내용은 우리의 연구 범위가 아니다. Bailey, *Jacob and the Prodigal*, pp. 95-117을 참고하라.
39) 바빌론 탈무드 Baba Kamma(56a)는 "목동에게 양 떼를 맡기는 건 실제로 목자의 풍습이다"라고 말했다.

한 후에, 하나님은 그들의 해고를 통보한다! 에스겔 34:10은 다음과 같다.

내가 목자들을 대적하여 내 양 떼를 그들의 손에서 찾으리니
목자들이 양을 먹이지 못할 뿐 아니라
그들이 다시는 자기도 먹이지 못할지라

스가랴 10:3은 보다 더 강력하게 지적하고 있다.

내가 목자들에게 노를 발하며
내가 숫염소들을(역주-저자는 leaders로 번역) 벌하리라

이런 목자들에게 회복의 문은 굳게 닫혀 있다. 그들은 실패했으며 심판받을 것이다. 이제 예수가 그 문을 연다. 그렇다면, 어떻게 할 수 있는가?
언급했듯이, 예수는 목자들의 잘못에 대한 추궁에 강조점을 두지 않으며, 고의적으로 그들의 최후에 대한 논의를 생략한다. 오히려 예수는 그들에게 잃어버린 양을 되찾을 수 있는 방법을 제시한다. 예수의 말은 서기관들과 바리새인들에 관련하여 그의 청중에게 이렇게 말하는 것으로 이해될 수 있다.

신사들이여! 그대들은 더 이상 과거에 묶여 살 필요가 없다. 우리는 예언자의 글을 통해 양 떼를 잃어버리고 그들을 귀환시키려는 것에 실패한 악한 목자들이 혹독하게 처벌받을 것을 알고 있다. 하지만 그대들은 더 이상 그 실패라는 덫에 빠져 있을 필요가 없다. 그대들은 이제 자유다. 나는 우리가 가야 할 그 길을 개척했다. 자신의 양을 잃어버린 목자라면 당연히 그 양을 찾을 때까지 수색에 나선다. 그리고 양을 메고 집으로 돌아와 연회를 연다. 간단하다.

내가 "집으로 데려오는" 양은 너희들이 잃어버렸던 양이다. 너희들이 그들을 싫어하고 그들을 찾아 나선 나를 경멸한다는 걸 안다. 그러나 그들의 잃음은 곧 너희들의 잃음이다. 왜냐하면 그들은 너희들의 것이기 때문이다! 그들의 발견은 곧 너희들의 득이다! 아직도 모르겠는가?

이스라엘의 잃어버린 양을 하나님께로 회복시키는 이 위대한 임무에 나와 함께 나서지 않겠는가? 이 일은 유명한 이사야의 고난 받는 종이 하도록 ("야곱을 그분께 데려오는"; 사 49:5) 하나님으로부터 부여받은 일이 아닌가? 사실 나는 너희를 위해 너희들의 일을 하는 중이다! 걱정하지 말고 앞으로 나아가자. 내가 베푼 식탁은 자신들이 잃어버린 자라는 사실을 인식한 바로 그 사람들을 위한 것이다. 이것은 너희에게도 마찬가지다. 나는 이 모든 걸 명확히 설명할 만한 이야기를 가지고 있다. 소원해진 두 아들을 가진 한 아버지가 있다. 아버지가 자신의 집에서 베푼 연회에 이 두 아들을 참석시키기 위해 필사적으로 노력한다. 이제 들려줄 이야기를 주의 깊게 들어보길 바란다. 이렇게 시작한다. "한 남자가 두 아들이 있는데…"

이제 전체 플롯은 흥미진진하게 만들어졌다! 이미 언급한 바와 같이, 양이 없어졌다는 것을 알게 된 것은 커다란 위기다. 이 상황에서 목자는 광야에서 양 떼들이 있는 곳을 떠나기로 결정한다. 아직까지 어떤 미동도 없지만, 이제 곧 행동을 개시할 것이다. 목자는 다음 몇 시간 동안 전개될 일들에 대한 계획을 가지고 있다. 카메오 2는 1과 직접 연결된다(표 5.6. 참조).

2. a. 그 잃은 것을 찾아내기까지 　　　　　실종
　　 b. 찾아다니지 아니하겠느냐 　　　　　　발견
　　　 c. 또 찾아낸즉 즐거워 어깨에 메고 　　　기쁨(hedhwa)
　　　　 d. 집에 와서 그 벗과 이웃을 불러 모으고 　회복
　　　 c. 말하되 나와 함께 즐기자 　　　　　기쁨(hedhwa)
　　 b. 나의 양을 찾아내었노라 하리라 　　　　발견
　 a. 잃은 　　　　　　　　　　　　　　실종

표 5.6. 양을 찾고 회복시키는 목자(눅 15:4-6)

　이 이야기에서 묘사된 사항들은 중동의 양 목축에 관한, 대다수 시대에서 일어날 수 있는 상황이다. 목자는 계획을 품고(카메오 1), 그 계획에 따라 행동한다(카메오 2). (할 수 있다면) 목자는 친구를 모아 자신의 행로 전체를 역추적하려 노력한다. 그에게는 지속적인 수색을 위한 용기와 결단력이 필요하다. 백 마리 가운데 한 마리는 전체 양 떼에서 작은 부분이다. 그러나 선한 목자는, 날이 어두워짐에도 불구하고, 시간이 얼마나 걸릴지라도, 살았든 죽었든, 그의 양을 발견하기 위해 필사적인 노력을 기울인다.

　그 사이 자신의 고립을 깨달은 양은 방향감각을 잃고 두려움에 떨며 헤매고 있다. 한낮의 열기로 기력을 소진하고, 양 떼를 찾는 데 실패해 지쳐버린 양이지만, 계속 울어대고 있다. 목자의 음성이나 발자국 소리가 들리면, 얼마나 지쳤는지와 상관없이, 양은 젖 먹던 힘까지 내어 큰 소리로 울부짖는다. 목자는 양을 찾는 시간이 길든 짧든, 자신의 음성을 듣고 반응할 양의 소리에 긴장하며 귀를 기울이는데, 왜냐하면 목자가 양에게 접근하는 것이 오히려 양을 겁먹게 만들 수도 있기 때문이다. 목자의 음성을 듣고 수색 작업의 성공을 보장하는 목자의 신호에 반응하는 것은 기적과 같은 일이다. 양은 당연히 발견되었다는 사실에 자신을 내맡긴다. 예수의 청중은 이런 자세한 묘사에 익숙했다. 1900년경 터키 남부 언덕에서 수년간 양 떼를 돌보았던 크리코리안은 염소를 잃어버렸던 경험을 기록했다. 그는 어느 늦은 오후에 염소 한 마리가 무리에서 이탈했음을 발견했다. 그의 반응은 다음과 같다.

> 그때 나는 골짜기 너머에 있는 마을의 목자인 사촌을 불러, 양의 실종에 대해 알렸다. 그는 이미 기진맥진하여 우리들과 함께 수색에 나서지는 못했으나, 그 염소를 퀸시 산의 하이발리 다그(Haivali Dagh, the Quincy Mountains) 기슭에서 봤다고 일러줬다. 그래서 난 형과 함께 염소 수색에 나섰다. 달빛 속에서 바위를 넘고 가시덤불을 뒤져가며 우리는 4시간가량을 찾고 또 찾았다. 우리는 염소를 찾기 위해 산을 오르내리며 모든 산 구석구석을 샅샅이 뒤졌다.…우리는 심지어 "바아 바아~ 헤이 후!" 하는 염소 소리까지 흉내를 내가며 수색했다. 결국은 가시덤불에서 얻은 상처와 피로감에 지쳐 염소를 찾겠다는 희망을 포기했다. 바로 그 순간 우리는 신호에 대한 응답으로 희미한 소리 같은 걸 들었다. 그 소리는 반복해서, 점점 더 분명하고 크게 들렸다. 지치고 땀으로 범벅이 된 몸을 이끌고, 우리는 한밤의 정적을 뚫고 소리가 나는 방향으로 향했다. 형언할 수 없는 기쁨 속에 우리는 이끼 낀 바위 틈에 웅크리고 앉아서 갓 태어난 아기 염소를 핥아주고 있는 내 검푸른 염소를 발견했다. 집으로 향하는 길에 덤불을 통과하는 길을 만들면서, 나는 귀여운 새끼 염소를 품에 안았고, 나의 형은 어미 염소를 짊어졌다. 길 잃은 새끼염소를 안전한 보금자리로 데려오면서 우리의 영혼은 생기를 얻었다.[40]

---

40) M. P. Krikorian, *The Spirit of the Shepherd: An Interpretation of the Psalm Immortal*, 2nd ed. (Grand Rapids: Zondervan, 1939), pp. 56-57.

잃어버린 양을 찾았을 때, 일반적으로 목자는 양을 이동시킬 필요가 있다. 출애굽기에 대한 미드라쉬(Exodus Rabbah)에 기록된 모세의 이야기를 살펴보면 이 사실을 확인할 수 있다.

랍비가 말하길, 우리의 스승 모세가 하루는 광야에서 평화롭게 이드로의 양 떼를 방목하고 있었는데, 그중 어린 양 한 마리가 그에게서 도망쳤다. 모세는 어린 양의 행방을 뒤쫓아 그늘진 곳에 이르렀다. 그늘진 곳에는 웅덩이가 보였고 새끼 양은 그곳에서 물을 마시기 위해 멈췄다. 물을 마시고 있는 양에게 다가간 모세가 말했다. "목이 말라 이리로 급히 뛰어왔구나! 많이 지쳤겠구나." 모세는 자신의 어깨 위에 어린 양을 올려놓고 그 자리를 떠났다. 바로 하나님께서 말씀하셨다. "그대가 한낱 양 떼를 인도함에도 자비를 베푸는 것을 보니, 나의 양 떼 이스라엘을 기필코 보살피게 될 것이다."[41]

위의 미드라쉬는 기원후 11세기 혹은 12세기의 작품으로 여겨지는데, 훨씬 이전의 이야기를 기록하고 있다. 어쨌든 이것은 선한 목자 이야기가 중동의 종교적 텍스트에 깊이 뿌리 내리고 있음을 증명해준다. 예수의 비유에서 보여준 것처럼 모세의 이 이야기는 결말의 해당 부분에 해석 표시를 달고 있다. 하나님이 무대 위에 등장하여 마지막 말을 한다. 중동의 세련된 양식으로 "모세가 아기 양을 잃어버렸다"가 아닌 아기 양이 "그에게서 도망쳤다"라고 기록하고 있다. 또한 모세는 아기 양을 메고 집으로 돌아왔다.

예수의 비유로 되돌아가서, 청중은 집에 도착한 목자가 양을 안전하게 우리에 넣고 야생 목초지로 돌아가 여전히 "광야에" 남아 있을 아흔아홉

---

41) Freedman, "Exodus Rabbah" 2.2, *Midrash Rabbah*, p. 49.

마리 양을 데리고 올 것을 자연스레 기대할 것이다. 하지만 이야기는 여기서 끝나지 않고, 잠시 멈춰 서 있을 뿐이다. 이 "미완성 교향곡"은 아버지가 "의로운" 큰아들을(그는 자신이 "광야에 있다"는 사실을 깨닫지 못한다) 연회 자리에 재차 데려올 것이라는 소망 속에서 다시 나가는 것과 관련된 탕자 이야기를 들려주기 전까지는 완성되지 않는다. 이 이야기를 추적하는 것은 이 책의 범위가 아니다.42) 우리 앞에 진술한 드라마에서 예수가 앞의 두 비유에서 고의적으로 이 장면을 생략했으며, 이어지는 세 번째 비유에만 이 장면이 포함된다는 걸 충분히 알 수 있다.

집으로 돌아온 목자는 자신의 "친구들"(*baberim*)을 연회에 초대한다. 일찍이 주목했듯이, "친구들"(*baberim*)이란 단어는 모세의 율법에 대해 가장 엄격한 해석을 적용하는 바리새인 엘리트 길드에게 사용되는 히브리어 단어였다. 예수는 지금 하베림(*baberim*)이 연회에 참석한 것을 환기시키면서 선한 목자 이야기를 구성하고 있다! 그들은 목자의 성공적인 노력을 함께 기뻐하고 있다. 율법을 준수하는 바리새인들(아마도 하베림 무리의 일원들)로 구성된 청중이 예수와 함께 기뻐할 수는 없는 것인가?43) 이 질문에 대해 고민하면서, 중대한 문제에 봉착한다. 즉 예수의 이야기에서 목자는 도대체 누구란 말인가?

전통적인 선한 목자 이야기를 개작하면서, 예수는 자신에 대해 무엇이라 말하고 있는가? 수백 년 동안 시편 기자와 예언자들의 글 속에서, 하나님은 선한 목자로서 역사에 개입하여 도움의 손길을 뻗쳐 여러 악한 목자들의 실패를 바로잡으시는 분으로 나타난다. 누가복음 15:4-7에서 예수는

---

42) Bailey, *Jacob and the Prodigal*; Bailey, *Finding the Lost*; and Bailey, *Cross and the Prodigal*를 참고하라.
43) 바티칸 아랍어 사본 18번은 기원후 993년경으로 추정되는 누가복음의 아랍어식 번역이다. 눅 15:6 (folio 60r)의 번역에서 이 히브리어 단어 *babura*가 등장한다. 번역자들은 "친구들"이 *babura*였다는 걸 알았다.

분명히 자기 자신에 대해 이야기한다. 따라서 본문은 "예수 그리스도의 주 되심을 강조하는 기독론"(dominical Christology)을 명백히 증거한다. 이 확실성은 여러 곳에서 찾아볼 수 있다. 그중 몇 가지는 주목해볼 필요가 있다.

예수의 입을 통해 그리스도의 선재(先在)가 확인된 다른 사례들이 있는가? 이에 대한 확실한 실마리가 마가복음 1:38에 나타나는데, 거기서 예수는 그가 반드시 다른 마을로 이동해야 한다고 베드로에게 말한다. "내가 이를 위하여 왔노라." 찰스 크랜필드(C. E. B. Cranfield)는 오래 전에 쓴 자신의 그리스어 성경 마가복음 저작에서 이 본문에 대한 바람직한 이해는 "그가 하나님으로부터 왔다는 것은 이런 설교 사역을 위한 것이었다"라고 주장한다. 크랜필드에게 이 본문은 최소한 "하나님으로부터 온 그의 정체성에 대한 비밀스런 언급"이다.[44]

다른 학자들은 예수의 자기 정체성에 대한 가능성이 누가복음 15장에서 보다 선명하게 드러난다고 이미 주지한 바 있다. 폴 바네트(Paul Barnett)는 탕자의 비유에서 아버지의 행위가 현재 비난당하고 있는 예수의 바로 그 행위를 충실히 묘사한다고 지적했다. 그는 "예수의 이야기는 하나님의 직무상 아들 됨을 주장한다. 아버지(성부 하나님)가 죄인들을 환영하기 때문에, 아들(예수)도 죄인들을 환영하고 있다"고 쓰고 있다.[45] 누가복음 15:4-7에서 만일 예수가 고전적인 선한 목자 이야기(시 23편으로 시작하여 예언자들의 세 개의 본문에서 개작된)에 대한 그의 버전을 제공하고 있다면, 예수의 자기 정체성의 확증 역시 이 비유에서 분명해질 것이다. 세 예언서의 해석에서 선한 목자는 직접 찾아오셔서 그분의 잃어버린 이스라엘 양 떼를 불러 모아들일 것이라 맹세하시는 하나님이다. 고전적인

---

44) C. E. B. Cranfield, *The Gospel According to St Mark*, Cambridge Greek Testament Commentary(Cambridge: Cambridge University Press), p. 90.
45) Paul Barnett, *Finding the Historical Christ* (Grand Rapids: Eerdmans, 2009), p. 136.

선한 목자 비유를 개작함으로써, 이야기 속 중심 인물로서 예수 자신이 수백 년 된 약속의 실재인 살아 있는 하나님의 성육신임을 선언한다.

선한 목자의 예언서 속 설명의 또 다른 양상은, 양 떼가 여러 민족 가운데로 잃어버림을 당한다는 것이다. 하지만 하나님은 기원전 6세기에 바빌론 제국과 그 너머 지경으로 흩어져 있던 양 떼의 일부를 예루살렘으로 "데려오기" 위해 움직이셨다. 그러나 예수는 이스라엘 편에 서서 "이스라엘 집의 잃어버린 양"에 관해 이야기한다(마 10:6; 15:24). 예수는 바빌론이나 알렉산드리아에 사는 유대인에 대해 이야기하고 있지 않다. 그는 이스라엘에 사는 잃어버린 유대인들을 찾고 있다. 삭개오의 이야기에서 예수는 "잃어버린 자를 찾아 구원하는" 것이 자신의 임무였음을 선언한다. 마가복음에서 예수는 큰 무리가 그를 찾아 "한적한 장소로" 나오는 것을 보고 그들을 "목자 없는 양처럼" 여겼다(막 6:34). 요한복음 10:11, 14에서 예수는 "나는 선한 목자"라고 선언한다. 복음서 전체에 걸쳐 예수는 "잃어버린 양을 찾는 것"에 연계되어 있다. 이 비유에서 예수는 자신을 가리켜, 양을 잃어버린 악한 목자들의 실패를 바로잡기 위해 역사 안으로 들어온 신적인 목자임을(에스겔과 다른 예언자들에 의해 약속된) 선포한다. 예수의 정체성에 대한 신약성경의 연구는 그의 이름들에 초점을 맞추고 있다.[46] 예수는 메시아, 하나님의 아들, 인자, 구원자, 하나님의 말씀 등으로 불린다. 예수의 정체성을 확인하는 두 번째 방법은 그가 행한 일들을 보는 것이다. 예수는 죄인들을 용서했고 병자들을 치유했으며 죽은 자를 살렸다. 이 비유는 우리에게 그의 사역과 정체성에 관한 이해를 위한 세 번째 방법을 생각하게 한다. 우리는 그가 어떻게 구약으로부터 하나님에 관한 이미지들과 이야기들을 취하고 그것들을 개작하며 자신에 관한 이야

---

46) James D. G. Dunn, *Christology in the Making* (London: SCM Press, 1980).

기를 전체 이야기 속에 뚜렷이 나타내는지에 대해 살펴봄으로서, 예수가 누구인지 발견할 수 있다. 말하자면, 예수는 자신이 재구성한 이야기에서 스스로를 하나님의 대행자로 간주하면서, 전체 이야기의 중심부에 자신을 놓는다. 이것을 해석학적 기독론(hermeneutical Christology)이라 부를 수 있겠다. 이런 종류의 기독론은 예수가 하나님이 "나를 데려오신다"는 시편 23편의 내용과 함께 시작하여, 잃어버린 자를 찾는 목자로서 동일한 선한 목자 이야기를 재구성하는 현재의 텍스트에서 드러난다. 그가 바로 예수의 설명에 나타난 잃어버린 자를 찾는 자인 것이다. 여기서 우리는 그 당시 오직 예수만이 자신의 신적 기원을 주장한 유대인은 아니었음을 주목할 필요가 있다. 랍비 힐렐(Hillel)도 같은 방식으로 말한다.

고인이 된 저명한 이스라엘인 유대교도였던 다비드 플루서(David Flusser)는 예루살렘 히브리 대학에서 신약학 교수로 30년 넘게 지도했는데, 그는 1988년 "힐렐의 자기 인식과 예수"(Hillel's Self-Awareness and Jesus)라는 제목의 단편 에세이를 출판했다.[47] 이 에세이에서 플루서는 예수보다 한 세대 전에 살았던 랍비 유대교의 유명한 창시자 힐렐이 어떻게 자신을 묘사하기 위해 하나님에 대한 언어를 사용했는지를 논하고 있다. 사해문서에서 "의의 교사"(The Teacher of Righteousness)는 "감사 노래"(Thanksgiving Scroll)의 저자가 그랬던 것처럼 "드높은 자존감"을 보여준다.[48] 이 본문들의 빛 안에서 플루서는 "예수 안의 고상한 자기인식의 부재"를 확인하는 것은 더 이상 불가능하다고 주장한다.[49] 힐렐은 특별히 히브리 전통에서 하나님에게만 해당하는 언어를 사용하면서 자신을 묘사

---

47) David Flusser, "Hillel's Self-Awareness and Jesus," *Judaism and the Origins of Christianity* (Jerusalem: Magnes Press, 1988), pp. 509-14.
48) Ibid., p. 509.
49) Ibid.

했다. 플루서는 힐렐의 의도가 "인간의 숭고한 존엄성을 표현"한 것이었다고 주장한다.50) 플루서는, 격상된 자기인식이 동시대 유대인들에 의해 받아들여졌다는 사실을 주목하며 결론을 내렸다.51) 하지만 예수의 언어는 플루서가 이야기하는 것보다 더욱 독특한 측면을 가지고 있다. 우리가 본 것처럼, 히브리 성경에서 "선한 목자"는 하나님 자신으로서, 그는 언젠가 다시 오셔서 자신의 잃어버린 양을 직접 모아들이실 것을 약속한다. 다윗에 의해 만들어지고 예언자들에 의해 재구성된 이야기의 4번째 개작으로써 누가복음 15:4-7을 볼 때, 예수가 청중에게 자신이 누구인지를 밝히고 있음은 분명하다. 이 비유에서 예수는 자신을 선한 목자로 묘사하며, 성경의 초기 선한 목자 이야기에서 선한 목자이신 하나님께서 그러셨던 것처럼 스스로 "잃어버린 양"을 찾아 나설 것이다. 클라인 스노드그라스(Klyne Snodgrass)는 우리가 탐구하고 있는 비유가 "성부 하나님에 관한 것인 동시에 그리스도적인" 것이라 단언한다.52) 이야기는 계속 진행된다.

이 비유에서 목자는 잃어버린 양을 찾기 위한 모든 비용을 지불한다. 찾은 것으로 회복의 임무가 완전히 끝난 것은 아니다. 목자는 양을 메고 마을로 돌아와야 한다. 예수는 삭개오 이야기에서 두 가지 연관된 임무를 언급한다(눅 19:1-10). 인자는 반드시 잃어버린 자를 찾아야 하며, 구원해야 한다. 후자 없이 전자만 성취하는 것은 무의미하다. 마을에 있는 목자의 친구들은 잃어버린 양을 찾은 기념 연회에 참석하길 기뻐할 것이다. 친구들은, 잃어버린 양을 찾아서 데려오기 위해 진흙투성이 길을 누비고 다니느라 더러워진 목자를 비난하지 않는다. 오히려 그들은 목자를 칭송

---

50) Ibid., p. 514.
51) Ibid.
52) Klyne Snodgrass, *Stories with Intent*, p. 109. 즉 본문은 우리에게 하나님과 예수에 대해 말하고 있다.

한다. 하지만 바리새인들은 예수를 공격할 태세다. 예수의 비유 끝에서 이 바리새인 청중은 자신을 "여전히 들에 남아 있을" "아흔아홉" 중 하나로 여기거나, 아니면 목자의 집에서 베풀어진 연회에 초대된 "친구들"로 스스로를 생각할 수 있다. 어떤 경우라도, 그들은 예수에 대한 자신들의 관점을 수정하도록 도전받는다. 즉 이것이 바로 예수가 이 비유에서 바리새인들을, 목자를 지지하고 함께 기쁨을 나눌 "친구들"로 묘사하는 이유인 것이다. 그러나 바리새인들은 이것을 초연히 받아들이지 못하고 그를 비난한다.

표 5.7.은 비유에 대한 해석(*nimshal*)이다.

3. a. 내가 너희에게 이르노니   너희
    이와 같이

   b. 죄인 한 사람이(*hadh*) 회개하면   한 사람

   c. 하늘에서는 회개할a) 것 없는 의인 아흔아홉으로
      말미암아 기뻐하는(*hedhwa*) 것보다 더하리라   아흔아홉 명

---

a) Bailey, *Jacob and the Prodigal*, p. 65; and Bailey, *Poet and Peasant*, p. 144.

표 5.7. 비유의 해석(눅 15:7)

이 유명한 성경 이야기를 사용한 예수의 개작에 대한 해석으로서 독자는 무엇을 예상할 수 있는가? 4개의 주제가 즉각 머릿속에 떠오른다.

1. 자신의 양을 잃어버린 악한 목자
2. 양을 찾으러 가는 선한 목자
3. 잃어버린 양을 구하기 위해 목자가 지불한 대가

4. 양이 집으로 돌아왔을 때 공동체가 누리는 기쁨[53]

비유 해석에 대한 전반적 강조인 잃어버린 양의 돌아옴/회개와 천국에서의 최종적인 기쁨은 청중과 독자들을 대단히 놀라게 한다. "회개한/돌아온" 한 마리 잃어버린 양이 기쁨을 가져오는 원천이라는 이 말을 어떻게 받아들일 수 있는가?

목자가 데려온 양은 회개의 상징이고, 이 회개는 양과 목자, 목자의 "친구들"과 (하나님의) 천사들에게 기쁨을 가져다준다. 이런 인식은 청중을 전율시킨다. 예수는 루비콘 강을 건넜다. 이미 주목했듯이, 청중은 선한 목자 이야기에 관한 예언자적 설명들이 하나님을 역사에 들어오셔서 잃어버린 자를 찾아 모으시고 데려오시는(shuv) 분으로 보여준다는 걸 알고 있다. 바빌론과 디아스포라에 여전히 많은 사람들이 남아 있음에도 불구하고, 기원전 539년 고레스의 통치 아래서 이루어진 귀환을, 적어도 약속의 부분적인 성취로 많은 이들이 이해했다는 것은 의심할 여지가 없다.

그들은 예수에게는 "예루살렘으로의 귀환"만이 중요한 것이 아니었다는 사실을 알고 있었다. 언급했듯이, 이사야 49:5의 고난 받는 종은 "야곱을 그에게로 돌아오게 하시는 이로서" "이스라엘을 그에게로 모으는" 사명을 받았다. 이사야 49:1-7의 "귀환"은 "예루살렘으로의 귀환"에만 제한적으로 초점이 맞추어져 있지 않고 "하나님께로의 귀환"을 포함하고 있다. 세례자 요한은 바로 이 길을 열었다. 예수는 어떻게 이 모든 것에 적합할 수 있는가? 그의 청중은 이제서야 깨달았다. 청중은 예수가 다음과 같이 말할 것이라고 이해했다.

---

[53] Bailey, *Finding the Lost*, p. 85.

외인들과 함께하는 나의 이 연회에서 너희는 위대한 신적인 확언이 충만하게 성취되고 있음을 보고 있다. 너희는 내가 누군지 묻고 있다. 나는 선한 목자로서 약속된 하나님의 현현이다. 내가 무엇을 한다고 여기는가? 나는 잃어버린 양을 불러 모아 그들을 집으로 데려간다. 이것이 나의 정체성이고 나의 비밀 임무다. 바빌론에서 예루살렘으로의 귀환은 이루어졌지만 그것이 전부는 아니다. 어떤 희생을 치루고서라도 나는 이사야가 예언했던 대로 잃어버린 양을 하나님께로 데려오는 임무를 책임질 것이다(사 49:5). 너희는 여전히 성전 그늘에 가려진 채 잃어버린 양으로 남아 있을 수 있다! 이제 나를 따라오라. 그러면 내가 특별한 길로 너희를 인도해 하나님께로 데려가겠다.

여기서 잠시 귀환/회개를 뜻하는 단어에 대해 분명하게 설명할 필요가 있다. 우리가 살펴본 대로, 구약성경의 목자 이야기에는 히브리어 단어 *shuv*(데려오다/귀환)가 사용된다. 구약성경에서 "귀환"은 한편으로는 장소나 사람에게로 돌아감이고, 다른 한편으로는 주님께로 돌아감이었다. *shuv*(귀환)는 종종 장소를 대상으로 삼지만, "주님께로의 귀환"이 *shuv*를 이해하는 가능한 선택일 수 있다. 이사야 55:7은 악한 사람을 논의하면서 "여호와께로 돌아오라(*shuv*)"고 기록하고 있다. 역사에서 살펴보면, 구약의 그리스어 성경(LXX) 번역가들은 단어 *shuv*를 항상 *epistrephō*로 옮겼다. 잃어버린 양에 대한 비유가 동일한 전통 속에 사복음서 모두에서 발견된다면(단어 *shuv*가 쓰인), 우리는 *epistrephō*를 누가복음 본문에서 볼 수 있으리라 예상할 것이다. 그러나 누가복음에서는 회개(repent)를 뜻하는 *metanoeō*가 쓰였다. 그렇다면 이 말은 구약의 목자 본문들과 우리가 다루고 있는 비유가 서로 단절된다는 의미일까? 그렇지 않다. 두 동사 (*epistrephō, metanoeō*)는 동의어이기 때문이다. 벰(J. Behm)은 "*metanoeō* 는 구약에서 종교적·윤리적 회심을 뜻하는 전문 용어인 *shuv*(*epistrephō*)

와 거의 유사하다"고 진술한다.54) 벰은 일찍이 이와 유사한 다른 논의에서 이렇게 말했다. "*shuv*라는 단어로 구약의 종교 언어가 표현했던 내용과, *tishuba*라는 단어로 랍비의 신학 용어가 표현했던 내용…이를 신약성경은 유대인들의 그리스어 저술에서와 같이 *metanoeō*와 *metanoia*로 표현한다."55) 간단히 말해, 누가복음 15:7의 단어 *metanoeō*는 히브리어 단어인 *shuv*를 배경으로 번역이 이루어진다. 이 내용을 유념하면서, 누가복음 15:7로 돌아가보자. 양의 "돌아옴/회개"를 이해하기 위해서 우리는 앞선 4가지 목자 이야기 해석의 능동태와 수동태를 재검토해야만 한다(눅 15:4-7). 아래의 목록을 살펴보자.

- 다윗: 다윗은 "그가 나를 데려오신다"고 단언한다(목자로서 하나님은 능동적이며 양은 수동적이다).
- 예레미야: 하나님은 "내가 그들을 데려올 것"이라고 약속한다(목자로서 하나님은 능동적이며 양은 수동적이다).
- 에스겔: 하나님은 "나 여호와가 그들을 데려올 것"이라고 약속한다(하나님은 능동적이며 양은 수동적이다).
- 스가랴: 하나님은 "내가 그들을 데려올 것"이라고 약속한다(하나님은 능동적이며 양은 수동적이다[양이 군인으로 돌변하고 전쟁을 시작하는 것은 제외]).
- 예수: 목자는 찾고, 발견하고, 집으로 데려온다(목자는 능동적이다). 비유의 해석에서(7절) 잃어버린 양은 회개하는 죄인의 상징이 된다. 즉 7절에서 죄인은 능동적이다.

---

54) Ernst Würthwein, "Repentance and Conversion in the Old Testament," *TDNT*, 4:990.
55) J. Behm, "μετανοέω and μετάνοια in the New Testament," *TDNT*, 4:999.

누가복음 15:4-7에서 양의 행동의 능동적 양상은 실로 놀랍다. "회개하는 한 죄인"으로 인하여 하늘은 기쁨의 춤을 춘다. 앞서 보았듯이, 목자는 동물의 사체를 데려오는 것이 아니다! 도리어 목자는 비유의 해석에서 "회개하고/돌아왔다"고 묘사된 살아 있는 양을 어깨에 메고 돌아온다. 이런 맥락에서 양이 한 일은 무엇인가? 앞서 인용한 크리코리안의 현실적이고 상세한 염소 실종 이야기의 진술은 중동의 전통적인 마을 생활에서 이해될 수 있는 중요한 배경을 제공해준다.

20세기 초, 모갑갑(Moghabghab)은 팔레스타인 목자로서 비슷한 이야기를 기록했다. 그는 어느 초저녁에 양 숫자를 파악하다가 양 두 마리가 사라진 걸 알았고, 다음과 같이 그 상황을 기록했다.

> 우리는 수색부대를 급조하여 각자 파누스(*fanous*; 역주-일종의 연등) 혹은 손전등을 들고 잃어버린 양을 찾아 길을 나섰다. 양을 부르는 우리의 목소리는 산등성이 넘어까지 울려 퍼졌다. "후, 후! 타 타 타!"[56] 그러나 방황하고 있을 양들의 흔적을 전혀 찾을 수 없었으며, 늑대와 자칼들의 울음소리 말고는 어떤 소리도 들리지 않았다.…우리는 희미한 불빛과 막대기를 의지한 채 어둠 속을 뚫고 골짜기와 덤불 그리고 산등성이 구석구석을 누비고 다녔다. 발을 헛디뎌 휘청거리다가 자빠지기도 하고 가시덤불에 엉켜 옷이 찢겨지기도 했다. 산 이곳저곳에서 비취는 불빛을 본 마을 사람들은 양이 사라졌다는 소문을 옮겼고, 그 소문은 삽시간에 마을 전체에 퍼졌다. 이 잡듯한 긴 수색의 결과로 우리는 마침내 부드러운 모래 위에서 양의 흔적을 발견해냈다. 우리는 그 흔적을 따라 언덕으로 올라가 다시 한 번 "헤, 후! 타, 타, 타!" 하고 외쳤다. 그리고 숨죽여 귀 기울이자 멀리서 "메~~에!" 하는 소리가 희미하게 들려왔다. 이 가엾

---

56) *ta*는 팔레스타인/레바논의 발음 *ta'alu*의 축약어다("모두들 이리로 오세요"의 의미).

은 것들은 언덕 위에서 방향을 잃고 우왕좌왕하며 애타게 목자를 기다리고 있었던 것이다.…우리는 말로 표현할 수 없는 기쁨을 느끼며 잃어버린 양을 안고 무사히 집으로 돌아왔다.57)

맨처음, 두 마리 양은 나머지 양 떼를 찾아 두리번거렸다. 결국 그것들은 진 빠지는 노력을 포기하고 몇 시간이나 소요된 구조를 기다렸다. 모갑갑은, 구조대가 양을 수색해나간 과정과 결정적으로 양을 발견했던 순간 그리고 양을 구조한 과정에 대한 이야기를 반복해서 말하면서, 양들이 돌아온 것에 대해 모든 식구들이 "큰 기쁨" 속에 있었다고 묘사한다.58) 크리코리안의 설명처럼 이 양 실종 이야기는 중요한 측면을 강조하고 있다. 모갑갑과 그의 친구들은 죽은 양을 찾고 있던 것이 아니었기 때문에 멈추지 않고 양을 불렀다. 두 마리 중 한 마리 양이 목자의 음성을 듣고 반복해서 울며 필사적으로 조난 구조 신호를 보냈다. 만약 그 신호가 없었더라면 모갑갑의 한밤중의 수색은 수포로 돌아가, 마치 아모스가 말한 "사자 입에서 양의 두 다리나 귀 조각을 건져냄과 같은" 경험을 했을지도 모른다(암 3:12).59) 하지만 목자들은 나지막한 울음소리를 따라가 살아 있는 양을 발견할 수 있었다. 누구나 다 아는 사실이지만, 어떤 구조자가 잃어버린 양을 찾으면, 양은 덫에 걸린 사슴이 두려워하며 몸부림치는 것처럼 자신의 구조자를 거부하지 않고 오히려 목자의 손길에 기쁨으로 자신을 내맡긴다. 양은 목자의 외침에 화답하고 자신이 발견되었다는 것을 즉시 받아들인다. 여기서 능동적 행위와 수동

---

57) Faddoul Moghabghab, *The Shepherd Song on the Hills of Lebanon: The Twenty-Third Psalm Illustrated and Explained* (New York: E. P. Dutton, 1907), pp. 76-79.
58) Ibid., p. 79.
59) 암 3:12에서 남은 거라곤 뼈 두 개와 귀 한 짝이 전부라는 것이다. 목자가 너무 늦게 도착했다.

적 행위가 한데 어우러진다. 다시 말해 이 비유에서 설명하려는 핵심은 회개다.

어떤 비유도 하나님의 신비를 충분히 담아낼 수 없지만, 목자 이미지에 대한 예수의 탁월한 선택은 우리로 하여금 그 신비를 이해하는 중요한 길로 안내한다. 이때 목자는 핵심 인물이 된다. 동시에 잃어버린 양의 행동들도 모든 곳, 심지어 하늘에서조차 기뻐할 만큼 중요하다.

"하늘"(Heaven)이라는 단어는 하나님을 대신하여 사용되었던 초기 랍비식 표현이다.[60] "하나님 나라"와 "하늘 나라"라는 두 표제 모두 동일한 영적 실체를 가리킨다. "하늘에서의 기쁨"은 하나님 품에서의 기쁨을 의미한다. 이브라힘 사이드(Ibrahim Sa'id)는 이렇게 썼다. "예수는 자신이 하늘에서 기쁨의 소식을 가져왔다는 선언과 함께 비유를 마무리한다. 예수 말고 다른 누가 하늘에 대해 우리에게 말해줄 자격이 되겠는가?"[61] 그러고는 순서에 대한 질문이 나온다.

맨슨(T. W. Manson)은 "이 두 가지 비유의 특징은 회개하는 죄인에 대한 기쁨보다는 그가 회개하기 이전, 죄인을 찾아나서는 신적 사랑에 있다"고 통찰력 있게 지적했다.[62] 맨슨은 목자의 행동이 역사 속에 임한 신적 사랑의 활동을 나타낸다고 단언한다. 또한 그는 그 순서를 올바로 정했다. 첫 번째는 역사 속에서 드러난 "찾고 구원하는" 신적 사랑의 공급이다. 두 번째는 그 사랑이 받아들여진 일에 관해 목자, 양, 친구들 심지어 하늘의 천사들이 기쁨으로 반응하는 것이다.

---

60) 그들은 "하나님"의 이름을 불러 여호와의 이름을 망령되이 부르지 말라는 십계명을 깨뜨리고 싶어하지 않았다.
61) Ibrahim Sa'id, *Luqa*, p. 394.
62) T. W. Manson, *The Sayings of Jesus* (1937; repr., London: SCM Press, 1964), p. 284.

1. 신적 사랑은 잃어버린 양을 찾아 나서고 발견하여 집으로 데려옴
2. 양이 목자의 노력을 수용함, 즉 회개를 의미함
3. 수용/회개로 촉발된 하늘에서의 기쁨

양의 **회개** 행위에 관해서는 주의 깊은 관찰이 필요하다. 단순히 누가복음 15:7의 해석이 이 비유와 들어맞지 않을 수도 있다. 혹은 이 텍스트가, 목자의 발견하는 행위와 더불어 양의 발견되는 행위가 예수에 의해 재정의된 회개를 구성한다고 전제할 수도 있다. 양은 이 일에 어떻게 참여하는가? 양은 자신이 길을 잃었다는 사실을 깨닫고 목자의 음성을 듣고 나서 필사적으로 자신의 위치를 알리기 위해 울음으로 반응한 뒤 멀리 달아나기보다는 구조의 손길을 받아들인다. 찾고, 협력하고, 회복하는 장면에서의 성공은 마을과 하늘에서의 향연으로 이어진다. 목자는 찾고 회복시키기 위해 행동하며, 잃어버린 양은 발견되는 과정 속에서 참여한다. 그런데 왜 하나님은 이 사건을 특별하게 기뻐하시는가? 구약 전체에서 신실한 자들은 다음과 같은 사항을 요구받는다.

1. 계시된 신성한 율법에 순종한다.
2. 기도, 금식, 번제, 성경 낭독과 구제 등을 헌신적으로 이행한다.
3. 하나님의 은혜에 대해 반응한다. 미가 6:8은 정의를 행하고 인자를 사랑하며 겸손하게 하나님과 함께 행하는 것 등의 몇 가지 예를 제시한다.

하지만 누가복음 본문은 하나님과의 4번째 상호작용에 대해 논의하고 있다. 이 비유는 신실한 자들이 율법에 순종하고 경배하고 은혜에 대해 적합하게 반응할 뿐 아니라, 하늘을 기쁘게 하는 방식으로 행할 것을

제안한다. 그렇다. 드물게나마 하나님은 이런 기뻐하시는 모습을 보이신다(시 105:43; 115:3). 이런 시편의 언어들은 보통 "그녀의 통치자의 기쁨"(그녀의 통치자의 의지를 의미함)과 같은 구문과 비교될 수 있다. 하지만 "무엇이 하나님께 기쁨을 드리는가"의 질문은 여전히 남아 있다. 현재의 본문에서 그 대답은, 예수에 의해 밝혀진 것처럼, 회개다.

성경과 초기 랍비 전통에서 회개야말로 핵심적이며 중요한 주제다. 에프라임 우어바흐(Ephraim Urbach)는 이 주제에 대해 한 장 전체를 할애했다.[63] 몬티피오리(Montefiore)는 다수의 랍비 문헌들로부터 영감을 받아 회개를 다룬 뛰어난 에세이를 우리에게 남겼다.[64] 조지 무어(George F. Moore)는 이 주제를 다룬 한 장을 자신의 책에 포함시켰다.[65] 이 거대한 저장고에서 건진 몇 가지 보물은 도움이 될 것이다.

회개가 없다면 어떤 번제도 효력을 가지지 못한다. 무어는 "회개는 대속죄 날을 포함하여 모든 속죄 예식의 효력에 필수 불가결한 조건이다"[66]고 기록한다. 이사야는 다음과 같이 썼다.

악인은 그의 길을, 불의한 자는 그의 생각을 버리고
여호와께로 돌아오라 그리하면 그가 긍휼히 여기시리라
우리 하나님께로 돌아오라(shuv)

---

63) Ephraim Urbach, "The Powers of Repentance," in *The Sages: Their Concepts and Beliefs* (Jerusalem: Magnes Press, 1987), 1:462-71.
64) C. G. Montefiore, "Appendix III: On Repentance," in *Rabbinic Literature and Gospel Teachings* (London: Macmillan, 1930), pp. 377-422.
65) George F. Moore, "Repentance" and "The Efficacy of Repentance," in *Judaism in the First Centuries of the Christian Era* (New York: Schocken, 1971), 1:507-34; 헬트그렌은 또 다른 상당히 도움이 되는 참고 문헌을 제공한다(Arland J. Hultgren, *The Parables of Jesus* [Grand Rapids: Eerdmans, 2000], p. 76, n. 26).
66) Moore, "Repentance," p. 508.

그가 너그럽게 용서하시리라(사 55:7)

"하나님께로 돌아오라"는 것은 문자적으로 "여호와께 회개하라"(*yashov*)는 것이다. 본문은 돌아오는/회개하는 자에게 긍휼이 있을 것이라고 공언한다. 회개 없는 은혜는 유효하지 않다. 회개는 가장 중요한 요소여서 세상이 조성되기 이전에 이미 만들어졌다.[67] 회개는 "구속을 성취하며", "회개하는 한 사람으로 인해 모든 세상의 죄가 용서받는다는 점에서 위대하다."[68]

또한 신약 시대에, 심지어 성전의 파괴 이전에도, 예루살렘에서 상당히 떨어진 곳에 많은 유대인들이 살았고, 성지순례 외에도 죄에 대한 속죄가 필요했다는 사실에 대한 고찰이 있었다. 속죄를 위해 그들이 할 수 있는 일이 무엇일까? 회개가 번제를 대신할 수 있다는 것이 답이다! 무어는 초기 기독교 시대에 회개에 대한 랍비식 관점을 요약한다. "동료의 이름, 재산, 명성에 가해진 피해에 대한 보상, 죄의 고백, 용서를 위한 기도, 다시는 죄에 빠지지 않겠다는 진실한 결의와 노력 같은 것들이 회개에 대한 유대인의 정의에 속한다."[69]

다시 말해, 회개는 속죄 희생제를 대신할 만큼 강력한 것으로서 회개가 이행되기 위해서는 아래의 세 가지 내용이(앞서 언급했던) 필수적이다.

1. 배상
2. 죄의 고백
3. 죄를 다시 범하지 않겠다는 결심

---

67) Moore, "The Efficacy of Repentance," p. 526.
68) Babylonian Talmud *Yoma* 86b.
69) Moore, *Judaism in the First Centuries*, 1:117.

위의 세 가지 사항의 배경 위에서 이루어지는 회개는 신자들이 생명력을 가지고 하늘을 관통하여 은혜의 보좌로 나가는 것을 가능하게 한다. 무어는 "화살은 넓은 대지 위를 날지만, 회개는 하나님의 보좌에까지 나아간다"고 했다(페시크타 라바티[Pesikta Rabbati] 163b에서 언급).[70] 회개는 바다 같아서 언제라도 영적 정화에 유효하다.[71]

예수는 이런 신학적 세계 속에 회개의 새로운 정의를 불쑥 끼워 넣는다. 회개는 구원을 주시겠다는 초대에 반응하는 것이다. 즉 발견됨에 대한 수용이라 할 수 있다. 양은 길을 잃었다. 선한 목자는 어떤 대가를 치르고서라도 잃어버린 양을 부지런히 찾는다. 양의 울음은 마치 "제가 여기 있어요, 길을 잃어버렸습니다. 집으로 돌아갈 수가 없으니 제발 절 구조해주세요!"라고 소리치는 것과 같다. 목자가 양을 발견하고 기뻐하며 그를 데리고 집으로 돌아오면, 그 기쁨은 삽시간에 사람들과 공유된다. 동일한 기쁨의 환호성이 하나님의 마음에 울려 퍼진다.

만일 신자가 율법을 이행하고 부지런히 예배를 드리고 타인을 위한 자비와 정의와 함께 은혜에 반응한다면, 하나님이 기뻐하실까? 아니면 하나님은 "어떤 의무도 불필요하다" 하는 식으로 반응하실까? 하나님은 종종 노하시기도 하고 동정하시기도 하는데 그 밖의 다른 감정도 표현하시는가? 만일 어떤 사람이 충성스럽게 앞서 언급한 것들을 성취했다면, 과연 하나님은 어떻게 반응하실까? 성경 전체에서 이 주제에 관한 피상적인 검토는 불충분한 답변만을 만들어낼 것이다. 구약에서 이미 확인했듯이, 하나님은 출애굽 사건(시 105:43)과 유배로부터의 귀환(습 3:17)으로 인해 "기뻐하신다." 또한 하나님은 이사야 42:1에 등장하는 특별한 종으로

---

70) Ibid., p. 530.
71) Ibid.

인해 "기뻐하신다(*ratsah*)."[72] 그 동일한 기쁨이 하나님이 "심히 기뻐하신다"(*eudokeō*; 눅 3:22)는 예수의 세례에서 표현된다. 제자들에게 수여될 하나님 나라를 설명하는 장면에서 이 기쁨은 다시 나타난다(눅 12:32). 하지만 신약성경에서 "기쁨"(*chara*)이 하나님께 적용된 경우는 목자, 여인, 그리고 탕자의 아버지가 기쁨을 안다고 말하는 부분인 누가복음 15장밖에 없다. 다른 특별한 이유가 없다면 우리가 마주한 이 본문은 대단히 이례적인 것이 틀림없다. 하나님(하늘/천사들)은 죄인이 목자/구원자가 내뻗은 도움의 손길에 반응하여 발견되기를 받아들일 때 기쁨으로 충만해진다. 나무 아래로 내려온 삭개오는 동전의 양면과 같은 행동을 한다(눅 19:6). 삭개오는 반응하고 그에게 자유롭게 허락된 은혜를 수용한다. 이 두 가지 행동이 함께 취해져 삭개오는 회개하게 된다.[73] 그러면 아흔아홉은 "회개가 필요 없는 의로운 사람들인가?"

「므낫세의 기도」(*The Prayer of Manasseh*) 1:8은 다음과 같이 기록한다.[74]

> 의인들의 하나님 주 여호와여
> 의인에게 회개를 명하지 않으신 주여
> 아브라함과 이삭과 야곱은
> 주께 범죄하지 않았나이다
> 그러나 주께서 내게 회개하라 말씀하시오니
> 이는 내가 죄인이로소이다[75]

---

72) LVTL, *Lexicon*, p. 906.
73) 그의 집에서 그날 저녁에 한 고백은 회개라고 볼 수 없다. 단지 그것은 그의 회개 사건에 대한 자신의 반응이다.
74) 「므낫세의 기도」는 외경에서 짧은 작품 중의 하나이다.
75) "Prayer of Manasseh," *The Apocrypha of the Old Testament*, RSV, ed. Bruce Metzger (New York: Oxford University Press, 1965), p. 219.

이스라엘 족장들의 무죄를 주장하는 이 내용은 전도서 7:20에 의해 부인된다. "선을 행하고 전혀 죄를 범하지 아니하는 의인은 세상에 없기 때문이로다." 그러나 「므낫세의 기도」 본문은 예수의 인용의 배경으로 제시되어왔다. 므낫세 기도의 조명 아래 누가복음 15:7은 "한 사람의 회개로 야기된 하늘에서의 기쁨은 회개할 필요가 없는 무죄한 이스라엘의 족장들로 인한 기쁨보다 더 크다!"로 해석될 수 있을 것이다.

이 비유가 마칠 때까지, 아흔아홉 마리의 양은 여전히 광야에 있기 때문에, 이런 해석의 가능성이 누가복음 15장 전체의 이야기는 아니다. 많은 주석가들이 누가복음 15:7의 아이러니를 지적해왔다. 이 본문은 "회개할 필요가 없는 아흔아홉[자신들만 그렇게 생각하는]"을 의미할 수도 있다. 두 가지 의미 모두 맞을 수도 있다. 어쩌면 예수는 (아이러니를 사용해) 자신들이 족장들처럼 무죄하다는 청중의 생각을 지적한 것일 수도 있다. 누가복음 15장에서 많은 부분들은 명확하게 나타나 있다. 예수는 세 번째 비유(탕자의 비유)의 끝에서 삼부작 비유 전체에 걸쳐 그가 간직해두었던 자기 의에 대해 밝히고 있다. 큰아들은 자신의 동생이 비열한 죄인이며 반면에 자신은 대단한 의인이라 생각한다! 자신의 방탕한 동생은 (당연히) 통렬하게 회개해야 하지만, 자신은(형은) 전혀 회개할 필요가 없다는 것이다! 큰아들은 자신의 동생을 환영하지 않고 연회에 참석하여 가족의 손님들에게 인사하기를 거부함으로써 공개적으로 아버지를 모욕한 것에 대해 회개할 필요가 있었으나, 그에게 이런 회개는 없었다![76] 우리는 예수의 그림을 통해 자기 의에 빠진 큰아들(스스로를 회개와 무관하다고 여기는)이 바로 예수 앞에 서 있는 청중임을 이해할 수 있다.

---

76) 이 비유에 관한 심층적인 논의를 확인하려면 Kenneth E. Bailey, *Poet and Peasant and Through Peasant Eyes* (Grand Rapids: Eerdmans, 1980), pp. 195-200을 참고하라.

결론적으로, 우리는 여기서 선한 여인의 균형 잡힌 비유로 넘어가기 전에 우리가 여태껏 살펴보았던 선한 목자 전통의 배경 내용을 정리하는 것이 유용할 것 같다. 이것을 위해, 우리는 동일한 이야기에 대한 이전 설명의 맥락 속에서 선한 목자(그리고 선한 여인) 비유의 전체적인 구조를 살펴보자.

	시 23:1–6 (목자)	렘, 겔, 슥 (목자)	눅 15:4–7 (목자)	눅 15:8–10 (여인)
1.	———	나쁜 양	악한 목자는 양을 잃어버림	부주의한 여인은 동전을 잃어버림
2.	잃어버린 양 (양 떼 아님)	——— 잃어버린 양 떼	잃어버린 양 잃어버린 양 떼	잃어버린 동전 아홉 개의 동전은 분실하지 않았음
3.	선한 목자 = 하나님	선한 목자 = 하나님	선한 목자 = 예수	선한 여인 = 예수
4.	선한 주인 (여주인?)	———	———	선한 주부 선한 여주인
5.	성육신(함축)	성육신(약속됨)	성육신(실현됨)	성육신(실현됨)
6.	대가가 지불됨 데려옴(shuv)	대가가 지불됨 수색, 구원, 데려옴	대가가 지불됨 수색, 발견, 메고 돌아옴	대가가 지불됨 등불, 쓸기, 수색
7.	하나님께로 돌아오는 회개 (shuv)	땅으로 돌아오는 회개 (shuv)	하나님께로 돌아오는 회개 (metanoeō)	하나님께로 돌아오는 회개 회개(metanoeō)
8.	———	겔: 악한 목자 좋은 양 & 나쁜 양	———	———
9.	축하연회	———	축하연회	축하연회
10.	집에서 이야기 종결	땅에서 이야기 종결	집에서 이야기 종결	집에서 이야기 종결

a) Revised from Bailey, *Finding the Lost*, p. 68; and Bailey, *Jacob and the Prodigal*, p. 70.

표 5.8. 선한 목자와 전조(눅 15:4–10)[a]

6개 본문들의 관계는 서로 밀접할 뿐 아니라 다양하며 중요하다. 표 5.8.의 이어지는 아래 번호들을 따라 "선한 목자 이야기"에 대한 예수의 새로운 버전 속에 보이는 관점들을 정리하면서, 텍스트 간의 관련성에 대해 살펴보자.

1. 이전의 모든 설명에서 선한 목자는 하나님이다. 현재 본문에서 선한 목자는 예수다. 따라서 그는 자신의 정체성과 사역을, "선한 목자"로서 개입하시는 하나님의 이전 약속에 대한 성취로 확증하고 있다.
2. 악한 목자에 관한 주제는 진술되어 있지 않으나, 예수에 의해 제시된다. 예수는 자기 양을 잃어버린 목자에 대해 말하면서, 은유적으로 그의 청중인 서기관과 바리새인들을 묘사하고 있음을 의식하고 있다. 악한 목자들에 대한 징벌은 여기서 생략된다. 예수는 그들에게 친절하다.
3. 처음으로 잃어버린 양과 양 떼가 하나의 이야기 형태로 능숙하게 결합한다. 예수는 개인과 공동체 모두를 돌보시는 분이다. 예수는 예루살렘을 애도하는 동시에, 자기 길을 혼자 헤쳐나가는 개인에 대해 깊은 연민을 보여준다.
4. 천 년이라는 시간이 경과한 후 시편 23:5의 선한 주인(여주인)이 처음으로 재등장한다. 예수는 그녀에게 경의를 표하고 그녀의 메시지를 확장시키기 위해, 시편으로부터 그녀를 부활시켜 완벽한 비유를 만들어낸다.
5. 시편 23편에 내포되었고, 후에는 예레미야, 에스겔, 스가랴에 의해 약속되었던 성육신이 이제 실현된다. 따라서 예수의 정체성에 대한 가장 초기의 심오한 선언들 중 하나가 설명된다. 이것이 특히 중요한 이유는 예수 자신으로부터 나왔기 때문이다.
6. 선한 목자가 잃어버린 양을 찾아 데려오기 위해 지불한 대가에 대한 것

은 알려져 있고 가정되어 있으며 또한 중요하다.

7. 다윗에 의해 묘사되고 세 명의 예언자들에 의해 재설정된 하나님께로의 귀환은, 예수가 구성한 이 비유에서 그 본래적 의도를 회복한다. 예수는 땅으로의 귀환에 초점을 둔 예언자들의 가치를 부정하거나 그들의 개작을 비평하지도 않는다. "아흔아홉"(공동체)은 더 이상 중요한 강조점을 가지지 않으나 여전히 이야기 속에 남아 있다.
8. "나쁜 양" 주제는 다시 생략된다.
9. 시편 23편 끝자락의 연회는 이 비유의 결론 부분으로 기억되고 복원된다.
10. 또 다시 이야기는 집에서 마무리된다(천 년 동안 자취를 감추었던 요소).

표 5.8.을 대충 보아도 분명히 알 수 있듯이, 예수는 세 예언서들보다 시편 23편을 더 온전히 보존했다. 예수는 단 한 마리의 잃어버린 양, 상을 베푸는 주인, 하나님께로의 귀환, 연회, 집과 같은 주제들을 다시금 소개한다.

마지막으로 비유에 담긴 핵심 내용을 신학적으로 요약해보자.

잃어버린 양 비유의 신학적 클러스터 (눅 15:1-7)

1. **기독론**. 예수는 선한 목자로서 잃어버린 죄인을 하나님께로 회복시키시는 하나님의 유일한 현존이다(비유에서 목자의 집에서의 기쁨은 하늘에서의 기쁨과 연결된다). 목자는 무력한 양을 회복시키기 위해 반드시 몸소 값비싼 대가를 치러야 한다. 예수의 비유 배후에는 4개의 구약 본문이 있다(시 23편; 렘 23:1-4; 겔 34장; 슥 10:2-12). 이 4개의 본문들은 목자가 단순히 대리인 정도에 그치지 않는다는 사실을 각인시켜준다. 목자야말로, 하나님께서 직접 잃어버린 양을 찾아 자신의 백성에게 오실 것이라

는 예언자들의 약속을 성취하는 바로 그 장본인이다.[77]
2. **실패한 지도력**. 이 비유는 자신의 양을 잃어버리고 아무것도 하지 않으면서, 그들을 구하러 쫓아가는 다른 목자들에 대해 불평하는 지도자에 대한 비판을 포함한다.
3. **값없이 제공된 은혜**. 잃어버린 양은 구조받을 만한 권리가 없다. 구원은 선물이다.
4. **성육신과 속죄**. 목자는 양을 찾아 나선다(성육신). 그리고 그것을 회복시키고 집으로 데려오기 위해 값비싼 대가를 지불한다(속죄).
5. **죄**. 인류는 스스로 집을 찾아올 수 없는 상태로 묘사된다. 이는 잃어버린 한 마리의 양과 아직 "들에 남아 있기에" 도움을 받아 집으로 돌아와야 하는 아흔아홉 마리의 양 모두에게 해당된다.
6. **기쁨**. 잃어버린 한 마리 양의 발견과 회복이 모든 사람을 기쁘게 만들며 심지어 하늘마저도 기쁘하게 한다.
7. **회개**. 회개는 목자의 부름에 반응하고 발견됨을 수용하는 것이라고 정의될 수 있다. 양은 길을 잃어버렸지만, 목자의 수색에 참여한다. 회개는 목자의 구조작업과 이것에 대한 양의 동참과 받아들임의 결합이다. 아흔아홉은 "회개할 필요가 없다고 생각했지만"(눅 15:25-32에서 큰아들과 유사) 실제로는 회개할 필요가 있었다.
8. **개인과 공동체**. 다윗은 한 마리 (잃어버린) 양에 대해 말한다. 예레미야서와 에스겔서는 시편 23편을 하나님이 자신의 땅으로 회복시킬 잃어버린 양 떼(이스라엘)에 관한 이야기로 바꾼다. 예수는 개인(한 마리)과 공동체(아흔아홉)를 위한 관심을 동시에 가지고 있다. 땅으로의 귀환만으로는 불충분하며, 반드시 하나님께로의 귀환이 필수적이다.

---

[77] 이 신학적 클러스터는 베일리의 *Finding the Lost*, pp. 91-92에서 수정된 것이다.

이제 잃어버린 동전을 찾는 선한 여인의 평행 비유(parallel parable)로 시선을 옮겨보자(눅 15:8-19).

먼저 표 5.9.를 통해 본문의 구조를 살펴보자.

1. 어떤 여자가 열 드라크마가 있는데   도입

2.   하나를 잃으면   실종

3.   등불을 켜고 집을 쓸며 찾아내기까지   발견
          부지런히 찾지 아니하겠느냐

4.   또 찾아낸즉 벗과 이웃을 불러 모으고   기쁨
             말하되 나와 함께 즐기자

5.   찾아내었노라 하리라   발견

6.   잃은 드라크마를   실종

7. 내가 너희에게 이르노니
    이와 같이 죄인 한 사람이 회개하면   결론
    하나님의 사자들 앞에 기쁨이 되느니라

---

a) 익숙한 비유에 붙은 전통적인 제목은 그 비유가 수세기에 걸쳐 어떻게 이해되어왔는지에 관한 단서를 제공해준다. 전통적으로 우리는 눅 15:8-10을 "잃어버린 동전의 비유"라는 제목으로 부르면서, "선한 여인의 비유"라는 또 다른 제목과 그 제목이 함축하는 바를 무시해왔다. 여기에 관해서는 추후에 좀 더 논의하겠다.

표 5.9. 잃어버린 동전을 찾은 선한 여인(눅 15:8-10)a)

수사법

7개의 카메오로 된 이 구조는 내가 "예언 수사 템플릿"으로 지칭했던 것

의 또 다른 사례다. 동일한 수사학 형태가 시편 23편에 나타났다. 예언 수사 템플릿의 추가적 사례는 선한 목자 비유의 중심에서 볼 수 있다. 여기서 4개의 카메오는 4번 중심부에서 그 절정에 다다르고, 그 지점에서부터 다음 카메오들은 역순으로 반복된다. 목자 이야기와 마찬가지로 비유의 중심부는 여인이 자신의 동전을 찾는 순간 공동체가 느낀 기쁨에 초점을 맞춘다.

주석

이 비유의 가장 충격적인 양상은 이야기의 주인공이 여성이라는 사실이다. 여성 투사들은 유대 전통에서는 낯설지 않다. 여선지자 드보라는 시스라 장군을 무찌르는 데 큰 공을 세웠고 야엘(헤벨의 아내)은 장막 말뚝으로 시스라를 죽였다(삿 4:4-22). 외경에는 총사령관 홀로페르네스(Holofernes)를 죽이고 성을 구원한 영웅 유딧에 관한 기록이 실려 있다(「유딧」 13장). 그러나 남성 중심의 바리새인들과 서기관들의 무리 가운데서 예수가 이런 이야기를 창작했다는 건 실로 대담무쌍한 일이다. 여기서 우리는 두 개의 질문을 받는다. 예수는 왜 그렇게 했으며, 이는 무엇을 의미하는가?

첫째, 선한 목자 이야기가 이미 알려진 상황에서 왜 이 비유가 등장했을까? 거기에는 많은 이유가 있다.

1. 예수에게는 여성 제자들이 있었다. 누가복음 15장의 세 비유가 남성으로 구성된 서기관과 바리새인들이 제기한 불평에 대한 예수의 답변이었지만, 이를 듣고 있던 제자들 중 일부는 여성이었다. 게다가, 아마도 예수는 많은 여인들이 섞여 있는 청중 전체를 위해 이 비유를 창작했을

것이다.[78] 예수는 남자들의 일상 속에서 발생하는 은유를 사용하여 이야기를 직접 만듦으로써 심오한 차원에서 남자들에게 말할 수 있었다. 그는 여인들에게도 동일한 방식을 적용했다. 경우에 따라서, 예수는 한 쌍의 비유를 말하기도 했는데, 한쪽은 남성의 활동 영역을, 다른 한쪽은 여성의 세계를 반영했다.[79] 이미 언급했듯이 남성과 여성의 균형 잡힌 장면은 이사야 42:13-14에서 나오고 이사야 51:1-2에도 반복적으로 나타난다. 따라서 예수는 새로운 것을 도입하지 않고, 예언자적 균형을 복원하고 있다.

2. 어쩌면 예수는 오랫동안 무시되어온 시편 23편의 여성적 요소를 되찾으려고 시도했을 수도 있다. 시편 23:5에서 하나님은 상을 차려주시는데 이는 하나님이 전통적으로 여성에 의해 수행된 주요 임무를 성취하시는 모습이다. 앞에서 지적했듯이 선한 목자 시편에 나타났던 여성적인 요소가 예레미야서, 에스겔서, 스가랴서에서는 사라졌다. 예수는 선한 여인과 그녀의 동전 이야기를 들려줌으로써 그 여성성을 재도입하고 강화시킨다. 그리고 여기에 재도입된 여성성은 또 다시 쉽게 생략하기가 어려워졌는데, 그 이유는 시편 23:5과 다르게 이 비유의 전체 핵심이 여인이기 때문이다. 이미 보았듯이 "상을 차려주시는" 하나님의 모습은 예언자들에 의해 간과되었다. 하지만 전체 비유가 한 여인에게 초점을 맞춘다면, 그 여인의 이야기(시편)는 확실히 기억될 것이다.

3. 예수는 창세기 1:27로부터 시작된 남성과 여성의 평등성을 되찾길 원하고 있다. 이 평등성은 고대와 현대에 자주 망각되고 존중받지 못했다. 예수는 하나님에 대해 여성적 비유를 사용함으로써 그 평등성을 상기

---

78) Kenneth E. Bailey, "Women in the New Testament: A Middle Eastern Cultural View," *Theology Matters* 6, no. 1 (January-February 2000).
79) 마 5:14-15은 "등불"(여성의 몫)과 "도시 건설"(남성의 몫)에 대해 진술한다. 눅 13:18-21에서는 한 남자가 겨자씨를 심고, 한 여자가 빵을 굽는다. 예수는 스스로를 목자인 동시에 암탉으로 표현한다(눅 13:34).

시킨다. 랍비 전통은 동전을 잃어버린 한 남자 비유를 기록하고 있다. 기원후 2세기경 랍비 비느하스 벤 야일(Phinehas ben Jair)은 이 이야기를 전했다(이 장의 각주 34번과 관련된 비유 참조). 벤 야일의 비유는 많은 방식에서 누가복음 15:8-10과 중복된다. 누가복음의 비유처럼, 벤 야일의 이야기는 그 끝에 해석을 첨가한다. 비유에서 그 남자는 "잃어버린 것을 찾을 때까지" 부지런히 수색한다. 두 비유 모두 집안에서 일어난다. 두 주인공 모두 등불을 사용한다. 그러나 예수가 비유의 주인공으로 여자를 선택한 반면, 벤 야일은 한 남자에 관해 이야기한다.

4. 마지막으로, 잃어버린 자가 사라진 장소에 대해 고려할 것이 있다. 다윗의 시편에서는 실종된 지점이 불분명하다. "그가 나를 데리러 온다"는 구절은 실종된 장소에 관한 단서를 제공해주지 않는다. 그가 "의의 길로" 돌아오지만, 우리가 그 표현에서 예상할 수 있는 건 그가 과거에 "불의한 길"에서 잃어버린 바 되었다는 것 정도다. 세 개의 예언서에서, 양 떼는 나라들 가운데서 실종된다. 흩어진 양은 한 데 모아서 집으로 데려와야 한다. 이런 방식으로, 예수의 첫 번째 비유에서 양은 "광야에서" 실종된다. 그러나 현재 논의 중인 비유에서 동전의 분실 장소는 집안이다. 많은 것들을 생각할 수 있는 가운데, 우리는 이 비유를 어떻게 이해할 수 있을까?

언뜻 보기에, 이 이야기는 그 자체로 단순하며 간결한 것 같다. 한 여인이 한 드라크마(성인 기준 하루 품삯)[80]를 잃어버리고 그것을 찾을 때까지 온 집안을 들쑤신다. "잃어버린 동전"을 찾은 여인은 그녀의 (여성)친구들을 초대해 기쁨의 파티를 연다.[81] 이 비유는 "너희들 중에 누가"라는 식

---

80) Hultgren, *Parables of Jesus*, p. 66 (referencing *Tobit* and Josephus).
81) 이 구절은 자료의 신빙성에 관한 시금석이 된다. 가족관계를 제외한 마을의 사회 활동은 보통 "남성과 남성", "여성과 여성"으로 이루어진다. 독일이나 스위스 산골의 교회에서

으로 시작하지 않는다. 전통적인 중동 문화에서 남성들을 불러 모아놓고 이야기를 들려줄 때 "여러분 중에 누가"라고 말한 이후 여성의 이야기를 들려주는 사람은 없다. 이것은 그 반대의 경우에도 마찬가지인데, 예수는 여성들로 가득 찬 방에서 남성에 관한 얘기를 하지 않았을 것이다. "나의 형제들이여, 평안하라"는 구절은 여성 청중만을 대상으로 하지 않고 남성과 여성이 뒤섞인 모임에서 주로 쓰이는 말이다. 이 삼부작 비유에서 남성과 여성의 평등성은, 이 이야기의 주인공이 여성이라는 사실, 그리고 이 여성이 예수의 마음속에서 하나님과 예수 자신의 상징이라는 사실에 의해 확인된다. 드라크마는 네로(기원후 54-68간의 통치자) 치하에서 유통되었던 동전으로 후일 동일한 가치를 지닌 데나리온으로 바뀐다.[82] 드라크마는 신약에서 오직 이 본문에만 등장한다. 예수가 사용했을 단어 드라크마가 본문에 기록되었다는 사실은 이 비유가 신빙성 있는 실제 이야기였다는 전제를 한층 강화시켜준다. 초기의 전통은 예수가 그것을 진술했던 것으로 기록하고 있다.

갈릴리 바다 북쪽 끝자락에서 가장 손쉽게 취급할 수 있었던 건축 자재를 꼽으라면 단연코 검고 매력적인 현무암일 것이다. 이스라엘의 고대 문화재청은 갈릴리 바다 북쪽 고라의 고대 유적지에 있는 몇몇 마을의 집들을 재건축한 바 있다. 이런 집에서 창문의 세로 길이는 약 5센티미터 정도이고 가로는 35센티미터 정도로, 바닥으로부터 약 2미터 정도 높이에 나 있다. 이 창문은 "배출구"(rifle slots)처럼 생겼는데, 주로 집안에서 요리할 때 발생하는 연기를 배출시키는 역할을 한다. 이것은 외부로부터 신선한 공기를 유입시킬 수는 있어도 빛은 거의 통과시키지 못한다. 또한 이

남성과 여성은 따로 앉는다. 그것이 풍습이다.
82) Joseph A. Fitzmyer, *The Gospel According to Luke* (New York: Doubleday, 1985), 2:1081.

런 시골 집들은 평평한 현무암 석재를 바닥 장식재로 사용했다. 더 가난한 집들이라면 바닥과 벽, 아치형의 지지대들에 온통 검은 현무암을 사용했을 것이다. 이런 집에서는 문을 열어야 빛을 볼 수 있다. 어두컴컴한 방 한가운데 검은색의 갈라진 돌바닥 틈 사이로 동전이 떨어지면, 어두운 방 안에서 동전을 찾기는 매우 힘들다. 여인이 등불을 들고 "부지런히 찾지" 않을 수 없는 상황이다. 예수는 죄인들과 식사를 하기만 한 것이 아니라, 그들과 함께 식사를 하기 위해 부지런히 그들을 찾았다. 이것은 무엇을 의미하는가? 분명히 비유의 여인은 예수에 대한 상징이다. 게다가 이 비유와 앞에서 소개한 선한 목자 비유가 서로 연결됨으로써, 이 선한 여인이 선한 목자와 마찬가지로 하나님에 대한 상징이라는 점에는 의심의 여지가 없다.

감사하게도 이런 해석이 교회 역사 전반에서 완전히 사라지지는 않았다. 기원후 1020년경 바그다드에서 저술 활동을 하던 시리아 정교회 수도사이자 학자인 이븐 알-타입(Ibn al-Tayyib)은 "그(예수)는 여인을 사용해 알라[하나님]를 표현했다"라고 이 본문을 논평한다.[83] 스페인에서 인도까지 이어진 이슬람 제국의 수도 바그다드에 거주하며, 자신의 아랍어 작품에서 이런 표현을 사용한 저명한 11세기 기독교 학자를 발견하는 것은 놀라운 일이다. 예수는 진정 하나님을 언급하기 위해 한 여성을 비유 속에 사용했을까?[84] 알-타입은 그렇다고 단언한다.

한 세기 후, 디야르바키르(Diyarbakir; 역주-터키 남동부의 도시)의 또 다른 시리아 정교회의 주교이면서 학자인 디오네시우스 이븐 알-살리비(Dionesius ibn al-Salibi)도 사복음서 주석을 작업했다(1164 사망). 그는 선

---

83) Ibn al-Tayyib, *Tafsir*, 2:265.
84) **알라**는 아랍어 권에서 **하나님**을 가리키는 일반적인 표현으로서 최소 1,200년 동안 아랍어 성경 전체에 걸쳐 사용되어왔다.

한 여인과 잃어버린 동전에 관한 고찰에서 "예수는 여인을 사용해 (자신의) 신성을 설명했다"라고 기록한다.85)

이 논평 역시 충격적이다. 현대 작가들이 예수가 "자신의 신성을 설명"하는 데 여성의 상징을 사용했다고 말하는 것도 충분히 놀라운 일이다! 더군다나 이런 표현을 12세기 중동의 시리아 정교회 주교가 펜을 들고 직접 기록했다는 사실은 실로 충격이다. 서구에서 거의 천 년이 지난 후에 헐트그렌(Hultgren)은 "이 비유가 상당히 주목할 만한 이유는 여성을 하나님에 대한 은유로 묘사하기 때문이다"고 말한다.86) 가끔 우리는 전통적이지만 검증되지 않은 가정으로부터 탈피하여 성경을 재고할 필요가 있다. 위의 세 명의 학자들은 상당히 정확했다. 하지만 이 모든 것 가운데 가장 놀라운 점은 이런 이해가 알-타입(11세기)의 저술 속에 삽입되거나 알-살리비에 의해 주장되었다는 점이 아니라, 이런 생각이 예수를 드러내고 있으며, 1세기에 누가에 의해 확증되었다는 점이다! 이 비범한 비유에서 그 밖에 또 무엇을 볼 수 있을까?

첫 번째 비유에서 두 번째 비유로 방향을 전환하는 "잃어버린 자"에 대한 설정으로 돌아갈 필요가 있다. 잃어버린 양은 "광야에서" 실종되었으며 여기에는 "멀리서 잃어버린"이라는 개념이 도입된다. 따라서 두 번째 비유에서 예수는, 시장으로 나가 식료품을 사고 집으로 돌아오는 길에 자신의 돈 주머니에서 한 드라크마가 모자란다는 사실을 알게 된 한 여인의 이야기를 할 수도 있었을 것이다. 필사적으로 행로를 되짚어가 자신이 들렀던 상점 주인을 추궁해가며, 눈을 부릅뜨고 뒤지다가 마침내 자신의 잃어버린 동전을 찾는 주인공의 이야기 말이다. 그러나 여기서 예수는

---

85) Ibn al-Salibi, *Tafsir*, 2:153.
86) Hultgren, *Parables of Jesus*, p. 64

집에서 잃어버린 동전에 관해 이야기한다. 첫 번째와 두 번째 비유는 "실종"(lostness)의 구별되는 다른 두 양상을 보여준다. 이 세심한 구별은 한 쌍을 이루는 이 두 비유에서 유일한 구별인데, 이것은 청중/독자들이 두 명의 "잃어버린" 아들이 등장하는 탕자의 비유를 들을 준비를 하게 한다. 즉 한 아들은 "먼 타국에서" 잃어버렸고, 또 다른 아들은 "집 안에서" 잃어버렸다는 것이다. 이것은 당신이 디아스포라의 드넓음 속에서 잃어버려질 수 있음을 의미한다. 동시에 당신은 성전의 어두움 속에 앉아 토라를 공부하면서도, 하나님의 마음의 중심에서 잃어버린 자로 남을 수도 있다!

예수는 영이신 하나님이 남성도 여성도 아니라는 걸 알고 있었다. 하지만 인간은 하나님의 형상대로 남성과 여성으로 지어졌다(창 1:27). 예수는 이 삼부작 비유에서 선한 목자, 선한 여인, 선한 아버지를 보여준다. 교회는 수세기 동안 목자와 아버지를 하나님에 관한 비유로 보아왔다. 하지만 누가복음 15장의 두 고전적인 상징들은 그 중간에 선한 여인의 비유를 포함하고 있다. 이 세 상징은 남성과 여성의 정체성이 하나로 통합된 하나님의 본질을 증거하고 있다. 헐트그렌은 통찰력 있게 다음과 같이 썼다.

> 하나님을 단순히 대담무쌍하고 힘 있는 한 남자, 목자에 관한 표현으로 제한할 수는 없다. 오히려 자신의 잃어버린 물건 때문에 동요하고 그래서 세심하고 주의 깊게 잃어버린 동전을 찾아내는 여성에 대한 표현(남성 중심적인 전통에서 관습적으로 쉽게 무시되는)으로 생각될 필요가 있다.[87]

여인과 잃어버린 동전에 관한 비유는 또 다른 중요성을 가진다. 이 중요성은 탕자 이야기와, 상속권을 얻고 먼 나라로 여행한 이후 돌아오는

---

87) Ibid., p. 68.

야곱 이야기 사이에 깊은 연관성이 있다는 사실에서 시작한다(창 27:1-35). 나는 이 두 이야기 사이에서 51개의 비교와 대조를 발견했다.[88] 우리의 관심은, 야곱의 망명과 귀환 이야기에는 아버지와 두 아들 그리고 어머니가 등장하는 데 반해, 탕자의 비유에서는 어머니를 제외하고 아버지와 두 아들만 등장한다는 점에 있다. 야곱의 모친 리브가는 심각한 잘못을 저질렀다. 그녀는 큰아들(에서)을 기만하고 남편(이삭)을 속이면서 야곱을 도왔다. 이 장면을 끝으로 리브가는 죽을 때까지(창 49:31) 더 이상 언급되지 않는다. 망명과 귀환으로 이루어진 예수의 평행 본문 이야기에서(탕자의 비유), 어머니는 등장하지 않는다. 아마도 리브가에게 따라붙는 부정적인 암시 때문일 가능성이 있다.[89] 리브가 대신에, 예수는 어떤 부정적 단서나 부연 설명도 없는 귀한 여인의 이미지를 소개한다. 한 걸음 더 나아가, 새롭게 등장하는 이 여성 이미지(선한 여인)는 단순히 곤경에 처한 한 가족의 어머니 정도가 아니라, 예수와 하나님에 대한 상징으로 승격된다(목자와 아버지의 이미지처럼).[90]

선한 여인의 비유에서 동전은 스스로 움직일 힘이 없는 물질이다. 즉 양처럼 울 수도 없고 여인을 돕기 위해 자신의 위치를 알릴 방법도 가지고 있지 않다. 하지만 우리가 선한 목자의 성경적 전통을 통해 추적해온 10개의 극적 구성 요소 가운데, 9개의 요소가 선한 여인의 비유에도 나타난다(표 5.8. 참조). 동시에 이 새로운 비유에는 다른 선한 목자 비유와 공유되는 신학적 내용에 대한 자신만의 독특한 강조점이 나타나 있다. 따라서

---

88) Bailey, *Jacob and the Prodigal*.
89) 여기서 예수가 하나님의 하나 됨에 관한 신학을 견지하고 있다는 것은 가능한 일이다. 그는 하나의 이야기에서 하나님을 특별히 한 남성과 한 여성이라는 두 갈래의 상징으로 나누길 원치 않는다. 그런 식의 비유는 가나안 족속들의 예배 의식에서 볼 수 있다.
90) 이 비유에서 아버지는 탕자와 첫째 아들을 위하여 자신의 겸손하고 자기 비움의 사랑을 쏟아붓는데, 이 아버지는 그리스도 속에 있는 하나님에 대한 하나의 상징이 된다.

이어지는 고찰은 주목할 만한 가치가 있다.

누가복음 15:8-10의 신학적 클러스터

1. **실패한 지도력**. 목자 비유의 첫 도입 장면에서 목자는 "악한 목자"로 확정된다. 그 목자는 자신의 양을 잃어버린다(이것은 예수의 청중이었던 "자신들의 양을 잃어버린" 바리새인들을 대표한다). 비유의 중간에서 목자는 잃어버린 양을 찾아 나서고 발견한다(이것은 예수가 행하시는 일이다). 예수는 "너희는 양을 잃고도 그들을 좇아가는 것을 거절했다. 그런데 내가 너희들의 양을 찾아 나섰고 그들을 발견한 상황에서 너희는 지금 나를 비난하고 있다. 이것은 터무니없는 짓이다!"라고 말하고 있다.

    "악한 목자와 선한 목자"에 대한 동일한 조율이 여인의 비유에서도 재차 나타난다. 비유의 시작 단계에서, 여인은 자신의 동전을 잃어버린다(악한 관리인). 하지만 이야기 중반에 이르러서 그녀는 선한 관리인으로 바뀐다. 이야기 전반부에 나타난 악한 관리인은 바리새인의 모습과 같고, 분실한 동전을 찾아내는 선한 관리인의 모습은 예수를 대표한다. 예수가 하고 있는 일은 바리새인들이 해야 할 일이었으나, 그들은 이를 거부했다. 따라서 예수는 선한 여인처럼 행동하고 잃어버린 동전을 찾는다.

2. **속죄에 관한 단서**. 이 여인은 동전을 찾기 위해 막대한 양의 시간과 열정을 투자한다.

3. **기쁨**. 여인은 자기 친구들에게 연회를 베풀 정도로 매우 기뻐한다. 그리스어 단어들의 접미어들은 연회에 초대된 손님들 모두가 여성임을 독자에게 보여준다(이는 마을의 전통적 관습을 따름). 이들은 사회적으로 신분이 낮은 계층의 사람들이다. 여인은 동전을 찾는 힘든 일을 할 하인을 갖지

못했다. 그녀에게 하루 품삯을 다시 찾은 것은 파티를 열 만한 가치가 충분히 있다.

4. **회개의 행위자.** 모든 결정은 동전을 찾아 돈 주머니에 직접 집어넣는 여인에 의해 수행된다. 이 여인은 직접 오셔서 회복시키는 그리스도 안에 있는 하나님에 대한 상징이다. 생명 없는 동전은 양과는 달리 특별한 반응을 할 수 없다. 하지만 여인의 주도하는 힘은 명백하다.

5. **그리스도론.** 예수는 선한 여인이다. 목자는 하나님과 예수에 대한 상징이다. 여기서 잃어버린 동전을 찾고 발견하는 여인은 하나님과 예수 둘 다를 상징한다. 하나님은 이사야 42:14, 66:13 그리고 시편 131:2에서 여인에 비유된다. 그뿐 아니라 요한1서 3:9은 신자를 "하나님으로부터 난 자"로 묘사한다. 요한복음에서 논의되는 그리스도 안에서의 새로운 삶(요 3:1-12; 벧전 1:23)은 매우 급진적이어서, 요한 사도는 생명을 주시는 하나님의 이미지를 사용한다. 예수는 자신을 암탉으로 묘사한다(눅 13:34). 이 모든 내용이, 선한 목자와 선한 아버지를 포함한 삼부작 이야기의 일부로서 선한 여인의 잃어버린 동전과 더불어 조화를 이루고 있다. 동시에 이 두 번째 비유는 다음과 같은 독특한 내용들을 보여준다.

(1) **변하지 않는 동전의 가치.** 잃어버린 양을 찾았을 때, 양은 상처와 질병으로부터 자유롭지 못했을 것이다. 그러나 동전은 그 가치를 간직한 채 마룻바닥 아래서 주인의 손길을 기다렸다가 본래의 가치가 훼손됨 없이 주인에게 발견된다. "잃어버린 자들"은 자기 파괴적인 선택으로 인해 스스로가 무가치하다고 종종 생각한다. 그러나 이 비유는 이런 거짓된 생각을 거부한다.

(2) **여성의 가치.** 예수는 이 비유에서 "나는 이 여인과 같다! 나는 잃어버린 자를 찾고 있다. 너희도 이렇게 해야 한다"고 단언한다. 예수는

이런 이미지의 선택을 통해 모든 여성의 가치를 향상시킨다.

(3) **잃어버린 자를 찾는 행위에 있어서 성공에 대한 희망**. 결기로 가득 찬 각오에도 불구하고 목자의 수색 결과는 불확실하다. 하지만 여인의 부지런함은 성공을 보장해준다. 동전은 집안에 있다. 동전은 발견될 수 있다.

(4) **집에서 잃어버림**. 앞서 논의한 바대로, 예수는 의도적으로 잃어버린 동전의 장소가 "집안"인 비유를 창작한다. 따라서 독자는 이 삼부작 비유의 설정을 바탕으로, 탕자는 먼 곳에서 잃어버린 "죄인들"로, 또 큰아들은 집안에서 잃어버린 동전으로 이해할 수 있다.

예수는 이 두 비유에서 자신을 선한 목자와 선한 여인으로 정의한다. 두 인물 모두 잃어버린 대상을 찾고는 친구를 초대해 연회를 베푼다(시 23:3에서 잃어버린 자를 찾아 시편 기자를 접대하는 하나님처럼).[91]

시편과 예언서들이 말하는 선한 목자의 성육신으로서의 예수의 자기 이해를 보면서, 이제 우리는 예수가 어떻게 자신의 사역이 지닌 복잡하고 잠재적으로 위험천만한 사건들 속에서 선한 목자로서의 역할을 수행하는지를 살펴볼 준비가 됐다. 이것은 이제 우리가 보게 될 마가복음 6장에 나타나 있다.

---

91) 표 5.8.은 선한 목자 전통의 10가지 양상을 조사하며, 선한 여인의 비유를 그것들과 비교한다. 이 표는 선한 여인과 잃어버린 동전의 논의에 긍정적 도움을 준다.

6장

마가복음 6:7-52에 나타난 선한 목자

서문

마가복음 6장에서 저자는 선한 목자 전통을 사용하는 사건들을 기록하여, 풍성한 과거를 상기시키고, 새로운 현재를 창조하며, 성찬적 미래(eucharistic future)를 내다보려 한다. 폴 미니어(Paul Minear)는 "이 비유를 다루는 거의 모든 해석가들은 겉으로 드러난 것에서 본문의 가치를 찾을 수 없었으며, 그 이면을 통해 그 의미를 찾을 수 있었다"고 진술했다.[1] 미니어는 계속해서 "이 이야기는 그 안에 담긴 풍성함으로 인해 우리를 요동치게 한다.…만약 이 본문의 목적을 단일한 요점이나 교훈으로 축소시켜버린다면 우리는 아주 큰 실수를 범하는 것이다"라고 기록했다.[2]

더 나아가 저자인 마가는 마치 오늘날 방송국 카메라맨이나 TV 편집자와 유사한 역할을 한다. 중요한 장면을 제작하기 위해, 먼저 카메라맨은 할 수 있는 만큼 많은 장면을 수집한다. 그/그녀는 많은 시간에 걸쳐 "장면들"(takes)의 분량을 정리해야 한다. 편집자는 수집된 대량의 자료를 가지고 분량에 맞추어 장면들을 축소시켜야 한다. 내레이터의 설명에 의해 다양한 장면을 하나로 엮는 작업이 필요하다. 모든 장면은 각각의 납득할 만한 의미를 온전히 전달하기 위해 분별력 있게 편집되고 정갈하게 배치되어야 한다. 마찬가지로 마가복음 6:7-52은 마가가 놀랄 만한 탁월

---

1) Paul S. Minear, *Saint Mark* (London: SCM Press, 1962), p. 82.
2) 마가복음 주석에서 모르나 후커는 자신의 관심이 "복음서 저자 그 스스로의 해석과 관련된" 것이라고 기록했다(Morna D. Hooker, *The Gospel According to St. Mark* [London: A & C Black, 1991], p. 4).

함으로 요약하고 제시한 일련의 사건들을 선택적으로 배열한다.

일련의 사건 속에서 "양 떼"는 잃어버린 상태이며, 예수는 자기 양 떼를 돌보는 선한 목자의 과업을 실행함으로써 그의 운명의 일부를 성취하는 결정적인 행동을 취한다. 구체적으로 누가복음 15:4-7에서 예수는 자신을 시편 23편과 예언서들의 선한 목자로 묘사한다. 여기 마가복음에서 예수는, 어떻게 선한 목자가 흩어진 양 떼를 다루는 그의 임무를 수행해내는지를 선명히 보여준다. 또한 마가의 이 전체 본문은 악한 목자(헤롯)와 선한 목자(예수) 사이에서 벌어지는 격렬한 논쟁도 보여준다. 이번 장에서 나의 의도는 정경적인 설정에서 본문을 검토하고 우리가 지금까지 연구해온 선한 목자 이야기와의 연속선상에서 마가복음 6장을 생각하는 것이다.

다윗은 하나님을 현재 일하시는 선한 목자로 묘사하지만, 이것은 은유적인 표현이다. 다윗은 양이 아니며, 그는 실제로 언덕에서 풀을 뜯지도 않았다. 선한 목자와 잃어버린 양 떼에 대한 세 예언서의 설명은 모두 미래에 이루어질 이야기다. 예언자들에게 양 떼는 흩어졌고 찾을 수 없게 되었다. 하지만 눈부신 미래가 지금 그들을 기다리고 있다. 그들은 하나님이 역사 속으로 들어오셔서, 잘못된 모든 것들을 바로잡고, 잃어버린 양 떼를 불러 모아 그들을 푸른 풀밭으로 인도하실 "그날이 오고 있다"고 전한다. 요약하자면, 다윗은 현재 선한 목자를 경험하고 있다. 세 예언자들은 미래에 나타날 선한 목자의 오심을 학수고대하고 있다. 누가복음 15장은 현재이지만 가설적인 현재다. 누구든지 양이나 동전을 잃어버리면, 그들이 취해야 할 행동이 있다. 마가복음 6장에서 처음으로 목자는 자신의 "살아 있는" 양 떼를 돌보는 과제를 성취한다. 이는 동시대 역사 안에서 그가 직접 돌보고 있는 것이다. 목자의 행동은 은유적이거나 가설적이지 않으며 "카메라 상"에 라이브로 촬영되고 있다. 좀 더 자세히 살펴보자.

시편 23편에는 어떤 악한 목자도 등장하지 않는다. 예레미야, 에스겔, 스가랴는 선한 목자에 대한 전통적 이야기에 악한 목자라는 새 인물을 도입한다. 이 세 예언자들은 시간에 맞춰 역사 안으로 들어와 악한 목자를 해산시키고 자신의 양 떼를 데려갈 선한 목자가 하나님이라고 말한다. 실제로 선한 목자인 하나님이 무대에 등장할 때, 그는 악한 목자 앞에 "나타날" 것이다(예레미야). 하나님은 "목자"로서 악한 목자들을 해산시킬 것이며(에스겔), "맹렬한 분노"와 함께 그들을 징벌할 것이다(스가랴). 즉 이와 같은 설명에서, 악한 목자들은 정죄당하고 연약하고 무기력하게 되어 심판만을 기다리게 될 것이다. 그러나 마가는 선한 목자 이야기의 새로운 측면을 제시한다.

마가복음 6장에서 악한 목자(헤롯)는 갖은 조종에 취약한 인물임에도 불구하고, 강력하고 변덕스럽고 흉악스러우며, 일어나는 사건에 대해 정치적인 책임을 지고 있다. 선한 목자(예수)는 헤롯 왕가의 특정한 폭력에 대응해야 하는 엄청난 압박감 아래에 있다. 예수의 반응에 나타나는 특성들은 무엇인가? 논의 중인 이 본문은 이런 극적인 질문에 대답하고 있다. 마가복음 1:14에서 세례자 요한은 투옥 중이다. 마가복음 6장은 그 사실을 배경으로 구성되어 있다. 이 확장된 설명(막 6:7-52)에서 표 6.1.은 해당 에피소드들의 개요를 보여준다.

1. 예수가 열두 제자를 보낸다(6:7-13).

2. 헤롯과 요한(그리고 예수의 사역; 6:14-20).

3. 악한 목자 헤롯이 권세자들을 먹인다(사망의 연회에서; 6:21-29).

4. 열두 제자가 예수에게로 돌아온다(6:30-33).

5. 선한 목자 예수가 자신의 양 떼를 먹인다(생명의 연회에서; 6:30-43).

6. 예수는 목자로서 자신의 제자들을 인도하고 "잔잔한 물가"를 그들에게 제공한다(6:43-52).

표 6.1. 선한 목자 예수의 출현 배경(막 6:7-52)

마가복음 6:14-20에서 저자는, 요한이 죽임을 당하고 헤롯이 예수의 정체를 파악하려 애쓰는 미래로 이동함으로써 시간적 점프를 한다. 그런 후, 마가는 살인자 헤롯을 묘사하기 위해 과거 시점으로 다시 돌아간다. 분명한 것은 마가가 이 극적 사건들의 명확한 시간을 기록하는 데 초점을 두지 않았다는 사실이다. 오히려 마가는 전체적으로 연속된 이야기에서 가장 중요한 것을 확인하고, 각 이야기의 의미를 가장 잘 전달할 수 있는 순서로, 다양한 장면들을 선택적으로 제시한다.

따라서 마가복음 6:7-52은 두 단계로 읽을 필요가 있다. 첫 번째는 개개의 이야기들을 검토하고 그것들을 이해하는 것이다. 두 번째는 개개의 이야기들이 어떻게 마가복음의 큰 그림에 들어 맞는지를 보는 것이다. 마가는 일종의 모자이크를 만들고 있다. 일반적으로 모자이크에서는 각각의 조각들이 고유한 아름다움과 매력을 지닌다. 하지만 조각들을 전체 그림판에 붙이면 그것들은 거대한 그림을 구성하는 데 일조한다. 우리의 목표는 최대한 이야기에 도달하는 것이다. 또한 우리는 마가복음이라는 이 거대한 모자이크 속에서 개별 본문을 검토할 것이다. 이 거대한 모자이크는 우리가 일찍이 주목했던 일련의 사건들을 포함한다. 예수는 이 모든 토대 위에서 선한 목자로서의 배역을 이행한다. 이미 주목했듯이, 그 순서는 열두 제자를 파송하는 것으로 시작한다(표 6.2. 참조).

1. ⁶이에 모든 촌에 두루 다니시며 가르치시더라
   ⁷열두 제자를 부르사   열두 제자를
   둘씩 둘씩 보내시며   파송함
   더러운 귀신을 제어하는 권능을 주시고

2. ⁸명하시되 여행을 위하여 지팡이 외에는   원칙 1
   양식이나 배낭이나 전대의 돈이나   섬김을 위한 수용
   아무것도 가지지 말며
   ⁹신만 신고
   두 벌 옷도 입지 말라 하시고

3. ¹⁰또 이르시되 어디서든지 누구의 집에
   들어가거든 그곳을 떠나기까지 거기 유하라   원칙 2
   ¹¹어느 곳에서든지 너희를 영접하지 아니하고   실패의 의식
   너희 말을 듣지도 아니하거든 거기서 나갈 때에
   발아래 먼지를 떨어버려 그들에게 증거를 삼으라 하시니

4. ¹²제자들이 나가서 회개하라 전파하고
   ¹³많은 귀신을 쫓아내며 많은 병자에게   그들이 나아감
   기름을 발라 고치더라   설교와 치료

표 6.2. 열두 제자의 임무(막 6:6-13)

여기서 처음으로 예수는 자기 동네를 떠나 선교 여행에 임한다. 그는 이스라엘의 모든 지역과 마을에서 자신의 메시지를 공개적으로 선포할 수 없다는 사실을 알고 있었다. 아마도 나사렛에서 경험했던 곤란한 상황의 여파 때문인지 예수는 열두 제자를 불러 더러운 영을 제압할 수 있는 권세를 주고, "이스라엘 집의 잃어버린 양"을 회복하는 임무에 동참시키

기 위해 그들을 둘씩 묶어 파송한다. 예수는 그들을 보내면서 아래에 묘사된 선교에 대한 통찰력 있는 신학을 이야기한다.

1. 예수는 아래(바닥)로부터의 선교를 주장한다. 사도로 구성된 이 팀은 무력함 속에서 나아간다. 그들에게는 승전군도 뒤따르지 않으며, 그들을 뒷받침해줄 준비된 군대도 없다. 사도들은 건강, 돈, 음식, 그 어떤 것도 안정적이지 못한 상태에서 그들을 필요로 하는 곳을 찾아 이 마을 저 마을로 옮겨 다닌다. 그들은 자신을 받아주는 공동체의 의탁할 만한 장소에 머문다. 제자들이 허락받은 물건이라고는 울퉁불퉁한 길에서 신을 신발과, 산길에서 방향을 찾거나 오래된 중동 거리를 배회하는 유기견들로부터 자신을 보호하기 위한 지팡이가 전부다. 바로 이것이 목자의 지팡이다.[3] 그들은 메시지 외에 다른 물건을 지니고 다니지 않았다.

2. 예수는 제자들에게 "실패의 신학"을 가르쳐준다. 예수는 그들에게 말한다. 만일 너희가 어떤 집에서 환영받으면, 너희들은 더 나은 숙박 장소를 찾아다니지 말고 그곳을 기반으로 해서 너희의 사역을 성취하라. 그러나 만약 너희를 받아주지 않는 가정을 만나거든, 너희는 "발아래" 먼지를 떨어버려라. 이것은 너희 옷에 묻어 있고 너의 발에 달라붙은 먼지를 말한다. 떨어버리는 동작은 "나는 너와의 일이 끝났으며 이제 이곳을 떠날 것인데, 이때 어떤 것도 심지어 먼지까지도 가져가지 않을 것"(행 13:51; 18:6)을 의미한다. 이 극적인 몸동작은 제자들로 하여금 미적거리며 꿈틀대는 어떤 실패의 감정까지도 날려버리게 만든다. 이렇게 함으로써 제자

---

[3] 마 10:10은 특별히 "지팡이나 신을 가지지 말라"고 기록했다. 맨슨은 이런 선교가 마치 지팡이나 신을 신고 들어갈 수 없는 성전 산(Temple Mount)과 같은 거룩한 장소로의 여행이라고 사려 깊게 제안했다(Mishnah Berakot 9:5, in Herbert Danby, *The Mishnah* [Oxford: Oxford University Press, 1933], p.10; T. W. Manson, *The Sayings of Jesus* [London: SCM Press, 1964], p. 181).

들은 "기쁨과 성령으로 충만한 채" 다음 마을과 집으로 자유롭게(마치 바울과 그의 동료들처럼) 향할 수 있다. 도전하고 실패한 후, 그들은 다음을 향해 계속해서 움직여야 한다. 자기 동네를 벗어난 최초의 선교 여행에서 실패에 대처하는 방법에 대해 제자들에게 충고하는 예수를 보는 것은 실로 놀라운 일이다.[4]

이 특별한 퇴각 전략은 맨처음 같은 장소의 집들을 방문할 때 사용했던 방법과 연관되어 있다. 이 방법에는 그들에 앞서 정복 군대를 보내야 한다는 열망도, 열렬한 "환대"를 보증할 만큼의 원조를 제공해야 한다는 필요성도 나타나지 않는다. 예수의 권면은 "복음 전도는, 한 거지가 다른 거지에게 무료 음식을 얻어먹을 장소를 말해주는 것과 같다"라는 스리랑카 신학자 D. T. 나일스(D. T. Niles)의 언급과 유사하다. 반면에, 수세기에 걸쳐 강력한 무슬림과 크리스천 단체들은 자주 정복 군대의 뒤를 따라갔다.

3. 예수는 제자들에게 통전적 선교(holistic mission)에 착수하도록 지시한다. 예수가 제자들에게 할당한 첫 번째 임무는 회개의 필요성에 대한 선포(*kēryssō*)다.[5] 또한 예수는 그들에게 귀신을 쫓고 병든 자를 고치도록 지시한다.

"선교신학"의 이런 세 가지 원칙을 가지고 그들은 둘씩 짝지어 예수의 명령을 이행한다. 이제 새로운 메시지를 위해 하나가 아닌 7개의 설교 목소리가 울려 퍼질 준비가 되었다.[6]

---

4) 이것은 자기 고향에서 예수가 받은 냉랭한 환대에 대한 경험이 반영된 결과다(막 6:1-6).
5) 예수에게 "회개"는 "발견됨에 대한 수용"을 의미한다. 눅 15:4-7에 대한 이전 논의를 참고하라.
6) 예수와 6쌍의 제자들.

헤롯과 세례자 요한의 살해 (막 6:14-29)

본문에서 열두 제자를 파송한 장면에 이어, 마가는 헤롯과 세례자 요한의 복잡한 관계와 예수의 출현에 따른 헤롯의 걱정에 대한 장면으로 시선을 돌린다(막 6:14-20).[7] 그 다음 장면은 세례자 요한의 살해이며, 뒤이어 파송되었던 예수의 제자들이 돌아오는 장면이 배치된다.

여기서 세례자 요한의 암살 사건은 사도들의 파송에 관한 이야기를 방해하는 이상하고 억지스런 사건이 아니다.[8] 오히려 이 사건은 마가복음 6:7-52로부터 펼쳐지는 에피소드들의 전체 장면을 이해하게 만들어주는 결정적 요소다. 예수와 사도들의 사역은 조용한 마을이나 안전한 장소에서 아무런 불편 없이 수행되지 않는다. 반대로 그들은 긴장이 휘몰아치는 가운데, 마가복음이 (아마도) 원래 기록되었던 로마에 살았던 그리스도인들이 그랬던 것처럼, 위험과 죽음의 지속된 위협 속에서 인내하며 증언했다. 어떻게 그들은 이것을 끝까지 해낼 수 있었는가?

선한 목자 예수는 이스라엘 집의 잃어버린 양을 찾아 구원하도록 부름 받았다. 이미 주목한 것처럼, 열두 제자의 임무는 이런 예수의 사역을 확장하는 데 있으며, 이 확장은 불가피하게 이목을 집중시켰다. 항상 독재자들은 통제 불가능한 운동을 불안해한다. 세례자 요한은 이런 저항운동의 시발점으로 여겨졌으며, 그는 벌써 투옥된 상태다(막 1:14). 헤롯은 요한을 대면하면서, 비록 요한이 자신을 곤혹스럽게 만들었음에도 그의 말 듣기를 좋아했다. 의롭고 거룩한 세례자 요한을 비판하면서도 헤롯은

---

7) 이 구절들은 많은 뜻을 내포하고 있지만 우리의 초점인 선한 목자에는 직접적으로 적용되지 않는다. 따라서 나는 그것들을 논쟁하지 않고 흘려보낸다.

8) R. T. 프랜스(R. T. France)는 이것을 "탈선"(digression)이라고 부른다. R. T. France, *The Gospel of Mark* (Grand Rapids: Eerdmans, 2002), p. 255을 참고하라. 후커는 이것을 "어느 정도는 인위적인 삽입구"로 본다. Hooker, *St. Mark*, p. 158.

그를 보호하기 위해 애썼다. 아마도 헤롯의 주변 사람들 중 그에게 진실을 말해주는 사람은 요한뿐이었던 것 같다.

미국의 침략이 있기 전, 바그다드에서 떠돌던 이야기가 있었다. 어느 날 오후 느즈막히 열린 각료 회의에서 사담 후세인이 보좌관에게 "지금이 몇 시인가?"라고 묻자, 보좌관은 정중하게 "각하께서 말씀하시는 시간이 곧 정확한 시간입니다"라고 대답했다고 한다. 반면에 요한은 헤롯에게 진실을 말했다.

요세푸스는 헤롯이 요한을 체포했던 것은, 요한이 대중의 인기를 등에 업고 반역을 도모할까봐 두려워했던 것이라고 단언한다(『유대고대사』 [Antiquities of the Jews], 18.118). 베드로(마가복음의 자료)와 "예수 운동"(Jesus movement)은 추가적으로 두 가지 이유를 더 알고 있었다. 이 두 구성요소는 헤롯의 파티에서 함께 나타나는데, 여기서 요한을 살해하기 위한 방아쇠가 당겨졌다. 첫 요소는 내빈들이다. 헤롯은 그의 주요한 지역적 권력 기반을 대표하는 세 부류의 사람들을 초대했다.

1. 궁궐 신하(헤롯의 행정적 조력자)
2. 군대 장관(헤롯의 최고 사령관)
3. 갈릴리 귀빈(헤롯이 임명한 지역 수장)

요세푸스의 주장이 맞다면, 이 연회는 마캐루스의 요르단 강 건너편 요새(Transjordan fortress of Machaerus)에서 거행되었을 것이다. 마가는 티베리우스(Tiberius) 황제 시대를 염두에 둔 것 같다. 두 가지 모두 가능성 있는 추측이다. 어떤 경우를 보더라도 연회장에는 권력을 가진 중요 인사들이 대거 참석하고 있었다. 헤롯은 분명히 독재자였다. 그럼에도 다른 독재자들과 마찬가지로 그는, 한편으로는 군대 사령관들을 만족시켜주고, 다른 한편으로는 지도층의 충성을 지속적으로 감시해야 했다. 헤롯 왕가의 주류 문화는 그리스 문화였으며, 따라서 파티는 술을 마시는 향연(symposium)이었다. 당시 유대 문화에서는 이런 종류의 음주연회에서 통치자의 친인척 소녀가 손님들을 위해 춤을 추지 않았다. 하지만 그리스 문화에서는 전혀 문제가 되지 않았다. 헤롯 안티파스(Antipas)는 사치스런 연회를 즐겼던 것으로 유명하다(요세푸스, *Antiquities*, 18:102). 이제 헤로디아를 살펴보자.

헤롯 개인의 명예는 그 소녀(요세푸스는 그녀를 "살로메"라고 부름)가 자기 어머니의 지나친 바람을 헤롯에게 요청했을 때, 큰 위기에 봉착했다. 헤롯은 의심의 여지없이 만취한 상태에서, 자신의 것도 아닌 나라 절반을 소녀에게 떼어 주겠다고 제안했다(오직 로마만이 이런 결정을 내릴 수 있었다). 헤롯은 이 과장된 약속을 하면서, 마치 자신을 에스더 앞에 선 아하수에르 왕처럼 보이려 애쓰고 있었다(에 5:3). 과연 헤롯은 어린 소녀의 춤 한 번에 이 모든 약속을 해야만 했는가? 이건 단지 만취한 자의 무책임한 허풍에 불과하다. 문밖에 서 있던 헤로디아를 제외하고, 그 자리에 있던 어느 누구도 헤롯의 허풍을 진지하게 생각하지 않았을 것이다.

헤로디아는 요한에게 이를 갈고 있었고 이 연회장에 살해를 위한 덫을 능숙하게 놓음으로써 마침내 그에게 복수한다. 그녀는 딸을 앞세워 극악무도한 방법으로 요한을 즉각 참수했다! 모든 내빈은 요한의 죽음을 실제로 목격함으로써 요한의 죽음의 증인이 된다. 그들은 곧바로 각자의 처소로 돌아가 그 사실을 알린다. 헤로디아의 딸이 고집스럽게 "즉각적인" 살해를 요구한 것은, 손님들이 돌아가고 헤롯이 술이 깬 상태에서 그 명령을 수행한다는 것이 불가능함을 알았기 때문이다(편주-그리스어 원어에는 "즉각적으로"의 의미가 포함).9) 헤로디아의 이 계획이 성공을 거둘 수 있었

---

9) 그는 "내일 새벽에 요한을 죽일 것이다. 사형집행은 언제나 새벽에 시행된다"고 쉽게 약속할

던 건, 그녀 자신이 남편에게 행사하던 문화적 압박을 잘 이해하고 있었기 때문이다. 이 사건은 그녀의 딸에게 평생에 걸친 트라우마를 겪게 만들었을지도 모른다. 또한 공공연하게 헤롯을 난처하게 만든 이 사건은 헤로디아 자신과 남편의 관계에도 돌이킬 수 없는 상처를 남겼을 것이다. 하지만 헤로디아는 전혀 개의치 않았다. 그녀는 복수에 완전히 눈이 멀었다. 바로 이것이 예수와 그의 제자들이 "하나님의 나라"를 선포하게 만든, 그들이 속해 있는 "이 세상 나라"다.

헤롯은 덫에 걸렸다. 그의 전략적 이해가 위기에 봉착한 것이다. 약속을 지켜야 할까, 말아야 할까? 군대는 어떤가? 헤롯은 언제라도 자기 입맛에 맞게 약속을 바꾼다는 인상을 주위의 권력자들에게 남길 것인가? 그들과의 맹세는 어떻게 할 것인가? 역사상 많은 정부가 그들의 결정이 진리와 선이라고 믿는 가치관을 무너뜨린다 하더라도, 그들에게 "전략적 이익"이 된다고 생각된다면 아무런 거리낌 없이 그것을 선택해왔다.

1984년 1월 18일 수요일 오전 8시20분, 레바논 베이루트의 아메리칸 대학(American University)의 총장 말콤 커(Malcolm Kerr) 박사가 캠퍼스의 집무실로 돌아오는 엘리베이터 안에서 암살당했다. 내가 지도했던 신학교는 거기서부터 두 블록 떨어진 곳에 위치했고, 커 박사는 나와 가까운 친구였다. 많은 이들이 9년 전에 발발한 레바논 내전이 끝나가는 단계라고 생각하던 때였다. 하지만 이 암살 사건은 이런 생각이 잘못이었음을 알려주었다. 이 끔찍한 사건은 그 해를 "커 암살 이전"과 "커 암살 이후"로 나누는 계기가 되었다. 커가 암살된 다음날 나는 메모장에 "피폐해진 영혼으로 온종일 침대에 있었다"고 기록했다. 그 다음날 나는 이렇게 적었

수도 있었다. 다음날이 되면 다시 예전처럼 "아직은 때가 아니다 조금만 더 기다려라"라고 하면 그만이다.

다. "신학교 동료교수를 만나 이곳을 떠나야 할 것인가를 의논했다." 그 회의에서 우리는 레바논 동료교수와 학생들 그리고 외국 학생들을 위해서라도, 할 수 있는 한 우리의 자세를 조심스럽게 낮추고 견뎌보기로 결정했다. 그러나 우리 모두는 불안해했다. 대학 캠퍼스의 두 단계 보안도 커 총장의 암살을 막을 수 없었다면 다음은 누구 차례란 말인가? 베이루트에 있는 서양인 중 누가 안전을 장담할 수 있을까? 우리에게 안전은 없다!

커의 죽음 앞에 레바논은 국가적으로 흔들렸다. 몇 주간 아무도 이 문제를 감히 입 밖에 내지 못했다. 신중한 역사가라면 의미 있는 기록을 남기기 위해 반드시 그 해 겨울의 커 암살 사건을 조명해야 할 것이다. 암살은 단 2분 만에 단행되었지만 모든 것을 바꿔버렸다!

마찬가지로 세례자 요한의 살해도 예수와 그의 추종자, 그리고 지역사회에 유사한 의미로 다가왔음이 틀림없다. 이것은 요한의 죽음 이후에 마가가 "사도들이 예수 주위에 모여"(막 6:30)라고 기록한 본문에 반영되어 있다.[10] 여기 사용된 동사(synagō)는 종종 "돌아왔다"로 번역하지만, 좀 더 명확한 의미는 "주위로 모여들다"이다.[11] 제자들은 예수의 친척의 죽음 이후 예수를 지지해야 할 필요성을 느꼈다. 또한 synagō는 "두려운 징후로 인하여 모여듦"이라는 이면의 의미를 전달할 수 있다.[12] 요한은 잔혹하게 암살됐고, 열두 제자의 사역은 급작스럽게 중단되었다!

요한은 예수의 친척이었고(눅 1:36), 중동의 수치/명예문화에서 친척의 살해는 집안 전체에서 중대 문제가 된다. 왜냐하면 이런 사건은 가족을 극적인(폭력적인?) 방식으로 반응해야 한다는 엄청난 중압감 속에 가두어놓을

---

10) 저자의 성경 번역. BAGD, p. 782을 참고하라.
11) 아랍어 성경은 지난 1100년 동안 이것을 raja'u("그들이 돌아왔다")가 아닌 ijtam'u("함께 모였다")로 번역해왔다.
12) BAGD, p. 782.

수 있기 때문이다! 비록 헤롯은 요한을 의롭고 거룩한 자로서 두려워하며 존경했지만, 주연장에서 춤추는 소녀를 만족시키기 위해 요한을 처형하라는 명령을 내린 것이다(막 6:20). 믿을 수 없는 일이지만 이는 사실이다.

세례자 요한은 사회적으로 하층민에게서 인기를 얻었다. 이것은 성전에서 이루어진 예수와 산헤드린 의원 사이의 극적인 대결에서도 나타난다. 예수는 왜 "이런 일들"(성전 정화와 같은)을 하는가라는 질문으로 도전을 받았다. 예수는 그들에게 요한에 대해 어떻게 생각하냐고 되물었다. 그들은 돌에 맞을까 두려워 요한의 세례가 "사람으로부터" 온 것이라고 말하기를 주저했다(눅 20:1-8). 마가는 같은 사건을 기록하면서 "모든 사람이 요한을 참 선지자로 여기고" 있음을 지적한다(막 11:32). 따라서 갈릴리 사람들은 히브리 예언자를 살해한 헤롯에 대해 즉각적으로 울분을 분출했고, 이제 그들의 마음은 장작불 앞에 놓인 휘발유 같은 상태가 되었다. 만약 요한에 대한 살인이 로마인들에 의해서 시행되었다 해도 충분히 심각한 상태에 이르렀을 것이다. 하지만 살인자가 술 취한 파티장에서 유대인 "왕"의 명령을 받았다면, 그건 이미 다이너마이트에 불이 붙은 거나 다름없다! 단지 언제 터지느냐가 관건이다. 그들은 무엇을 할 것인가?

예수의 주위로 모여든 사도들과 그 영향(막 6:30-32)

사도들의 임무는 아직 끝나지 않았고 예수는 그들을 부르지도 않았지만, 그들은 자연스럽게 돌아왔다! 지역 전체가 분노로 불타고 있는 상황에서 제자들이 할 수 있는 최소한의 행동은 "예수에게로 모여드는" 것이었다. 본문의 구성을 자세히 살펴보면 그 의미가 명확해진다(표 6.3.).

1. 사도들이 예수께 모여 자기들이 행한 것과
   가르친 것을 낱낱이 고하니					따로 광야의
   이르시되 너희는 따로 한적한 곳에a) 가서			한적한 곳에 가다
   잠깐 쉬어라 하시니

2. 이는 오고 가는 사람이 많아				많은 사람이 와서 쉬지 못함
       음식 먹을 겨를도 없음이라

3. 이에 배를 타고						따로 광야의
   따로 한적한 곳에 갈새					한적한 곳에 가다

---

a) 저자의 번역. 여기에 나오는 *erēmos*는 "광야"에 남은 아흔아홉을 기록하고 있는 눅 15:4의 단어와 동일하다.

표 6.3. 광야의 "고요한 장소"를 선택하는 예수에게 제자들이 보고하다(막 6:30-32)

    1984년 1월 베이루트에서 우리는 제자들처럼 대응하려고 분투했다. 제자들은 끊임없이 "현 상황"을 의논하는 데 시간을 허비하지 않고, 자신들의 사역을 자세히 보고하는 것에 초점을 맞추었다. 제자들은 종종 우둔했고 그런 모습은 이 심각한 사태가 끝나기 전에 또 다시 나타난다. 하지만 그들은 예수에게로 "모여들었고" 훌륭하게 행동했다(막 6:30). 시대와 장소와 상관없이, 만약 우리 지도자의 친척이 살해되었다면, 우리는 어떻게 할 것인가? 당연히 그 지도자를 찾아가 할 수 있는 모든 수단을 동원해 그를 도울 것이다. 그러나 무엇보다 중요한 것은 그 자리에 함께 있는 것이다! 제자들은 용기를 내어 한 마음으로 똘똘 뭉쳤다.

    제자들의 보고를 받은 예수는 그들에게 호수 반대편 장소, 곧 목자들만이 배회하는 장소로 철수하라고 명령한다. 본문은 이 이동 명령의 이유를 "오고 가는 사람들이 많아 음식 먹을 겨를도 없음이라"고 설명한다(31절). 이것이 복음서에서 "오고 가는" 사람들을 말하는 유일한 사례이며,

그 밖에 다른 곳에서 예수가 "음식 먹을 겨를도 없을" 만큼 시달렸다는 언급은 없다. 왜 사람들이 갑작스럽게 오고 가는 것일까? 갈릴리 전역의 사람들은 자기 친척의 끔찍한 죽음 앞에서 예수가 어떻게 반응할 생각인지를 알고 싶었던 것이다! 그들은 갈릴리를 가로질러와 예수가 무엇을 할 것인지를 그의 입을 통해 듣기를 원했으며, 그들 중 일부는 예수의 초기 대응을 확인하고 보고하러 돌아갔다. 자연히 그 지역 곳곳에서 예수에게로 거대한 공감의 파도가 밀려왔다. 이제 예수가 그들을 인도해야 할 상황인가? 우리는 제자들이 서로 나누는 대화를 엿들을 수 있다.

> 이제 우리가 할 일은 무엇인가? 모든 것이 끝난 것인가? 그들은 변덕스러우며 폭력적이고 무책임하다. 우리에게는 법에 따른 아무런 보호조치도 없다! 그 다음은 누구란 말인가? 우리 운동에는 예수와 요한이라는 두 지도자가 있었다. 오래전 선지자 나단은 다윗의 사생활을 비판했고, 용감했던 그 행위로 인해 명성을 얻었다. 하지만 왕의 사생활을 비판했던 요한은 헤롯에게 죽임을 당했다! 이 살육자의 아비는 자기 아내와 세 아들을 아무런 이유 없이 죽였다! 그런 아버지에게서 자란 이 아들한테서 우리가 무엇을 기대할 수 있단 말인가? 우리의 문제는 이것이다. 춤추는 소녀를 만족시키기 위해 술자리에서 요한을 살해한 "헤롯의 나라"에서 진정 "하나님 나라"를 선포할 수 있단 말인가?

예수는 반드시 여기에 반응해야만 한다. 때때로 회피할 수 있었던 상황도 있었지만, 이번에는 경우가 전혀 다르다. 반드시 반응해야 한다. 무슨 반응을 보여야 할까? 다음은 몇 가지 대안이다.

1. 통치권의 교체를 위해 선동한다.
2. 열심당(Zealots)으로 알려지게 될, 확산되어가고 있는 메시아 저항

운동에 합류한다.
3. 퀴리누스(기원후 6-9년)가 지시한 인구조사에 대한 반발로 일어난 암살단(후에 시카리[sicarii] 로 불림)13)에 합류한다.
4. 지하 비밀 조직을 결성하여 활성화하고, 모든 공적인 사역은 중단한다(최소 1년에서 2년 정도).
5. 헤롯이 로마법을 어기고 로마 전체의 명예를 더럽혔다고, 다마스쿠스에 있는 로마 총독을 찾아가 항의한다.
6. 헤롯의 추종자를 찾아가 자신들의 충성을 맹세하고 요한과 같은 방식으로 처리하지 않기를 구한다(구사[Chuza] 는 헤롯의 청지기이며, 예수를 섬겼던 요안나[Joanna] 의 남편이었다[눅 8:3]; 어쩌면 그는 헤롯의 추종자를 소개시켜줄 수 있었을 것이다).14)
7. 자신의 자세를 조심스럽게 낮춘다. 말하자면 그들의 "7가지의 설교 목소리"를 하나(예수)로 축소한다. 아마도 헤롯은 긴장을 늦출 것이며, 그들은 주목을 끌지 않을 작고 조용한 방법으로 활동할 수 있었을 것이다.
8. 모든 일을 중단하고 집으로 돌아간다.

어떤 대안을 취할 것인가? 예수는 제자들과 함께 광야로 후퇴하여 주어진 상황 속에서 최선책을 찾아 고민하고 기도하면서 휴식을 취하기로 결정한다.

그들은 배를 타고 조용히 쉴 만한 장소를 찾으면서 군중의 강도 높은 압력을 피했다. 그러나 수천 명의 사람들이 갈릴리 호수 주위에서 그들

---

13) Martin Hengel, *The Zealots* (Edinburgh: T & T Clark, 1976), pp. 46-49.
14) 구사는 아마도 거기에 있었을 것이며, 사도들에게 요한의 살해에 관한 자세한 정보를 제공해주었을 것이다.

을 좇았으며, 강풍이 불어 제자들이 탄 배의 속도가 떨어졌다(그날 밤 바람은 더욱 거세게 불었다).15) 놀랍게도 도착지에는 모든 고을로부터 온 "큰 무리가" 예수와 노잡이들을 기다리고 있었다! 그들 중에는 헤롯의 첩자들도 있었다(아니면 헤롯의 보안부대에게 취조당할 사람들이거나). 헤롯은 친척의 죽음에 대해 예수가 어떤 반응을 보일지 깊은 관심을 보였다. 헤롯은 예수가 행동하고 말한 모든 내용을 그때그때 수시로 보고받았을 것이다. 중동의 군부독재 치하에서 10년을 살았던 나로서는, 헤롯의 첩자가 없었다고 짐작하기보다는 실제 그런 첩자가 있었다고 생각하는 편이 훨씬 더 쉽다고 확신한다. 이를 부정한다는 건 곧 역사적 실재를 무시하는 것과 매한가지다. 전도서의 저자는 다음과 같이 썼다.

> 심중에라도 왕을 저주하지 말며
> 침실에서라도 부자를 저주하지 말라
> 공중의 새가 그 소리를 전하고
> 날짐승이 그 일을 전파할 것임이니라(전 10:20)

왕과 독재자들은 당신이 무엇을 하고 무엇을 말하는지에만 관심이 있는 것이 아니라, 당신이 무슨 생각을 하는지에도 관심을 가진다고 전도서는 증언한다.

배가 육지에 당도했을 때 예수는 예기치 않은 군중을 목격한다. 그는 이제 무엇을 할 것인가? 호통을 치며 그들을 떠나보낼 것인가? 그 내용이 표 6.4.의 본문에 펼쳐진다.

---

15) 도보로 갔을 때 더 많은 시간이 할애되지만, 제자들이 바다에서 역풍을 맞았다면 도보를 이용했던 사람들이 배보다 먼저 도착했을 수 있다.

1. ⁶:³⁴예수께서 나오사 큰 무리를 보시고
   그 목자 없는 양 같음으로 인하여   무리들이
   불쌍히 여기사   모임
   이에 여러 가지로 가르치시더라   (선한 목자가 필요함)

2. ³⁵때가 저물어가매 제자들이 예수께
   나아와 여짜오되 이곳은 빈 들이요   모두 먹을 것을 필요로 함
   날도 저물어가니 ³⁶무리를 보내어   (음식이 없음)
   두루 촌과 마을로 가서 무엇을 사 먹게 하옵소서

3. ³⁷대답하여 이르시되
   너희가 먹을 것을 주라 하시니   너희가 그들을 먹여라
   여짜오되 우리가 가서   (우리는 못합니다!)
   이백 데나리온의 떡을 사다 먹이리이까

4. ³⁸이르시되 너희에게 떡 몇 개나 있는지
   가서 보라 하시니 알아보고 이르되   떡 다섯 개와
   떡 다섯 개와 물고기 두 마리가 있더이다 하거늘 물고기 두 마리

5. ³⁹제자들에게 명하사 그 모든 사람으로 떼를 지어   "그가 나를
   푸른 잔디 위에 앉게 하시니   푸른 풀밭에
   ⁴⁰떼로ᵃ⁾ 백 명씩 또는 오십 명씩 앉은지라   누이시며"

6. ⁴¹예수께서 떡 다섯 개와
   물고기 두 마리를 가지사   떡 다섯 개와
   하늘을 우러러 축사하시고 떡을 떼어   물고기 두 마리

7. 제자들에게 주어 사람들에게
   나누어 주게 하시고   너희가 그들을 먹여라
   또 물고기 두 마리도   (그들은 할 수 있다)
   모든 사람에게 나누시매

8. ⁴²다 배불리 먹고
   ⁴³남은 떡 조각과 물고기를   모두 먹고
   열두 바구니에 차게 거두었으며   모두 배부름
   ⁴⁴떡을 먹은 남자는 오천 명이었더라   (음식이 남음)

9. ⁴⁵예수께서 즉시 제자들을 재촉하사
   자기가 무리를 보내는 동안에 배 타고   무리들이
   앞서 건너편 벳새다로 가게 하시고   해산함
   ⁴⁶무리를 작별하신 후에   (목자가 임무를 맡음)
   기도하러 산으로 가시니라

a) 단어 *prasia*는 신약성경에서 오직 여기에서만 등장한다. 이 단어의 원형적인 의미는 "화단"(a garden bed)이다(BAGD, p. 698). 여기서는 "정돈된 그룹"을 의미한다.

표 6.4. 선한 목자가 생명의 연회를 베풂(막 6:34-46)

수사법

본문은 시편 23편과 누가복음 15장에서 보았던 고전적인 순환 구성법의 형태를 취한다. 이는 본문이 대단히 정교한 방식으로 기록되었음을 의미한다. 순환 구성법은 일련의 개념과 사건들이 나타나고 그 절정을 향한 뒤 반복적으로 역행하는 구조다. 아래의 표에서 오른쪽에 위치한 핵심 단어들은 반복적으로 전개된 주요 개념들에 대한 요약이다.

주석

이 본문은 우리의 주제에 있어서 근간이 되며, 따라서 주의 깊게 검토할 필요가 있다(표 6.5. 참조).

1. ³⁴예수께서 나오사 큰 무리를 보시고
   그 목자 없는 양 같음으로 인하여   무리들이
   불쌍히 여기사   모임
   이에 여러 가지로 가르치시더라   (선한 목자가 필요함)

표 6.5. 자비로운 목자의 면모를 보이는 예수(막 6:34)

이스라엘의 왕들은 양 떼의 목자들로 생각되었다. 한때 목자로서 현저하게 명예로운 기억을 남긴 인물로는 모세와 다윗이 있다.[16] 하지만 현재 유대인의 "양 떼의 목자"인 헤롯은 에스겔 34:1-10에서 묘사된 악한 목자의 최악의 특징들을 가진 전형적인 실례다. 예수는 해변에서 자신을 기다리고 있는 거대한 인파를 바라보며, 예정된 계획을 취소하기로 결심했다. 악한 목자 헤롯의 도전은 시작됐다. 어떤 행동이 취해져야 한다. 예수는 "목자 없는 양 같은" 군중을 보면서, 헤롯을 향한 보복의 욕구로부터가 아닌, 흩어진 양 떼를 위한 긍휼로부터 재빨리 새로운 계획을 수립한다.[17] 예수는 이 평범한 군중에게(여러 지역에서 모여든) 자신이 바로 오래전에 약속된 신적인 선한 목자라는 사실을 알리기로 했다. 하나님은 언젠가 때가 이르면 오셔서 그들의 목자가 되어주실 것임을 약속했다. 그날이 마침내 도래한 것이다.

이 며칠간의 이야기들을 다 기록하려면 마가복음 전체 공간을 할애해도 부족할 것이다. 본문은 영감을 받은 줄거리를 제공한다. 예수는 어떻게 시작하는가?

본문은 예수의 첫 번째 행동이 군중에게 "여러 가지로" 가르쳤다는 것을 확인시켜준다. 아, 이런 경우에 그가 군중에게 말했던 기록이 남아있었다면 얼마나 좋을까! 예수는 매혹적인 연설가였으며 많은 말을 하고 싶었을 것이다. 자연스럽게 예수의 논평의 초점은 그들의 마음을 무겁게 짓누른 판을 뒤집는 이 비극에 어떻게 반응하는가 하는 것이다. 깊은 바다를 통과하기 위해 그가 선택한 길은 무엇이었을까? 거대한 불의를 처리하기 위해서 보복이 아닌 다른 대안이 있을까? 모세의 법은 "눈에는 눈,

---

16) 미국 역사에서 명예로운 기억을 남긴 인물은 워싱턴과 링컨이다.
17) 겔 34:5을 주목하라. 거기서 이스라엘은 목자 없이 산에 흩어진 양 떼처럼 묘사된다.

이에는 이"라고 명령하며, 이 조항은 상당한 영향력이 있다. 눈 하나를 빼앗긴 사람이 눈 두 개를 뺏을 수는 없지만, 잃어버린 한쪽 눈에 대한 복수로 상대의 눈 하나를 뽑아오는 건 지극히 신성한 권리다. 그것 말고 다른 방법이 있는가?

예수의 매혹적인 가르침에 모두들 숨죽이며 집중하다 보니 아무도 시간 가는 줄 몰랐다. 그러나 제자들은 카메오 2에 나타나듯이, 행정적인 문제를 어렴풋이 알아차리게 되었다(표 6.6. 참조).

2. ³⁵때가 저물어가매 제자들이 예수께
　　나아와 여짜오되 이곳은 빈 들이요　　　　모두 먹을 것을 필요로 함
　　날도 저물어가니 ³⁶무리를 보내어　　　　 (음식이 없음)
　　두루 촌과 마을로 가서 무엇을 사 먹게 하옵소서

표 6.6. 제자들의 "응급 처치"(막 6:35-36)

농부들은 항상 자신의 농작물을 판매하고 싶어하며 마을에는 가게들이 있다. 게다가 조금만 가면 인근에 음식을 구할 수 있는 거주지가 있을 것이다. 하지만 황홀한 메시지에 매료된 군중 가운데서는 어느 누구도 움직이려는 기색이 없어 보였다. 군중의 숫자는 적지 않았다. 제자들은 생각했다. 우리가 그들을 초대한 적이 없다. 그들은 우리의 계획을 완전히 일그러뜨렸는데 우리가 그들의 식사까지 책임진다는 건 얼토당토않은 일이다. 이는 반드시 그들 스스로가 해결해야 할 문제다. 하지만 예수는 또 다른 선택권을 제안한다.

헤롯의 연회에는 여러 지역으로부터 온 시민들이 참석했다. 그들은 부유하고 권력 있는 자들이었다. 반면에 여기 예수 앞에는 모든 촌으로부터 나온 가난하고 사납고 무기력한 자들이 있다. 헤롯의 죽음의 연회에 참석

했던 자들이 각자의 마을로 돌아가 그 사건을 알렸다는 건 자명한 일이다. 예수는 동일한 마을과 도시로부터 몰려온 가난한 자들에게 그들이 나눌 만한 다른 종류의 연회를 보여주기로 결심했다. 사람들은 이 두 연회를 비교하며 그들 스스로 그 차이를 결론지을 것이다. 어쩌면 이것은 "1세기 매스컴"(first-century mass communication)이라고 불릴 수 있을지도 모른다. 예일 대학교의 폴 미니어는 다음과 같이 썼다.

> 예수는 그의 왕국과 그의 능력의 선물을 주었으며, 결국 마지막에 그들은 고침을 받았을 것이다. 반면에 헤롯 왕이 살로메(23절)에게 준 비슷한 선물은 예언자의 죽음을 얻기 위한 악의적인 보복에 쓰였다. **헤롯 궁전의 연회와 광야에서 펼쳐진 왕 예수의 연회는 날카로운 대조를 이룬다(39-44절).**[18]

본문에서는 이 새로운 연회에 대한 이야기가 계속된다. 주의 깊게 구성된 본문의 핵심은 전체적으로 검토되어야 할 필요가 있다(표 6.7. 참조).

---

18) Minear, *Saint Mark*, p. 81.

3. ³⁷대답하여 이르시되
    너희가 먹을 것을 주라 하시니   너희가 그들을 먹여라
    여짜오되 우리가 가서   (우리는 못합니다!)
    이백 데나리온의 떡을 사다 먹이리이까

4. ³⁸이르시되 너희에게 떡 몇 개나 있는지
    가서 보라 하시니 알아보고 이르되   떡 다섯 개와
    떡 다섯 개와 물고기 두 마리가 있더이다 하거늘   물고기 두 마리

5. ³⁹제자들에게 명하사 그 모든 사람으로 떼를 지어   "그가 나를
    푸른 잔디 위에 앉게 하시니   푸른 풀밭에
    ⁴⁰떼로 백 명씩 또는 오십 명씩 앉은지라   누이시며"

6. ⁴¹예수께서 떡 다섯 개와
    물고기 두 마리를 가지사   떡 다섯 개와
    하늘을 우러러 축사하시고 떡을 떼어   물고기 두 마리

7. 제자들에게 주어 사람들에게
    나누어 주게 하시고   너희가 그들을 먹여라
    또 물고기 두 마리도   (그들은 할 수 있다)
    모든 사람에게 나누시매

표 6.7. 생명의 심포지엄(막 6:37-41)

앞서 언급했듯이, 예수는 잔인한 헤롯과 경쟁하기보다는 선한 목자로서의 숙명을 이행하기로 선택했다. 그 선택의 빛 속에서, 이 선한 목자는 무엇을 할 것인가? 길을 잃은 양 떼는 자신들을 보호해줄 이가 없어서 방황하고 있다. 따라서 예수는 그들을 불러 모아 자신의 양 떼로 인도한다. 그들을 한 데 불러 모은 뒤 예수는 푸른 풀밭에서 그들을 배불리 먹이고 누이신다. 이 모든 내용이 확장된 본문의 중앙에 나타난다(카메오 3-7). 그

특징들은 다음과 같다.

카메오 3. 예수가 제자들에게 배고픈 군중을 먹이라고 이야기하는 장면으로 시작한다. 제자들의 반응은 다소 냉소적이다. 예수는 그들을 파송할 때도 음식이나 돈을 주지 않았다. 정말로 예수는 제자들이 오천 명이나 되는 사람들을 먹이리라고 기대하는 것인가? 그들이 모든 수단을 동원해서 200데나리온을 준비한다 하더라도, 과연 그 돈은 이 많은 군중을 먹일 수 있을 정도로 충분한 액수인가? 한 데나리온은 성인 인력의 하루치 품삯이다. 5명의 가족을 둔 근로자가 반 데나리온으로 한 끼를 해결할 수 있다면, 한 데나리온으로는 열 명의 식사를 해결할 수 있을 것이다. 따라서 200데나리온이면 이천 명을 먹일 수 있다는 계산에 이르지만, 지금 군중의 숫자는 오천 명이다(그 이상일 것이다). 9세기 아랍어 성경의 마가복음에는 본문에 통찰력 있는 주석이 달려 있다. "그들에게 사다 먹이리이까?(그러면 그들은 약간씩 맛을 볼 수 있을지도 모릅니다)"[19] 간단히 말해, 제자들은 "예수여 당신이 우리를 보내실 때, 우리는 당신이 주신 명령을 따랐기 때문에 가진 것이 아무것도 없습니다! 우리가 갖은 수단을 동원해 200데나리온을 모은다 한들 저 많은 군중을 먹이기에는 턱도 없습니다. 그러니 더 어두워지기 전에 당장 저들을 집으로 돌려보내셔야 합니다!"라고 이야기하는 중이다.

일반적으로 이런 수사적 순환 구성법의 중심부에는 본문의 절정이나 최소한 특별한 강조점이 드러나기 마련이다. 이제 이 중심부에 나타난 세 개의 카메오로 시선을 모아보자(도표 6.8. 참조).

---

19) 9세기 때 이 그리스어를 아랍어로 옮긴 번역자들은 200데나리온어치 빵을 가지고 오천 명을 먹일 수 없다는 걸 잘 알고 있었다. 그들은 해석적인 각주를 추가하여 자신들의 관점을 분명히 한다(*Vatican Borgiano Arabic* 85, folio 66).

4.	³⁸이르시되 너희에게 떡 몇 개나 있는지 가서 보라 하시니 알아보고 이르되 떡 다섯 개와 물고기 두 마리가 있더이다 하거늘	떡 다섯 개와 물고기 두 마리
5.	³⁹제자들에게 명하사 그 모든 사람으로 떼를 지어 푸른 잔디 위에 앉게 하시니 ⁴⁰떼로 백 명씩 또는 오십 명씩 앉은지라	"그가 나를 푸른 풀밭에 누이시며"
6.	⁴¹예수께서 떡 다섯 개와 물고기 두 마리를 가지사 하늘을 우러러 축사하시고 떡을 떼어	떡 다섯 개와 물고기 두 마리

표 6.8. 카메오의 절정(막 6:38-41a)

카메오 4. 중심부는 카메오 4로 시작한다. 예수는 제자들에게 무엇이 있는지를 알아보고 가져오라고 말씀한다. 그들은 지시에 순종하여 납작한 빵 다섯 개와 작은 물고기 두 마리를 가져온다. 이것은 장난일까? 이때 선한 목자인 예수는 일하기 시작하고, 마가는 이 모습을 예리한 방법으로 기록한다.

카메오 5. 왜 카메오 5가 본문의 중심에 놓였을까? 그 대답은 시편 77-78편에서 찾을 수 있다. 시편 77편은 출애굽을 회상하며 "주의 백성을 양 떼같이 모세와 아론의 손으로 인도하셨나이다"라고 결론짓고 있다(시 77:20). 따라서 이 시편은 "모세, 선한 목자"와 출애굽에 대한 기억을 불러일으킨다. 계속해서 이 주제는 시편 78편으로 이어지며 이스라엘의 믿음 없음에 초점을 맞춘다.

> 그들이 그들의 탐욕대로 음식을 구하여
>   그들의 심중에 하나님을 시험하였으며

> 그뿐 아니라 하나님을 대적하여 말하기를
>> 하나님이 광야에서 식탁을 베푸실 수 있으랴…
> 그가 능히 떡도 주시며
>> 자기 백성을 위하여 고기도 예비하시랴 하였도다(시 78:18-20)

시편의 믿음 없는 이스라엘은 논의 중인 이야기에서 제자들에게 그림자를 드리우고 있다. 명백히 제자들은 음식을 만들어낼 수 있는 예수의 능력을 의심한다. 과연 예수는 이 광야에서 군중에게 빵과 고기를 줄 수 있을까? 물론 불가능하다! 모든 사람들은 당장 집으로 돌아가야 한다!

이 본문의 배후에서는 시편 23편의 목소리도 들린다. 예수는 분명 "그의 원수들의 목전에" 있었고, 그 원수들은 바로 요한을 살해한 자들이다. 예수 자신의 목숨과 그를 따르는 무리들은 현재 삶과 죽음의 위험에 처해 있다. 소망이 없는 상황이다. 예수는 무엇을 할 수 있을까? 그는 군대 사령관이 병사들에게 명령할 때 사용하는 언어로 군중에게 명령(*epitassō*)을 내린다.[20] 예수는 제안을 하고 있는 게 아니다. 그의 어투에는 특정한 명령이 담겨 있다. 동일한 방식으로 헤롯도 병사에게 무고한 예언자를 살해하라는 명령을 내렸다! 예수는 무슨 명령을 내렸을까? 그 명령은 군중이 50명씩 혹은 100명씩 무리 지어 누우라는 것이다(recline).[21] 실제로 그들은 "푸른 풀밭에 누웠다."[22] 여기서 사용된 단어는 정확하게 그 의미를 보여준다. 그들은 무

---

20) *epitassō*는 마가복음에 4번 등장하는데, 그중 두 번이 이 본문에 나온다.
21) 사복음서에 대한 주석에서 디오니시우스 이븐 알-살리비(Dionysius ibn al-Salibi)는 "원형"(circles; *balaqa, balaqa*)이라고 번역했다(Ibn al-Salibi, *Tafsir*, 1:608). 이 제안은 아마도 맞는 것 같다. 그리스어 본문(아랍어 본문과 마찬가지로)은 셈어족 양식을 사용하며 문자적으로 *prasiai prasiai*(그룹, 그룹)라고 읽는다. 이와 같은 언어적 특징이 *symposia*라는 단어로서 다음 구절에 반복된다. 중동에서는 사회적인 문제가 야기되지 않는다는 전제 아래 전통적으로 원형을 이루어 앉는다.
22) 앉으라고 한 것이 아니라 누우라고 명령했다. 누워서 음식을 먹는 건 일상적이었다.

리(*symposia, symposia*)를 지어 눕게 된다. 같은 단어를 반복하는 것은 히브리어의 습관이지만, 이 단어 자체는 그리스어-로마어로서 신약성경 전체에서 유일하게 이곳에서만 나타난다. 헤롯은 취한 손님들로 가득한 무리(*symposia*)를 가졌다.[23] 예수도 자신의 연회를 베풀고, 자신의 손님들(*symposia*)을 만든다. 선한 목자는 악한 목자가 자기 양 떼를 돌보는 것에 실패한 이후 그 양 떼를 인계받는다. 헤롯은 부유하고 권력 있는 양들을 먹였지만, 예수는 평범한 양 떼를 먹였다. 헤롯의 연회는 죽음의 연회였고, 예수의 연회는 생명의 연회였다.

카메오 6. 예수는 제자들이 가져온 부족한 음식을 취하여, 곧 성찬식에서 재등장할 언어를 사용한다(막 14:12-25). 예수는 하늘을 우러러 축사한 뒤 빵을 떼어 물고기와 함께 제자들에게 나눠주고 분배하게 했다. 다섯 개의 빵과 물고기 두 마리는 사람들의 필요를 채우기에 턱없이 부족했다. 그러나 예수의 출현과 축복으로 이 부족한 식량은 모든 사람을 배불리 먹이고도 상상할 수 없을 정도의 음식을 남기게 했다. "내가 부족함이 없으리로다"(시 23:1)와 "내 잔이 넘치나이다"(시 23:5)는 고백은 예수의 무리(*symposia*)에서 수천 명을 먹이는 실제 사건으로 나타났다. 하지만 선한 목자 전통을 기억하면, 그 안에 미묘한 또 다른 의미의 차이가 있음을 발견하게 된다.

본문에는 예수가 구체적으로 어떻게 음식을 만들어냈는지에 대한 설명은 없다. 당시의 문화에서 음식을 만드는 일은 여성의 임무였다. 따라서 예수가 빵과 물고기를 늘려갈 때, 그는 음식을 장만하는 여성의 이미지와 심오한 차원에서 동일시된다. 우리는 "주께서 내게 상을 차려 주시

---

[23] 장 칼뱅(John Calvin)은 "강한 포도주가 헤롯을 너무나 자극해서 그의 모든 중심과 상식을 잃게 만들었고, 춤추는 딸에게 왕국의 절반을 줄 것이라 약속하게 만들어버렸다"고 기록했다(John Calvin, *Harmony of the Gospels* [Grand Rapids: Eerdmans, 1970], 2:142).

고"(시 23:5)에 함축된 여성적 이미지를 이미 확인한 바 있다. 시편 23:5과 마가복음 6:41-42은 모두, 사람들에게 식사를 제공하는 한 인물을 묘사한다. 시편 23편에서 음식을 차려 제공하는 주체는 하나님이다. 마가복음 6:41-42에서 그 주체는 예수다. 두 본문 모두에서 한 남성에게 맡겨진 일은 사실 전통적으로 여성의 역할이다. 목자로서 행동하면서, 예수는 군중 속의 남성들과 이어져 있다. 동시에 식사를 제공하면서, 예수는 자신을 그의 앞에 앉아 있는 여성들과 동일시한다.

중동에서 빵은 신성하게 여겨진다. 중동의 번화한 거리를 걷다 보면 선반 위나 낮은 담 위에서 자잘한 빵 조각들을 흔히 볼 수 있다. 행인들이 길에서 이를 발견하고, 다른 사람이 먹을 수 있도록 건져낸 것이다. 이브라힘 리바니(Ibrahim Rihbany)는, 현재 레바논 영토가 시리아 땅의 일부였던 1850년경 레바논의 산악 지대에서 자랐다. 대략 50년이 지난 후 그는 아래와 같이 썼다.

> 시리아 가정의 아들로서 자란 나는 빵이 지닌 신비롭고 신성한 중요성에 대해 철저한 교육을 받으며 자랐다. 길 위에 떨어진 빵 부스러기를 절대로 밟아서는 안 되며 공손히 주워 올려 입으로 넣던지, 아니면 돌담이나 그 밖에 적당한 장소를 찾아 훼손되지 않도록 안전하게 두어야 했다.[24]

물론 제자들도 "빵 조각들"을 주워 담았다. 땅에 떨어진 빵 조각들을 아무렇게나 내버려둔다는 건 상상할 수 없는 일이었다.[25] 딱 12바구니만

---

24) Abraham Rihbany, *The Syrian Christ* (Boston: Mifflin, 1916), p. 193.
25) 후커는 이런 조각들이 "상하거나 먹을 수 없는 상태로 변할 것"이라고 여겼다. 그러나 그렇지 않다. 그것들은 타인들을 위해 보존되었을 것이다(Hooker, *St. Mark*, p. 167). 이런 작은 빵 조각들은 다양한 중동의 전통 요리에서 특별한 재료로 쓰인다.

담았는가? 사도 일행은 예수를 포함해 13명이 아니었던가! 제자들 각각은 자기 바구니를 채웠지만, 아무도 예수의 바구니에는 신경 쓰지 않았던 것 같다! 여전히 제자들은 나약한 인간에 불과했고 이 나약함은 몇 시간 후에 좀 더 드러날 것이었다.

오병이어의 기적이 어떻게 구체적으로 펼쳐졌는지 그리고 제자들의 반응은 어땠는지에 대한 설명은 없다. 그러나 보다 더 중요한 것이 본문에서 진술된다. 시편 78:29에서 다시 진술되는 출애굽 이야기는 "그들이 먹고 심히 배불렀나니 / 하나님이 그들의 원대로 그들에게 주셨도다"라고 말한다. 이 진술에서는 광야에서 빵과 고기를 베푸는 행위자가 하나님이었다. 그러나 현재 논의 중인 본문에서는 "하늘을 우러러 보는" 이가 예수이고, 이 예수가 이야기의 주도자다. 이 이야기에 내포된 기독론적 가정은 명쾌하고 놀랍다. 이는 한 세대 후에 그리스어로 텍스트가 쓰여지면서 생긴 효과가 아니다. 확실히 그리스도에 대한 이 강력한 증언은 가장 초기의 복음서인 마가복음에 나타나 있다. 이 본문은 히브리어 성경에 대한 인식을 배경으로 구성되어 있다. 하지만 독자들의 놀라움은 본문에 나타난 고차원적인 기독론의 제시와 관계할 뿐 아니라, 이 이야기가 지닌 역사성의 수준과도 관련되어 있다. 어떻게 이런 일이 가능한 것일까?

아래의 이야기는 성공회 주교를 역임했던 내 오랜 친구가 들려준 것이다. 이 사건은 2003년경 중동에서 있었던 일로, 내 친구는 실제로 이 일을 겪은 여인의 자매로부터 이를 전해 들었다고 한다.

전통적인 축제가 다가오는 어느 날, 상류층 가정의 한 기독교인 여인이 비기독교인 이웃들의 도움을 요청했다. 축제 날 아침, 가난한 이들을 위한 식사를 준비하고 배식하는 일을 위해서였다. 그녀와 이웃들은 함께 요리했고 어느새 배식 시간에 이르렀다. 커다란 솥을 거리로 운반하기 전에 그 기독교인 자매는 준비한 양식이 음식을 얻으러 오는 가난한 사람들에게 모자라지 않도록 축복을 간구하기 위해 예수의 이름으로 함께 기도하자고 주장했다. 그녀는 노숙자 어느 누구도, 배식을 받지 못함에 따르는 수치심과 배고픔을 겪게 만들고 싶지 않았다. 기도가 끝나자 여인들은 커다란 밥솥을 좁은 거리로 운반하여 테이블 위에 올려두고 배식을 위해 모여든 사람들에게 나눠주기 시작했다. 기독교인 자매는 청소를 맡아 관리하기 위해 부엌으로 돌아왔다. 몇 분이 지난 후 봉사자 중 한 여인이 부엌으로 허겁지겁 들어오더니, 동그란 눈을 크게 뜨고 창백한 표정을 지으며 자매에게 이렇게 말했다. "지금 밖에 무슨 일이 벌어졌는지 알아요? 우리가 노숙자들에게 얼마 동안 밥을 배식했는데, 글쎄 큰 솥에 있던 밥의 양이 하나도 줄어들지 않았어요!"

내가 최근에 들은 이 이야기는 논의 중인 본문을 이해하기 위한 것으로서 흠잡을 데가 전혀 없다. 물론 쌀을 나누어주던 여인들은 그리스도인이 아니었기 때문에, 오천 명을 먹인 이 이야기에 익숙치 않았을 것이다. 다만 귀 있는 사람들은 알아들을 것이다.

이 모든 것을 마음에 새기고, 이제 자신의 양을 인도하고 먹이는 선한 목자 예수의 이야기로 되돌아가보자(표 6.9. 참조).

7.   41b제자들에게 주어   사람들에게
     나누어 주게 하시고   너희가 그들을 먹여라
     또 물고기 두 마리도   (그들은 할 수 있다)
     모든 사람에게 나누시매

표 6.9. 제자들의 참여(막 6:41b)

예수는 제자들의 의심을 폭로하지도 않았고 또 그들의 믿음 없음을 비판하지도 않았다. 다만 예수는 양 떼를 먹이고 그들에게 양식을 배분하는 일에 의심 많은 제자들을 참여시켰다. 그러나 예수는 가장 중요한 인물로 남는다. 이야기는 이렇게 계속된다(표 6.10. 참조).

8. ⁴²다 배불리 먹고
　⁴³남은 떡 조각과 물고기를　　　　　　모두 먹고
　열두 바구니에 차게 거두었으며　　　　모두 배부름
　⁴⁴떡을 먹은 남자는 오천 명이었더라　(음식이 남음)

표 6.10. 광야에서 모든 사람이 배불리 먹다(막 6:42-44)

이 사건이 어떻게 이루어졌는지에 대한 기록은 없다. 이는 순전히 목격자들이 증언한 사건이었다. 이스라엘이 광야에서 경험했던 것처럼, 여기서는 모든 이가 만족했다. 하지만 이야기는 끝나지 않았다. 카메오 9는 보다 놀라운 내용을 기록하고 있다(표 6.11. 참조).

9. ⁴⁵예수께서 즉시 제자들을 재촉하사
　자기가 무리를 보내는 동안에 배 타고　　무리들이
　앞서 건너편 벳새다로 가게 하시고　　　해산함
　⁴⁶무리를 작별하신 후에　　　　　　　　(목자가 임무를 맡음)
　기도하러 산으로 가시니라

표 6.11. 제자들은 떠나도록 명령받고 군중은 해산한다(막 6:45-46)

예수는 지역사회에서 없어서는 안 될 부분을 차지했다. 예수는 그들 가운데서 자랐고, 갈릴리 동무들로 구성된 군중의 맥박 소리를 자연스럽게 느낄 수 있었을 것이다. 요한의 오병이어 기록은 "그들이 와서 자기를 억지로 붙들어 임금으로 삼으려는 줄 아시고"라고 증언하고 있다(요 6:15). 이 표현에 대해 모르나 후커(Morna Hooker)는 "군중은 당장이라도 예수를 따를 수 있을 정도로 갖추어진 군대"라는 증거를 제시한다.[26]

우리가 살펴보았듯이, 선한 목자 전통의 큰 맥락 안에는 "백성들이 양 같이 유리하며 / 목자가 없으므로 곤고를 당하나니"(슥 10:2)라고 시작하는 스가랴 10:2-12의 선한 목자 이야기가 포함되어 있다. 이 구절은 "예수께서 큰 무리를 보시고 그 목자 없는 양 같음으로 인하여 불쌍히 여기사"[27]라고 기록하는 마가복음 6:34과 매우 밀접하다. 두 본문의 유사점을 발판으로 삼아 우리는 선한 목자 전통에서 오직 스가랴서만이, 양이 전쟁용 활을 든 승리의 군사들과, "말 탄" 자들을 패배시키는 용사들로(슥 10:5) 변화되는 모습을 예언한다는 점을 지적할 수 있다. 그들의 승리는 "거리의 진흙 중에 원수를 밟을" 만큼 광범위할 것이다(슥 10:5). 지금 예수 앞에 서 있는 오천 명의 남자들은 헤롯과 그의 군대에 대한 기습 공격이 놀랄 만한 성취를 이룰 수 있다면 이를 크게 기뻐할 것이다. 헤롯은 마땅히 처벌받아야 한다! 어쩌면 지금이야말로 스가랴의 예언의 성취에 동참할 시간이다!

예수는 매혹적인 방식으로 연설할 수 있었으며, 어떻게 명령을 내려야 할지를 알았을 것이다. 예수는 조직을 구성하는 능력을 갖추었고 거대한 군중을 "중대들"과 "분대들"로 효과적으로 편성할 수 있었을 것이다. "소대와 중대"는 가능하지 않은가? 그의 병참(兵站) 능력 역시 대단히 뛰어났을 것이다! 갑작스러운 일이었으나 예수는 오천 명을 먹였고 그들은 자체

---

26) Ibid.
27) 본문은 민 27:17도 상기시킨다. 하지만 민수기는 한 소망을 표현하고 있다. 슥 10:2과 막 6:34은 현재 양 떼의 상황에 대하여 말하고 있다. 따라서 스가랴서가 민수기에 있는 텍스트보다 막 6:34에 더 근접해 있다. 마 9:36도 참고하라.

로 작은 군대가 될 수 있는 숫자였다. 아무리 고전한다고 해도 이 군대는 최소한 티베리우스에 있는 헤롯의 새 궁전으로 진격해 그들의 분노를 폭발시킬 수 있었을 것이다! 예수는 여호수아이며, 여호수아가 무엇을 성취했는지 모두 잘 알고 있다. "새 여호수아인, 예수"라는 말은 얼마나 멋진 말인가?

확실히 제자들은 대중의 솟아오르는 기대의 파도에 완전히 휩쓸리고 있었다. 하지만 예수는 그들을 재촉하여(anagkazō) 배로 보냄으로서, 군중의 뒤틀린 열광으로부터 그들을 떼어내었다. 그리고 그는 군중을 해산시켰다. 즉 그들을 집으로 돌려보냈다. 이런 예수의 행위는 헤롯과의 연속적 상호작용의 결과라고 생각할 수 있다. 헤롯은 이러저러한 경로를 통해 모든 것을 듣고 있었을 것이다. 예수가 헤롯에게 보낸 묵언의 메시지는 다음과 같다.

> 헤롯! 이제 그대는 염려 말고 편안히 잠자리에 들어도 좋다. 나와 내 추종자들은 당신을 기습하지 않을 것이다. 그대의 목숨을 위해 호위대를 보강할 필요가 없다. 나는 나의 추종자들을 잠입시켜 그대를 살해하려는 시도를 하지 않을 것이다. 나는 당신을 곤경에 빠뜨릴 절호의 기회를 이렇게 버렸다. 군중은 모두 집으로 돌아갔다. 이 사실을 꼭 기억하라![28]

예수는 선한 목자가 자신의 양을 어떻게 돌보는지를 오천 명과 함께 그 지역에 증거했다. 그는 모든 폭력적인 방법을 단호히 거절했다. 동시에 예수는 그의 이런 결정을 근거로 모든 갈릴리 사람들이 두 목자와 두

---

[28] 헤롯은 이를 기억한 것으로 보인다. 빌라도가 재판을 위해 예수를 헤롯에게 보냈을 때 헤롯은 군인과 합류하여 예수를 조롱하지만 그를 재판하기를 거부했고(눅 23:6-11), 혹은 다른 방식으로 예수의 죽음에 협력하기를 거절했다.

연회를 비교하면서 웅성거릴 것도 알고 있었다. 이 연회는 친척의 모살에 대한 예수의 반응이었다. 군중을 해산시키고 하루가 저물어 갈 무렵, 예수는 마침내 "기도하기 위해 산으로" 물러난다(막 6:46). 이야기는 아직 끝나지 않았다. 밤중에 이르러 새로운 도전이 찾아온다.

예수가 일으킨 두 번째 출애굽 기적의 재현으로 이동하기에 앞서, 마가의 선한 목자 이야기가 어떻게 시편 23편을 반영하는지를 검토하는 것이 유용할 것이다. 표 6.12.는 오병이어 기적의 전후 내용을 언급하고 있다.

시편 23편	마가복음 6:7-52
a. "여호와는 나의 목자시니"	(6:34; 예수가 무리들을 불쌍히 여김, 그들의 목자가 됨, 그리고 양 떼가 그를 따름)
b. "그가 나를 푸른 풀밭에 누이시며"	(6:39; 예수가 무리에게 "푸른 잔디 위에 누우라고" 명령함)
c. "그가 나를 의의 길로 인도하시는도다"	(6:34; "그가 그들에게 여러 가지로 가르침" 그리고 불의에 대항하여 비폭력적인 의로운 길을 증명함)
d. "내가 사망의 음침한 골짜기로 다닐지라도"	(6:24-29; 요한은 방금 전에 살해되었음 죽음의 그림자가 그들에게 드리워짐)
e. "해를 두려워하지 않을 것은"	(6:50; 예수가 그들에게 말함 "내니 두려워하지 말라")
f. "주의 지팡이가…안위하시나이다"	(6:8; "목자의 지팡이를 제외하고 아무것도 가져가지 말라")
g. "주께서 내게 상을 차려 주시고"	(6:41; 예수는 헤롯의 목전에서 생명의 연회를 베품)
h. "내 원수의 목전에서"	(6:21-28; 대적 헤롯이 지켜보고 있음)
i. "기름을 내 머리에 부으셨으니"	(6:13; 예수의 제자들은 바로 전에 이들에게 기름을 많이 부음)

j.	"내가 부족함이 없으리로다" 그리고 "내 잔이 넘치나이다"	(6:42; 그들이 다 배불리 먹고 열두 바구니를 거두었음)
k.	그가 나를 "쉴 만한 물가에서" 쉬게 하신다.	(6:51; "바람이 그쳤고 그들이 건넌다")

표 6.12. 시편 23편과 마가복음 6장에 나타난 이 시편의 메아리

예수는 잃어버린 양 떼를 지휘하면서 그들의 선한 목자로 등극한다. 베드로는 예수의 의도된 극적 행동들을 가장 잘 이해했으며 나아가 그 개념들을 마가에게 전달했다. 후에 마가는 두려움에 떠는 로마 교회를 위해 그것들을 기록하고 편집했다.

광야에서의 연회는 끝났고, 예수는 한 걸음 물러나 갈급한 마음으로 오랜 시간을 기도하기 위해 산으로 올라가는 것으로 장면은 마무리된다. 이제 본문은 방향을 전환한다.

폭풍이 휘몰아치는 밤을 살펴보기 전에, 먼저 이 이야기의 "배경 음악"을 요약하는 것이 유용할 것이다. 배경 음악으로 구성된 내용은 다음과 같다.

- 말씀(예수가 그들을 가르쳤다)과 성찬(예수가 빵을 떼었다)
- 죽음의 연회와 생명의 연회
- 에스겔 34장(그 외에 다른 예언서에 나타난 선한 목자에 대한 설명)
- 선한 목자와 악한 목자
- 시편 23편과 광야에서의 푸른 풀밭
- 광야에서의 빵과 고기
- 성찬의 전조
- 모세와 출애굽

위의 목록에서 마지막 주제는 광야 연회와 밀접하게 연결되어 있어서 이 부분을 간략히 생각하는 것이 좋을 것 같다. 기도하는 일에 약간의 시간을 보낸 후, 예수는 제자들과 다시 합류할 준비를 한다. 이 지점에서 이야기는 다시 이어진다. 호수의 강한 바람이 제자들의 항해를 저지하고 있다.[29)] 표 6.13.은 이 본문이 세심하게 기록되었음을 보여준다.[30)]

1. [47]저물매 배는   제자들과 예수의
   바다 가운데 있고   분리
   예수께서는 홀로 뭍에 계시다가

2.   [48]바람이 거스르므로 제자들이   바람의 역행
      힘겹게 노 젓는 것을 보시고

3.   밤 사경쯤에 바다 위로   예수가 그들을
      걸어서 그들에게 오사   이끌고자 함
      지나가려고 하시매

4.   [49]지나가려고 하시매   제자들이
      유령인가 하여 소리 지르니   유령으로 여겨
      [50]그들이 다 예수를 보고 놀람이라   모두 두려워함

5.   이에 예수께서 곧 그들에게
      말씀하여 이르시되 안심하라   예수가 "내니"
      내니 두려워하지 말라 하시고   두려워 말라고 함
      (ἐγώ εἰμι· μὴ φοβεῖσθε)

6.   [51]배에 올라 그들에게 가시니   바람이 멈춤
      바람이 그치는지라

7. 제자들이 마음에 심히 놀라니   제자들과 예수가 여전히
   [52]이는 그들이 그 떡 떼시던 일을 깨닫지 못하고 분리돼 있음
   도리어 그 마음이 둔하여졌음이러라

표 6.13. 바람, 두려움, 예수, 그리고 잔잔한 물가(막 6:47-52)

수사법

본문은 순환 구성법의 또 다른 사례이며 예언 수사 템플릿을 사용하여 구성된다. 7개의 의미론적 단위들(카메오들)은 역순으로 반복되는 일련의 개념들을 보여준다. 숫자 "7"은 완벽한 성경적 숫자이며, 이와 같은 형식체계는 구약과 신약에서 일반적이다. 종종 순환 구성법은 중심부와 외부 구성부를 관계 짓는다. 여기서 이런 특징은 본문의 도입과 중반부와 후반부에 제자들이 강조되어 나타남으로써 두드러진다. 도입부(1)에서 제자들은 예수와 헤어진다. 중반부(4)에서 제자들은 예수를 보고 두려워한다. 결론부(7)에서 제자들은 깨닫지 못하고 마음이 둔하여진다.

주석

이야기는 다음과 같이 시작된다(표 6.14. 참조).

1. ⁴⁷저물매 배는   제자들과 예수의
    바다 가운데 있고   분리
    예수께서는 홀로 뭍에 계시다가

표 6.14. 제자들이 홀로 바다 가운데 있음(막 6:47)

출애굽 사건은 두 개의 주요 기적을 포함한다. 첫 번째는 **홍해**를 통과한 기적이다. 두 번째는 광야에서 사람들이 **빵**(만나)과 **고기**(메추라기)를 먹

---

29) 모세 역시 "밤새도록 부는 바람"을 직면했다(출 14:21).
30) 이 본문 6:47의 분할은 고대 그리스어의 절(節) 분할(*kephalaia*)과 일치한다.

은 것이다. 오천 명을 먹인 사건은 예수를 새로운 모세와 같은 이상적 인물로 보게 만든다. 요한처럼 살해당할지 모른다는 위협 속에서, 예수는 광야에서 사람들에게 "빵과 (물)고기"를 먹인다.

이제 예수의 두 번째 강력한 사역이 전개된다. 예수는 열두 제자(이스라엘을 대표하는)를 깊은 물을 통과하도록 인도한다(표 6.15. 참조).

2. ⁴⁸바람이 거스르므로 제자들이　　　　　바람의 역행
　　힘겹게 노 젓는 것을 보시고

도표 6.15. 제자들과 바람 (막 6:48a)

이 본문을 출애굽 사건과 비교할 때, 몇 가지 세부사항은 다르지만 다른 내용은 놀랍도록 비슷하다는 것을 알 수 있다. 두 이야기 모두에서 건너야만 하는 바다가 있다. 또한 그 바다를 건너는 데 있어서의 문제와, 한 위협적인 정치적 인물(파라오와 헤롯)이 있다. 각각의 이야기에서 바람도 중요한 요소로 작용한다. 이 4가지 요소들은 독자가 두 본문을 함께 생각하도록 돕는다(표 6.16. 참조).

3. 밤 사경쯤에 바다 위로　　　　　　　　예수가 그들을
　　걸어서 그들에게 오사　　　　　　　　이끌고자 함
　　지나가려고 하시매

표 6.16. 바다 위에서 앞서 나아가는 예수 (막 6:48b)

마가는 로마 시간 구분법에 의해 밤 사경쯤으로 표시했다. "사경"은 오전 3-6시 정도다. 제자들은 역풍에 맞서 밤새도록 노를 저었으나 앞으로 나아갈 수 없었다. 이때 예수는 제자들에게 나타남으로써, 바람과 바다를

극복했다. 후커는 다음과 같이 기록한다.

> 예수는 사람들을 먹임으로써 제자들에게 스스로를 모세의 계승자로서 드러내었고, 빵을 제공함으로써 자신을 모세를 능가하는 존재로 각인시켰다. 만약 여기서 예수가 바다를 건널 수 있는 사람으로 자신을 나타낸다면, 이것은 그가 단지 모세의 계승자 정도가 아니라 훨씬 더 위대한 존재임을 드러내는 계기가 될 것이다.… 예수는 폭풍우로부터 제자들을 구원하기 위해 오신 것이 아니다. 제자들은 지금 예수의 현현(顯現)을 증거하기 위해 그 자리에 함께하는 것이다.[31]

순식간에 현재로 이동하면서, 우리는 귓속에 속삭여온 것들을 언젠가 "지붕 위에서 고함치게" 될 것이라는 사실을 지적할 수 있다. 아직 그날은 이르지 않았다. 나는 20년 넘게 중동 지역의 한 나라의 중요한 목회자 친구와 사귈 특권을 가져왔다. 여기서는 그를 "페리드 목사"라 부르겠다. 그는 비기독교적 환경에서 성장했으나, 후에 예수를 메시아로 고백하는 영적 경험을 가지게 된 친구다. 2005년 어느 날 페리드 목사는 내게 자신의 목회지에서 발생했던 한 사건을 이야기해주었다. 이야기의 전말은 이렇다. 기독교에 관한 기초 지식도 없고 예수를 들어본 적도 없는 어느 문맹인 어부가 근교에서 살았다. 어느 날 밤, 그 어부는 마을을 가로지르는 큰 강에서 그물을 내리다가 빛나는 흰색 예복을 입은 한 사람이 물 위를 걸으며 자신에게로 다가오는 광경을 목도한다. 다가오는 물체가 악령은 아닌가 하는 두려움 속에서, 어부는 어안이 벙벙해 누구냐고 물었고, 흰색 예복을 입은 그 남자는 "나는 메시아 예수다"(Ana 'Isa al-Masih)라고 대답

---

31) Hooker, *St. Mark*, p. 169.

했다. 인생을 뒤바꾼 대화가 이어졌다. 이윽고 어부 앞에 서 있던 남자는 어부에게 "나를 따르라!"고 말한 뒤 시야에서 사라졌다. 아침이 되자, 어부는 무엇을 해야 할지 몰라, 뱃머리를 육지로 돌리고 노를 저어 해변에 도착했다. 그리고 자신의 예배용 깔개를 펴고 토기로 된 물 항아리를 그 옆에 올렸다. 어부는 깔개 위에 무릎 꿇고 엎드리어 고개를 땅에 푹 수그렸다. 그 자세를 취하면서 그는 손을 뻗어 물 항아리를 가져와 자신의 머리에 부었다. 적당한 때에 어부는 지역 기독교인의 소개로 페리드 목사를 만났다. 이 선한 목사는 독특한 결말을 가진 어부의 이야기를 경청하고 그에게 말했다. "저는 당신의 이야기에 감동했고 또한 당신이 진실한 분인 것을 믿습니다. 하나님의 은혜가 당신과 함께하길 바랍니다. 그러나 우리는 아직 준비가 되지 않은 사람에게는 세례를 주지 않습니다. 자, 함께 이야기해봅시다."

이윽고 어부는 메시아 예수를 헌신적으로 따르는 온전한 제자로 거듭났다. 그는 복음서에서 예수의 맨처음 제자들이, "메시아 예수"(*Isa al-Masib*)로 자신에게 나타났던 예수와 동일한 방식의 만남을 가졌다는 이야기를 듣고 기뻐했다. 지난 여러 세대를 거쳐 아프리카, 아시아, 중동의 여러 지역에서 이름 모를 수많은 이들이 예수의 현현을 경험했다. 합리주의적 사고로 점철된 우리 서구인들만 이런 사건들에 놀랄 뿐이다.

사도 마가와 케임브리지 대학의 후커는 이 본문이 모든 제자들을 위한 예수의 현현임을 확증한다. 그러나 이 본문에는 또 다른 추가적인 해석의 여지가 남아 있다. 예수는 원래 배를 향해 다가오지 않았다. 후커가 지적했듯이, 이 장면은 구조작업이 아니었다. 예수는 제자들이 탄 배의 앞부분, 즉 그들이 노를 젓고 있는 방향으로 나아가고 있었다. 시편 77:19-20에서 하나님은 자신의 백성을 "양 떼같이 모세와 아론의 손을 잡고" 큰물을 통과하여 그들을 인도했다. 목자는 양 떼를 오직 앞에서만 인도할 수 있다. 마치 모세처럼, 선한 목자 예수는 지금 깊고 거친 흑암의 바다를 뚫고 두려움에 휩싸인 제자들을 다른 안전한 곳으로 데려가기 위해 그들을 배 앞에서 이끌고 있다. 그는 그들을 인도하고 있는 중이다. 제자들이 두려워서 소리 지를 때, 예수는 몸을 돌려 그들과 이야기한다. 게다가 제자들은 바다에서 전혀 전진하지 못하는 상황이었으나, 예수는 앞서갈 수 있는 능력을 그들에게 보였다. 본문은 이렇게 기록한다(표 6.17. 참조).

4. ⁴⁹제자들이 그가 바다 위로 걸어 오심을 보고
    유령인가 하여 소리 지르니   제자들이 유령으로 여겨
    ⁵⁰ᵃ그들이 다 예수를 보고 놀람이라   모두 두려워함

표 6.17. 제자들이 두려워함(막 6:49-50a)

제자들은 요한의 암살 여파로 이미 벼랑 끝에 내몰린 상태다. 예수는 오병이어의 기적으로 헤롯에게 대담하게 도전했고, 변덕스러운 헤롯이 무슨 짓을 할지 아무도 장담할 수 없는 상황이다. 맹렬한 바람에 맞서서 아무런 소득이 없었던 몇 시간의 노질로 완전히 지친 제자들은 한밤중에 "유령"을 봤다고 증언한다! 그들이 두려워했다는 사실은 조금도 놀랍지 않다! 마가는 주의 깊게 "제자들 모두가 그를 봤다"고 기록했다. 제자들 중 한 사람만 본 것이 아니다. 두려워하는 제자들에 관한 기록은 본문의 맨중앙(카메오 4)에 위치한다. 소리치는 제자들에 대한 예수의 대답은 카메오 5에 기록돼 있다(표 6.18. 참조).

5. ⁵⁰ᵇ이에 예수께서 곧 그들에게　　　　　　　　예수가 "내니"
   말씀하여 이르시되 안심하라　　　　　　　　두려워 말라고 함
   내니 두려워하지 말라 하시고
   (ἐγώ εἰμι· μὴ φοβεῖσθε)

표 6.18. 내니(막 6:50b)

여기서 *egō eimi*("내니")는 하나님이 불 붙은 떨기나무에서 모세에게 했던 말의 그리스어 번역이다(출 3:14). 하나님은 모세에게 자신을 "나는 스스로 있는 자이니라"(I am that I am)고 소개하는데, 동일한 표현으로 예수는 제자들에게 "내니"(I am)라고 말하면서 자신을 계시한다.³²⁾ 본문은 다시 한 번 독자들에게 예수가 진정 누구인지를 알려준다. "스스로 있는 자"가 나타나서 제자들에게 이야기하고 있다. 그리고 마지막 두 카메오가 표 6.19.에서처럼 제시된다.

6. ⁵¹배에 올라 그들에게 가시니　　　　　　　　바람이 멈춤
   바람이 그치는지라

7. 제자들이 마음에 심히 놀라니　　　　　　　　제자들과 예수가 여전히
   ⁵²이는 그들이 그 떡 떼시던 일을 깨닫지 못하고　　분리돼 있음
   도리어 그 마음이 둔하여졌음이러라

표 6.19. 바람이 정복당하고 제자들은 둔하여짐(막 6:51-52)

예수의 등장으로 바다와 바람이 정복당하고, 제자들은 크게 놀란다. 이는 그들이 "빵에 대한 일을" 깨닫지 못했기 때문이다. 문제는 제자들이 너무 우둔한 나머지 예수가 행한 첫 번째 기적과 더불어 두 번째 기적도 일으킬 수 있음을 이해하지 못했다는 데 있지 않다. 정작 중요한 문제는 오병이어

의 기적으로 예수가 자신이 사람들 가운데 나타난 하나님의 성육신임을 증명했다는 것을 제자들이 이해하지 못했다는 사실이다. 즉 하나님은 광야에서 이스라엘을 먹였으며, 이제 예수는 또 다른 광야에서 자신을 따르는 자들을 먹인다. 이 사건의 보다 깊은 의미를 이해하는 데 실패한 자들은 예수 자신이 모세를 뛰어넘어 바다를 지나 그들을 인도할 뿐 아니라, 그 바다 자체를 다스리는 분임을 이해하지 못했다. 이 모든 것은 "그들의 마음이 둔하여졌기" 때문이며, 이에 그들은 깨달을 수가 없었던 것이다. 출애굽 사건에서는 마음이 강퍅해진 사악한 인물, 파라오가 등장한다(출 14:8). 그러나 우리가 논의 중인 본문에 나타나는 "악한 자들"은 더 이상 파라오나 헤롯이 아닌 제자들 자신들로서, 바로 그들이 파라오와 같이 마음이 강퍅해졌다!

앞서 언급했듯이, 마가복음에 나타난 광야의 만찬은 시편 23편 및 출애굽 이야기와 밀접한 관련을 가진다. 호수 위에서의 그 밤은 시편과 한 가지 연결점(잔잔한 물가)을 가지지만, 동시에 이 이야기는 확실히 출애굽 사건을 강하게 반영한다. 이것은 표 6.20.에서 나타난다.

강한 바람이 밤에 분다(출 14:21).
제자들은 바다를 건너가지 못한다(출 14:1-2).
제자들은 바다 한가운데 있다(출 14:22).
제자들은 두려움에 휩싸인다(출 14:10, 13).
제자들은 "용기를 내라"는 음성을 듣는다(출 14:13; LXX).
스스로 있는 자가 그들에게 자신을 계시한다(출 3:14).
제자들은 "두려워하지 말라"는 음성을 듣는다(출 14:13).
예수는 그들이 바다를 통과할 수 있도록 돕는다(출 14:6).
제자들의 마음은 파라오의 마음처럼 강퍅해진다(출 14:8).

표 6.20. 갈릴리 호수와 홍해 건너기에 나타난 특징들

이 9가지 유사성들은 두 이야기를 하나의 온전한 방식으로 연결한다.

이제 우리는 마가가 진술하고 있는 선한 목자를, 시편 23편에서부터 누가복음 15장에 걸쳐 반복적으로 관찰한 선한 목자 속에 있는 중요 구성 목록들과 비교해볼 수 있다. 표 6.21.은 성경적 선한 목자 이야기의 발전된 범위를 보여주고 있다.

선한 목자 이야기의 전통적인 핵심 특징이 마가복음 6장에(몇 가지 형식으로) 나타난다. 표 6.21.에서 다음과 같이 정리할 수 있을 것이다.

1. **선한 목자**. 예수는 이 배역을 수용했고 완수했다.
2. **잃어버린 양 떼**. 육지에 다다랐을 때(막 6:34), 예수는 목자 없는 양 같은 군중을 보고 연민을 느꼈다.
3. **악한 목자들**. 세 개의 예언서 본문은 모두 악한 목자들을 비판한다. 이 주제는 마가복음 6장에서 한층 더 강하게 나타난다. 이스라엘의 목자들 중 헤롯만큼 악한 사람은 거의 없다(아마도 아합?).
4. **선한 주인**. 시편 23:5과 누가복음 15:8-10에서 분명히 나타나는 것처럼 하나님/예수는 연회를 준비하고 베푼다.
5. **성육신**. 예수는 누가복음 15:4-7에 묘사된, 오랫동안 기다려온 선한 목자의 배역을 취하고 그 임무를 완수한다. 선한 목자 예수는 자신의 행동을 통해 그의 정체성을 증거한다.
6. **대가의 지불**. 예수는 목자 없이 광야에 있는 양 떼를 모으고 가르치고 조성하고 먹이며 인도한다. 이 과정에서 예수는 자신이 사라졌던 선한 목자라는 사실을 증명한다. 동시에 예수는 헤롯을 직면한다. 헤롯의 응수는 예측 불가하며, 예수는 이 공적 대결을 위해 큰 대가를 지불한다. 누가복음 23:11에서 헤롯은 복수하고 있는가?

시 23:1-6	렘, 겔, 슥	눅 15:4-7	눅 15:8-10	막 6:7-52
1. 하나님 = 선한 목자	하나님 = 선한 목자	예수 = 선한 목자	예수 = 선한 여인	예수 = 선한 목자 (새로운 모세)
2. 잃어버린 양 (양 떼 아님)	——— 잃어버린 양 떼	잃어버린 양 + 잃어버린 양 떼	잃어버린 동전	——— 잃어버린 양 떼
3. 상대: 죽음 & "대적"	렘, 에, 슥에 나타난 나쁜 양 떼	악한 목자는 양을 잃어버림	부주의한 여인 동전을 잃어버림	악한 목자 헤롯 살인자
4. 선한 주인 (여주인?)과 식사	———	선한 주인 (식사 제공)	선한 여주인 (식사 제공)	예수가 식사를 제공함a)
5. 성육신(함축)	성육신(약속)	성육신(실현됨)	성육신(실현됨)	성육신(실현됨)
6. 대가가 지불됨 데려옴	대가가 지불됨 수색 구조 데려옴	대가가 지불됨 수색 찾음 메고 돌아옴	대가가 지불됨 등불을 비춤 쓸고 수색함 ———	대가가 지불됨 모음, 명령 먹임, 양 떼 인도 헤롯과의 조우
7. 회개는 하나님에게 돌아가는 것 (shuv)	회개는 땅으로 돌아가는 것 (shuv)	회개는 하나님에게 돌아가는 것 (metanoeō)	회개는 하나님에게 돌아가는 것 (metanoeō)	"양 떼"는 "발견됨을 수용함"
8. ———	겔: 나쁜 양 떼 선한 목자 & 악한 목자	착한/나쁜 양		제자들 마음이 둔해짐
9. 시편 기자를 위한 식사	———	친구를 초대한 연회	친구를 초대한 연회	오천 명을 위한 연회
10. 이야기의 결말은 집	이야기의 결말은 땅	이야기의 결말은 집	이야기의 결말은 집	끝 장면에서 사람들은 집으로 가고 배는 도착

a) 제자들은 음식을 배분한다. 예수는 음식을 만든다. 예수가 보리떡을 증가시킬 때, 그는 식탁을 차리던(시 23:5) 하나님과 같은 장면에 서게 되며, 친구들에게 잔치를 베푸는 여인과도 같은 장면에 위치한다(눅 15:8-10).

표 6.21. 마가복음과 선한 목자에 대한 고전적 서술들(시 23편에서 막 6:7-52까지)

7. **회개**. 마가복음 6장에는 그리스어 *metanoeō*나 히브리어 *shuv*의 흔적이 없다. 하지만 예수를 만나기 위해 호수의 북쪽 끝으로 달려 온 수많은 군중이 있다. 그들은 강요에 의해서 온 것이 아니다. 그들 은 예수에게로 나왔고 예수의 설교를 들었으며 그의 명령을 따라 그 룹으로 나누어 기대어 누웠다. 날이 저물어갈 무렵, 그들은 헤롯이 도 전한 위기에 대응하여 예수를 "왕으로 만드려는" 욕망을 포기했다(요 6:15). 그들은 하루 동안 자신들을 큰 긍휼로 돌보아주고 식사를 제공 한 목자에게 순종했다. 그들은 예수의 명령을 듣고 집으로 돌아갔다. 그들은 "광야에 있었고" "인도됨과 발견됨을 받아들였다." 이 수락은 예수가 정의한 회개에 있어서 결정적인 요소다(눅 15:4-7 참조).

8. **나쁜 양**. 배 안에 있던 제자들은 전통적인 선한 목자 이야기에서 "나 쁜 양"에 관한 요소를 반영한다. 모든 증거가 있음에도, 그들은 자기 앞에 펼쳐진 예수의 정체성을 이해하지 못했다.

9. **연회**. 이 이미지가 내부적으로 사용된다. 오천 명의 사람들은 "먹고 만족했다." 빵과 물고기는 근사한 수준의 식사다. 더군다나 배고픈 이스라엘 사람들이 광야라는 환경에서 빵과 물고기를 대접받았다면 이건 그야말로 진수성찬이다. 광야에서 오천 명이 배불리 먹었다는 사실 외에 또 무엇이 필요한가?

10. **결말**. 광야에서의 거대한 인파에 대한 설명과 바다 위에서의 강풍 이 야기는 둘 다 "선함과 인자함"으로 결말을 맺는다. 첫 번째 이야기에서 사람들은 근사한 식사와 가르침에 힘을 얻어 집으로 돌아간다. 두 번 째 이야기에서 바람은 잔잔해지고 제자들(그리고 예수)은 안전하게 육 지에 도착한다.

마가복음 6:7-52에서 보여지는 설명들의 신학적 클러스터는 마치 여러 개의 마면(磨面)을 가진 반짝이는 다이아몬드 같다. 더 이상의 적절한 요약은 어렵다. 앞선 목록과 중복되기는 하지만, 주요 사항을 5가지 영역으로 요약해보자.

선한 목자의 신학적 클러스터와 새로운 모세(막 6:7-52)

1. **선한 목자 예수는 시편 23편을 현실화함으로써 자신의 정체성을 증명한다.** 이 본문을 선한 목자에 관한 오랜 문학적 전통과 연결시켜주는 복합적인 주제들은 예수가 시편의 말씀을 행동으로 옮기고 있으며, 스스로를 오랫동안 약속되어온 신적 현현으로 확증하고 있음을 선명이 보여준다.
2. **선한 목자 예수는 자신의 양 떼에게 생명의 만찬을 제공한다.** 헤롯은 지역 유지들과 각계 인사들에게 만찬을 베풀었다. 이것은 살인으로 끝을 맺는 모임(술 파티), 곧 죽음의 만찬이었다. 반면에 예수를 따르는 자들은 "모든 마을에서부터" 모여들었다. 예수는 그들에게 생명의 만찬을 베풀었다. 이 만찬은 자신의 친척의 죽음에 대한 예수의 공개적 반응이었다. 예수는 조직을 결성해 저항하고자 하는 대중의 불가피한 요구를 거절한다. 오히려 예수는 분노를 은혜 안으로 소환하고 사람들을 자신의 은혜 안으로 초대한다. 둘 중 어떤 만찬이 오천 명을 위한 미래의 형태를 보여주는가?
3. **새 모세는 광야에서 사람들을 먹이고 제자들을 깊은 수렁으로부터 인도한다.** 모세는 하나님으로부터 빵과 고기를 받아 광야에서 사람들을 먹인다. 예수는 모세를 초월하여 "하늘을 우러러 본 후" 직접 사람들을 먹인다. 예수는 그들 가운데 임한 신적 현현이었다. 새 모세 예수는 폭풍 가운데서 제자들에게 나타나 바다를 뚫고 그들을 인도했다.
4. **성만찬.** 성찬의 전조가 의심의 여지없이 흐르고 있다. 예수는 빵과 물

고기를 집어 들고 하늘을 우러러 본 후 축사하고, 빵을 쪼개어(제자들을 통해) 모여든 양 떼에게 나누어준다. 성찬의 부분적인 의미는 많은 사람에게로 확장되는 주님의 친교 만찬이었으며, 이는 지금도 변함없다.

5. **제자들은 깨닫지 못한다.** 제자들은, 푸른 풀밭에 집결하여 정치적인 행동으로 열정을 불태우고 있는 군중과 합류하려 든다. 제자들은 "오병이어의 기적"과 파도가 잔잔해진 의미를 깨닫지 못했다.

폴 미니어는 본문의 풍성함을 한층 고조시키는 다음과 같은 감동적인 요약을 제공한다.

위기의 상황에서 자신의 현현을 증명하기 위해 하나님이 교회에게 배를 타라고 명령했을 때, 사도들(나중에는 교회)이 폭풍을 만나는 사건은 하나님이 가지신 계획의 한 부분으로 보여진다. 광야에서의 만찬 이야기를 통한 "교훈"도 동일한 가르침이었다. 빵은 모든 상황 속에서 하나님의 사람들을 지탱시켜주고, 영양분을 주어 양육하는 주님의 능력을 증명한다(시 23편). 그러나 제자들은 이것을 이해하지 못했으며, 메시아가 그의 양을 먹이시며 또한 적들을 이기는 방법을 가르치기 위해 광야와 폭풍우를 이용하심을 깨닫지 못했다.… "내니 두려워 말라."32)

이제 마태복음에 나타난 선한 목자의 비유를 살펴볼 차례다.

---

32) Minear, *Saint Mark*, p. 84.

7장

마태복음 18:10-14에 나타난 선한 목자로서 제자들

지금까지 살펴본 신구약의 선한 목자 본문들은 목자의 정체성 속에서 하나의 발전 양상을 나타내왔다. 처음에 하나님은 선한 목자였다(시 23편). 세 개의 예언서의 묘사에는 악한 목자가 실패했으며, 그가 선한 목자이신 하나님으로 대체되어야 할 필요가 있다는 내용이 추가된다(렘 23장; 겔 34장; 슥 10장). 신약으로 이동해 누가복음 15:4-7과 마가복음 6장에서는, 하나님 자신이 오셔서 모든 것을 고치실 것이라는 약속을 실현하신 예수 선한 목자를 제시한다. 계속해서 마태복음 본문은 이 선한 목자 전통을 보다 넓게 확장한다. W. D. 데이비스(W. D. Davies)와 데일 앨리슨(Dale Allison)은 마태복음 18:10-14에 대해 간결하고 통찰력 있는 연구를 해왔다.

> 기독교 역사를 통틀어 양 치는 자는 예수와 동일시되어왔으며, 우리의 비유는 요한복음 10장과 융합하고 있다.…마찬가지로 제1복음서 저자인 마태도 예수를 목자로 정의했으며, 이런 방식으로 비유 논리를 전개한다(마 18:7). 하나님은 잃어버린 작은 양을 찾아나서는 목자 예수의 행동을 인정했다(13-14절). 따라서 예수를 믿는 자들은 반드시 그와 같은 행동을 취해야 할 것이다.[1]

이 내용을 좀 더 확장해서, 마태복음 18:14에서 하나님 아버지는 "작은 자 중에 하나라도" 멸망하지 않을 것을 열망하고 계신다. 또한 이 비유

---

1) W. D. Davies and Dale C. Allison, *The Gospel According to Saint Matthew*, International Critical Commentary (New York: T & T Clark 2004), 2:773.

에서 예수는 잃어버린 양을 구조하는 것이야말로 자신의 임무라고 밝힌다. 마침내 제자들은 본문의 첫 구절에서 다음과 같은 명령을 듣는다. "삼가 이 작은 자 중의 하나도 업신여기지 말라"(카메오 1; 표 7.1. 참조). 제자들은 잃어버린 양을 찾는 목자처럼 길 잃은 자를 찾아 나서야 했다. 예수가 몸소 보여주고 있는 행동에 제자들도 초대된 것이다. "작은 자 중의 하나"는(카메오 1) 길 잃어버린 양(카메오 3-5)을 지시하고 있으며, 만약 그들이 발견되지 못한다면 그들은 멸망하고 말 것이다(카메오 7).

종종 누가복음의 비유가 최초의 것이며, 마태는 이 원래의 비유를 새로운 환경에 맞게 재구성하고 있다고 추정되어왔다.[2] 그러나 이 두 선한 목자 본문이 예수로부터 직접 기원했다는 가정 역시 가능하다. 재능 있는 설교가들은 좋은 이야기를 개조하여 그것을 다양한 설교들 속에 사용할 수 있다. 말하자면 예수는 이런 설교가로 생각될 수 있다. 클라인 스노드그래스는 "예수가 이 비유를 꽤 다양한 목적으로 여러 차례에 걸쳐 이야기했으리라고 생각하는 것은 타당하다"고 기록한다.[3] 두 본문 사이에 차이점들도 있지만, 동시에 두 본문을 함께 연결시키는 극적 요소들도 많다. 다음은 그 요소들을 나열한 인상적인 목록이다.

- 양 떼는 백 마리의 양으로 구성되어 있다.
- 한 마리 양을 잃어버린다.
- 목자는 그 잃어버린 양을 찾아 나선다.
- 목자는 나머지 아흔아홉 마리를 광야/언덕에 남겨둔다.
- 잃어버린 양을 찾는 순간 기쁨이 찾아온다.

---

2) Joachim Jeremias, *The Parables of Jesus* (London: SCM Press, 1963), p. 40.
3) Klyne Snodgrass, *Stories with Intent* (Grand Rapids: Eerdmans, 2008), p. 104.

▪ 아흔아홉 마리보다 잃어버린 한 마리를 찾을 때 더 큰 기쁨이 있다.

마태복음의 전체 문맥은 제자들로 구성된 무리다. 이 무리로부터 하나 혹은 그 이상의 양들이 떨어져나가 길을 잃는다. 마태의 비유는 잃어버린 양을 추적하여 양 떼에게로 되돌리기 위해 분투하는 목자의 모습을 증거한다. 이런 상황이 초대교회의 모습 및 예수의 사역과 생애에 적합한가? 나는 그렇다고 생각한다.

공적인 사역 첫 해에 수많은 인파와 군중이 예수를 흠모하며 뒤따랐다. 마가복음 1:45의 시점으로 거슬러 올라가 보면, 우리는 예수가 공개적으로 마을 어귀를 드나들 수 없을 정도로 인기가 드높았고, 따라서 예수는 시골 외각에 머물 수밖에 없었지만 사람들이 예수를 찾아 거기까지 왔다는 사실을 발견한다. 또한 마가복음 3:7을 통해 갈릴리, 유대, 예루살렘, 이두매, 요단강 건너편, 두로, 시돈으로부터 수많은 인파가 예수를 찾았다는 사실도 알 수 있다. 말하자면 예수는 "록스타"와 같은 인기를 얻은 것이다. 이런 국제적인 인기와 더불어, 많은 이들이 예수를 따르기로 결심했다. 하지만 시간이 지남에 따라 사람들은 예수가 선택한 길이 좁고 그를 따르는 자들은 각자의 십자가를 져야 한다는 사실을 깨닫게 되었다. 그리하여 "오른편"(바리새인들)과 "왼편"(헤롯 가문) 모두가 예수에 대해 적대적이 되었다(막 3:6). 어떤 추종자들은 그를 따르는 데 치러야 할 대가가 너무 크고, 그 길은 심히 협착하고 험난하다고 판단했다. 요한복음 6:66은 "그때부터 그의 제자 중에서 많은 사람이 떠나가고 다시 그와 함께 다니지 아니하더라"고 기록한다. 그러나 예수를 "따랐던" 사람들과 "떠나간" 사람들 사이에, 그를 좇기 위해 최선을 다했으나 이 십자가 길의 가혹함을 대비하지 못하고 결국 길을 잃어버린 사람들이 있음을 어렵지 않게 알 수 있다. 그들은 비록 예수를 거절하지 않았지만 떨어져나갔고 자신들의 길을 잃어버렸다. 이제 예수는 이런 자들을 위해 무엇을 할 수 있을까?

결말 부분에서 예수를 부인했던 베드로와 그를 의심했던 도마야말로 "길을 잃어버린 자"가 아니었을까? 게다가 예수가 잡히던 순간 달아났다가 부활의 아침까지 모습을 보이지 않았던 10명의 다른 사도들은 어떤가? 그들 또한 길을 잃어버린 자가 아닐까? "예루살렘 거리"에 있던 사람들에 대해서는 어떤가?

거룩한 주간 내내 "예루살렘 거리"는 예수와 함께 있었다. 드높아진 예수의 인기를 경계한 제사장들은 유다를 매수해 예수를 동정하는 군중이 없는 밤 시간을 틈타 그분을 찾아와야 했다. 군중을 구성하는 대부분의 사람들은 제자가 아닌 일종의 지지자였던 것 같다. 바로 이 동일한 군중이 십자가를 지고 가는 예수를 따라가 십자가 아래서 침묵하며 서 있었던 자들이기도 하다(눅 23:35). 앉는 것보다는 서 있는 것이 경의를 표하는 방식이었던 것이다. 마가복음에서 군인과 대제사장들이 그랬던 것처럼, "지나가면서" 예수에게 욕하는 자들도 있었다. "십자가에 못 박으라"는 함성이 들린 장소는 빌라도의 재판정이었지 십자가 앞에서가 아니었다. 십자가에서 군중은 침묵했다.[4] 하루가 저물 무렵, "모든 군중은⋯그 된 일을 보고" 동정하며 "다 가슴을 치며 돌아간다(*hypostrephō*)"(눅 23:48).[5] "가슴을 치는" 행위는 깊은 통탄과 회개를 보여준다. 옛 시리아어 초기 성경 번역은 누가복음 23:48의 끝부분에 다음과 같은 인상적인 주석을 달았다. "화 있을진저 우리들이여. 우리가 무슨 짓을 저질렀는가? 화 있을진저 우리의 죄여."[6] 이 주석을 달았던 편집자들은, 십자가 아래서 하루 종일 서

---

4) 이 사실은 플루서에 의해 자세히 논의됐다. "The Crucified One and the Jews," *Judaism and the Origins of Christianity* (Jerusalem: Magnes Press, 1988), pp. 575-87.

5) *Hypostrephō*는 70인역에 19번 등장하고 그중 16번은 히브리어 *shuv*(돌아옴/회개)를 번역한 것이다. 단어 "집"(home)은 본문에 없다.

6) *Evangeleion Da-Mephareshe, The Curetonian [Syriac] Version of the Four Gospels,*

있던 사람들이 스스로의 죄 때문에 괴로워하며 최소한으로나마 자신만의 방법으로 진정한 회개를 했다고 이해하고 있다. 예수의 비유에서 세리는 "자신의 가슴을 치며" 회개했다(눅 18:13). 이 군중도 곧 다가올 오순절에 베드로의 회개로의 부름을 들을 준비가 된 것이다(행 2:37-38). 선한 목자 예수는 십자가에 매달려서까지 "이스라엘 집의 잃어버린 양"을 모으고 있다.

요한은 부활의 밤에 제자들이 두려움 속에 모였을 때, 이 내용을 한층 더 적나라하게 드러낸다. 예수는 그들 가운데 다시 나타났고 제자들은 호된 책망을 받으리라고 짐작했을 것이다. 믿음의 관점에서 볼 때, 그들은 "길 잃은" "작은 자들"이었다. 예수는 제자들을 멸시할 만한 충분한 이유가 있었다. 예수가 그들을 절실하게 필요로 했을 때, 오히려 그들은 예수를 등졌고 충성의 굳은 맹세는 깨졌다. 그러나 예수는 그들의 배신을 원망하지 않고 "평안이 너희에게 있을지어다"라는 말과 함께 그들에게 평화를 나누며 화해의 드라마를 펼쳤다. 예수는 제자들에게 손과 옆구리를 보여주며 그들과의 화해 의식을 반복한다. 다시 한 번 선한 목자는 탈선한 양을 찾고 회복시키려 노력한다. 그리고 하나의 도전이 시작된다. "아버지께서 나를 보내신 것같이 나도 너희를 보내노라"(요 20:21). 예수는 제자들에게 탈선한 양을 어떻게 찾아내고 회복시키는지 다시 한 번 보여줌으로써 두려워 떠는 제자들을 향해 자신의 모범을 따를 것을 명령한다. 제자들은 길을 잃은 양처럼 발견되고 모아지고 화해되고 명령을 받고 힘을 얻어 예수와 같은 일을 하도록 보냄을 받았다. 믿음을 버리는 일은 이 장면에서 발견되지 않는다.

배교자는 믿음을 버리기 위해 고의적인 선택을 하는 사람이다. 마태

---

ed. and trans. F. Crawford Burkitt (Cambridge: Cambridge University Press, 1904), 2:413. 참고: 시내산 시리아어 사본은 똑같은 논평을 첨언한다.

복음 18:12-13이 이런 배교자 유형에 대해 말하지 않는다는 점을 확실히 이해하자. "길 잃은" 양은 단순히 무리에서 떨어져 나와 낙오된 양일 뿐이다. 무리에서 낙오된다는 것은 심각한 문제다. 만약 다시 길을 찾아 돌아오지 못한다면, 그는 결국 광야에서 죽고 말 것이다. 간단히 말해, 이 비유는 심오한 차원에서 예수의 사역과 유사한 성격을 가지는 동시에 모든 시대에 걸쳐 교회의 리더쉽에 도전하고 있다. 본문은 표 7.1.에서 확인할 수 있다.

1. ¹⁰삼가 이 작은 자 중의 하나도   이 작은 자
   업신여기지 말라   중에 하나

2. 너희에게 말하노니
   그들의 천사들이 하늘에서 하늘에 계신   하늘에 계신
   내 아버지의 얼굴을 항상 뵈옵느니라ª⁾   나의 아버지

3. ¹²너희 생각에는 어떠하냐
   만일 어떤 사람이 양 백 마리가 있는데   백 마리 양 떼
   그중의 하나가 길을 잃었으면   잃어버린 한 마리

4. 그 아흔아홉 마리를 산에 두고 가서   두고 가서
   길 잃은 양을 찾지 않겠느냐   찾음

5. ¹³진실로 너희에게 이르노니
   만일 찾으면 길을 잃지 아니한   한 마리를 찾음
   아흔아홉 마리보다 이것을 더 기뻐하리라   아흔아홉은 길을 잃지 아니함

6. 하늘에 계신 너희 아버지의ᵇ⁾   하늘에 계신 나의 아버지
   뜻이 아니니라   (역주-저자 번역 "나의 아버지")

7. ¹⁴이와 같이 이 작은 자 중의   작은 자 중의 하나
   하나라도 잃는 것은   (역주-한글 성경은 카메오 6-7이 바뀜)

a) 몇몇 고대 그리스어 사본에서는 "잃어버린 자를 찾아 인자가 왔기 때문이다"라는 구절이 추가된다.
b) 여기에 등장하는 그리스어 ἔμπροσθεν은 해석하기 쉽지 않다. 그 뜻은 "존전에서, 앞에서"다.

표 7.1. 선한 목자 예수: 제자들의 모형(마 18:10-14)

수사법

이 비유는 순환 구성법을 사용하여 7개로 도치된 카메오로 구성된 예언 수사 템플릿을 나타낸다. 도입(1), 중간(4), 결말(7)은 "작은 자"에게 초점을 맞춘다. 한 쌍을 이루는 카메오 2와 6은 바깥에서 중심부 쪽으로 이동하며 "하늘에 계신 나의 아버지"를 언급한다. 카메오 2는 아버지의 얼굴을 마주 볼 것을 이야기한다. 평행 구절인 카메오 6은 내 아버지의 현존에 대해 논한다. 두 카메오는 밀접하게 쌍을 이룬다. 카메오 3과 5는 "잃어버린 자를 찾음"에 관한 비유를 보여준다.[7] 표 7.1. 오른쪽에 표시한 것처럼, 중앙부의 절정(카메오 4)은 위험을 무릅쓰고 아흔아홉을 언덕 위에 남겨두고 길 잃은 한 마리를 찾아나서는 목자의 의지를 보여주는 반면에, 카메오 3과 5는 "한 마리와 여러 마리"에 함께 초점을 둔다. 막대한 위험을 감수하면서까지 홀로 산과 언덕으로 떠나는 결정이 없다면, 이 비유는 무너질 것이다.

누가복음 15:4-7(6장 참고)은 세 부분으로 구성된다. 첫 번째 두 단편은 마샬(*mashal*; 비유)로서 이것은 님샬(*nimshal*; 비유를 이해하고 적용하기 위해 필요한 정보) 앞에 나타난다.[8] 마태복음 18:10-14의 본문 또한 세 단편으

---

7) 데이비스와 앨리슨은 이 본문의 교차대구에 주목했지만 이것을 역순으로 반복되는 일련의 5개 개념으로 보았다. 그들의 분석에 따르면 "길을 잃어버린 자"는 세 번 등장하고 수사학 형태의 중심이 된다. 중심부의 절정은 표 7.1.에서 본 것처럼 목자의 떠남과 수색으로 이해하는 것이 낫다. Davies and Allison, *Saint Matthew*, 2:768을 참고하라.
8) *Mashal*은 "비유"를 뜻하는 히브리어 단어다. 같은 어근(*mshl*)을 사용하는 *nimshal*은 종종

로 나뉘는데, 이것은 표 7.2.로 요약된다.

작은 자와 나의 아버지(카메오 1-2)   (사람들과 하나님)
         선한 목자의 비유(카메오 3-5)   (목자와 양)
나의 아버지와 작은 자(카메오 6-7)a)   (사람들과 하나님)

---

a) 눅 15:4-7에서 첫 번째와 두 번째 단락은 비유를 말한다. 세 번째 단락은 적용을 제공한다.

표 7.2. 마태복음 18:10-14의 중대한 세 부분

    카메오의 다양한 쌍들은 서로 완벽하게 들어 맞는다. 그래서 중심부의 비유가 사라진다고 해도, 카메오 1-2와 6-7이 서로 연결되어 이해될 수 있는 구조다. 물론 이런 일이 발생하면, 해당 단락의 설득력은 크게 약화될 것이다. 성경에서는 종종 순환 구성법의 중심부에 비유가 있다.9) 7개의 카메오로 이루어진 이 본문은, "작은 자들"을 돌보시는 하나님 아버지의 사랑이라는 설정 안에서 선한 목자에 대해 균형감 있고 예술적으로 만족스런 그림 언어를 제공한다.

주석

첫 번째 두 개의 카메오는 표 7.3.에 나타난다.
    먼저 누가 "작은 자"인지에 대한 질문에 답해야만 한다. 마태복음 18:1-4은 제자들의 질문으로 시작한다. "천국에서는 누가 크니이까?"(마 18:1) 예상된 답변은 "부유하고 강한 자"였다. "위대한 자"의 목록에는 아

    비유와 함께 설명을 뜻하는 히브리어 단어다.
9) Kenneth E. Bailey, *Finding the Lost* (St. Louis: Concordia Press, 1992), pp. 16-17. 또 다른 예로는 눅 7:36-50을 참고하라.

리마대 사람 요셉, 니고데모, 헤롯의 청지기의 구사의 아내 요안나, 그리고 예수가 고쳐준 노예의 주인인 백부장 등이 자연스럽게 나열될 것이다.10) 이런 유형의 사람들이 바로 예수가 일으키려는 운동이 필요로 하고 개발해야 하는 종류의 사람들이다. 그러나 예수는 "아니다"라고 대답한다. 그렇다면 누가 과연 이 특별한 목록에 들어간단 말인가?

1. ¹⁰삼가 이 작은 자 중의 하나도   이 작은 자
    업신여기지 말라   중에 하나

2.   너희에게 말하노니
    그들의 천사들이 하늘에서 하늘에 계신   하늘에 계신
    내 아버지의 얼굴을 항상 뵈옵느니라   나의 아버지

표 7.3. 작은 자와 나의 아버지(마 18:10)

예수는 놀라운 대답을 한다. 하나님 나라에서 가장 큰 자는 바로 예수의 목소리에 겸손히 복종하는 겸손한 아이와 같다. 이븐 알-타입은 다음과 같이 논평했다. "예수는 그들의 질문에 대한 대답에서, 제자들이 던진 질문에 담긴 그들의 태도가 하나님의 나라에 들어가는 것을 방해할 것임을 명백하게 보여주었다."11)

이븐 알-타입이 예리하게 관찰한 것처럼, 제자들은 이런 질문을 함으로써 예수에 대한 자신들의 신뢰를 훼손시키고 있다! 그러나 질문은 남아 있다. 이 "작은 자들"은 누구인가? 본문(마 18:1-4)은 "어린아이"를 의미하는 단어 *paidion*을 세 번 언급한다. 예수는 한 아이를 부르고 그 아이

---

10) Richard Bauckham, *Gospel Women* (Grand Rapids: Eerdmans, 2002), pp. 135-46.
11) Ibn al-Tayyib, *Tafsir*, 1:310.

를 제자들 가운데 "일으켜 세운다." 그 아이는 예수의 부름에 어떤 두려움이나 망설임 없이 바로 반응했다. 그리고 예수는 이 특별한 아이를 다음과 같이 묘사했다. "누구든지 이 어린아이와 같이 자기를 낮추는 사람이 천국에서 큰 자니라"(마 18:4). 예수는 일반적 아이들에 대해 이야기하고 있는 것이 아니라, "이 아이"에 대해 이야기하고 있다. 어떤 아이들은 무리 가운데에서 자신을 뽐내기도 했을 것이다. 이런 아이들은 겸손하지도 않고 누구의 말에 순종하지도 않는다. 또 다른 아이들은 두려워 도망치기도 한다. 이미 예수는 자신에게 상냥하게 다가왔던 특정 아이에게, 온유한 모습으로 친절함을 보여주었을 가능성이 높다. 예수는 "또 누구든지 내 이름으로 이런 어린아이 하나를 영접하면 곧 나를 영접함이니"(마 18:5)라고 말한다. 예수가 언급하고 있는 아이는 이미 그와 우정을 나누었고, 그가 선택하여 제자들의 무리의 중심에 세워놓은 아이였다. 이 특정한 아이는,

- 예수를 두려워하지 않았다.
- 예수에게 절대적인 신뢰를 보여주었다.
- 소란을 피우지 않고 본능적으로 예수의 명령에 순종했다.
- 모든 사람 앞에서 자신을 낮추었다.

의심할 여지없이 예수는 이런 특징들을 가진 한 아이에 관해서 말하고 있다. 하지만 마태복음 18:5-6에서 그 언어와 이미지는 변화한다. 5절에서 "아이"는 6절에서 "나를 믿는 이 작은 자 중 하나"로 대체되었다. 관심의 대상은 더 이상 "한 아이"(paidion)가 아닌 "작은 자 중의 하나"(tōn micrōn)다. "작은 자"는 분명히 일정한 나이가 든 상태로서 예수를 믿는 신앙을 가질 정도로 충분히 성숙한 자를 가리킨다. 이븐 알-타입은 11세기 초 바그다드에서 아랍어로 이 구절에 대해 쓰면서, "그[예수]가 그들을

'작은 자'로 부른 이유는 그들의 실제 나이가 어려서가 아니라, 다른 사람들이 그들에 대한 어떤 편견을 가졌기 때문이었다"[12]라고 말했다. 이 견해는 이미 4세기에 크리소스토모스에 의해서도 확인된다. 그는 "예수께서 작은 자들을 불렀는데, 이것은 그들이 단지 연소해서가 아니라, 가난과 멸시의 대상이었으며, 이름 없는 무리라고 생각되었기 때문이다"[13]라고 기록한다.

20세기로 오면서, 데이비스와 앨리슨은 마태복음 18:6에 관하여 이렇게 언급한다. "본문(1-5절)의 언급은 문자적으로 아이들을 가리키지 않고, 그리스도 공동체의 특정한 일원들을 지칭하고 있다."[14] 그렇다면 어떤 일원을 말하고 있을까?

마태복음 10:42은 "또 누구든지 제자의 이름으로 이 작은 자 중 하나에게(tōn micrōn) 냉수 한 그릇이라도 주는 자는 내가 진실로 너희에게 이르노니 그 사람이 결단코 상을 잃지 아니하리라 하시니라"고 기록하고 있다. 여기서의 "작은 자들"은 예수의 제자들로 규정된다. 건드리(Gundry)는 "이 작은 사람들"로 번역했다.[15] 윌리엄 올브라이트(William F. Albright)는 그들을 "평범한 사람들"이라고 불렀다.[16]

일반 사회의 구성원이든, 자의식이 강한 집단의 사람이든, 모두 자연스럽게 강자와 약자를 포함한다. 마르크스주의에 대한 재치 있는 표현 중에 이런 말이 있다. "사회주의에서는 모든 동료들이 평등하다. 그러나 몇

---

12) Ibid., p. 309.
13) John Chrysostom, *Homilies on the Gospel of Saint Matthew*, in Nicene and Post-Nicene Fathers (Grand Rapids: Eerdmans, 1983), 10:367-68.
14) Davies and Allison, *Saint Matthew*, 2:760.
15) Robert Gundry, *Matthew* (Grand Rapids: Eerdmans, 1982), p. 364.
16) W. F. Albright and C. S. Mann, *Matthew*, Anchor Bible Commentary (New York: Doubleday, 1971), p. 218.

몇 사람들은 다른 사람들보다 좀 더 평등하다." 예수에게는 많은 제자들이 있었다. 그중 몇몇은 높은 신분의 여성들이었고, 나머지는 잘 알려진 사람이 아니었다.17) 초기의 많은 제자들은 평범한 어부였고, 그 가운데 소수의 탁월한 사람들이 존재했다. 하지만 공인되지 않았던 무명의 사람들에 대하여 우리는 무엇을 말할 수 있는가?

많은 기관들은 무능한 사람들을 경멸하는 경향이 있다. 역설적이게도, 권력이 없는 사람들에 대해 공개적으로 관심을 표명하는 일이 이목을 끌고 더 막강한 권력을 손에 넣는 방법이 되기도 한다. 최근에 나는 국제적인 세미나에서 강연을 맡은 적이 있었다. 첫날 저녁 나는 8명이 착석할 수 있는 테이블에서 저녁식사를 했다. 모두가 초면인 자리에서 서로 교제하며, 자신의 이름과 출생 국가, 소속 교회 전통, 사역에 관한 것 등을 열심히 소개했다. 그때 한 사람이 "저는 이러이러한 사람이고, 직업은 정보 관리인(information manager)입니다"라고 자신을 소개했다. 우리는 모두 어리둥절해서 "정보 관리인이 무엇인가요?"라고 물었다. 약간의 설명을 듣고 나서 우리는 그녀의 직업이 도서관 사서라는 사실을 알아차렸다. 모두가 의아해하며 "도서관 사서는 전통적으로 고귀한 직업으로 여겨지는데 그냥 도서관 사서로 자신을 소개하는 것은 어떤가요?"라고 다시 물었다. 그녀는 "정보 관리인은 다소 높은 지위의 이미지를 투영하지만, 사서는 그렇지 않잖아요!"라고 대답했다. 그녀는 매우 멋진 여성으로 판명되었다.

시청자들에게 무슨 옷을 사고, 어떤 안경을 쓰고, 어떤 신발을 신으면 더욱 힘 있는 사람으로 보일지에 대하여 알려주는 무수히 많은 텔레비전

---

17) 리처드 보컴은 예수의 제자들 가운데 있던 여성들만이 아니라 눅 8:3과 눅 24:10의 요안나와 롬 16:7의 유니아도 제자였다고 설득력 있게 주장했다. 어떤 경우에서라도 유니아(여성)는 제자였다. Richard Bauckham, *Gospel Women: Studies of the Named Women in the Gospels* (Grand Rapids: Eerdmans, 2002), pp. 109-202을 참고하라.

광고(혹은 극장광고)에 의해 소비자들은 정보를 제공받는다. 예수는 "영혼이 가난한 자"에게 하나님 나라를 약속했으며, "온유한 자가 땅을 유업으로 받을 것이라"고 선포했다(마 5:3, 5). 강한 자들은 권력을 구하지 않는 자들을 도태되게 내버려 둔다. 만약 당신이 권력을 쟁취하는 것에 흥미를 느끼지 못한다면, 당신은 아마 진취성이 결여된 사람으로 푸대접 받을 것이다!

대부분의 조직이 자신들의 목적을 이루기 위해 권력의 어떤 형태(종종 "재원"으로 불리는)를 필요로 한다. 목적 자체와 목적을 성취하는 방법이 고귀할 때, 그런 노력은 감탄할 만한 것이 된다. 그러나 이런 노력의 근저에는 권력 있는 자가 힘없는 자를 멸시하려는 경향이 꿈틀대고 있다. 단어 "멸시하다"(*kataphroneō*)는 다른 사람을 "경멸"하거나 "모욕"스럽게 타인을 취급한다는 뜻이다.[18] 요한 알브레히트 벵겔(Johann Albrecht Bengel)이 지적했듯이 "그들[제자들]은 그렇게 한 것으로 보인다(1, 2절)."[19]

C. S. 루이스(C. S. Lewis)는 런던의 킹스 칼리지에서 "내부집단"(The Inner Ring)이라는 제목으로 통찰력 있는 연설을 한 적이 있다. 그는 연설을 통해 일반적으로 인간 사회 조직에는 내부집단이란 것이 존재하는데, 이것은 조직의 지도체계로부터 구별되지만 조직 전체를 움직이는 것이라고 말했다. 이 내부집단에 들어가기를 열망하는 자는 누구든지, 비가시적인 회원 자격을 얻기 위해 모든 것을 감수해야 한다. "안에" 있는 자는 "밖에" 있는 자를 자연스럽게 그리고 은근히 멸시한다. 루이스는 청중에게 내부집단에 가담하고 싶은 충동을 거부하라고 촉구했다. 루이스는 자신이 선택한 직업에서 건강한 장인이 될 것을 제안했다. 그러면 "다른 장인이 곧 알

---

18) BAGD, p. 420.
19) John A. Bengel, *Bengel's New Testament Commentary*, trans. C. T. Lewis and M. R. Vincent (1742; repr. Grand Rapids: Kregel, 1981), 1:225.

게 될 것"이라고 그는 말했다.[20] 그렇게 될 때 무력한 자를 향한 멸시로부터 멀리 달아날 수 있을 것이다. 예수는 자신을 따르는 무리 가운데서 주목받지 못한 "작은 자들"에게 시선을 고정하는 것으로 본문을 시작한다.[21] 그들은 드러나지 않는 특별한 힘을 지녔다고 예수는 단언했다.

이어지는 내용은 본문에서 명시된 바다.

첫째, 카메오 1-2에서 "작은 자"는 "호평"받는다. 앞선 구절에서 이런 작은 자는 겸손하고 신실한 자들임이 암시된다. 따라서 지금까지 문제가 될 만한 단서는 눈에 띄지 않는다.

둘째, 카메오 3에서 갑자기 작은 자 중 하나가 길을 잃는다. 독자들은 카메오 5에서 동일한 "작은 자"가 발견되었을 때, 목자가 "기뻐할 것"이라는 내용을 읽게 된다. 본문은 길을 잃은 작은 자가 스스로 발견되기를 원한다는 걸 가정한다! 자신을 찾으려 하는 목자의 외침에 울음으로 반응하지 않고 또 발견되기를 완강히 거부하며 멀리 달아나는 양에 대해 기뻐하는 목자를 상상한다는 건 거의 불가능한 일이다. 탕자의 비유에서 아버지는, 비록 타국에서 아버지의 환대를 감히 상상조차 못했던 아들이지만, 자신이 발견되기를 간절히 원했던 그 아들을 기뻐한다. 반면에 아버지는 그 비유의 끝에서 자신의 사랑을 수용하려 들지 않는 "그의 큰아들을 발견"하며 기뻐하지 못한다. 마태복음 18장으로 돌아와서 독자들은, 방종한 양이 스스로 발견되기를 원한다는 사실을 알게 된다. 그 양이 회복될 때 목자의 환희는 절정에 달하기 때문이다.

셋째, "작은 자"(신자)들은 이들의 보호에 관심을 가지는 천사들을 가지며, 이 천사들은 하나님의 면전에 서 있다(카메오 2). 이들은 "작은 자들"

---

20) C. S. Lewis, "The Inner Ring," *Screwtape Proposes a Toast and Other Pieces* (London: Collins Fontana, 1965), p. 39.
21) 기독교 초기에 교인이 성장함에 따라 이런 본문들은 자연히 중요하게 여겨졌다.

일 뿐만 아니라 축복받은 존재다.

성경은 각 신자가 자신의 유익을 구하는 데 할당된 특별한 천사를 가지고 있다는 것을 당연하게 여긴다. 베드로는 예루살렘에서 천사의 중재를 받아 밤중에 감옥에서 탈출했다. 이븐 알-타입은 그 천사가 베드로의 천사라고 생각했다.[22] 베드로가 마리아(요한마가의 모친)의 집에 도착하여 문을 두드렸을 때, 로데(Rhoda)라는 여종이 베드로라는 사실을 확인하고서 집안 사람들에게 알리기 위해 기쁨으로 달려왔다. 그때 집안에 있던 사람들은 "베드로의 천사다!"라고 말했다(행 12:15). 그들은 "천사"라고 짐작하지 않고 "그의 천사"라고 했다. 야곱은 자신을 보호하는 천사의 존재를 확신했다. 창세기 48:16은 "천사가 나를 모든 악으로부터 구원했다"(역주-저자 번역)고 기록한다. 바울은 자신의 삶에 천사가 함께했다는 사실을 알았고(고전 4:9), 요한계시록에 등장하는 각 교회는 특별한 천사를 보유하고 있었다(계 2:1, 8, 12, 18; 3:1, 7, 14). 히브리서 1:14도 동일한 개념을 반향한다. 그러나 마태복음 18장에는 독특한 구성요소가 나타난다. 이 천사들은 접근 권한을 가지고 있다!

"작은 자들"에 대한 자신의 관심에 대해, 예수는 그들의 천사들이 직접적으로 아무런 방해없이 하나님께 나아갈 접근권이 있다는 것을 지적한다. 중동 문화에서, 어떤 기관에 속해 있든, 그것이 중요하든지 사소하든지 간에, 어떤 사업 아이템은 반드시 "빅맨"(Big Man)을 통과해야만 한다. 세를 얻어 이사한 아파트에서 전기를 공급받기 원한다면 먼저 해당 지역 전기공사 국장급 이상의 사인을 받아야 한다. 한 가지 예로, 낡고 작은 중고 컴퓨터 한 대를 내가 가르치던 비아랍국가로 가져가려 한 적이 있었다. 엄청 낡아빠진 그 컴퓨터는 미화로 약 50달러 정도의 가치밖에 안 되는 고

---

[22] Ibn al-Tayyib, *Tafsir*, 1:309.

물이었지만, 나는 이 고물을 가져오기 위해 수출입 책임자의 사인을 포함해 무려 37명의 사인을 받아야만 했다. 이 사인을 다 "받기 위해서" 어쩔 수 없이 사람 하나를 고용해야만 했다. 이 일을 마무리 하는 데 삼 일이나 걸렸다. 중동에서 생활하다 보면 온갖 종류의 절차상의 간섭을 피할 수가 없다. 여기서 핵심 단어는 와스타(wasta)인데 이 단어의 문자적인 의미는 "접속"(connections)이다. 사업을 촉진하기 위해서는 많은 사람과 접속해야만 한다. 이것이 매일의 일상이 운용되는 방식이라면, "하늘의 계신 내 아버지"에게로의 임재를 확신시켜줄 확실한 와스타(wasta)를 갖는다는 것이야말로 얼마나 더 중요한 일이 되겠는가? 하나님의 존전에 언제든지 드나들 수 있는 특별한 대리자를 갖는 것이야말로 최고의 와스타(wasta)를 소유하는 것이다.[23] 이것이 바로 멸시의 위험을 당하는 "작은 자"가 가지고 있는 위치다. 예수는 조심하라고 경고하며, 지고한 하늘에 친구를 두고 있는 그들의 위치가 사람들이 상상하는 것을 초월한다고 설명하고 있다! 이 "작은 자들은" 단지 무력하다는 이유만으로 멸시를 받고 있는 것인가? 혹은 다른 이유가 있는가?

때때로 "작은 자"는 길을 잃는다. 그런 상황에서 길 잃은 작은 자는 하늘 아버지 면전에 있는 자신의 특별 대리 천사를 잃어버리는가? 이 경우에 대해 본문은 함구하고 있지만, 천사를 잃는다는 단서는 찾아볼 수 없다. 지금까지 살펴본 바로는, 길 잃은 작은 자를 책임지는 천사에 대한 요구는 파기되지 않았다. 따라서 길 잃은 "작은 자"는 실족한 신자로서, "의의 길"로 돌아오기 위해 도움을 필요로 하는 자로 가정하는 것이 자연스럽겠다.[24] 일찍이 논했듯이, 이들은 십자가 사건 이후의 베드로와 도마와 같은 자다.

---

23) 이런 환경에서 당신은 어려워할 필요가 없고 문제 해결을 위해 변호사나 "중개인"(요일 2:1)을 고용할 필요가 없다. 그냥 확신을 가지고 그 "존전"에 나가면 된다.
24) 시 23편의 다윗의 고백처럼, "그가 나를 데려다 놓으신다."

지금까지 나열한 본문의 세 측면은 독자들로 하여금 "길 잃은 양"을 기독교 신앙으로부터 탈락하여 의식적으로 떠나려고 하는 자가 아닌, 도움이 필요한 예수의 제자로 이해하도록 인도한다.

이 지점에서 본문의 순환 구성법의 중요성이 다시 한 번 부각된다. 카메오 1의 "작은 자들은" 길을 잃은 자와 동일하며(카메오 4), 그들은 멸망의 위험에 놓여 있다(카메오 7). 명백히 예수의 몇몇 제자는 "만약 그들이 뒤쳐진다면 정말로 곤란하다! 우리는 좀 더 서둘러야 한다"라고 말했을 것이다. 당신을 뒤쳐지게 만들고(카메오 1), 특별한 주의를 필요로 하는 자들을(카메오 4) 무시하기는 아주 쉽다. 그러나 선한 목자이신 예수는 그렇게 하지 않으신다.

이 내용은 우리를 본문 중심부에 위치한 선한 목자 비유로 데려다 준다(표 7.4. 참조).

3. ¹²너희 생각에는 어떠하냐
    만일 어떤 사람이 양 백 마리가 있는데   백 마리 양 떼
    그중의 하나가 길을 잃었으면   잃어버린 한 마리

4.   그 아흔아홉 마리를 산에 두고 가서   두고 가서
         길 잃은 양을 찾지 않겠느냐   찾음

5. ¹³진실로 너희에게 이르노니
    만일 찾으면 길을 잃지 아니한   한 마리를 찾음
    아흔아홉 마리보다 이것을 더 기뻐하리라   아흔아홉은 길을 잃지 아니함

표 7.4. 선한 목자와 방종한 양

누가복음 15:4-7의 백 마리 양으로 구성된 양 떼 비유가 여기서 재등장한다. 누가복음 본문에 대한 고찰에서 논의한 바와 같이, 마태복음 본

문의 표현에서도 셈어에서 "가지다"라는 동사가 없더라도 여기서 언급된 백 마리의 양은 목자의 소유라는 것을 알 수 있다. 여기에 한 마리의 양이 "길을 잃은" 상황이다. 여기서 사용된 동사는 "길을 잃다"(go astray) 혹은 "잘못 인도받다"(be misled)를 의미하는 그리스어 *planaō*의 부정과거 주격 수동태(aorist subjective passive)다.[25] 실종의 책임은 양에게 있을까, 목자에게 있을까? 목자가 잘못 인도한 것일까, 양이 길을 잃어버린 것일까?

동사 *planaō*에 대한 번역으로는 "길을 잃다"가 가장 적합하다. 이 비유에서 양을 잘못 인도한 악한 목자에 대한 단서는 찾아볼 수 없다. 그뿐 아니라 동서양 기독교 전통 전체와 내가 아는 범위 내에서 본문의 동사는 "길을 잃다"로 이해되어왔다. 목자의 실수가 문제의 원인이 아니기 때문에 목자는 "나는 원망받을 일을 하지 않았다. 또한 아직 아흔아홉 마리가 남아 있다. 한 마리의 실종은 대수롭지 않게 여길 수 있다. 우리는 지금 산에 있기에, 한 마리의 손실을 감수하고 정신 차려 나머지 양 떼를 돌보는 것에 힘을 쏟아야 한다"라고 말할 수 있을 것이다.

그뿐 아니라, 앞서 살펴보았듯이 전통적으로 중동의 목자는 보통 늦은 저녁에 양을 점검한다. 우리가 다루는 비유에서 목자는 자신의 양 떼를, 수세기 동안 성지의 광야와 야산에서 만들어졌던 것과 같은 동굴이나 넓은 울타리를 갖춘 목초지로 대피시킬 수 있었을 것이다.[26] 하지만 이 비유의 설명은 매우 간단하다. 목자는 양 떼를 "야산에" 두고 자리를 떠난다. 그는 동굴을 임시거처로 이용해 양 떼를 그 속에 집어넣고, 입구에다가 몇 개의 돌로 막아놓은 뒤 잃어버린 양을 찾으러 떠났는가? 그것도 아니면

---

25) BAGD, p. 665.
26) 나는 베들레헴 동쪽 광야에서 이런 은신처를 본 적이 있다. 거친 돌밭에 세워진 그 은신처의 벽의 높이는 약 1.2미터 정도이고 그 끝에는 가시로 덮여 있었다. 또한 방목을 마치고 목자가 양의 숫자를 파악할 수 있도록 좁은 입구가 하나 있다.

욥기 30:1과 같이 보조 목동과 개를 붙여놓았는가? 주변 목초지에 또 다른 목자가 있어서 안심하고 떠난 것인가? 그렇지 않다고 본문은 말한다. 기록한 그대로 본문은 목자가 위험을 감수했다고 단언한다. 크리소스토모스는 "심지어 목자는 아흔아홉 마리의 양 떼를 두고 잃어버린 한 마리를 찾으러 떠나지만, 나머지 양 떼의 안전은 잃어버린 한 마리와 같이 보장되지 못한다"[27]고 논평했다.

예수는 목자의 이야기를 쉽게 좀 더 다른 방식으로 전개할 수도 있었을 것이다. 예를 들어 크리코리안(앞서 말한 목자 출신 신학자)이 언급하는 것처럼, 나머지 양 떼를 마을로 데려와 수를 세고 양 우리에 안전하게 가둬놓은 후, 산으로 다시 돌아가 잃어버린 양의 수색을 전개하는 방식으로 말이다.[28] 그러나 고의적으로 예수는 비용과 위험에 관한 이야기를 하기로 선택한다.[29]

1945년 2차 세계대전이 끝나갈 무렵, 지금은 고인이 된 나의 친구 앤드류 로이(Andrew Roy) 박사는 중국에서 장로교회가 운영하는 신학교 교수로 섬기고 있었다. 1948년 공산당이 중국에서 권력을 장악했을 때, 로이 박사는 중국에 남기로 결정했다. 몇 주 후 그는 가택연금되어 이 년간 심문을 받았다. 나는 그때의 정황과 심문 내용을 그 친구로부터 직접 듣는 특권을 누렸다. 공산당원 심문관은 로이 박사에게 예수의 가르침이 마르크스나 모택동 수령의 가르침에 비해 굉장히 열등한 것이라고 지속적

---

27) John Chrysostom, "Homily 49," in *The Gospel of Matthew*, Nicene and Post-Nicene Fathers (Grand Rapids: Eerdmans, 1983), p. 368.
28) M. P. Krikorian, *The Spirit of the Shepherd: An Interpretation of the Psalm Immortal*, 2nd ed. (Grand Rapids: Zondervan, 1939), pp. 57-58.
29) 마타 알-미스킨은 "목자는 아흔아홉의 양을 우리가 아닌 산 위에 두고 잃어버린 한 마리를 찾아 산으로 떠났다"고 지적했다(Matta al-Miskin, *The Gospel According to Saint Matthew* [Wadi Natron, Cairo: Dair Saint Maqar, 1999], p. 531).

으로 설득하려고 했다. 예수의 선한 목자 비유는 그 심문 과정에서 중요하게 다루어졌다. 공산당원들은, 한 마리를 찾기 위해 아흔아홉 마리를 버려두고 떠난 것이 "전체를 위한 대의"를 저버린 무책임한 행동이라고 공격했다. 예수는 무리를 위험에 노출시켰고, 따라서 주요한 임무 수행에 실패했다. 예수는 무책임하게 99퍼센트의 안전을 위기에 빠뜨렸다.

그러나 로이 박사는 이런 주장을 정면으로 반박했다. 잃어버린 하나를 찾아나서는 비유를 통해, 예수는 나머지 양 떼에게 "내가 만약 실종된다 할지라도 그는 곧바로 날 찾을 거야"라는 무한한 안정감을 보여준 것이다. 잃어버린 자에 대한 포기는 나머지 아흔아홉에게 궁극적으로 "내가 실종된다 하더라도 그는 나를 죽음 속에 방치할 거야"라는 근본적인 불안정감을 심어준다. 그렇다. 아흔아홉을 남겨두고 한 마리를 찾아나서는 행위는 분명 위험부담을 안고 있다. 하지만 한 마리에게 부여되는 넘치는 사랑을 통해 많은 양들은 주인에 대한 확신을 갖는다. 목자의 행동에서 보이는 이런 급진적인 특성이 간과되어서는 안 된다. 콥트 정교회의 식견 있는 이집트인 수도사 마타 알-미스킨은 최근 이렇게 말했다.

교회는 밀폐되고 고립된 사회가 아닌 개인들이 함께 모인 공동체다. 교회의 사역과 신실함은 세상에 의해 짓밟히고 무너지고 외면당한 약자에 대한 충성과 관심에 의해 그 가치가 측정된다. 세상은 개인을 짓밟고 약자를 경멸한다. 그러나 교회의 첫 번째 메시지는 세상에서 짓밟히고 무시된 자들에게로 향한다. 예수는 자신을 제사장이나 사람들 가운데서 뛰어난 자로 비유하지 않았고 오히려 작은 자로 자신을 낮추었다.…[예수는 말했다] "너희가 여기 내 형제 중에 지극히 작은 자 하나에게 한 것이 곧 내게 한 것이니라"(마 25:40).[30]

---

30) Ibid., p. 530.

잃어버린 양을 찾음의 중요성과 나머지 양 떼를 향한 보호의 필요성 사이의 긴장은 아주 오래된 것이다.

소포클레스(Sophocles)의 비극 「안티고네」(Antigone; 기원전 5세기에 아테네에서 저술됨)는 현대적으로 각색되어왔다. 60여 년 전, 나는 이 고전 작품의 잊지 못할 현대식 버전을 관람할 기회가 있었다. 극중에서 두 형제는 테베(Thebes)의 도시국가에서 상반된 진영에서 각각 내전을 이끌었다. 내전 중에 두 형제는 서로를 죽인다. 테베의 왕이 된 크레온(Creon)은, 한 형제는 영웅으로 무덤에 편히 잠들게 하고, 다른 한 형제는 배반자로서 뜨거운 태양 아래 쓰레기처럼 버리라고 명령한다. 형제들의 누이 안티고네는 버려진 오빠의 시체를 은밀하게 매장하려다가 그만 일이 탄로 나 사형 선고를 받는다. 그런 후 무대 한가운데서는 크레온 왕과 비탄에 빠진 안티고네의 대화가 이어진다. 크레온은 거대한 군중이라는 배경 위에서 대의를 위한 개인의 희생(안티고네의 오빠의 희생처럼)이 필연적이라는 논리로, 자기 행동을 정당화시키려고 장황한 연설을 한다. 개인은 군중만큼 중요하지 않으며 언제나 군중의 대의가 최우선이라는 것이다. 크레온의 말이 끝나자 잠잠히 듣고 있던 안티고네는 마침내 몸부림치며 절규한다.

> 짐승이여! 짐승이여! 크레온, 짐승이 아니고서야 대체 어떤 왕이 이런 일을 저지를 수 있단 말이오![31]

20세기에 히틀러, 스탈린, 모택동과 같은 무자비한 인물들은 "더 위대한 선"이라는 자신의 대의를 이루기 위해 수백만 명의 목숨을 희생시켰

---

31) 「안티고네」의 새 버전 출판 현황을 확인하지는 못했다. 그러나 내가 여기 인용한 대목은 맞게 인용했다는 확신을 줄 만큼 나에게 큰 감동을 선사했다.

다. 예수의 비유에는, 결함 있는 "작은 자"를 찾기 위해 나머지 양 떼 전체를 위험에 노출시킨 선한 목자의 의지와 잃어버린 양 한 마리의 가치가 대담하게 표현되어 있다. 이 비유는 창작자와 그의 메시지를 믿는 수억의 증언들이 역사에 걸쳐 공유했던 영향력을 짐작케 한다.

카메오 5는 비유를 마무리 짓는다. "만일 그것을 찾으면"이라는 구절은 실패의 가능성에 대해 언급한다. 목자는 길 잃은 "작은 양"을 우리로 데려오지 못할 수도 있다. 하지만 자신의 값비싼 노력에 대한 보상을 받는다면, 목자는 나머지 아흔아홉 마리로 인해 얻는 기쁨보다 다시 찾은 이 한 마리로 인해 더 기뻐할 것이다. 좀 더 우리식 표현으로 한다면, 더 값비싼 애정이 소모될수록 잃어버린 것을 찾고 회복했을 때의 기쁨은 더 클 것이다. 그러면 나머지 아흔아홉에 대해서는 어떤가?

중요한 질문은 이 기쁨의 초점이 **잃어버린 양**에 두어져 있는가, 아니면 **헌신적인 목자의 성공적인 노력**에 두어져 있는가 하는 것이다. 이는 예수 전승에서 답을 찾을 수 있다. 누가복음 15:6-7에서 목자는 잃어버린 양을 찾은 것을 축하하는 연회를 그의 친구들과 나눈다. 그러나 이 양이 화제의 중심은 아니다. 목자는 "나와 함께 즐기자, 나의 잃은 양을 찾아내었노라"고 말한다. 선한 여인은 자신의 동전을 잃어버리자 열심히 찾고 발견한다. 그녀 또한 연회를 베풀어 "나와 함께 즐기자, 잃은 동전을 찾아내었노라"라고 친구들에게 이야기한다. 이때도 동전이 이야기의 핵심은 아니다. 연회는 그 여인을 명예롭게 만든다. 세 번째 비유에서 동물(양)과 동전(드라크마)은 사람으로 바뀐다. 탕자는 종이 되어야 했던 신분에서 예상치 못한 아버지의 극진한 사랑에 의해 아들의 신분을 되찾는다. "나의 아들을 잃어버렸다가 다시 찾았기 때문에" 아버지는 연회를 명령한다. 여기서는 "신적 수동태"(divine passive)가 나타난다. 아들은 잃어버려졌고, 아버지가 그 아들을 찾아 종의 신분에서 아들의 신분으로 구원한 것이다.

아들은 잃어버려진 채로 마을 끝자락에서, 자신이 "탕진한 돈"이 문제니 이것을 갚기 위해 종이 되어 일을 함으로써 돈을 갚아 문제를 해결해야 한다고 생각했다. 그러나 진짜 문제는 아버지의 찢겨진 마음이었으며, 이 문제를 해결하기 위해 아들이 할 일은 자신이 발견되는 것을 수락하는 것이었다. 하인이 거리에서 큰아들에게, 아버지가 탕자를 "평안하게"(건강하고 안전하게가 아닌) 받아들였기 때문에 연회를 명령했다고 알려주었다.[32] 마을은 아버지를 축하한 것이지 그들이 미워했던 탕자를 환영한 것은 아니다. 하지만 큰아들은 "아버지가 그를 위해 살찐 송아지를 잡았습니다"라고 말하며 살찐 짐승이 탕자를 위한 것이라고 오해하며 불평했다. 하지만 살찐 송아지는 탕자를 위한 것이 아니었다. 이 연회의 의미는 잃어버린 아들과 성공적으로 화해한 아버지의 노력을 축하하는(목자와 여인의 비유에서처럼) 것이었다. 동일한 진리가 논의 중인 마태복음의 비유에서 보여진다. 목자는 자신의 값비싼 노력이 수포로 돌아가지 않았기에 "그것(잃어버린 양)에 대해 기뻐한다." 목자는 양을 발견하고 양은 발견되기를 간절히 바람으로써, 목자는 자신의 일을 성공적으로 완수했다.

 1942년 여름 이집트에서 우리 미국장로교 선교회 가족들과 많은 미혼 여성들은 롬멜(Rommel) 장군의 지휘하에 몰려온 독일 군대를 피하기 위해 수단으로 피난해야만 했다. 우리 일행 중 일부는 안전한 통행을 위해 수단 항구에서 화물선을 타고 아프리카를 돌아 대서양을 가로질러 북미로 항해했다. 나중에 나는 그들로부터 다음과 같은 이야기를 전해 들었다. 대서양 한가운데를 지나던 어느 날 밤, 한 선원이 술에 취에 그만 화물선 밖으로 떨어져 바다에 빠지는 사고가 있었다고 한다. 그들은 독일 잠수함의 사정거리 안에 있었고 엄격한 등화관제하에 있었다. 바다 한가운데서 선원

---

32) Bailey, *Finding the Lost*, pp. 167-70.

을 찾는다는 건 거의 불가능했고, 또한 화물선을 위험에 빠뜨릴 수도 있는 상황이었다. 하지만 선장은 용기를 내어 위험한 결정을 하고 배의 키를 돌려 파도 사이에서 떠오를지 모를 모래알 같은 사람 머리를 찾기 위해, 실낱같은 희망을 부여잡고 강렬한 조명 아래 어둠을 뚫고 수색에 나섰다. 그들은 사고 지점을 돌며 한 시간가량 조명을 비춰가며 선원의 이름을 외치다가 마침내 그 실종자를 찾아 구출해내는 짜릿한 기쁨을 만끽했다.

내가 목격자로부터 전해 들은 이야기는 여기까지다. 하지만 선원들과 탑승객들 사이에는 분명 어떤 식으로든 기쁨의 축하가 있었을 것이다. 이런 파티는 술 취해서 추락한 선원을 위한 것이 아니다! 오히려 이 축하는 자신의 선원을 찾기 위해 모든 위험을 감수하고 용기 있는 결정을 내린 선장을 위한 것이다. 한 선원을 위해 모든 사람들을 위험에 빠뜨렸으나, 지위에 상관없이 선원 모두의 안전에 대해 깊은 헌신을 입증한 선장에 대한 사람들의 칭찬이 끊이지 않았을 것이다. 또한 이런 상황을 초래한 술 취한 선원은 모든 사람들을 위험에 빠뜨렸던 자신의 과오를 뉘우치며, 자신을 구해준 선장에게(그리고 모두에게) 진심으로 감사할 수밖에 없었을 것이다.

물론 목자는 잃어버린 양의 구출로 기뻐했다. 그의 극진한 노력은 헛되지 않았다. 양 떼를 야산에 두고 떠난 대가를 치른 셈이다.

한 가족의 사랑스런 애완동물이 실종되었다가 극진한 노력으로 발견되었을 때, 그 동물은 더 각별한 사랑을 받는다. 비슷하게, 예수는 그의 모든 제자들과 사도들을 사랑했다. 하지만 길을 잃어버렸다가 값비싼 대가를 치르고 발견되어 무리로 복귀한 신자들에게는(부활의 밤에 제자들처럼) 더 특별한 사랑이 부어졌다. 목자의 위대한 사랑이 무한한 기쁨을 촉발한 것이다! 하지만 미묘한 변화가 본문에서 발생한다.

앞서 지적한 대로, 잃어버려진 것에 대한 원인 제공을 한 이는 바로 양이다. 따라서 본문은 무력하고 무시당한 구성원에 대해 말하지 않는다.

일찍이 본문에서 "작은 자들"에게 모아졌던 관심은 이제 "중도에 잃어버려진 자"에게로 옮겨가게 된다. 이런 자들은 어떻게 되는가? 예수의 대답은 "선한 목자가 그들을 찾아 나선다"이다. 또한 예수는 그들을 되찾게 되는 순간 목자가 길을 잃어버린 적이 없는 나머지들로 인한 기쁨보다 더한 기쁨을 누린다고 대답한다! 나머지 아흔아홉이 이 일에 대해 어떻게 생각했는지에 대한 기록은 없지만, 이 질문은 강한 자극을 준다.

양에게서 사람에게로 방향을 틀어보자. 보통 회중(양들)은 목자(목사)가 회중 전체를 돌보는 것보다 회중 가운데 잃어버린 자들(덜 중요한)을 위해 자신의 시간을 쏟는 것을 좋아하지는 않는다. 이런 회중(양 떼)은 때때로 목회자에게 "자신들을 무시한다"고 원망한다. 그들의 견해는 누가복음 15:11-31의 큰아들의 모습과도 일맥상통한다. "저 자를 위해 살진 송아지를 잡는다구요? 나를 위해서는 염소 한 마리조차 허락하지 않았잖아요!" 아니다. 대서양 한복판에서 있었던 축하 파티는 술 취한 선원을 위한 것이 아니라, 선장을 위한 것이었다. 선장은 행복했다! 그리고 모든 사람은 그 기쁨을 나누었다. 하지만 그것은 선원이 한 일 때문이 결코 아니었다. 그들은 구조작업의 성공을 기뻐했다!

표 7.5.에 나타난 마지막 두 카메오를 살펴보자.

6.	하늘에 계신 너희 아버지의 뜻이 아니니라	하늘에 계신 나의 아버지
7.	¹⁴이와 같이 이 작은 자 중의 하나라도 잃는 것은	작은 자 중의 하나

표 7.5. 아버지와 작은 자들(마 18:14)

그렇다. 양 무리에서 이탈한 양 중에 돌아오지 못하는 경우도 있다. 오랫동안 길을 잃고 헤매다가 죽을 수도 있다. 하지만 목자가 하는 일을 전적으로 승인했던 하늘 아버지의 계획을 혼란스러워 하지 말아야 한다. 목자가 양들을 개인용 우리에 가둬놓고 하루에 한 번씩 찔끔찔끔 마른 풀을 밀어 넣는 것이 아니다. 목자는 양 떼를 푸르고 드넓은 풀밭과 골짜기가 있는 야산에 자유롭게 풀어놓고, 그가 선택한 목초지보다 더 나아 보이는 장소를 찾아 양이 길을 잃을 수 있는 상황까지도 허락한다. 모든 양을 위한 목자의 뜻(그리고 하나님의 뜻)은 양이 그의 부름에 주의해서, 그가 이끄는 곳으로 따라가는 것이다. 선한 목자의 행동과 "하늘 아버지의" 열망의 연합은 본문 전체의 의도에 상당히 중요하다.

하나님에 대한 주요한 칭호로 "아버지"를 선택한 예수는, 자신의 표현을 꾸밈없이 열렬히 정의한다. 누가복음 15:11-32에서 예수는 탁월한 방법으로 이 용어를 정의한다. 이에 대해 마태복음은 결정적으로 기여한다. 마태복음은, 심지어 가장 약한 자조차 "그의 아버지"에 접근하며(카메오 2) "그의 아버지의 뜻[기쁨]"은 그들 모두가 구원받는 것임을 보여준다(카메오 6-7). 구원을 위해 그들의 자유를 강탈하는 것은 아버지의 뜻이 아니다(양을 우리에 가둬놓지 않는다).

이제 본문 전체를 고찰해보는 것이 중요하다. 이미 주지했다시피, 맨 처음 카메오(1-2)는 사람에게 초점을 맞춘다. 중심부 카메오(3-5)는 양의 비유를 소개한다. 결론부의 카메오(6-7)는 또 다시 사람에게 초점을 맞춘다. 처음과 마지막의 밀접한 상호작용은 다음의 논의에서 명심해야 할 중요한 내용을 담고 있다.

요약하면, 본문은 "경멸"의 위험에 노출된 "작은 자들"을 언급함으로써 시작한다. 그리고 본문은 같은 "작은 자들"을 두 번째로 언급하는 것과 그들이 "멸망하지" 않기를 소망하는(아버지의 소망) 것으로 문을 닫는다. 시작과 끝의 카메오에서 동일한 "작은 자들"을 논의하고 있다. 이제 우리는 왜 사람들이 그런 작은 자들을 "경멸"했는지 알 수 있다. 그들은 단지 약하고 남의 눈에 띄지 않는 정도를 넘어 심지어 그들 가운데는 "길을 잃었던" 자도 있었다. 어떤 이들은 말한다. "그들을 내버려 두라! 그들은 기회를 가졌고 그것을 버렸다." 하지만 선한 목자는 또 다른 선택지를 보여준다. 그렇다면 이 마태복음의 선한 목자와, 우리가 이제껏 성경 역사를 거쳐 탐구해온 선한 목자 전통을 어떻게 비교할 수 있을까? 표 7.6.을 통해 이를 살펴보자.

시 23:1-6	눅 15:4-7	마 18:10-14
1. 선한 목자 = 하나님	선한 목자 = 예수	선한 목자 = 예수 (하나님 아버지) (기독교 지도자들을 위한 모델)
2. 잃어버린 양 (양 떼 아님)	잃어버린 양 그리고 잃어버린 양 떼	잃어버린 양 (양 떼 아님)
3. 대적자들: 사망과 "원수들"	대적자들: 악한 목자는 양을 잃어버림	───
4. 선한 주인(여주인?)	───	───
5. 성육신(함축)	성육신(깨달음)	성육신(깨달음)
6. 대가를 지불: 데려옴	대가를 지불: 수색하고 찾아 데려옴	대가: 양 떼 위험 노출, 수색(발견?)
7. 회개는 하나님에게 돌아가는 것 (shuv)	회개는 하나님에게 돌아가는 것 (shuv)	발견됨에 대한 수용 (함축됨)
8. ───	선한/나쁜 양	나쁜 양이 길을 잃음
9. 연회	연회	헤아릴 수 없는 기쁨
10. 이야기의 결말은 집에서	이야기의 결말은 집에서	

표 7.6. 시편 23편, 누가복음 15장, 마태복음 18장

전통적인 선한 목자와 마태복음의 선한 목자

표 7.6.에 대한 짧은 고찰은 도움이 될 것이다.

1. **선한 목자.** 선한 목자는 하나님이시다(또한 예수라고 생각된다). 마태복음 18장은 누가복음의 선한 목자 및 선한 여인과 조화를 이룬다. 마태복음 18장에 담긴 선한 목자로서 예수의 정체성은 직접적이라기보다 간접적이다. 제자들은 길을 잃은(카메오 3-4) 작은 자(카메오 1)를 "경멸하는" 경향이 있다. 예수는 이런 잃어버린 자들을 찾아 나선다("하늘에 계신 나의 아버지"의 뜻을 이루기 위해).
2. **개별적인 잃어버린 양.** 개별적인 잃어버린 양(잃어버린 양 떼에 대한 언급은 없다)이 재등장한다. 마태복음 18장에도 양 떼는 나오지만 잃어버리지는 않았다. 시편 23편은 양 떼에 대한 언급이 전혀 없지만, 시편 기자가 잃어버린 개별 양을 찾아 "의의 길로" 돌아오게 하는 장면을 그리고 있다. 잃어버린 특정 양에 대한 묘사는 세 예언서에서 사라졌다가 마태복음에서 다시 나타났다.
3. **대적들.** 마태복음 18장(시 23편처럼)은 어떤 악한 목자에 대한 단서도 없다. 악한 목자 주제는 예레미야 23장으로 시작해서 모든 본문에 등장하지만 마태복음 18장에 이르러 자취를 감춘다. 마태복음 18장의 악한 목자의 부재는, "사망"과 "원수"는 존재하지만 악한 목자는 부재했던 시편 23편의 상황으로의 회귀를 의미한다.
4. **주인(여주인?).** 마태복음의 비유에서는 여성적 구성요소가 없다(누가복음과 다르다).
5. **실현된 성육신.** 마태복음 18장의 선한 목자(예수)는 잃어버린 양을 찾는 역사 속에서 능동적인 존재로 암시된다. 수색이 언제나 성공한다는

보장은 없지만, 목자는 잠재적인 실패를 괘념치 않고 이 일에 참여한다. 예수는 하늘 아버지의 염원인 잃어버린 자를 찾아 구원하는 임무를 완수한다. 선한 목자 전통에 익숙한 독자들은 자연스럽게 선한 목자를 하나님과 동일시한다.

6. **대가의 지불**. 목자는 잃어버린 양을 찾아 떠남으로써 양 떼의 안위를 (그리고 자신의 안위까지) 위태롭게 한다. 목자는 값비싼 대가를 치르지 않고는 구조가 불가능하다는 사실을 염두에 두고서 많은 희생을 요구하는 이 과제에 임한다.

7. **회개**. 마태복음 18장에서 회개라는 단어는 등장하지 않는다. 하지만 독자는 양이 필사적으로 몸부림치지 않으면 수색이 성공을 거두지 못한다는 사실을 안다. 이미 예상되는 기쁨을 향해 목자는 열정적으로 자신의 역할을 다한다. 목자는 사체를 찾고 있지 않다. 양은 살아 있고 발견되기를 바라고 있을 것이 틀림없다. 누가복음 15: 4-7에서 예수에 의해 언급된 양의 참여는 회개에서 중요한 요소다. 동일한 회개의 신학은 탕자 비유의 핵심이다. 그 이야기에서 회개는 가장 중요한 요소임에도 불구하고 회개라는 단어 자체는 보이지 않는다. 마을 어귀 길가에서 탕자는 발견됨을 받아들인다. 큰아들은 그렇게 하지 않는다. 이 신학은 누가복음 19:1-10의 삭개오 이야기에서도 증명된다. 거기서도 마찬가지로 단어 "회개"는 등장하지 않는다. 군중은 삭개오에게 노를 발하지만, 예수는 스스로 밤중에 삭개오의 집을 방문함으로써 그 적개심을 자신에게로 옮긴다. 삭개오는 발견됨을 받아들이고 이야기의 말미에서 예수는 "오늘 구원이 이 집에 이르렀다.…인자가 온 것은 잃어버린 자를 찾아 구원하려 함이니라"고 말한다.[33] 이런 식으로, 예수가 정의한 회개는

---

33) Kenneth E. Bailey, *Jesus Through Middle Eastern Eyes* (Downers Grove, IL: IVP

선한 목자 이야기에서 기본적 전제조건이다. 잃어버린 양의 회복은 예수가 말한 "나의 아버지"의 뜻을 성취한다.
8. **나쁜 양**. 나쁜 양의 주제는 에스겔서에서 처음으로 등장했다. 이 주제는 마태복음에서 "길 잃은" 양을 통해 다시 수면 위로 떠오른다.
9. **연회**. "나의 아버지"에 의한 큰 환희가 있지만 연회에 대한 단서는 없다.
10. **결말**. 탕자의 비유와 마찬가지로 이 비유는 멈추지만 끝나지는 않는다. 예측되는 결말의 장소는 집일까 아니면 마을이나 땅일까? 우리는 알 수가 없다.

결론적으로 본문에서 나타나는 신학은 다음의 몇 가지 신학적 클러스터로 요약된다.

마태복음 18:10-14의 신학적 클러스터

1. **선한 목자는 예수이며 그의 사역은 아버지에 의해 지원된다**. 선한 목자는 또한 모든 세대의 기독교 지도자들의 모형이 된다. 비유는 예수와 같은 잃어버린 자를 찾는 선한 목자를 보여주고 있다.
2. **"작은 자"를 경멸해서는 안 된다**. 예수의 제자들은, 길을 잃은 상황 가운데서도 예수를 믿는 작은 자들(보잘 것 없고 무력한 자들)을 무시하거나 경멸하지 말도록 경고받는다.
3. **천상의 친구들**(천사들). "작은 자들"(예수를 따르는 자들 가운데)은 아무런 방해 없이 하나님의 존전에 나아갈 수 있는 친구들이 있다(하늘의 천사들). 이 사실만으로도 그들의 존재가 얼마나 중요한지를 알 수 있다. 이

Academic, 2008), pp. 170-85.

특별한 천사들은 심지어 작은 자들이 길을 잃은 상황에서도 그들을 버려두지 않는다.

4. **위험 감수.** 길을 잃어버린 제자들의 가치는, 목자가 나머지 아흔아홉을 "언덕"에 두고 찾아 나설 만큼 매우 중요하다. 목자는 위험을 감수한다. 목자에게 잃어버린 양은 위험을 감수할 만큼 가치가 있다.

5. **값비싼 사랑 없이 구원은 없다.** 선한 목자는 "길을 잃어버린 자를 찾아 나서기로" 결정한다. 양은 혼자서는 집으로 돌아올 방법이 없으며, 오직 목자가(아무리 높다 하더라도) 값을 치르고 자신을 찾아주어야 구원이 가능하다.

6. **발견의 큰 기쁨.** 잃어버린 양을 발견했을 때(확증되지 않은 결말로서), 목자는

   a. 길을 잃어버린 데 대해 양을 책망하거나 비난하지 않는다.

   b. 아흔아홉 마리에게 써야 했던 체력을 한 마리에게 쏟아 부은 것에 대해 후회하지 않고 다만 자신의 지도력에 혼신을 다한다.

   c. 아흔아홉보다 다시 찾은 한 마리로 인해 더욱 기뻐한다.

7. **찾아나서는 자유.** 목자는 아흔아홉을 두고 한 마리를 찾아 나서는 자유를 행사한다.

8. **실패할 수 있는 가능성.** 목자는 실패할 수 있고 그 결과로 양은 죽을 수 있다. 모든 목자가 알고 있는 이 가혹한 현실은 믿음의 공동체 안에서 사실로 받아들여진다.

9. **"아버지의 뜻."** 예수는 "하늘에 계신 내 아버지"의 본성을 알려준다. 아버지는 목자가 수색에 실패하거나 양이 멸망하는 것을 원치 않는다. 그분은 비극적인 결말에 대해 어떤 원망도 받을 수 없다. 역사 속에서 아버지의 뜻과 인간의 자유 및 책임이라는 불가사의한 긴장관계는 제기되어 왔으나 쉽게 해결되지 않는다.

공관복음서를 통해 추적해왔던 선한 목자 전통을 가지고 우리는 이제 요한복음을 살펴볼 것이다.

8장

요한복음 10:1-18에 나타난 강도와 이리 떼에 둘러싸인 선한 목자

요한복음으로 들어가는 것은 마치 신학적·역사적 환희의 세계로 들어가는 것과 같다. 초대 교부들은 이 복음서를 "영적인 복음서"라고 불렀다. "사랑받은 제자"가 예수에 대한 증언들을 이 복음서에 기록하고 있고, 다락방 강연과 더불어 유명한 "내니"(I am) 구절들이 여기에 담겨 있다. 또한 이 복음서는 잊을 수 없는 갈릴리 가나 혼인잔치, 예수와 니고데모, 예수와 사마리아 여인의 이야기를 담고 있다. 사람들로부터 "사랑받는 구절들" 다수를 이 복음서는 가지고 있는 것이다. 이번 장은 요한복음 10:1-18에 나타난 선한 목자 진술에 집중할 것이다. 우리의 목표는 중동 목양의 관례와, 고대와 현대에 걸쳐 잘 알려지지 않은 중동(아랍)의 주석서들로부터 본문에 대한 통찰력을 얻는 데 있다. 더 나아가 나는, 여태껏 이 연구를 위해 추적해 온 선한 목자의 오랜 성경 전통 안에 이 본문을 배치시킬 것이다.[1]

　요한복음의 이 목자의 노래는 예수로부터 유래되었고 요한에 의해 풍성하게 구성된 것으로 보인다. 따라서 종종 예수의 가르침은 이에 대한 요한의 해석과 함께 잘 융화된 것 같다.[2] 그뿐 아니라, 우리 앞에 있는 이 본문은 성경 전체에서 두각을 나타낼 만큼 예술적으로 정교하게 다듬어

---

[1] 수세기에 걸친 저자, 목적, 주제, 기록 장소 등과 같은 문제에 대한 논의는 사려 깊고 통찰력 있는 개리 버지의 요약을 참고하라. *John*, NIV Application Commentary (Grand Rapids: Zondervan, 2000), pp. 21-50; *Interpreting the Gospel of John* (Grand Rapids: Baker, 2013); Raymond Brown, *An Introduction to the Gospel of John* (New York: Doubleday, 2003), pp. 26-39, 151-219; *The Gospel According to John I-XII* (New York, Doubleday, 1966), pp. xxiv-civ.
[2] 이것의 고전적인 예는 유명한 요 3:16인데, 곧 요 3:1-15에 관한 요한의 부연 설명이다.

진 언어를 사용하고 있다.3) 이런 예술성이 히브리어로부터 유래했다는 것은 명확하다. 요한복음 10:1-18에 사용된 정교한 히브리 문체는 그 신학적 의미를 확실히 하기 위해 주의 깊게 검토될 것이다.

의미는 권위 있는 내부자의 해석을 통해서 어떤 중대한 역사적 사건으로부터 복원된다. 요한복음의 저자([그의 공동체에서] 그의 제자들과 함께한 사도 요한)는 수십년 동안 예수의 가르침과 그의 극적인 행동들을 숙고해왔다. 이런 성찰의 과정은 우리 앞에 놓인 본문에 대한 설명을 보존하고 더욱 풍성하게 만들었다. 또한 여러 차례의 편집 과정을 걸친 본문의 자료가 성령의 인도함을 받았다는 데는 의심의 여지가 없다.4)

요한복음 10:1-18은 매우 정교하게 구성되었다. 중동 지역의 목자에게는 두 종류의 위협이 도사리고 있다. 첫 번째는 강도다(개인 혹은 무리). 두 번째는 야생짐승이다. 1세기 때 출몰한 짐승으로는 이리, 사자, 퓨마, 표범, 곰이 있다. 19세기까지 퓨마와 표범이 간간히 보였고, 이리가 특히 많았다.5) 이런 짐승들은 아주 드물게 마을로 진입했다. 하지만 강도는 어느 곳에서 등장할지 종잡을 수 없다. 그들은 한밤중에 마을로 들어와 양 우리를 넘어 순식간에 한 마리씩 어깨에 들쳐 메고 사라지곤 한다. 또한 강도는 광야의 좁은 골짜기의 협소한 길 입구에 잠복해 있다가, 목자가 이끄는 양 떼의 행렬이 느려지는 틈을 기다린다. 그리고 양 떼의 맨끝에 뒤쳐진 양을 손쉽게 낚아채 사라진다. 따라서 본문은 세 종류의 위협을 그려내고 있다.

---

3) Victor M. Wilson, *Divine Symmetries: The Art of Biblical Rhetoric* (New York: University Press of America, 1997). (Wilson's volume includes a fine bibliography on pp. 321-30.) 이사야서에서의 성경 수사학의 광범위한 사용에 대해서는 다음을 보라. Kenneth E. Bailey, "Study Guide to Isaiah 40-66 (A Demonstration and Explanation of its Rhetorical Forms), *Presbytery of Shenango, 2011*, http://shenangopresbytery.files.wordpress.com/2013/10/isaiah-study-guide-1.pdf.

4) Brown, *John I-XII*, pp. xxxii-xl.

5) W. M. Thomson, *The Land and the Book* (1871; repr., New York: Harper, 1958), 1:302.

- 마을에서: 강도 떼(1-6절)
- 광야에서: 강도 떼(10절)
- 광야에서: 야생짐승(이리 떼가 빈번함; 11-18절)

첫 구절은 마을에서 시작한다(표 8.1. 참조).

10:1 "내가 진실로 진실로 너희에게 이르노니

1. 문을 통하여 양의 우리에 들어가지 아니하고
   다른 데로 넘어가는 자는　　　　　　넘어가는(무력 가정됨)
   절도며 강도요　　　　　　　　　　　도둑-강도

2. ²문으로 들어가는 이는 양의 목자라　목자-들어오는
   ³문지기는 그를 위하여 문을 열고

3. 　　양은 그의 음성을 듣나니　　　　음성-들음
   　　그가 자기 양의 이름을 각각 불러　양-부름
   　　인도하여 내느니라　　　　　　　양-인도함
   　　⁴자기 양을 다 내놓은 후에　　　 모두를 내놓은 후
   　　앞서가면　　　　　　　　　　　양-인도함
   　　양들이 그의 음성을 아는 고로　　양-따름
   　　따라오되(역주-70인역에서는 동사　음성-앎
   　　"앎"과 "따라옴"의 위치가 서로 다름)

4. 　　⁵타인(stranger)의 음성은 알지 못하는 고로
   　　타인을 따르지 아니하고　　　　타인
   　　도리어 도망하느니라"　　　　　알려지지 않은 목소리(무력 가정 안 됨)

5. ⁶예수께서 이 비유로 그들에게 말씀하셨으나 그들은 그가 하신 말씀이 무엇인지 알지 못하니라

표 8.1. 마을에서 양 떼와 함께(요 10:1-6)

수사법

이 절은 4개의 카메오로 구성된다. 외부(카메오 1, 4)의 두 개의 카메오는 **강도**와 **타인**에게 초점을 맞춘다. 중앙부에는 자신의 양을 부르는 선한 목자와 그 음성을 알아듣고 따라가는 양의 그림이 담긴 두 개의 카메오가 있다(카메오 2-3).

카메오 3은 7개의 도치된 구절로 이루어진 소예언 수사 템플릿(mini-prophetic rhetorical template)이다. 오른편에 요약(카메오 3)된 단어들은 **음성, 양, 인도함**으로 구성된 특별한 연속적인 움직임을 보여준다. 카메오의 절정 중심부는 "자기의 모든 양"을 강조하는 데 초점을 맞춘다. 카메오 3은 앞선 도입 주제들을 역순으로 되풀이하면서 결론으로 향한다. 카메오 4와 1은 평행 구절인데, 둘 다 양들이 알지 못하는 낯선 자들을 다룬다. 카메오 1에는 무력이 가정되어 있다. 양은 스스로의 뜻과 상관없이 끌려간다. 카메오 4에는 무력에 대한 언급이 없다.

주석

첫 번째 카메오에서 시작하여, 각 카메오는 면밀히 관찰할 만한 가치가 있다(표 8.2. 참조).

1. 문을 통하여 양의 우리에 들어가지 아니하고
   다른 데로 넘어가는 자는   넘어가는(무력 가정됨)
   절도며 강도요   도둑-강도

표 8.2. 마을의 아침: 절도와 강도(요 10:1)

이 장면은 "마을의 아침" 풍경을 담아내고 있다. 전통적인 마을에서 양 목축의 형태는 양 떼의 소유권과 규모에 따라 다양하다. 양털로 겨울철을 따뜻하게 나려면 각 가정마다 최소한의 양을 반드시 길러야 한다. 그러나 소수의 양 떼의 방목을 위해 인건비를 지불할 여유가 있는 가정은 없다. 그래서 일반적 방식은 같은 촌락에 속한 가정 중에서 소년 한 명(혹은 두 명의 소녀)을 뽑아 20-30마리가량의 양 떼를 한 그룹으로 묶어 방목하는 것이다. 과거 팔레스타인의 주택은 주거 가능한 낮은 지역에 주로 분포하고 있었다(일부는 여전히 그 형태를 유지함). 매일 밤 목자는 그 낮은 지역으로 나귀, 소, 양 등을 몰고 온다.[6] 이 동물들은 한겨울 동안 각 가정을 따뜻하게 해주고 강도로부터도 안전하게 지켜준다. 아침이 되면 사람들은 이 짐승들을 밖으로 데려가 마당에 묶어두고 하루를 시작할 준비를 한다.

그러나 만일 어떤 가정이 10마리 이상의 양 떼를 거느린다면, 이런 가정에는 집의 뒤(혹은 앞)에 달린 야외용 양 우리가 필요하다.[7] 이런 우리의 담장은 일반적으로 길고 뾰족한 가시(혹은 깨진 유리 조각)가 꼭대기에 박힌 1.5-1.8미터 정도의 높은 벽토다. 항상 마을은 도둑(개인적으로 다니는 도둑)과 강도들의 위험에 노출되어 있기 때문이다. "강도들"에 해당하는 단어(lēstēs)는 갱단을 가리키는데, 한밤중에 사다리를 가져와 계획적으로 도둑질을 하는 "도적단"을 의미한다.[8] 담(또는 지붕)을 넘는 것만이 그들의 유일한 양 우리 출입 방법이다.[9] 이런 자들은 오직 "훔치고 죽이고 멸망

---

[6] 시골 소작농 풍경에 대한 전체 그림을 원한다면(표와 함께) Kenneth E. Bailey, *Jesus Through Middle Eastern Eyes* (Downers Grove, IL: IVP Academic, 2008), pp. 28-33을 참고하라.
[7] 나는 레바논 산등성이에서 300마리가 넘는 양 떼를 치고 있는 목자를 만나 이야기를 나눴다.
[8] BAGD, p. 472.
[9] 담을 부수는 것은 불가능한 일이다. 그 소음이 마을 전체로 울려 퍼질 수 있기 때문이다. 마을 사람들이 무장하고 달려와서 도적들을 몰아내버릴 것이다.

시키기" 위해 찾아온다(10절). 슬프게도 역사를 거치면서, 이런 말들은 전쟁을 일으켜온 종교적 운동들을 묘사하는 데 고스란히 사용되어왔다. 이런 유형의 단체들은 목적을 쟁취하기 위해 필요한 모든 종류의 무력을 서슴지 않고 사용해왔다. 그렇다면 목자는 양 떼에게 어떻게 접근하는가? 표 8.3.의 카메오 2를 보자.

2. ²문으로 들어가는 이는 양의 목자라   목자-들어오는
    ³문지기는 그를 위하여 문을 열고

표 8.3. 목자, 문지기, 문(요 10:2-3)

(선한) 목자는 반드시 문지기의 이름을 부른다. 이름을 부르지 않고 문을 두드리는 것은 출입을 시도하는 자가 낯선 자라는 것을 의미한다.[10] 친숙한 목소리가 빠진 노크는 가족 구성원을 놀라게 할 수 있다. 하지만 "좋은 아침이에요, 여러분! 헤이, 데이비드! 나야, 죠수아! 나 갈 준비 됐어!"와 같은 음성은 지체 없이 문이 열리게 할 것이다. 목자에게는 현재 두 가지 문제가 있다.

첫 번째 문제는 양 우리로 들어가 양 떼를 몰아 거리로 이끌고 나와야 하는 것인데 여기에는 별다른 어려움이 없어 보인다. 목자는 거리에 서서 자신만의 독특한 소리를 낸다(5-10초 정도의 짧은 노랫가락). 혹은 마을에서 사용하는 대나무 피리로 특별한 연주를 하기도 한다. 양을 부르는 세 번째 간단한 방법은 "하- 하- 타우- 타우"를 외치는 것이다.[11] 나의 짧은 경험과 19세기의 다양한 견해들을 고려할 때, 이 세 번째 방법이 가장 환영

---

10) Kenneth E. Bailey, *Poet and Peasant and Through Peasant Eyes* (Grand Rapids: Eerdmans, 1983), p. 128을 참고하라.
11) 5장 울음에 대한 설명을 참고하라.

받았던 것 같다. 나는 세 가지 소리를 모두 들어보았다. 현대의 목양 방법과 요한의 본문으로부터 분명히 확인할 수 있는 바는 양이 목자의 음성을 인지하는 것이 매우 중요하다는 것이다. 카메오 3은 그 내용을 두 번 언급하고 있다. 양은 "그의 목소리를 안다." 즉 양 떼에게 있어 목자의 고유한 음성 자체는 그가 연주하는 어떤 선율보다 양 떼에게 더욱 중요하다. 만일 내가 목자가 아니라면, 동일한 선율을 배워 양 떼들의 귀에 대고 그것을 부른다 하더라도, 양 떼는 내게 주의를 기울이지 않을 것이다.

레바논 베이루트에서 신약학 교수로 재직하는 동안 나는 레바논과 시리아의 작은 농장 출신의 학생들을 가르친 적이 있었다. 그때 우리는 누가복음 15장, 마태복음 18장, 요한복음 10장에 나타난 선한 목자 본문을 연구하고 있었다. 나는 학생들에게 양을 키워본 적이 있는지 물어보았다. 몇몇 학생들은 그렇다고 대답했다. 그들의 개인적 경험담은 우리 모두에게 큰 도움으로 작용했다. 나는 새 양을 들여왔을 때 무슨 작업을 필수적으로 해야 하는지 물었다. 아비디스 보이네리안(Avidis Boynerian)은 새 양이 새로운 목소리에 적응하기 위해 훈련받아야 함을 설명했다. 14시간 동안 혹은 그 이상 아무것도 먹지 못했기 때문에 매일 아침마다 양들은 흥분하기 시작한다. 게다가 밤새도록 우리 안에 서로 뒤엉킨 채 갇혀 있던 양들은 배고픔과 더불어 제대로 쉬지 못한다. 동이 터오면서 양들은 흥분을 감추지 못하고 점점 더 활발히 움직인다. 마침내 목자의 음성이 우리 밖에서 들려온다. 집안 사람들에 의해 우리가 열리자마자 다시 목자의 음성이 들려오고, 양들은 새날의 싱싱한 푸른 풀밭, 상쾌한 산 공기, 그늘진 나무, 그리고 잔잔한 물가에서의 휴식을 기대하면서 돌진한다. 그러나 불운한 새 양에게 목자의 음성(혹은 부르는 소리)은 아직 낯설다. 새 양은 아직 파티에 갈 준비가 안 된 것이다! 나는 아비디스에게 이렇게 물었다. "이 불쌍한 양에게 무슨 일이 생긴 건가?" 그는 대답했다. "이 양은 일시적 신경 쇠약 상태에 빠진 것입니다." 그리고 아비디스는, 새 양이 거친 돌로 세워진 양 우리의 벽을 머리로 쾅쾅 들이받으며 가련하고 애끊는 울음을 터뜨린다고 자세히 설명해주었다. 새로운 목자의 음성에 익숙해지는 데 필요한 청각 훈련을 위해서는 며칠간의 치료가 필요하다고 했다. 목자들과 양들의 이런 세계는 우리에게 본문 이해에 대한 배경을 제공해 준다.

중동에서만 이런 것들을 경험할 수 있는 것은 아니다. 최근에 나는 서부 펜실베니아에서 선한 목자에 대한 전문적인 DVD 강의 시리즈를 녹음하는 특권을 누렸다. 제작진들은 "실제 살아 있는 양들"을 담은 장면을 연출하길 원했다. 고등학교 교사이면서 양 목축을 병행했던 나의 멋진 친구는 제작진과 카메라맨과 함께 거의 온종일 촬영에 협조해주었다. 제작진들은 양들이 자신들의 목소리에 놀란다는 사실과 더불어 목자의 짧은 부름에도 즉각적으로 방향을 전환한다는 사실을 깨달았다.

다시 본문으로 돌아가 보자. 매일 아침 목자는 양 우리 안에서 안절부절 못하는 양들을 풀어놓아 어렵지 않게 거리로 이끌고 나온다. 거리에는 다른 양 떼가 어수선하게 즐비한 가운데 낯선 목자들의 음성이 들린다. 카메오 3은 그들의 여정을 추적한다(표 8.4.).

3. 양은 그의 음성을 듣나니	음성-들음
그가 자기 양의 이름을 각각 불러	양-부름
인도하여 내느니라	양-인도함
⁴자기 양을 다 내놓은 후에	모두를 내놓은 후
앞서가면	양-인도함
양들이 그의 음성을 아는 고로	양-따름
따라오되	음성-앎

표 8.4. 목자가 부르고 양은 목자를 따름(요 18:3-4)

목자의 임무는 여기서 한층 더 복잡해진다. 양들을 우리 밖으로 꺼내 오는 건, (이른 아침에) 마을의 비좁은 길가에 즐비한 다른 수많은 양 떼를 뚫고 자기 양 떼를 인도하는 일에 비하면 쉬운 일이다. 19세기의 한 여행가이자 작가는 이 장면을 다음과 같이 그려내고 있다.

여행객들은 큰 양 떼가 목자의 음성을 알아듣고 그를 따라갈 만반의 준비가 되어 있음을 알아차렸다. 비록 여러 마리의 양들이 분주히 움직이며 서로 뒤엉키기도 하나, 목자의 명령에 재빨리 각자의 자리로 나누어진다. 여기서 낯선 이의 말은 아무런 효과도 발휘하지 못하는 것 같다. 짐꾼은 바산 언덕에서 목격한 장면을 이야기해준다. "목자들은 성문 밖으로 자기 양 떼를 이끌어냈습니다. 우리는 큰 흥미를 느끼며 양 떼들을 보고 그 울음소리를 듣고 있었습니다. 이윽고 수천 마리의 양과 염소 떼가 빽빽하게 들어찼습니다. 목자들은 모든 양들이 나올 때까지 함께 서 있었습니다. 그런 다음 그들이 각자 다른 길로 들어서서 괴상한 소리를 질러대자, 수천 마리 양들은 분리되어 자신의 목자를 재빠르게 찾아갔습니다. 양은 자기 주인인 목자의 음성을 알아들었습니다. 맨처음에는 거대한 무리 전체가 마치 신체에 경련이 일어난 것처럼 심하게 움직였지만, 곧 자신의 목자가 서 있는 방향을 찾아 재빨리 빠져나갔습니다. 얼핏 보면, 이 장면은 마치 몇 갈래로 길게 뻗은 시냇물이 인도자들에게로 흘러가는 것만 같았습니다."[12]

동시에 여러 목자들로부터 들려오는 음성 가운데 자기 주인의 목소리를 분별해내는 것은 양의 능력이다. 목자가 단순히 "타우, 타우"를 외치든

---

[12] James M. Freeman, *Hand-Book of Bible Manners and Customs* (New York: Nelson & Phillips, 1874), p. 429. J. L. Porter, *The Giant Cities of Bashan and Syria's Holy Places* (New York: n. p., 1866), p. 45에서 인용.

지, 독특한 선율로 노래를 부르든지 간에, 양은 정확하게 목자의 음성을 듣고 따라간다. 디오네시우스 이븐 알-살리비(Dionesius ibn al-Salibi)는 자신의 12세기 작품에서 다음과 같은 사실에 주목한다.

> 모든 해를 몰아내는 경호원과 같이 양 떼를 돌보는 것이 목자의 습관이다. 주 그리스도께서는 진리와 믿음과 의의 길로 인도하시기 위해 자신의 양 떼를 앞서가신다. 하지만 오늘날 나는, 자신의 추악한 욕망을 만족시키고 탐욕의 불길 위에 마른 땔감을 쏟아놓기 위해 양 떼 뒤에서 어슬렁거리는 주교들을 목격한다. 오! 대주재여, 당신의 백성을 그들로부터 구하소서![13]

이븐 알-살리비(주교였던)는 에스겔서의 묘사(겔 34:1-10)와 유사한 "악한 목자" 문제를 경험했던 것 같다. 이븐 알-살리비는 양 떼가 마을로 돌아올 때 이리나 들짐승들이 양 떼 뒤를 쫓아오기 마련인데, 이때 목자는 양 떼 뒤를 바짝 따라붙어 호위한다고 지적한다. 일단 집으로 돌아가는 길에 들어서면, 일반적으로 양들은 가야 할 곳을 이미 알고 있기 때문이다. 그러나 이른 아침부터 하루 종일 지속된 여정에서 목자는 앞장서서 양 떼를 인도한다.

종종 목자는 양 떼 중에서 자신을 가까이 따르며 애완동물 역할을 하는 몇몇 양들에게 특별한 애정을 가진다. 목자는 이 양들에게 주로 그들의 털 색깔과 관련된 이름을 지어주기도 한다. 예를 들면 "붉은 털 복숭이"나 "깜씨" 같은 이름들이다.[14] W. M. 톰슨(W. M. Thomson)은 다음과 같이 말한다.

---

13) Ibn al-Salibi, *Tafsir*, 2:367.
14) 잃어버린 염소를 이야기할 때(일찍이 설명했던), 크리코리안은 그것을 가리켜 "우리 검푸른 염소"라고 언급했다. M. P. Krikorian, *The Spirit of the Shepherd: An Interpretation of the Psalm Immortal*, 2nd ed. (Grand Rapids: Zondervan, 1939), p. 56을 참고하라.

"어떤 양들은 항상 목자 곁에 달라붙어 있는데 이들은 목자의 특별한 사랑을 받는 양들이다. 각각의 양은 이름을 불러주는 목자에게 기쁘게 화답하고, 친절한 목자는 이들을 위해 선별된 사료를 나누어준다."[15]

스테판 하부쉬(Stephen Haboush)는 양들을 위해 자신이 직접 지은 이름을 언급한다. "귓볼 장군, 짧은 꼬랑지, 맑은 눈망울, 천사, 느림보, 점박이" 등이 그것이다.[16] 여기서 하부쉬는 이름이 붙여진 양들이 목자를 따르는 근본적인 이유를 명확히 한다. "그 양들이 목자의 부름에 순종하는 것은 이름 때문이 아니라 내 목소리의 독특한 음색과 특성 때문이다. 바로 이것이 양들이 목자를 알아보는 유일하고 확실한 이유다."[17] 백 마리 양들의 이름을 일일이 불러가며 자신이 원하는 특정한 방향으로 양 떼를 인도해가는 목자는 분명 없을 것이다. 본문의 의도는 목자가 실제로 몇 마리 양들의 이름을 부름과 동시에, 모든 양들은 "목자의 그 음성을 알기에" 그를 따른다는 것이다.

성경의 모든 비유나 이야기들은 동전의 양면과도 같다. 한쪽은 삶의 구체적 현실이며, 다른 한쪽은 이 현실을 영적 영역 속에 적용하는 측면이다. 예수가 스스로를 가리켜 "나는 문이다"라고 말할 때, "나는 못 박힌 널빤지 조각으로 이루어진 문이다"를 의미하진 않을 것이다. 청자와 독자는 비유를 들으면서, 구체적인 이미지의 사용과 이를 명확하게 만들어 줄 화자의 가르침의 관점을 분류할 필요가 있다. 우리가 다루고 있는 현재의 본문에서도 마찬가지다. 실제로 목자는 때에 따라 자신이 애지중지하는 몇 마리 양에게 이름을 지어준다. 일반적으로 큰 무리 속 모든 양에

---

15) Thomson, *Land and the Book*, 1:302.
16) Stephen A. Haboush, *My Shepherd Life in Galilee: With an Exegesis of the Shepherd Psalm* (Chicago: Merchandise Mart, 1949), p. 16.
17) Ibid.

게 이름을 지어주지는 않는다. 하지만 이 비유 사용의 "적용이라는 관점"에서 볼 때, 양 무리 가운데서 "작은 것들"(마 18장에서 일찍이 살펴본 것처럼) 중 하나가 "나는 별로 중요하지 않아. 목자는 나 같은 존재에게 이름을 지어주지는 않을 거야. 내가 누구인지 모른 채로 내버려 둬"라는 낙담을 막기 위해서라도, 예수가 "자기 양의 이름을 각각 불러" 내는 모습은 적설할 것이다. 이 구절을 설명하면서, 이븐 알-살리비는 "목자는 양 떼의 이름을 부름으로써 목자가 가진 그들에 대한 참된 지식을 표현한다. 이름을 부른다는 것은 한 사람이 다른 한 사람을 안다는 명백한 증거가 된다."[18] 실제로 그분은 자신의 "작은 자들" 가운데 있는 우리 모두의 이름을 안다. 그러나 이것이 다가 아니다.

순환 구성법이 성경 본문의 저자에 의해 사용되는 때에는, 그 안에 나타나는 개념들의 짝을 검토하는 것이 중요하다. 이번 카메오 3에서는 다음과 같은 평행 구절이 확인된다.

첫 번째 짝. 카메오 3의 첫 번째 줄(3a)에서 양은 "그의 음성을 듣고", 7번째 줄(3g)에서는 "그들이 목자의 음성을 안다." 이 두 구절은 평행을 이루는 동시에 첫 번째에서 두 번째로의 이동이 발생한다. 양들이 "목자의 음성을 듣는 것으로는" 충분하지 않다. 양들이 "그의 음성을 알아듣지 못한다면" 목자의 부름은 아무런 소용이 없다.

두 번째 짝. 카메오 3의 두 번째 줄(3b)에서 "목자는 부른다." 그리고 6번째 줄(3f)에서 "양은 따라간다." 목자의 행동이 먼저고 그 다음에는 양의 반응이 이어진다. 목자의 부름(3b)은 양 떼의 따라옴이 수반되지 않는다면 아무런 의미가 없다(3f). "따라옴"은 목자의 행동과 양 떼의 행동의 융합으로 이루어지고 있다. 또 다시 하나님의 주권과 인간의 자유 및 책임

---

18) Ibn al-Salibi, *Tafsir*, 2:367.

이 나란히 위치하고 있으며, 어떻게 양자가 상호 작용하는지에 관하여는 아무런 설명도 없다. 그럼에도 이 비유는 이런 신비에 대한 우리의 이해를 넓혀준다. 목자는 실제로 양을 불렀고, 양이 따라오지 않는다면 그 부름은 헛되다.

세 번째 짝. 목자는 이끌고(3c) 앞서 나아간다(3e). 목자는 양 떼 뒤에서 막대기를 들고 몰고 가지 않는다. 그는 앞장서서 양 떼를 인도한다. 곧 살펴보겠지만, 베드로는 이런 이미지를 교회의 리더쉽에 적용한다.

이 카메오의 절정(도치된 평행 구절)은 "자기 양을 다 내놓은 후에"라는 구절과 함께 중심부(3d)에 나타난다. 여기서 양 떼와 목자는 마을 밖에 나와 있는 상태다. 양들은 상쾌한 아침 공기 속에 울리는 다른 목자들의 소리는 무시하고, 신중하고 결단력 있는 태도로 자신의 선한 목자를 따라간다. 목자는 이른 아침의 이 교통 혼잡이 끝나고, "자신의 모든 양 떼"가 자기 뒤에 있음을 확인할 때 비로소 예정한 방향으로 출발할 것이다(포터와 프리맨의 목격담처럼). 목자는 양 떼의 숫자를 세지 않는다. 단지 그는 무수히 많은 털 북숭이 짐승들이 각자의 목자를 찾아서 정렬하고 자신의 목자의 음성을 듣고 따를 때까지 기다릴 뿐이다.

덧붙여 말하자면, 우리는 이 본문이 이례적으로 현시대의 상황과 연결된다는 것을 관찰할 수 있다. 현대의 정보 기술과 함께, 인류 역사 속에서 지금처럼 귀에 거슬리는 강한 소음들이 난무하여, "양 떼"의 충성과 집중력을 희생시킨 적은 결코 없었다. 매일같이 양들은 의식적으로 이런 소음을 무시한 채 자신의 선한 목자의 음성을 듣고 따라가야 한다. 마을의 끝자락에 정렬하여 목자를 따라 드넓은 광야로 떠날 채비를 갖춘 양 떼를 향하여 예수는 마지막 설명을 이어간다(표 8.5. 참조).

4. ⁵타인(stranger)의 음성은 알지 못하는 고로

타인을 따르지 아니하고	타인
도리어 도망하느니라	알려지지 않은 목소리(무력 가정 안 됨)

표 8.5. 양과 낯선 자의 음성(요 10:5)

"타인"이 곧 "도둑"을 의미하는 것은 아니다. 도둑은 양에게 선택권을 주지 않는다. 도둑은 양을 무력으로 제압하고 낚아채가면 그만이다. 반면에 "타인"은 양 떼에게 다른 목초지를 제안한다. 예수 시대에 이런 타인들은, 여리고 외곽 쿰란 동굴의 당파들과 성전에 있던 대제사장 무리, 그리고 율법의 정확한 해석에 심취했던 바리새인과 서기관일 수 있다. 헬라파 학자들은 신앙을 시대에 맞추어 바꾸려 했고, 헤롯파 사람들은 로마와 함께 안방을 차지했다. 열심당은 이길 수 없는 전쟁을 준비하고 있었고, 성전의 무리인 사두개인들은 권력과 과거에 집착했다. 많은 "타인들"이 신자들을 불렀지만, 선한 목자의 음성을 알고 그분을 따르기로 결심한 이들은 다른 모든 음성을 무시하고 선한 목자의 음성을 따른다. 그들은 타인들의 목소리를 "알지" 못했다(즉 권위 있는 목소리들을 거부했다). 그렇다면 예수의 청중은 예수가 말한 내용을 이해했는가?

목자의 노래의 첫 번째 부분은 "예수께서 이 비유로 그들에게 말씀하셨으나 그들은 그가 하신 말씀이 무엇인지 알지 못하니라"로 끝나고 있다(6절). 마가복음 6:52에서 우리가 주목했던 제자들의 우둔함이 재등장하고 있다. 따라서 예수는 다른 비유를 시도한다. 이번에는 본문의 무대가 광야로 바뀐다(표 8.6. 참조).

10:7 그러므로 예수께서 다시 이르시되 내가 진실로 진실로 너희에게 말하노니

1.　a. 나는 양의 문이라　　　　　　　　나는 문이다

2.　　8나보다 먼저 온 자는 다 절도요 강도니　도둑들
　　　양들이 듣지 아니하였느니라　　　　강도들

3.　　　a. 9내가 문이니　　　　　　　　　　나는 문이다
　　　　b. 누구든지 나로 말미암아 들어가면 구원을 받고　출입-구원받음
　　　　c. 또는 들어가며 나오며 꼴을 얻으리라　꼴을 찾음

4.　　10도둑이 오는 것은 도둑질하고　　　도둑
　　　죽이고 멸망시키려는 것뿐이요　　　훔치고 죽임

5.　b. 내가 온 것은 양으로 생명을 얻게 하고　내가 온 것은
　　c. 더 풍성히 얻게 하려는 것이라　　　풍성한 삶을 주기 위함

표 8.6. 광야에서의 양 떼(요 10:7-10)

수사법

"사망과 생명"이라는 이 짧은 수사적 단락은 5개의 카메오로 구성되어 있다. 두 개의 카메오가 절도와 죽음에 집중하는 반면에, 세 개의 카메오는 안전과 생명에 그 초점을 두고 있다. 이 두 주제는 표 8.7.에서 보여주는 것처럼 서로 밀접하게 관련된다.

1. 생명/안전(문)
　　2. 죽음(절도/강도)
　　　　3. 생명 (문/구원)
　　4. 죽음(도둑, 살인, 멸망)
5. 생명(풍성한 삶)

표 8.7. 생명과 사망(요 10:7-10)

이 두 주제의 연관성은 두드러지게 나타나는데, "사망"이라는 부정적인 주제를 생략하고 본문을 읽는다면 보다 쉽게 읽힐 것이다.

1. 나는 양의 문이다.
2. 누구든지 나를 통해 들어온다면, 구원을 받을 수 있다.
3. 그리고 그는 들어오고 나가며 꼴을 찾게 될 것이다.
4. 나는 그들에게 생명을 주기 위해 왔다.
5. 그리고 그 생명을 더 풍성하게 하기 위해 왔다.

위의 5개의 목록은 균일하게 연결되어 있다. 전체 본문이 이렇게 구성되었다고 해도 독자는 생략된 부분에 대해 별다른 차이를 느끼지 못할 것이다. 하지만 본문은 생명과 사망이라는 일련의 조화롭지 못한 대조들을 보여준다. 각 경우에 마치 "사망"은 "생명"에 의해 포위되는 것처럼 배열되어 있다. 즉 생명-사망-생명-사망-생명의 순서로 구성되는 것이다. 예술적으로 짜여진 이 본문은 사망을 잠식하고 있는 생명을 보여준다.

더 나아가 5개 카메오의 중심은 시작과 끝에 나타났던 개념들로 구성된다. 중심부 카메오의 첫 번째 줄(3a)은 시작 부분에 있는 첫 줄(1a)의 요약이다. 이어지는 3b, 3c는 카메오 5에서 다른 표현으로 등장하는 5b, 5c 개념의 반복이다. 즉 "구원받음=생명을 얻음"이고 "꼴을 찾음=풍성함"이다. 도입부와 마지막에 등장하는 개념으로부터 중심을 구성하는 이런 특징은 이사야 28:14-18만큼이나 오래된 수사적 장치다.[19]

이 짧은 수사적 단편에 나타난 또 다른 이례적인 특징은 바로 "대위법"(counterpoint)이다. 이미 지적했듯이, 독자들은 생명-사망-생명-사

---

19) 도입부 사 28:14-18의 논의를 주목하라.

망-생명의 패턴을 들을 수 있다. 동시에 또 다른 방식의 구조는 순환 구성법 순서에 맞게 도치된 흐름을 따라 A-B-C-B-A 식으로 시연될 수 있다.[20]

주석

지금 선한 목자와 그의 양 떼는 광야에 있다. 목자가 인도한 양들은 풀을 뜯고, 물을 마시고, 장난치고, 쉬면서 하루를 보낸다. 매년 하반기 겨울우기가 들어서기 전, 목자는 양 떼를 이끌고 새로운 목초지를 찾기 위해 최대한 마을로부터 멀리 떨어진 곳으로 길을 나서야만 한다. 목초지를 찾기 위해서는 매일 점점 더 많은 시간과 에너지를 쏟아야 한다. 늦은 여름과 이른 가을에도 여전히 무더위가 기승을 부린다. 수세기에 걸쳐 목자들은 들판의 원석들을 사용하여 광야에 둥글고 거친 울타리를 세워왔다. 또 다시 울타리 위에는 가시들이 (가능하다면) 박힐 것이고, 먼저 도착한 가축들은 지붕이나 문도 없이 돌로 세워진 울타리 안에서 자유롭게 보금자리를 틀고 훈훈한 밤을 보낼 것이다. 일단 양 떼가 울타리 속으로 들어가고 나면, 유일하게 취약한 부분은 입구다.[21] 만일 울타리 근처에 마른 덤불이라도 있으면, 목자는 양 떼를 보호할 목적으로 울타리 입구에다가 작은 불을 지펴놓는다. 데려온 개가 있는 상황이라면, 목자는 자신이 잠들지 모르는 입구 옆에다 그 개를 놓아 둔다. 문자 그대로 목자가 문이 되는 광경

---

20) 요 15:7-17은 동일한 대위법을 보여준다. 본문은 순환 구성법을 사용하며 11개의 카메오는 본문 전체에 걸쳐 책임과 특권 사이에서 교차하여 나타난다. 고전 1:17-2:2은 "십자가 설교"로 시작하고 끝맺으며 동일한 주제가 중심부에 나타난다. Kenneth E. Bailey, *Paul Through Mediterranean Eyes* (Downers Grove, IL: IVP Academic, 2011), pp. 73-76을 참고하라.
21) 이 지역의 자연동굴도 동일한 목적을 위해 사용된다. 목자들은 동굴 입구를 가로질러 낮은 담을 세워놓아 양 떼의 동굴 출입을 자유롭게 만들어준다.

이다. 이 본문은 1-10절의 이미지와 전혀 충돌하지 않는다. 마을 안에는 문지기가 열어야만 들어갈 수 있는 안전한 문이 달린 견고한 돌담이 있다. 하지만 광야에서는 이런 편의를 꿈꿀 수 없다. "나는 문이다"라는 표현은 탁 트인 광야에서의 하룻밤을 묘사한다.

만약 중동의 목자들과 함께한 자리에서, 그들에게 야생 목초지에서 겪었던 잊을 수 없는 추억을 꼽으라고 한다면, 그들은 대부분 짐승이나 도둑과 벌였던 숨 막히는 결전을 들려줄 것이다. 이 경우 본문은 다시 도둑과 강도에게 초점을 맞춘다. 10절에서 "죽이다"는 "살육하다"라는 뜻이다. 도둑은 (패거리와 함께하거나 독단적으로 하거나) 오직 "훔치고 죽이고(살육하고) 철저히 멸망시키려 한다."22) 도둑은 먼저 양을 훔친다. 그리고 머지않아 훔친 양을 죽일 것이다. 그는 "완전히 멸망시킬" 것이다. 즉 훔친 양을 흔적도 없이 도살할 것이다. 본문에서 그 밖에 따로 추가된 사항은 없으며, 10절의 동사들은 적절한 순서로 배열되었다. 본문에서 언급하고 있는 "절도와 강도"는 누구를 가리키는 것일까?

많은 잠재된 가능성들이 있을 것이다. 이븐 알-타입은 크리소스토모스를 참조하면서 수많은 주석가들의 의견을 표현한다.

> 그[예수]는 구약에 등장하는 예언자들의 이름을 거론하는 것이 아니다. 지금 예수는, 갈릴리 사람 유다(Judas)나 사도행전 5:36-37에 나오는 드다(Theudas)와 같이 예수보다 먼저 와서 자신을 메시아라고 주장하는 이들, 즉 양들이 경계하는 음성의 당사자들을 언급하고 있다. 그러나 예수는 "걱정하지 말라. 내가 문이다. 누구든지 나를 통해 들어가면 구원을 받을 것이다"라고 말한다.23)

---

22) LSJ, *Greek-English Lexicon*, p. 207.
23) Ibn al-Tayyib, *Tafsir*, 2:551.

본문은 당대의 다른 목소리들을 언급한 것일 수도 있다. 예수의 시대 이전 300년 동안 유대 국가의 역사는 연이은 전쟁과 전쟁에 대한 소문의 역사였다. 또한 여기에는 자신의 정치적·종교적 리더쉽을 경쟁적으로 주장하는 여러 목소리들도 섞여 있었다.[24] 이스라엘의 하시딤(Hasidim)은 마카비(Maccabees) 왕조와 그 권력에 완전히 복종하지는 않았다. 쿰란 종파들은 선택된 참 이스라엘의 남은 자들이 예루살렘에 있는 대제사장 무리가 아니라, 바로 자신들이라고 확신했다. 이렇게 끊임없이 여러 주장이 들끓었다. 1세기 그리스 세계에는 월터 그룬드만(Walter Grundmann)이 말하는 "헬레니즘의 많은 목자 신들"이 있었다.[25] 아티스, 아누비스, 디오니수스, 헤르메스 등이 바로 그런 목자 신이었으며,[26] "양들은 그들의 말을 듣지 않는다"라는 이런 단언은 모든 세대의 교회에게 커다란 도전이 되었다.

"절도와 강도"를 정확하게 규정할 순 없다. 절도와 강도에 관한 대목을 읽었던 그리스와 유대 독자들은 다양한 경쟁하는 목소리를 재빨리 생각했을 것이다. 하지만 유대 진영에서 이븐 알-타입과 크리소스토모스는 최상의 가능한 해석을 제공하는 것 같다.

본문의 절정은 카메오 3에서 나타난다(표 8.8. 참조).

---

24) Stewart Perowne, *The Life and Times of Herod the Great* (London: Hodder & Stoughton, 1956); and *The Later Herods: The Political Background of the New Testament* (London: Hodder & Stoughton, 1958). 페로운(Perowne)은 그 기간의 소동에 대해 명확하고 상세하게 기록했다.
25) Walter Grundmann, "καλός" *TDNT*, 3:548, n. 43.
26) Ibid.

3. a. [9]내가 문이니   나는 문이다

   b. 누구든지 나로 말미암아 들어가면 구원을 받고   출입-구원받음

   c. 또는 들어가며 나오며 꼴을 얻으리라   꼴을 찾음

표 8.8. 광야에서의 안전과 보호(요 10:9)

이 카메오는 이미 묘사되었던, 광야 울타리에서 밤을 보내는 목자와 그의 양 떼의 이미지를 재연하고 있다. "나로 말미암아 들어가면"의 배경에는, 다가오는 밤과 광활한 광야를 피하려는 겁 많은 양, 견고한 돌 울타리의 안전 안으로 다가오는 위험, 스스로 문이 되어주는 사랑하는 목자의 그림이 숨어 있다. 그 안에서 양 떼는 도적이나 이리로부터 안전하게 보호받는다.

"들어가고 나가면서 꼴을 얻는" 것은 자유와 음식물 모두가 주어진다는 뜻이다. 구원은 목자가 양을 한 마리씩 철 우리 안에 가둬놓고 안전한 헛간 속에서 이들에게 먹을 것을 주는 것을 의미하지 않는다. 구원이란 들어가고 나가며 꼴을 찾는 자유를 포함한다. 그러나 이 표현은 당장 도전에 직면하는데, 앞서 말한 것처럼 양 떼가 광야에서 밤을 보낼 때쯤에 이르면 그 해의 야생 목초지는 거의 소진된 상태가 되기 때문이다. 따라서 양 떼는 "들어가고 나가면서" 거의 아무것도 찾지 못한다. 여름과 가을이 되면 목초지를 발견하기 위해 영민한 목자를 데려와야 한다. 방목권과 관련해서는 목자들과 부족들 사이에 오랫동안 지속되어온 협정이 있다. 목자들은 아직 풀이 남아 있고 양 떼가 자유롭게 드나들 수 있는 적절한 골짜기를 선정한다. 여기서 본문은 단수를 사용한다. 즉 들어가고 나가는 주체는 양 떼 전체가 아니라 개별 양의 이동이다. 스토리 라인 차원에서 이는, 목자가 선택한 골짜기 근처에 싱싱한 풀이 있으며, 목자는 양이 돌 울타리

를 마음대로 드나들도록 허락한다는 뜻이다. 이 본문의 신학적 차원에 대해 이븐 알-타입은, 양이 "풍부한 영적 자양분의 목초지"로 이동하고, "그[예수]는 영혼의 대적으로부터 양을 보호한다"라고 이해한다.[27] 계속해서 이븐 알-타입은 말한다. "크리소스토모스가 말한 '그가 나가고 들어오는' 것은 신자가 자유롭게 활동하면서 양 우리 안이건 밖이건 간에 그리스도의 이름을 위하여 그리고 자신의 영혼을 위하여 음식물을 찾는 것을 의미한다."[28] 이 마지막 구절은 제자들이 음식을 들고 사마리아 우물로 돌아왔을 때, 예수가 "나의 양식은 나를 보내신 이의 뜻을 행하며"라고 말하면서 자신이 이미 먹었음을 이야기하는 요한복음 4:32에서 나타난다.

카메오 4는 앞서 언급했던 잔혹한 도둑의 이미지를 최종적으로 표현하고 있다. 이 수사적 단락에는, 따스한 햇살과 산들바람이 부는 골짜기를 낀 푸른 목초지에서 평화롭게 풀을 뜯고 있는 양 떼와 근처에서 그들을 지키는 믿음직한 목자의 장면만을 담고 있는 것이 아니다. 도둑이 있다는 사실을 잊어서는 안 된다. 이 도둑들 중 몇몇은 매 시대마다 믿음의 신성한 기초를 죽음과 대혼란을 일으킬 강력한 힘으로 바꾸어왔다. 하지만 예수는 결코 이런 일을 원하지 않는다. 두 번째 단락에 있는 예수의 마지막 설명을 표 8.9.로 확인해보자.

5. b. 내가 온 것은 양으로 생명을 얻게 하고   내가 온 것은
   c. 더 풍성히 얻게 하려는 것이라   풍성한 삶을 주기 위함

표 8.9. 생명과 풍성함(요 10:10)

---

27) Ibn al-Tayyib, *Tafsir*, p. 551.
28) Ibid.

위에 제시된 것처럼, "생명을 얻기 위함"(5b)은 "구원을 얻게 됨"으로 읽히는 카메오 3b의 의미를 풍성하게 해준다. 요한복음에서 이 두 구절은 서로를 보완해준다. 초기 아랍어 신약 사본은 종종 예수를 *al-muḥyi*(생명을 주는 이)라고 기록했다. 현대 이집트 개신교 신학자 이브라힘 사이드는 이 본문을 논하면서 앞의 단어를 사용한다.[29] 더군다나 카메오 3c의 "꼴을 찾음"과 마지막 카메오(5c)에 나타난 "풍성함"은 그 의미가 중첩한다. "꼴을 찾는다는 것"은 말하자면 "한 날"을 "풍성함"을 안겨주는 "좋은 날"로 바꾼다는 것을 의미한다.

이제 이리와 사투를 벌이는 두 번째 "시"로 가보도록 하자. 이 본문은 풍요로운 의미를 담고 있으며, 해석자는 "두려움과 떨림"으로 본문에 접근할 필요가 있다. 표 8.10.의 전체 본문을 보자.

---

29) Ibrahim Sa'id, *Luqa*, p. 418.

A연

1a. ¹⁰:¹¹나는 선한 목자라   선한 목자
  b. 선한 목자는 양들을 위하여 목숨을 버리거니와

2.   ¹²삯꾼은 목자가 아니요   삯꾼
      양도 제 양이 아니라

3.   이리가   이리 출몰
          오는 것을 보면

4.   양을 버리고   삯꾼은 달아남
              달아나나니

5.   이리가 양을 물어 가고   이리의 공격
          또 헤치느니라

6.   ¹³달아나는 것은 그가 삯꾼인 까닭에   삯꾼
      양을 돌보지 아니함이나

7a. ¹⁴나는 선한 목자라   선한 목자
  나는 내 양을 알고 양도 나를 아는 것이
  ¹⁵아버지께서 나를 아시고 내가 아버지를 아는 것 같으니
  b. 나는 양을 위하여 목숨을 버리노라

B연

8.   ¹⁶또 이 우리에 들지 아니한   복음 전도와 선포를 위한 비전
      다른 양들이 내게 있어

9.   내가 인도하여야 할 터이니   복음 전도와 선포의 과업
      그들도 내 음성을 듣고

10.   한 무리가 되어   복음 전도와 선포의 목적
     한 목자에게 있으리라

C연

11.	¹⁷아버지께서 나를 사랑하시느니라	아버지가 나를 사랑함
12.	내가 내 목숨을 버리는 것은 그것을 내가 다시 얻기 위함이니	다시 얻기 위해 목숨을 버림
13.	이로 말미암아… ¹⁸이를 내게서 빼앗는 자가 있는 것이 아니라	아무도 빼앗지 못함
14.	나는 버릴 권세도 있고 다시 얻을 권세도 있으니	나는 버릴 권세와 다시 얻을 권세가 있다
15.	이 계명은 내 아버지에게서 받았노라 하시니라	아버지가 내게 책임(charge)을 부여함

표 8.10. 이리와의 격돌과 그 여파(요 10:11-18)

    십자가와 부활로 이어지는 이 역동적인 송영은 모두 세 개의 부로 나눠져 있는데, 그 부분을 편의상 연(strophe)으로 명명했다.[30] 우선 첫 번째 연을 살펴보자.

---

[30] 이 연구의 다른 세 본문도 마찬가지로 세 부분으로 구성돼 있다(참조. 사 28:14-18; 마 18:10-14; 눅 15:4-7).

A연

1a. ¹⁰:¹¹나는 선한 목자라   선한 목자
 b. 선한 목자는 양들을 위하여 목숨을 버리거니와

2.   ¹²삯꾼은 목자가 아니요   삯꾼
     양도 제 양이 아니라

3.   이리가   이리 출몰
       오는 것을 보면

4.   양을 버리고   삯꾼은 달아남
       달아나나니

5.   이리가 양을 물어 가고   이리의 공격
       또 헤치느니라

6.   ¹³달아나는 것은 그가 삯꾼인 까닭에   삯꾼
     양을 돌보지 아니함이나

7a. ¹⁴나는 선한 목자라   선한 목자
    나는 내 양을 알고 양도 나를 아는 것이
    ¹⁵아버지께서 나를 아시고 내가 아버지를 아는 것 같으니
 b. 나는 양을 위하여 목숨을 버리노라

표 8.10b. A연(요 10:11–15)

선한 목자와 양 떼는 아직 광야에 있다. "도적들"은 두 부분으로 논의되는데(1-6절, 7-10절), 여기서 본문은 양 떼에 대한 또 다른 커다란 위협인 야생 동물로 주제를 전환하고 있다(이 경우에는 이리 떼).

수사법

이 "시"(A연)는 순환 구성법과 7개의 도치된 카메오로 이루어져 있다. 이런 시적 장치에 의해 이 본문은 예언 수사 템플릿으로 분류된다. 종종 발생하는 것처럼, 이 본문에서는 바깥쪽 카메오가 중심에 있는 카메오보다 더 길다.[31] 가장 특이한 시적 양태는 카메오 1과 카메오 7 사이의 관계에서 나타난다. 카메오 1(a,b)은 두 개의 개념으로 이루어져 있다. 이 두 개념은 다시 카메오 7(a,b)에서 거의 동일한 단어로 반복되고 있다. 하지만 카메오 7은 그 중심부에 새로운 요소를 추가한다. 이런 주목할 만한 언어적 예술성의 의미와 중요성은 곧 살펴보게 될 것이다.

주석

여러 세기에 걸친 성경 전통에서 목자는 여러 긍정적인 모습으로 묘사됐으나, 거의 대부분의 경우 "선한 목자"로서 등장한 적은 없었다. 여기에 쓰인 단어 *kalos*(good)는 그리스어로 "도덕적으로 선한", "고결한" 혹은 "아름다운"을 의미한다. 요한복음 10장의 시리아어 사본이나 히브리어 사본은 단어 *tov*를 사용하고 있다. 히브리어 *tov*의 뜻은 "(a) 유용한/효과적인, (b) 아름다운, (c) 옳은/도덕적으로 선한" 등을 포함하고 있다.[32] 아람어에서 *tov*는 "도덕적으로 선한"이라는 주요 의미를 전달해주며, "멋지다"의 의미와 함께 "행복한/축복받은" 등의 의미를 포함한다. 이 마지막 의미는 현재의 본문을(아람어를 통해) *tov*가 그리스어 *makarios*에 대한 시리

---

31) 서문에서 사 28:14-18에 대한 논의를 보라. 또한 고전 1:17-2:2을 보라. Bailey, *Paul Through Mediterranean Eyes*, pp. 73-74을 참고하라.
32) LVTL, *Lexicon*, p. 349.

아어/아람어로서 등장하는 마태복음 5장의 산상수훈과 연결한다.[33] 영문 버전에서는 전통적으로 이것을 "축복받은"(blessed)으로 번역했다. 아랍어 버전들은 요한복음 10:11을 번역할 때 언제나 salib라는 단어를 사용했는데, 그 뜻은 "선한, 경건한, 빈틈없는" 등이다.[34] 그리스-로마 독자들은 이 단어를 자연스럽게 "존귀한"이나 "아름다운" 등의 의미로 들었을 것이다. 히브리어와 아람어 배경을 가진 독자들에게 이 단어는 도덕적인 선함이나 축복 등의 뜻이 지배적이었을 것이다. 그러나 우리가 지금 살펴보고 있는 본문은 이런 일반적 정의들 위에 새로운 의미를 추가한다.

두 개의 거대한 신학적 본질들이 본문 카메오 1에 나타난다. 첫째, 예수는 "나는 선한 목자다"라고 단언한다. 예수가 지금 말하고 있는 선한 목자는 누구인가? 다윗은 시편 23편에서 "여호와는 나의 목자시니 내게 부족함이 없으리로다"(1절), (내가 길을 잃어버렸을 때) "내 영혼을 소생시키시고"(3절)라고 말한다. 죽음과 죄 그리고 대적들이 있었지만, 그가 두려워하지 않는 이유는 "주께서 나와 함께하시기" 때문이다. 그러나 예레미야 23장에서 악한 목자들은 모든 것을 파괴하며, 양 떼를 위한 유일한 소망은 언젠가 선한 목자가 나타나 모든 잘못된 것들을 바로잡으실 다가오는 하나님의 출현이다. 이 미래에 대한 소망은 예레미야, 에스겔, 그리고 스가랴 속에서 뜨겁게 불타오른다. 바빌론, 페르시아, 그리스를 거쳐 마침내 로마가 역사의 무대에 등장했다. 예언자적 약속을 실현시킬 신적 중재에 대한 소망은 여러 세기가 흘러감에 따라 더욱 강화되어왔다.

비유 속에서(눅 15장), 역사적 사건(막 6장)과 또 다른 비유를 통해(마 18

---

33) Marcus Jastrow, *Dictionary of Talmud Babli and Jerushalmi, and the Midrashic Literature*, 2 vols. (New York: Pardes, 1950), 1:521; J. Payne Smith, *A Compendious Syriac Dictionary* (1903; repr., Oxford: Clarendon Press, 1967), p. 167.
34) Hans Wehr, *A Dictionary of Modern Written Arabic*, ed. J. Milton Cowan (Ithaca, NY: Cornell University Press, 1961), p. 521.

장) 예수는 이 모든 약속이 자신 안에서 성취되어가는 과정 속에 있다고 단언했다. 그리고 요한복음 10장에 이르러 "나는 선한 목자다"라는 공개적 선포를 하기에 이른다. 하지만 그것이 성취되는 방식은 불가피하게도 엄청난 충격으로 다가왔다. 지불해야 할 대가가 존재하는 것이다. 치러야 할 대가 그 자체는 새롭지 않지만 이번에 치러질 대가의 강도는 충격적이다. 오랜 "선한 목자 전통" 속에서 이런 주제와 관련해 우리가 주목한 것이 표 8.11.에 정리되어 있다.

시편 23편 목자(하나님)는
광야에 들어와 나를 찾아 "데려다 놓는다."

예레미야 23장 목자(하나님)는 때가 되면
양 떼를 모아들이고 선한 목자를 임명해
이 양 떼를 다스리게 할 것이다.

에스겔 34장 목자(하나님)는 때가 되면
양 떼를 수색하고 찾고 모으고 데려다 놓고 인도하고 먹이고
심판하고 구출할 것이다.

스가랴 10장 목자(하나님)는 때가 되면
양 떼를 돌보고 힘을 주며 구원하고 데려다 놓으며
긍휼을 베풀 것이다.

누가복음 15장 목자/여인(하나님/예수)은
잃어버린 양을 찾아 나서고 부지런히 수색하고 발견하고
데려오고 회복할 것이다.

마가복음 6장 목자(예수)는
양 떼를 긍휼히 여기고 가르치고 인도하고 먹이고
원수와 조우할 것이다.

마태복음 18장 목자(하나님/예수)는
잃어버린 양을 귀히 여기고 찾아 나서고 실패를 감수하고,
간절히 구원하길 원한다.

요한복음 10장	목자(하나님/예수)는 이리와 사투를 벌이고 양을 구원하기 위해 목숨을 내놓는다.

표 8.11. 선한 목자 전통에 나타난 비용

선한 목자 전통에서 비용 요소는, 이 전통이 전개될수록 이야기를 강화시키는 중요 요인임이 분명하다. 이 오래된 전통은 약속된 신성한 목자가 출현할 때, 그가 악을 처리하며 흩어지고 잃어버린 양 떼를 회복하기 위해 기꺼이 비용을 지불하리라는 점을 분명히 한다. 그러나 그 과정에서 목자에게 어떤 직접적인 해가 가해지리라는 단서는 어디에도 없다. 그렇다면 이제 복음서를 확인해보자.

공관복음은 잘 알려진 "수난의 예언"을 포함한다(눅 9:18-22; 9:43b-45; 18:31-34; 그리고 비유들). 요한복음에서 이런 예언들은 선한 목자에 관한 노래 속에 위치한 진술의 형태를 취한다. 목자는 해를 당할 뿐 아니라 죽게 될 것이다. 카메오 1에서, 선한/축복받은 목자는 "양 떼를 위해 자신의 목숨을 내놓는다." 전통적인 목자들은 자기 직업이 목숨을 거는 위험한 일이라는 사실을 안다. 야생 짐승들과 "야생의" 인간들은 "밖에 있고", 이 광야에서 목자의 목숨은 언제나 위협받고 있다. 이 모든 상황이 지금 우리가 논의 중인 선한 목자의 노래에 적용된다.

카메오 1만이 선한 목자라는 오랜 전통의 절정을 구성하는 것은 아니다. 카메오 7 역시 그 절정을 반복하고 있다. 카메오 1과 7은 시작과 끝에서 목자와 이리 간의 사투를 보여준다. 이 두 개의 카메오가 표 8.12.에 다음과 같이 나란히 정리되어 있다.

1a. ¹⁰:¹¹나는 선한 목자라	선한 목자
b. 선한 목자는 양들을 위하여 목숨을 버리거니와	(궁극적 자기 비움)
7a. ¹⁴나는 선한 목자라	선한 목자
나는 내 양을 알고 양도 나를 아는 것이	++
¹⁵아버지께서 나를 아시고 내가 아버지를 아는 것 같으니	++
b. 나는 양을 위하여 목숨을 버리노라	(궁극적 자기 비움)

표 8.12. 목자의 죽음과 그 의미의 비전(요 10:11, 14-15)

두 카메오의 출발(1a, 7a)은 동일하다. 두 곳 모두 "나는 선한 목자"임을 확증하고 있다. 결론(1b와 7b 참조)도 이와 거의 유사하다. 1b에서 선한 목자(그)는 자신의 목숨을 내어놓는다. 7b에서도 선한 목자는 무대에 나타나 "나는 목숨을 버린다"고 단언한다. 3인칭이 1인칭이 되었다.³⁵⁾ 게다가 카메오 7에는 새로운 내용이 첨부된다. 이 장면은 마치 카메오 1이 빵의 한쪽이고 카메오 7은 다른 쪽 빵이며, 그 사이에는 샌드위치용 샐러드가 자리하고 있는 모습과도 같은 상황이다. 이 정교한 수사학 형태는 30년 전, G. 부캐넌 그레이(G. Buchanan Gray)가 『히브리 시의 형태들』(*The Form of Hebrew Poetry*)의 재판본에서 소개하고 있는 데이비드 노엘 프리드만(David Noel Freedman)의 글을 통해 주목받게 되었다.³⁶⁾ 프리드만은 다음과 같이 기록한다.

> 보다 복잡하고 덜 쉽게 인식되는 포괄 형태(혹은 수미쌍관 구조[envelope construction])는 말의 반복이 아니라 어떤 개념의 재개나 완성을 가져온다.

---

35) 심화된 1인칭 시점으로의 움직임은 시 23편에 나타난다.
36) David Noel Freedman, prolegomenon to *The Forms of Hebrew Poetry*, by G. Buchanan Gray (1915; repr., Brooklyn, NY: KTAV, 1972), pp. vii-lvi.

그것은 마치 시인이 의도적으로 바이콜론(bicolon)이나 대구(對句)를 분할한 후, 한 연(strophe)을 구성하는 단위의 절반씩 되는 도입부와 종반 사이에 다양한 자료들을 삽입한 것 같은 형태다.37)

이어서 프리드만은 다음과 같이 말한다.

이런 시적 구조가 반드시 필요하지는 않지만, 구어(口語) 구조나 고대 이스라엘의 시인들에게서는 발견되지 않는 문학적 세련을 함축한다는 점을 지적하고 싶다. 이런 주제에 대해서는 관심을 가질 필요가 있다. 우리가 드문드문 발견하는 이런 사례들이 아직 파악되지 않은 다른 사례들을 밝히는 전조가 될 수 있기 때문이다.38)

프리드만은 가끔 연의 시작과 마침이 "핵심 어휘나 문장의 정확한 반복"으로 이루어지고 있음을 주시한다.39) 이것은 우리가 요한복음에서 발견한 바와 정확히 일치한다. 프리드만의 글에서 그레이의 책 도입부로 옮겨가 보면, 그레이가 "후기 히브리 시"(Late Hebrew Poetry)라고 부르는 것을 볼 수 있다. 그는 이런 시에 마리아 찬가(Magnificat)나 마태복음 25:31-46과 고린도전서 13장과 함께 신약의 다른 찬송가가 포함된다는 것에 동의한다. 그레이는 "랍비들이 대구법(對句法)에 관해 잘 알지 못한 상태로 성경을 연구한 반면, 다른 유대인들은 여전히 오래된 대구법으로 구성된 시들을 쓰고 있었다는 사실"을 주목한다.40) "다른 유대인들"과 관련하여

---

37) Ibid., p. xxxvi.
38) Ibid. 프리드만은 호세아서의 사례들에 대해 논의한다(ibid., pp. xxxvi-xxxvii).
39) Ibid.
40) Gray, *Forms of Hebrew Poetry*, pp. 26-27.

그레이는 「바룩의 묵시록」(Apocalypse of Baruch)을 예로 든다. 우리는 "대구법의 모든 오래된 형태들"을 사용했던 "다른 유대인들" 안에 예수와 바울 그리고 사복음서의 다양한 편집자들을 포함시킬 수 있을 것이다.[41] 어떤 경우이든, 이것은 우리가 논의 중인 요한복음의 선한 목자 본문에 대해서도 정확하게 적용된다.

앞서 살펴본 것처럼, 요한복음 10:14-15(카메오 7)은 11절(카메오 1)을 반복하며, 샌드위치를 이루는 중심부에 두 구절을 추가한다. 표 8.13.에서 그 결론을 확인할 수 있다.

7a. [14]나는 선한 목자라   선한 목자
    나는 내 양을 알고 양도 나를 아는 것이
    [15]아버지께서 나를 아시고 내가 아버지를 아는 것 같으니
b. 나는 양을 위하여 목숨을 버리노라   (궁극적 자기 비움)

표 8.13. 십자가와 그 의미에 관한 문학적 샌드위치 구조(요 10:14-15)

카메오에 추가된 "중심부"는 이어지는 세 가지 내용, 즉 양 + 목자 + 하나님 아버지로 구성되고 있다. 이것들은 마치 한 체인에 연결된 세 개의 고리들과 같다. 여기서 동사 "알다"는 성경 문학에서 개인적으로 친밀한 관계 혹은 앎을 가리키는 상당히 의미 있는 단어다. 성경 전반에 걸쳐 이 동사는 결혼 관계를 묘사할 때 등장하곤 한다. 창세기는 "아담이 그의 아내 하와를 알았고 임신했다"고 기록한다(창 4:1). 이 동사는 객관적이고 합리적인 정보 이상을 의미하고 있는데, 명백히 사람 간의 깊고 심오한

---

[41] 이 목록에는 고린도전서의 사도 바울도 포함시킬 수 있다. Cf. Bailey, *Paul Through Mediterranean Eyes*.

관계를 가리킨다. 이를 염두에 두고 보면, 샌드위치 빵 사이에 들어 있는 재료의 내용이 놀랍다. 이 내용은 아래와 같이 정리될 수 있다.

1. 목자와 양 사이에는 친밀한 인격적 관계가 있다.
2. 이 관계는 목자와 성부 간의 친밀하고 인격적인 관계와 같다.
3. 심오하게 서로 맞물린 이 두 구절은, 양을 위해 자신의 목숨을 내놓은 목자의 행동으로 묘사된 수미쌍관 구조의 내부에 놓여 있다.

이 모든 내용을 함께 놓고 보면 우리는 다음과 같이 이해할 수 있다.

1. 하나님의 마음속에 있는 성부와 성자 간의 친밀한 인격적 관계는 하나의 모델이다.
2. 선한 목자와 양 사이에 잠재된 친밀하고 인격적인 관계에 대해서.
3. 십자가 때문에.

이것은 놀라운 일이다! 선한 목자가 양을 위해 자신의 목숨을 내놓았기 때문에, 우리 믿음의 공동체는 하나님의 바로 그 마음 안에 거하시는 선한 목자의 마음속으로 이끌림을 받게 된다. 카메오 7의 중심부에 있는 샌드위치 자료를 논평하면서, 이브라힘 사이드는 다음과 같이 쓴다.

예수와 그의 양 떼 사이에 공유된 지식의 넓이는 성자와 성부 사이에 공유된 지식과 같다. 그리고 이것은 자연의 통일성을 이루는 기초인 동시에 그것들 사이의 진실한 사랑과 결속의 기초가 된다. 우리를 주님 앞으로 일으켜 세우시는 예수의 사랑은 얼마나 놀라운 것인가! 우리를 신의 성품 안에서 주님의 동역자 삼으시려, 예수는 자기를 비워 피와 육체를 취하시고 우리를 높이 올리셨다. 이 구절을 해석하는 자들은, 천사들만이 꿰뚫어볼 수 있었던 이 엄청난 영광의 향연에 참여하기 위해 자신의 펜을 내려놓아야만 한다.42)

사이드는 이 본문이 자극하는 위대한 심오함에 대한 인식과 경외감을 포착하고 있다. 이 심오함은 우리의 제한된 능력으로는 그 의미를 충분히 이해하거나 해석할 수 없다. 이것은 명약관화(明若觀火)하다. 만약 누군가가 비싼 대가를 지불하여 위험에 처한 나를 구했다면 나와 그 사람 사이에는 특별한 관계가 자연스럽게 형성될 것이다. 우리는 미국인 항공 조종사인 체슬리 "설리" 슐렌버거(Chesley "Sully" Sullenberger)를 생각해볼 수 있다. 그는 뉴욕 상공을 비행하는 중 새떼가 엔진으로 빨려 들어와 비행기의 엔진이 꺼지는 사고를 당했지만 안전하게 허드슨 강에 불시착하여 155명의 탑승자와 승무원 전원을 구했다. 일 년 후 승무원과 승객들이 한 자리에 다시 모였다. 그 자리에서 목숨을 건진 모든 이들은 눈물을 흘리며 기장 설리를 포옹했다. 이는 사고 후 처음으로 기장을 조우하는 자리였다. 설리의 구조 행동이 구조자들과 특별한 유대의 끈을 생성해낸 것이다. 이와 같은 사실은 우리에게도 해당된다. 실은 그 이상의 특별한 관계가 하나님 아버지의 마음인 세 번째 연결 고리와 우리를 묶고 있다. 이 모든 것이 가능한 유일한 지점이 바로 십자가다. 카메오 1, 7의 바깥 틀을 염두에 두고서 이제 우리는 A연 중심부에 위치한 이리와의 사투 장면을 깊이 생각해보자(표 8.14. 참조).

---

42) Ibrahim Sa'id, *Sharh Bisharit Yuhanna* (Cairo: Dar al-Thaqafa, n.d. [c. 1965]), p. 434.

2.	¹²삯꾼은 목자가 아니요 양도 제 양이 아니라	삯꾼
3.	이리가 오는 것을 보면	이리 출몰
4.	양을 버리고 달아나나니	삯꾼은 달아남
5.	이리가 양을 물어 가고 또 헤치느니라	이리의 공격
6.	¹³달아나는 것은 그가 삯꾼인 까닭에 양을 돌보지 아니함이나	삯꾼

표 8.14. 목자, 삯꾼, 이리(요 10:12-13)

방금 살펴본 바깥 틀(카메오 1, 7)은 독자에게 목자에 관한 이야기를 들려주었다. 이제 중심부 카메오 무대에 등장하는 드라마의 다른 두 명의 배우에 대해 논의해보자. 삯꾼은 이야기의 시작, 중간, 마지막에 등장한다. 이리는 세 개의 짧은 카메오 사이에 나타난다.⁴³⁾ 삯꾼은 양을 소유하고 있지 않으며, 위험이 엄습할 때 양을 버리고 달아난다. 레바논의 마을에는 "이리가 출몰하면, 양 몰이로 짖던 개가 제 목숨 건지려고 내**뺀다**"는 격언이 있다. 삯꾼 역시 이렇게 뻔뻔스럽게 말할 것이다. "이리? 이리가 어디에 있어? 난 여기 있었는데, 아무것도 안 보이는걸!" 지불해야 할 대가가 크다면, 삯꾼은 그것을 지불하려 하지 않을 것이 분명하다. 삯꾼은 제 잇속만 챙길 뿐, 자기 목숨을 걸고 이리와 싸우는 위험스런 일은 하지 않는다. 본문은 무엇을 언급하고 있는가?

---

43) 이 장면은 정확히 동일한 두 위치에서 강도가 등장했던 이전 연과 틀림없이 같다.

무력과 억압의 상황 속에서는 종종 비유로 표현할 수밖에 없다. "삯꾼"과 "이리"가 무엇을 의미하는지 확실히 알 수 없지만, 본문 자체가 제공하는 내용을 근거로 몇 가지 제안을 할 수 있을 것이다. 삯꾼과 이리 둘 다 목자의 죽음에 책임이 있다는 것은 분명하다. 삯꾼은 달아나고 이리는 목자를 물어뜯을 것이다. "삯꾼"은 대제사장 무리에 대한 (암시적인) 암호였다고 가정할 수 있다. 예레미야 23:2, 에스겔 34:1-10, 스가랴 10:2-3의 악한 목자들은 확실히 공동체의 실패한 지도력을 대변한다. 제2성전기의 마지막 수십 년간 대제사장들은 추악하게 부패했으며, 예수는 인도해야 할 책임이 있는 양 떼들의 유익보다 자신의 안위에 더 많은 관심을 두는 사람들을 비판하고 있는지도 모른다. 악한 목자들에 대한 세 예언서의 논의에서 제시된 가혹하고 신랄한 언어는 그들이 실패와 처벌에 곧 직면하게 될 것을 예고한다. 따라서 요한이 선한 목자를 언급할 때, 독자들은 악한 목자의 정체성에 대해서도 언급할 것을 기대했을 것이다. 하지만 요한복음에 나타난 악한 목자의 모습은 양을 도살하지도 먹지도 않는 삯꾼으로 변모한다(겔 34:3). 양을 도살하고 잡아먹는 대신, 삯꾼은 자신이 도살당하지 않기 위해 책임을 버리고 달아났다. 즉 요한복음 10장은 악한 목자 전통을 다수 포함하지만, 이를 대제사장에게 적용하면서 매우 약화시키고 있다. 그리고 이리가 등장한다.

세 개의 연 중 A연(카메오 1-7)에서 선한 목자는 이리에 의해 죽임을 당한다. 반면에 C연(카메오 11-15)에서는 죽음(선한 목자 예수의 죽음)이 부활에 의해 정복당한다. 따라서 이런 심오한 의미 속에서 이리는 죽음의 대리인을 표상한다고 할 수 있다. 이 위대한 시를 읽는 당대의 독자들은 로마가 십자가 위에서 죽음의 중개자였음을 잘 알고 있었을 것이다.[44] 그

---

44) 죽음을 상징하는 이리의 정체는 12세기 이븐 알-살리비에 의해서 창작되었다(Ibn al-Salibi,

러므로 십자가 위에서, 이리는 로마라는 권력 안에서 육화된 죽음을 표상한다. 유대에 대한 로마의 권력은 부활의 아침에도 패배를 당하지 않았으나, 죽음은 패배를 당했다. 사형을 집행할 수 있는 법적인 권한이 로마에게만 있다고 우리에게 증언해주는 이는 바로 요한이다(요 18:31). 십자가 앞에서 "예루살렘 거리"는 고요히 경의를 표하며 서 있었다. 날이 저물어가자(눅 23:26-49) 사람들은 슬퍼하며 예수를 바라보았다. 그러나 대제사장들은 예수의 죽음에 연루되어 있었으며, 로마는 예수의 사형을 집행했다. 십자가 위에서, 고대 사회에서 가장 탁월한 정의 실현 체계(로마)와 세상에서 가장 탁월한 종교(유대주의)의 지도자들이 서로 결탁하여 이 선한 사람을 잔혹하게 죽였다. 삯꾼(그가 도망갔기 때문)과 이리(그가 공격했기 때문)가 목자의 죽음과 양 떼의 흩어짐의 공모자들이었다. 그러나 부활의 아침의 빈 무덤은 이제껏 로마 군대가 모든 전쟁터에서 성취했던 그 어떤 전쟁과 비교조차 할 수 없는 위대한 승리를 이루었다. 부활에 대해 바울은 다음과 같이 말한다. "맨 나중에 멸망 받을 원수는 사망이니라"(고전 15:26).

그런데 선한 목자와 이리 사이의 사투에 대한 기록은 현재의 비유 어디에 있는가? 그 대답은 "아무 곳에서도 발견할 수 없다"는 것이다! 목자의 죽음이 명시되고 있으나 세부적인 내용은 없다. 과장해서 말하자면, 해당 장면이 빠졌다. "큰 싸움"에 대한 묘사는 어디에 있는가? 이런 묘사는 아무 데도 없다! 세부사항의 부재는 십자가 해석에 대한 복음서의 설명과 매우 닮아 있다. 마가와 누가는 두 개의 그리스어 단어로(히브리어 두 단어를 대신하여) 간단히 "그들이 예수를 못 박았다"고 진술하고 있다. 마태와 요한은 더 과묵하다. 그들은 끔찍한 모습에 대한 부분 촬영을 거부하며, 예수의 옷을 제비 뽑아 나누는 장면으로 자신들의 카메라를 돌린다.

Tafsir, 2:369).

그들은 이를 회상하면서 "그들이 예수를 십자가에 못 박을 때 그들은…" 이라고 말한다(마 27:35; 요 19:23). 그들의 카메라는 십자가에 못 박히는 장면이나 십자가를 세우는 장면에 초점을 맞추지 않는다.

요한복음 본문에는 선한 목자의 죽음으로 종결되는 대전투의 기록 같은 것은 없다. (이리와의) 대격전 끝에, 주인공(목자)은 무대에서 죽음을 맞이한다. 하지만 관객은 그의 죽음을 중언하지 않는다. 본문에는 다음과 같은 묘사가 없다.

> 힘센 이리는 순식간에 양몰이 개를 물어뜯고, 공포에 휩싸인 양 떼를 향해 전속력으로 질주했다. 그러자 목자가 재빨리 이리를 막아섰다. 이리는 목자가 휘두른 막대기를 가볍게 피한 후, 목자의 다리를 찢었다. 목자는 다시 한 번 막대기를 휘둘렀다. 그러나 이 맹렬한 짐승은 본능적으로 살짝 비켰다가 다시 온몸으로 달려들어 목자를 바닥에 넘어뜨리고 그의 목을 물어뜯었다. 양 떼는 두려움에 떨며 이 참담한 싸움의 결과만을 지켜보고 있었다.

현대 영화 산업은 이 장면을 이야기의 중심이 되는 절정으로 다룬다. 하지만 십자가를 묘사하는 데 있어서 "고통의 외설"(pornography of suffering)에 참여하길 거부하는 신약 저자들은 그렇게 하지 않는다. 로마의 콜로세움에서는 이 광경을 볼 수 있을지 모른다. 하지만 신약은 십자가의 잔혹성을 전혀 언급하고 있지 않다. 복음서 저자들은 실제로 이 일이 있었다는 사실에 집중하며, 독자의 관심을 그 사건이 의미하는 바가 무엇인지에 집중하도록 요청한다. 바로 이것이 선한 목자 본문에 나타난 바다. 삯꾼은 최소한의 언어로만 간결히 묘사되어 있다. 오히려 에스겔 34:1-10에 나오는 악한 목자에 대한 비판이 요한복음 10:11-14보다는 더욱 잔혹하고 상세하다고 할 수 있다. 그러나 이야기는 여기서 끝나지 않는다. 이리와 삯꾼에게는 최후의 발언이 없다. 이리의 공격과 선한 목자의 죽음에 대한 설명으로 둘러싸여 있는 바깥 틀(카메오 1, 7)에서 이 이야기의 의미에 대한 충격적인 진술을 발견할 수 있다. 그뿐만이 아니다.

이 노래 전체는 십자가와 부활의 의미를 전달하는 데 집중하고 있다. 저자의 의도를 따라가기 위해 우리는 세 개의 연을 동시에 검토할 필요가 있다. 표 8.15.를 통해 다음의 요약을 확인해보자.

A. 십자가: 선한 목자는 양을 위해 자신의 목숨을 내놓는다(11-14절).
B. 전도의 임무: 이미 목자에게 속한 다른 양을 끌어오는 것(16절).
C. 십자가와 부활: 나는 목숨을 버리고 다시 얻을 것이다(17-18절).

표 8.15. 십자가와 부활 그리고 남은 임무

이 수사적 단편의 핵심은 다음과 같이 요약된다.

십자가
        전도/선포
십자가와 부활

십자가와 십자가/부활은 선한 목자가 미래를 향한 자신의 비전을 알리기 위해 세운 플랫폼이다. 현대적인 이미지로 바꿔서 표현하면, 중심부(B연)는 십자가와 부활(A연과 C연)로 세워진 발사대로부터 출발한 로켓과도 같다. 만약 이 플랫폼이 없다면 선한 목자는 설 곳을 잃어버리고 "다른 양들"을 선한 목자에게로 부를 수가 없게 된다. 수세기에 걸쳐 사려 깊은 주석가들은 "다른 양들"이 이방인들을 가리킨다고 정확하게 이해해왔다. 하지만 십자가와 부활, 선교라는 세 겹 구조만이 끝은 아니다.

바울의 고린도전서는 5개의 에세이로 구성되었다고 이해될 수 있다.[45] 에세이들 중 1, 3, 5는 아래와 같이 요약된다.

1. 십자가(고전 1:10-4:16)
3. 유대와 이방 세계를 향한 증거(고전 8:1-11:1)
5. 십자가와 부활(고전 15장)

서신의 시작은 십자가에 초점을 둔다(고전 1:10-4:16).[46] 결말부인 에세이 5에서 바울은 십자가를 재확인하며, 부활에 관한 그의 폭넓은 논의를 추가한다(고전 15:1-58).[47] 중심부인 에세이 3 전체는 유대인과 헬라인을 대상으로 한 그리스도인의 복음 증거에 초점을 맞춘다(고전 8:1-11:1).[48] 물론 에세이 3은 우상에게 바쳐진 음식에 대한 주제도 논의한다. 하지만 바울이 선언하는 바는 "더 많은 사람을 얻고자" 하며, "아무쪼록 그들 중에 몇 사람이라도 구원하기 위해서 모든 방법을 다한다"라는 것이다. 이 주제는 고린도전서 9:19-22에서 6번 반복되며 에세이의 요약 결론부에서 다음과 같이 재등장한다. "나와 같이 모든 일에 모든 사람을 기쁘게 하여…그들로 구원을 받게 하라"(고전 10:33). 바울은 이 기본 구조에 에세이 2의 "인간 사회의 남자와 여자"(4:17-7:40), 그리고 에세이 4의 "교회 안에서 남자와 여자"를 덧붙인다. 그러나 바울이 관련된 이 두 소재를 첨언하고 있는 이 탄탄한 구조는 앞에서 언급한 에세이 1, 3, 5의 요약이다.

고린도전서와 요한복음 10:11-18 사이의 이 깊은 구조적 유사성은,

---

45) Bailey, *Paul Through Mediterranean Eyes*.
46) Ibid., pp. 65-152.
47) Ibid., pp. 419-77.
48) Ibid., pp. 227-92.

적어도 초대교회가 십자가와 부활이 없이는 유대인이나 이방인에게 전할 어떤 것도 없다는 사실을 온전히 이해했음을 보여준다. 이들은 십자가와 부활 사건의 진정성과 중요성에 대해 깊은 확신을 품고 이 사실들로 이루어진 발사대로부터 드넓은 세상을 향해 로켓처럼 출발했다.

다시 본문으로 돌아와, 요한복음 10:16의 로켓이 마치 무엇과도 같은지 자세히 살펴보자(표 8.16. 참조).

8.	또 이 우리에 들지 아니한 다른 양들이 내게 있어	복음 전도와 선포를 위한 비전
9.	내가 인도하여야 할 터이니 그들도 내 음성을 듣고	복음 전도와 선포의 과업
10.	한 무리가 되어	복음 전도와 선포의 목적

표 8.16. 목자와 "다른 양 떼"(요 10:16)

카메오 8은 마치 바울이 고린도에 있는 동안 환상 속에서 그에게 말씀하시는 주님의 음성을 들었던 사도행전 18:10의 기록처럼 읽힌다. "이 성중에 내 백성이 많다." 나는 수십 년 전에 읽었던, 아시아에 있는 시골의 작은 공동체와 그 지역의 목사를 만났던 한 방문객에 대한 이야기가 생각난다. 방문객은 목사에게 "목사님의 회중 중 몇 분을 좀 방문하고 싶습니다"라고 말했다. 한 차례 심방이 시작되었지만, 방문자는 자신이 심방을 통해 만났던 모든 사람이 비신자라는 사실을 깨달았다. 방문자는 목사에게 다시 정중히 말했다. "심방할 수 있는 자리를 만들어주신 것에 깊이 감사드리지만, 목사님의 회중도 좀 만나 뵙고 싶습니다." 목사는 입가에 따뜻한 미소를 머금으면서 "오, 그분들이 모두 저의 교구민입니다. 단지 그분들이 아직 그 사실을 모를 뿐이죠"라고 부드럽게 대답했다. 바울은 이 말의 의미를 잘 알고 있었을 것이다.

카메오 9를 보여주는 표 8.17.을 살펴보자.

내가 인도하여야 할 터이니
그들도 내 음성을 듣고

표 8.17. 목자는 양을 "데려오고" 양은 목자의 음성을 "듣고/순종한다"(요 10:16)

양을 데려오는 목자의 행동은, 목자의 음성을 듣고/순종하는 양의 행동과 나란히 위치한다. 다시 한 번 본문은 어떻게 이 두 개의 분리된 실체가 동시에 행동을 취하는지 설명하고 있지 않다. 목자의 행동과 그에 상응하는 양의 행동 사이의 신비로운 연합은 우리가 현재 다루는 비유에서 분명해지는데, 완전히 설명되지는 않더라도, 일상에서 경험되는 방식으로 적절히 융화된다. 이 본문을 기독교 설교의 과제에 적용해보면, 설교자는 절대로 개인적 주장을 발산하는 것을 목표로 삼지 말고 "목자의 고유한 음성"을 투명하게 전달하는 데 혼신을 기울여야 한다는 것이 분명하다.

카메오 10은 "한 무리"(one flock)이지, "한 우리"(one sheepfold)가 아님을 명백히 하고 있다. 서로 다른 언어들, 문화들, 예배의 형식들, 신학의 유산들은 모두 보존되고 육성될 가치가 있다. 콥트 정교회는 아타나시우스를, 루터교는 루터를, 라틴 카톨릭은 토마스 아퀴나스를, 시리아 정교회는 성 에프렘을, 동방 정교회는 크리소스토모스를, 개혁 전통은 칼뱅과 바르트를 맘껏 기뻐하게 하자. 동시에 이런 모든 기둥 같은 인물들이 우리의 형제들임을 기억하자.

본문은 비록 이들이 다른 우리에 속했다 할지라도, 모두가 한 무리임을 깨닫게 하기 위해, "주의 이름을 부르는 모든 자들"을 소환하고 있다. 12세기에 아르메니아 램브론의 대주교 네르세스(Nerses Lambronac'i)는 킬리키아(Cilicia)에서 다음과 같이 썼다. "내게 있어 아르메니아인은 라틴인과 같고, 라틴인은 그리스인과 같으며, 그리스인은 이집트인과 같고, 이집트인은 시리아인과 같다."⁴⁹⁾ 대주교 네르세스는 『신적 예배 의식에 대한 주석』(Commentary on the Divine Liturgy)에서도 다음과 같은 글을 남겼다.

우리 기독교인 모두는 각양각색의 언어로 한 분 예수 그리스도를 경배하며, 우리 기독교인 모두는 예수 그리스도의 한 교회가 된다.…스페인에 있는 성도가 기도할 때 그 기도는 나를 위한 기도가 되기도 하는데, 왜냐하면 나 또한 그들과 동일한 성도이기 때문이다. 내가 킬리키아에서 기도할 때 나의 기도는 그들을 위한 기도가 되기도 하는데 이는 그들 또한 나와 동일한 믿음의 고백을 하기 때문이다.…나는 영광의 면류관이신 그리스도의 이름을 가진 모든 이들과 이런 전통속에서 연합된다. 모두가 예수 그리스도 안에 있고 예수 그리스도는 모두에게 있다.⁵⁰⁾

이와 같이 800년 전에 존재했던 이 위대한 아르메니아인 학자이자 성자이자 성직자는 이 본문의 정수에 사로잡혔으며 그것을 살아냈다.

이제 우리는 마지막 연으로 향할 차례다(표 8.18. 참조).

---

49) 아누샤반 타니엘리언(Anoushavan Tanielian)이 *Archbishop Nerses Lambronac'i: Commentary on Wisdom of Solomon* (New York: Skewra Press, 2007), pp. 25-26의 번역에서 인용했다.
50) Ibid., p. 26.

11.	¹⁷이로 말미암아 아버지께서 나를 사랑하시느니라	아버지가 나를 사랑함
12.	내가 내 목숨을 버리는 것은 그것을 내가 다시 얻기 위함이니	다시 얻기 위해 목숨을 버림
13.	¹⁸이를 내게서 빼앗는 자가 있는 것이 아니라 내가 스스로 버리노라	아무도 빼앗지 못함 스스로 버림
14.	나는 버릴 권세도 있고 다시 얻을 권세도 있으니	나는 버릴 권세와 다시 얻을 권세가 있다
15.	이 계명은 내 아버지에게서 받았노라 하시니라	아버지가 내게 책임(charge)을 부여함

표 8.18. 십자가와 부활(요 10:17-18)

수사법

이 노래의 마지막 연(strophe)은(고전 15:1-11에서처럼) A연에서 이미 논의했던(카메오 1-7) 십자가의 주제를 반복하며 부활을 향해 이야기를 전개한다. 즉 논의 중인 이 시(A연)는 이리와 사투를 벌이다 최후를 맞이하는 목자의(무대 뒤에서) 죽음으로 시작하고 있다. 그리고 C연에서 예수는 무대에 남아 부활을 통해 죽음을 극복하는 승리에 대해 확신한다. 요한복음 10:17-18에 나타난 5개의 카메오는 친숙한 순환 구성법을 사용하여 독자에게 제시된다.

주석

죽음과 부활 부분은 신학적 도전을 개시한다(표 8.19. 참조).

11.	¹⁷이로 말미암아 아버지께서 나를 사랑하시느니라	아버지가 나를 사랑함
12.	내가 내 목숨을 버리는 것은 그것을 내가 다시 얻기 위함이니	다시 얻기 위해 목숨을 버림

표 8.19. 사랑, 죽음, 부활(요 10:17)

    십자가는 하나님의 사랑과 심오하게 연결되어 있다. 요한은 "하나님이 세상을 이처럼 사랑하사 독생자를 주셨으니"라고 기록했다(요 3:16). 동시에 성경은 하나님의 진노를 묘사하는 데에도 주저하지 않는다. 만약 하나님의 진노가 자신의 자존심으로 인해 일시적 짜증을 부리는 것을 의미한다면, 하나님은 분노가 없으신 분이다. 하지만 만약 진노가 악에 단호히 대항해 굽히지 않음을 의미한다면, 하나님은 엄청난 진노를 가지신 분으로 생각될 수 있다. 로마서 5:6-11은 의로운 진노를 보여주고 있다. 여기서 초점은 하나님의 사랑이다. 이 사랑은 카메오 15 끝부분에서는 책임으로 묘사되지만, 여기에는 한 가지 문제가 있다.

    본문은 마치 아들이 자신의 목숨을 기꺼이 내놓았기 때문에 하나님이 아들을 사랑하는 것으로 보일 수도 있다. 즉 아들을 향한 아버지의 사랑은 예수의 죽음과 부활 이전까지는 보류되었다는 것이다. 그러나 본문은 이런 뜻을 담고 있지 않다. 이런 가능성은 "은혜와 진리"가 예수 그리스도를 통해서 왔고, 본질적으로 은혜는 사랑의 선물임을 말하는 요한복음 1:1-18에서는 해당되지 않는다. 개리 버지는 요한복음 10:17에 대한 번뜩이는 논의를 다음과 같이 보여주고 있다. "아버지는 모든 것을 아들의 손을 통해 주었고(3:35), 아들에게 모든 것을 보여주었으며(5:20), 그에게 생명을 주었을 뿐 아니라(5:26), 자신의 영광과 이름까지 주었다(17:26). 진실로 아버지는 '세상의 창조의 시점부터' 아들을 사랑했다(17:24)." 버지는 "예수의 자발적인 죽음이 성부의 뜻과 함께하는 연합에 대한 증명이었으며, 아버지와 아들이 함께 나누는 사랑의 표현이다"라고 예리하게 결론을 내렸다.51)

버지가 지적한 것처럼, 요한복음 5:20은 작은 비유의 형태를 취한다. 중동의 숙련된 장인들과 그의 가족은 영업 비밀을 매우 조심스럽게 전수한다. 예를 들어 한 집안에서 유리, 목재, 놋쇠, 석재, 은, 금 등을 이용해 특수 제품을 개발했다고 가정했을 때, 그 생산 과정을 외부인들에게 공개하고 싶어하지 않을 것이다.

내 일평생 취미는 목공일이었다. 중동에서 가장 뛰어난 목공 형태 중 하나는 마하바바(mahabbaba)이다. 이 특별한 목공 양식에서는 아름답게 재단된 나무 조각들이 함께 어우러져(목공풀이나 못을 사용하지 않고도) 기하학적으로 복잡하게 구성된 형태를 만들어낸다. 이 양식은 종종 문틀 판과 제단 휘장에서 발견되곤 한다. 나는 이 아름다운 목공 제작 과정을 보여줄 사람을 40년 동안 찾아봤지만 단 한 명도 찾을 수 없었다. 아무도 내게 마하바바 패널의 제작 과정을 설명하거나 이해시켜주지 못했다. 반면에 성부는 "자신의 아들을 사랑하시고 그에게 보여주신다." 문제는 아버지가 다른 이에게는 그것을 보여주지 않는다는 것이다. 마치 내가 마하바바 장인의 아들이 아니기에 아무도 내게 기술의 비법을 보여주지 못하는 것과 같다. 하지만 예수께는 그것이 전혀 문제가 되지 않는다. "아버지께서 아들을 사랑하셔서 그가 하시는 모든 일을 아들에게 보여주시기" 때문이다.52)

요한복음 10:17에서 아들을 향한 아버지의 사랑은 십자가를 인내하며

---

51) Gary Burge, *John*, NIV Application Commentary (Grand Rapids: Zondervan, 2000), p. 292.

52) C. H. 도드(C. H. Dodd)는 이것을 "숨겨진 비유"라고 불렀다. 도드의 "A Hidden Parable in the Fourth Gospel," in *More New Testament Studies* (Grand Rapids: Eerdmans, 1968), pp. 30-40을 참고하라.

감수해내는 아들 예수로 인해 발생한 어떤 결과가 아니다. 버그가 지적한 것처럼 예수의 죽음은 "그들이 함께 공유한 사랑의 표현"이었다.53) 1742년 벵겔(Johann Albrecht Bengel)은 이 본문과 관련하여 "사랑은 다른 어떤 것으로 표현된다. 아버지의 사랑은 그리스도의 열정으로 나타나며, 그 대상은 우리뿐만이 아니라 또한 그리스도에게로 향한다"54)고 기록했다. 요한복음 10:17-18의 십자가와 부활은 하나님의 사랑으로부터 나오는 위대한 힘과 함께 흐르고 있다. 이것은 연이 전개되면서 더 선명하게 드러난다.

카메오 12는 카메오 14와 섬세한 균형을 이룬다. 표 8.20.에는 이 두 카메오가 함께 제시되어 있다.

12.	내가 내 목숨을 버리는 것은 그것을 내가 다시 얻기 위함이니	다시 얻기 위해 목숨을 버림
14.	나는 버릴 권세도 있고 다시 얻을 권세도 있으니	나는 버릴 권세와 다시 얻을 권세가 있다

표 8.20. 죽음과 부활 속에 나타난 능력(요 10:17-18)

핵심 단어 힘/권세(power/authority; *exousia*)는 단순히 물리적인 **힘**뿐만 아니라, 합법적인 **권위**(legitimate authority)를 의미한다. 다음과 같은 상황을 상상해보자. 당신이 음식점에 들어가 큰 스테이크를 주문한다. 잘 요리된 스테이크가 탁자 위에 올려졌다. 포크와 나이프를 들고 막 식사를 하려던 참에 거대한 사자 한 마리가 음식점으로 성큼성큼 들어오더니 앞

---

53) Burge, *John*, p. 292.
54) John Albert Bengel, *Bengel's New Testament Commentary* (1742; repr., Grand Rapids: Kregel, 1981), 1:649.

발로 당신의 스테이크를 후려쳐 바닥에 내팽개쳐 놓고는 게걸스럽게 먹어버렸다. 이때 나는 스테이크를 먹을 때 드러난 사자의 **힘**을 인식하는 첫 번째 사람이 되며, 나의 스테이크를 소비하도록 사자에게 "합법적인 권위"를 주는 마지막 사람이 된다. **당신이 지불한 스테이크는 맛도 보지 못하고 말이다!**

예수는 실제로 "내가 내 목숨을 버리는 것은 그것을 내가 다시 얻기 위함이니"라고 말한다. 그러나 이것은 "나는 버릴 권세[exousia]도 있고 다시 얻을 권세[exousia]도 있으니"라고 기록하고 있는 카메오 14의 첨언과 함께 균형을 이루며 더 나아가 이를 더 명확하게 한다. 요한복음에서 "모든 것들"은 십자가 앞에서 예수의 손에 맡겨졌고(요 13:3), 예수의 재판에서 빌라도는 "내가 너를 놓을 권한[exousia]도 있고 십자가에 못 박을 권한[exousia]도 있는 줄 알지 못하느냐?"라고 협박한다(요 19:10). 이에 예수는 단도직입적으로 빌라도에게 만약 위에서 주지 않았다면, 빌라도에게 아무런 권한이 없다고 말한다(요 19:11). 예수는 희생자가 아닌 드라마 감독으로서 요한복음의 수난 이야기를 진술해간다. 게다가 요한복음 10:17-18에서 예수는 목숨을 내놓을 권세/권위도 있고 다시 얻을 권세도 있다고 기록하고 있다. 이 지점이야말로 요한복음과 복음서 전체 수난 이야기의 정점이다. 우리 시대에, 이런 중요성을 가지는 구절들은 신약성경 전체에서 많지 않다.

요한복음 10:17-18은 **기독교 신학**에서 중요하다. 그뿐 아니라 이 두 구절은 기독교와 유대교 간의 접촉점을 이루는 중추를 이루며 더 나아가 기독교와 이슬람간의 대화에서도 결정적인 역할을 한다.

유대교와 관련하여, 만약 기독교인들이 이 구절에서 요한복음 전체를 보는 렌즈를 발견할 수 있다면, 우리의 전통적인 요한복음 읽기는 새로운 전환점을 맞이할 것이다. 아무도 예수의 생명을 **빼앗지** 않았다. 예수가 자발적으로 목숨을 내놓았다. 말하자면 기독교인들은 십자가에 대해 유대인들을 비난할 권리가 없다는 뜻이다!

대제사장들과 유다와 빌라도는 확실히 죄를 범했다. 더 나아가 빌라도의 재판소에 있던 무리는 "모든 대제사장과 백성의 장로들"로 구성되어 있었다(마 27:1). 바로 이들이 "그 피를 우리와 우리 자손에게 돌릴지어다"라고 (빌라도의 재판소에서) 외쳤던 대제사장 무리의 지지자들이었다(마 27:25). 진정 의로운 사람들은, 약 2,000년 후 자신의 후손을 이와 같이 취급하라고 하는 가이드를 제시하면서 법정에서 외쳤던 범죄자들과 같은 만행을 결단코 저지르지 않는다! 마지막으로, 그리스어 *oi Ioudaioi*는 "유대인"(the Jews)뿐 아니라 "유대 땅에 거주하는 사람들"(the Judeans)도 의미하고 있다. 예수와 그의 모든 추종자들은 "유대인"이었다. 예수의 문제는 이 "유대 땅에 거주하는 사람들"로 인한 것이다. 전체 논의는 우리 앞에 있는 이 본문, 즉 "이를 내게서 빼앗는 자가 있는 것이 아니라 내가 스스로 버리노라"고 기록한 이 부분과 심오하게 연결되어 있다. 어쩌면 이 본문이 모든 기독교와 유대교 간의 대화의 물꼬를 터줄 만한 결정적인 역할을 할지도 모르겠다.

요한복음 10:17-18은 최근 부각되고 있는 이슬람과의 접촉점에서도 중추적인 요소로 작용한다. 케네스 크레그(Kenneth Cragg)는 일평생에 걸쳐 이슬람이 십자가의 역사성을 부인하는 데에는 확고한 이유가 있다고 지적했다.[55] 무슬림들 가운데 이런 전통적인 추론은 다음과 같다. 신은 항상 예언자에게 승리를 준다. 예수는 위대한 예언자 중 한 사람이다. 그러나 기독교의 성경에 기록된 예수의 십자가 이야기는 예수가 완전히 패했다는 걸

---

55) 케네스 크레그는 20세기 후반 전체에 걸쳐 이슬람에 대한 뛰어난 기독교인 학자들 중 한 명이었다. 내가 지금 여기서 인용하고 있는 내용은 그가 1957년 7월 예루살렘 성 조지 칼리지(St. George's College)에서 강연했던 것이다.

증명한다! 이건 말도 안 되는 일이다. 따라서 "예수의 십자가 사건은 일어난 적이 없다." 그러나 복음서는 예수가 역사상 가장 위대한 승리를 쟁취했다고 기록한다. 예수는 **죽음을** 정복했다. 이븐 알-타입은 11세기에 이슬람 왕국의 수도 바그다드에서 집필했던 작품에서 다음과 같이 썼다.

> 영원토록 "이를 위하여, 아버지께서는 나를 사랑하신다." "왜냐하면 나는 내 목숨을 버림으로써 그것을 다시 얻게 되기 때문이다." 나는 내 자유로운 선택으로부터 그리고 십자가에서 죽고 얼마 후 회복되어 죽음에서 다시 부활하기를 원하시는 아버지를 위한 나의 사랑으로부터 나의 자아를 포기한다 [*aslama*]. "이를 내게서 빼앗을 자가 없다", 즉 아무도 내 생명을 강압적으로 취하지 못하지만, 세상의 구원을 위하여 "내 의지로 스스로 버리노라." "나는 내 자의로 목숨을 내놓았으며 이것을 다시 찾을 권세가 있다." 바로 이것이 예수의 신성에 대한 증명이다. 인류 역사상 이제껏 아무도 예수처럼 죽음을 이기고 부활하는 능력을 보여준 자가 없었다. "이 계명은 내가 아버지로부터 받은 것이다"라는 것은, 고난과 죽음과 부활이 어떤 (인간의) 강요나 힘이 아닌 그리스도께서 원하신 것이었다는 뜻이었다.56)

아랍어 동사 아슬라마(*aslama*)의 문자적 의미는 "그가 항복했다"이다. 아랍어로 무슬림은 "항복하는 자"를 의미하기에, 수세기에 걸쳐 이 단어는 "무슬림이 되는 것"으로 사용되었다. 요한복음 10:17의 아랍어 성경에서는 이와 같은 이슬람적인 의미를 피하기 위해 동사 *aslama*를 사용하는 것을 피한다. 이븐 알-타입은 자신의 성경 번역에서 *aslama*를 사용하지 않고, 오직 개인적인 집필에서만 사용했다. 이븐 알-타입은 이 과정에

---

56) Ibn al-Tayyib, *Tafsir*, 2.553-54.

서 두 가지 심오한 신학적 진술을 제시한다. 첫째, 예수는 자신의 목숨을 넘겨주었다는 점에서, 하나님의 뜻에 자신을 철저히 항복시킨 자(*aslama*)다. 그러나 동시에 예수는 죽음 가운데서 부활함으로써 자신의 신적 정체성과 능력을 증명했다. 역사상 누구도 이와 같은 능력을 소유하거나 보여주지 못했다. 이븐 알-타입은 십자가와 부활이 그리스도 안에 있는 하나님의 능력의 증거이며 그리스도가 무력하지 않다는 표시라고 침착하게 진술한다. 서구의 중세 동안 이 풍요로운 본문과 씨름했던 아랍계 기독교 주석가가 이븐 알-타입만 있었던 것은 아니다. 주교 디오네시우스 이븐 알-살리비(Dionesius ibn al-Salibi) 또한 요한복음 10:17-18에 대해 주목할 만한 주석을 남겼다.

그[예수]는 하나님의 영원한 사랑을 받았다. 더 나아가 그[예수]는 자신의 완전한 의지로 양 떼를 살리기 위해 스스로를 포기했다(*aslama nafsu*).

만약 어떤 이유에서건 아버지가 누군가에게 그[예수]를 죽일 권한을 부여했다 하더라도 예수는 이렇게 여겼을 것이다. "나는 주권자이다. 나는 고통과 죽음까지도 선택할 권세가 있으며, 어느 누구도 어떤 상황에서라도 나의 생명을 빼앗거나 나의 길을 막을 수 없을 것이다. 내가 죽더라도 난 부활할 것이다. 나는 죽음을 이기고 살아날 능력이 있으므로 내 바람과 같이, 나의 아버지 또한 내가 세상을 위해 죽기를 원하신다. 아버지의 뜻과 나의 뜻은 충돌하지 않으며 서로 조화를 이룬다." 예수는 이미 다음과 같이 말했다. "나는 아들이 하는 일을 통해 아버지가 주시는 분명한 표시를 받았다. 따라서 누구도 '아버지는 아들을 버려 죽음을 겪도록 했고, 그 고통을 이기도록 돕지 않았다'라고 말할 정도로 비참하게 나락으로 떨어지지 않았다"[57]

---

57) Ibn al-Salibi, *Tafsir*, 2.370-71.

12세기에 무슬림 왕국 중심부에 기거하면서 기록한 이 글을 통해, 우리는 이븐 알-살리비의 통찰과 용기를 볼 수 있다. 그뿐 아니라 우리는 기독교 신학자들이 이런 신학적으로 민감한 주제들을 자유롭게 표현할 수 있도록 허용해준 당시 무슬림 지도자들의 넓은 아량이 여기에 반영되어 있음을 기억해야 한다. 목자의 노래는 이제 막을 내린다.

우리에게 남은 임무는 이 위대한 본문을 선한 목자의 원래 본문(시 23편)과 누가복음의 비유(눅 15:4-7)와 함께 비교하는 것이다(표 8.21. 참조).

시 23:1-6	눅 15:4-7	마 18:10-14
1. 선한 목자=하나님	선한 목자=예수	선한 목자=예수
2. 잃어버린 양 (양 떼 아님)	잃어버린 양 & 잃어버린 양 떼	양 떼가 공격을 받음
3. 대적들: 죽음과 "원수들"	대적들: 악한 목자가 양을 잃어버림	대적들: 절도, 강도, 삯꾼, 이리
4. 선한 주인(여주인?)	선한 여인	———
5. 성육신(함축됨)	성육신(실현됨)	성육신(실현됨)
6. 지불된 대가: 데려옴	지불된 대가: 찾고, 발견하고, 데려옴	지불된 대가: 선한 목자의 죽음
7. 회개는 하나님께로 귀환 (shuv)	회개는 하나님께로 귀환 (metanoeō)	목자의 죽음과 부활로 양이 구원받음
8. ——— (선한 양/나쁜 양)	———	———

9. 축제	축제	선한 목자의 부활
10. 이야기의 결말 장소는 집	이야기의 결말 장소는 집	죽음을 극복하는 부활의 승리로 이야기가 종결 (사랑의 역할)

표 8.21. 최후의 대가와 결정적인 승리

요한복음 10장에서 선한 목자에 대한 전통적인 설명은 양 떼를 보호하고 구하기 위해 목자가 치러야 할 희생의 대가를 크게 증대시키고 있다. 그리고 그 수위는 위대한 부활 사건에서 극대화된다. 그러나 전통적 선한 목자 이야기의 10가지 주요 요소 가운데 8가지는 현재 본문에서 나타난다. 아래를 확인해보자.

1. **선한 목자는 예수다.** 우리가 일찍이 살펴본 구약의 4개 본문에서 선한 목자는 하나님이었다. 공관복음에서는 예수가 선한 목자였다. 마찬가지로 요한복음에서도 예수가 선한 목자로 등장한다.
2. **잃어버린 양/양 떼.** 요한은 개별적인 양이 아닌 전체 양 떼를 논의하고 있지만 양 떼가 등장하는 방식에 중요한 변화가 있다. 앞선 본문에서 양 떼는 흩어졌고 잃어버렸다. 그러나 요한복음에서 양 떼는 절도와 강도로 인해 위험에 처하며 "삯꾼"에게 버림받고 이리의 공격 대상이 된다. 잃어버림으로써 생겨나는 두려움과 위험의 크기가 (선한 목자 전통에서 살펴볼 때) 요한복음에서 더욱 확장된다. 요한은 동일한 주제를 다루지만 이를 극대화시킨다.
3. **대적들.** 시편 23편에서 대적들은 "죽음", "악", "원수들"이었다. 예언서의 해당 본문은 "악한 목자들"과 그들이 가져온 손해에 집중한다. 마

가복음에서는 간접적으로 헤롯이 목자(예수)와 양 떼를 대적하는 인물로 나타난다. 누가복음은 자신의 양 떼를 잃어버린 악한 목자를 보여준다. 그리고 여기 요한복음 10장에서 대적은 곧 "원수들"과 "절도", "강도들"과 "이리들"이다. 삯꾼은 비겁하게 도주하면서 이런 대적들의 대열에 합류한다.

4. **선한 주인**(여주인?). 선한 주인(여주인)의 주제는 시편 23편에 등장하고 누가복음 15:8-10에 재등장하지만 요한복음에서는 생략된다.

5. **성육신**. 선한 목자 예수는 누가복음 15장과 마가복음 6장에서 명백히 나타난다. 이제 요한복음 10장에서 성육신의 주제는 절정에 다다른다. 요한복음 10장은 성육신(나는 선한 목자다)과 속죄(나는 양을 위해 내 목숨을 내놓는다)를 주장한다.

6. **대가의 지불**. 시편 23편에서 목자 되신 하나님은 "나를 데리러 오신다." 치러야 할 비용은 함축되어 있다. 독자들은 잃어버린 양을 찾기 위해 어둑해지는 산등성이를 동분서주 누비다가 마침내 양을 마을로 데려오는 이미지와 유사한 요소들이 추가되리라 예상한다. 요한복음에서 치러야 할 대가는 이리와 사투를 벌이는 목자의 생명 바로 그것이다.

7. **회개**. 회개/돌아옴은 선한 목자 전통의 초반부터 중요 요소다. 하지만 누가복음 15:4-7에서 목자의 행동에 의한 구원과 회개는 확실히 연결되어 있었다. 요한복음에서도 구원은 논의되며(선한 목자는 "양 떼"를 위해 목숨을 버린다), 그로 인한 회개가 함축되어 있다.

8. **선한 양과 나쁜 양**. 다른 곳의 선한 목자 설명처럼, 이곳에서는 나쁜 양에 대한 언급이 없다.

9. **축제**. 요한복음은 누가복음 15장의 목자와 여인의 이야기에서 보았던 것과 같은 기쁨의 축제에 초점을 두지 않는다. 요한복음의 "양 떼"는 하나님의 마음에 머무는 선한 목자의 삶에 붙들려 "풍요로운 삶"을 즐기

고 있다. 앞에서 언급된 주제가 다시 한 번 채택되고 변형되어 새로운 표현으로 강화되었다. 풍요로운 삶을 즐길 수 있는 자유는(요 10장) 지속될 기쁨의 축제의 영광스러운 형태다(눅 15장).

10. **이야기의 결말.** 선한 목자 전통은 그 이야기의 결말에 상당한 관심을 두고 있다. 흩어진 양 떼가 집으로 돌아오고 잃어버린 자가 발견되며, 망명자들이 집으로 돌아오게 된다. 하지만 요한복음은 이 이야기를 보다 넓은 스크린에 풍성하게 담아낸다. 요한복음의 양 떼는 매일 주인의 음성을 듣고 따라간다. 그들은 꼴을 찾아 들어오고 나가며 자유를 만끽한다. 양 떼는 목자가 그들을 위해 목숨을 버리고 죽음에서 부활할 만큼 자신들을 사랑한다는 사실을 안다. 이기적인 삯꾼은 도망가고 이리는 사로잡힌다. 요한복음의 결말은 한 목자와 한 양 떼로 모든 이야기가 종결되는 미래의 비전으로 확장되고 있다.

심오한 뜻으로 가득 찬 신학의 꽃밭으로 들어서면서, 우리는 최상의 아름다움과 감탄할 만한 경이로움을 맞이한다. 이제 지금까지 보고 들었던 것을 간단히 요약해야 하는 어려운 숙제가 남아 있다. 이어지는 5개의 단락을 차례대로 주의 깊게 살펴보자.

요한복음 10:1-18에 담긴 선한 목자 노래의 신학적 클러스터

1. **마을에서의 아침**(요 10:1-5)
   a. 양 떼는 목자의 익숙한 그 음성을 알고 따라간다.
   b. 절도나 강도(1절), 타인(5절)은 양 떼를 갈취하려 들지만 실패한다.
2. **광야에서 양 떼와 함께**(요 10:6-10)
   a. 예수는 풍성한 삶을 제공하는 구원의 문이다.

b. 목자는 양 떼가 맘껏 드나들 수 있는 자유를 준다.

c. 절도/강도는 죽이고 멸망시킬 뿐이다.

3. **선한 목자와 이리와의 사투**(요 10:11-15)

    a. 예수는 시편 23편, 예레미야 23장, 에스겔 34장, 스가랴 10:4-6의 선한 목자이다.

    b. 예수는 양 떼를 위해 자신의 목숨을 내놓고 다시 얻는다.

    c. 십자가로 인해, 성부와 성자 간의 친밀한 관계는 아들과 신앙 공동체 간의 잠재적 친밀함의 증거가 된다. 아버지와 아들 간의 친밀한 관계는, 아들에 의해 입증된 순종적인 사랑으로 인하여 심지어 십자가에 의해서도 깨어지지 않는다(요 10:17; 빌 2:8-9).

    d. 이리와의 사투에서 자기를 희생하려는 선한 목자의 의지는 목자와 그의 양 떼 간에 필연적인 유대를 형성한다.

    e. 선한 목자의 동기는 사랑이다. 선한 목자는 "양 떼를 돌본다." 그의 행동은 곧 아버지의 행동이다.

    f. 삯꾼(성전의 지도층들?)은 이런 사랑을 모르며, 양 떼를 위하여 상처받는 어떤 행동도 하지 않으려 한다.

    g. 양 떼를 위한 선한 목자의 고통이 직접 묘사되지 않음에도 그 사실을 어렵지 않게 추정할 수 있다. 본문에는 "고통의 외설" 같은 것이 존재하지 않는다. 다만 일어난 사건의 의미가 중요할 뿐이다.

    h. 이리는 예수를 십자가에서 죽인 악의 세력(종교적·정치적)과의 결합을 상징한다. 부활은 이 세력을 정복했다. 이리는 "강탈"과 "흩어짐"으로 승리한 것처럼 보이지만, 이야기의 결말 부분에서(17-18절) 부활에 의해 패배를 당한다.

4. **선한 목자와 남은 과제**(요 10:16)

    a. 복음 전도/선포의 **비전**: 이 우리에 속하지 않은 다른 양 떼가 있다.

b. 복음 전도/선포의 **임무**: 내가 그들을 데려올 것이며 그들이 내 목소리를 들을 것이다.

c. 복음 전도/선포의 **목표**: 한 양 떼와 한 목자가 있게 된다.

d. 이 삼중 임무는 십자가에 대한 논의와 십자가와 부활에 대한 두 번째 논의 사이 중심에 놓여 있다. 이 과제는 그것들로부터 분리될 수 없다. 복음 전도의 **비전**, **임무**, **목표**는 마치 십자가와 부활로 구성된 "발사대"에서 출발한 불 붙은 로켓과 같다.

e. "다른 양 떼"는 이방인들로 이해되는 것이 가장 적절하다.

f. 목자는 양 떼를 "데려오고" 양 떼는 "듣고/순종한다." 이 두 행동은 "한 양 떼"의 구성에 필수적이다. 목자가 행동하고 양은 듣게 된다.

5. **부활을 통해 사랑은 죽음을 극복한다**(요 10:17-18)

    a. **유대인과 관련하여**: 예수는 자신의 목숨을 내놓는다. 누가 예수의 목숨을 빼앗은 것이 아니다. 고린도전서 2:8에서 바울은, 헤롯과 빌라도가 예수가 누구인지 알았다면 그를 십자가에 못 박지 않았을 것임을 확신한다. 요한복음 13:3에서 십자가 사건 전날 밤 예수는 "아버지께서 모든 것을 자기 손에 맡기셨다"고 진술한다. 즉 예수는 수난 드라마의 책임자였다. 예수는 재판에서 빌라도를 향해 하나님께서 주재하신다고 말한다.

    b. **이슬람과 관련하여**: 이슬람에서 신은 언제나 예언자에게 승리를 준다. 이슬람은 십자가의 역사성을 부인하는 것이 예수의 명예를 살리는 길이라고 믿는다. 그러나 본문은 예수가 죄와 사망을 이긴 사건이야말로 가장 위대한 승리라고 말한다.

    c. **십자가는 하나님의 사랑의 표현이다**. 하나님은 죄 때문에 진노하신다(롬 5장). 이 진노는 사랑의 언약을 배반한 것에서부터 출발한다. 십자가에서 커다란 대가를 치름으로써, 불의와 배반에 대한 진노는

사랑의 모습을 한 십자가로부터 나오는 은혜 속에서 사라진다. "하나님이 세상을 이처럼 사랑하사."

d. **선교에 관한 신학**이 있다. 예수는 종 됨(servanthood)의 방향을 선택하는 것에 자신의 자유를 포기하지 않는다. 예수는 "내가 내 목숨을 버린다"고 말한다.

e. **구원은 십자가와 부활에서 나온다.** 예수의 수난과 관련하여 전통적으로 서구의 라틴 교회 전통은 십자가를 강조하고, 동방 교회 전통은 부활에 강조점을 두고 있다. 그러나 두 개의 전통이 요한복음 본문에서는 서로 만난다. 구원은 십자가와 부활을 통해 이루어진다. 바울은 고린도전서 15장에서 "만약 그리스도가 다시 살아나지 않았다면 너희는 여전히 죄 가운데 있었을 것이다"고 기록하고 있다.

f. **바울과 요한**. 바울은 "하나님이 예수를 일으켰다"고 기록했다. 요한은 "나는 다시 얻을 권세가 있다"고 기록했다. 둘 다 진실이다. 다이아몬드는 그 광채를 다양한 방향으로 발산한다.

g. **십자가 신학**. 십자가에서 악이 개입하고 고통이 허용되지만, 결국 위대한 사랑이 이기고 승리가 승전가를 부른다. "내가 내 목숨을 버리고 다시 얻을 것이다." 왜일까? 그것은 죄와 사망이 이미 패했다는 걸 증명하기 위함이다. 목자는 죽었지만 그 죽음을 통해 죄와 사망은 종식된다. 십자가에서 악은 자신의 극악함을 드러내지만, 십자가에 달린 예수의 의지와 존엄성을 꺾을 수는 없다. 부활을 통해 최후의 악은 패배를 당하고 구속된다.

하루가 저물어갈 무렵 한 사람이 회개했다.

빈 손 들고 주 앞에 나옵니다.
오직 주님의 십자가에 매달립니다.[58]

우리의 마지막 질문은, 선한 목자 전통이 초대교회의 삶에서 어떤 역할을 감당했는가 하는 것이다. 이 질문에 대한 대답을 듣기 위해 베드로전서 5:1-6로 우리의 시선을 옮기도록 하자.

---

58) Augustus M. Toplady, "Rock of Ages," 1776.

9장

선한 목자와
베드로전서 5:1-4

중량감 있는 많은 신학적 주제들에 대한 고찰로 가득 찬 서신서의 중반부인 베드로전서 5:1-4에서 사도는 기독교 지도력에 관한 간략한 논의를 보여준다. 그러나 그는 이 논의에서 백부장, 군인, 건축가와 석공, 선장과 선원, 관리자나 행정직원을 다루지는 않는다. 그 대신 목자와 양 떼의 그림으로 시선을 돌린다. 비록 본문이 잃어버린 양과 그 양을 찾아 나선 목자를 논하고 있지는 않으나, 성경의 선한 목자 전통과 겹치는 부분이 많기 때문에 선한 목자 전통 연구에 이 본문을 포함시키는 것은 적절한 것 같다.

베드로전서는 베드로가 본서의 저자임을 확인해준다(벧전 1:1). 또한 서신의 끝부분에서는 저자를 도왔던 실루아노(Silvanus)라는 이름의 "형제"가 언급된다(벧전 5:12). 베드로의 그리스어 능력이 이런 문헌의 저작에 충분하지 않았다는 사실은 의심의 여지가 없다. 그의 그리스어 실력으로 이와 같은 문서를 구성했다고 믿는 건 적절치 않다. 근래에 베드로가 이렇게 신학적으로 복잡한 작업을 했을 리가 없다고 주장하는 목소리가 점점 높아지고 있다. 조셉 피츠마이어(Joseph Fitzmyer)는 베드로 저작설에 반대하는 6개 조항을 제안했지만, 그중 어떤 것도 설득력을 가지지는 못한다.[1] 황제에 대한 언급은 특별히 중요하다.

베드로전서 2:13-17에는 "모든 인간의 제도"에 복종함에 대한 중요한 논의가 이루어진다. 그 대상에는 지방 총독들과 황제가 포함된다. 따라서

---

1) Joseph Fitzmyer, "The First Epistle of Peter," in *The Jerome Biblical Commentary* (Englewood Cliffs, NJ: Prentice-Hall, 1968), 2.362. 이 본문에 언급된 실루아노는 행 15:22, 27, 40에 나오는 실라(Silas)일 가능성이 매우 높다.

이 서신은 베드로가 순교했던 기원후 64년 네로의 기독교 박해가 시작되기 이전에 기록된 것으로 보인다. 피츠마이어는 이 서신의 구성 시기가 기원후 64년 초였다고 제안한다. 존 엘리엇(John Elliott)은 이 서신이 "사도 베드로 주위에 모여, 그의 이름으로 저술을 감당했던 한 모임"에 의해 저술되었으리라고 생각한다. 이어서 엘리엇은 "베드로전서가 사도 베드로의 증언을 보여준다는 사실은 실제로 그 편지를 누가 썼는지보다 중요도가 낮다"라고 쓴다.[2] 어떤 경우든 간에, 본 서신은 선한 목자의 주제 아래 기독교 목회에 대한 예리한 통찰력을 제공한다.

목자와 양에 대한 언급은 베드로전서 2:25에서 출발한다. "너희가 전에는 양과 같이 길을 잃었더니 이제는 너희 영혼의 목자와 감독 되신 이에게 돌아왔느니라." 그리고 5장의 시작 부분에서 베드로는 다시 목자와 그의 양 떼 이미지로 돌아온다(표 9.1. 참조).

---

[2] John Elliott, "Peter, First Epistle of," *Anchor Bible Dictionary*, ed. David Noel Freedman (New York: Doubleday, 1992), 5.227.

1. ⁵:¹ᵃ⁾너희 중 장로들에게 권하노니
　나는 함께 장로 된 자요
　그리스도의 고난의 증인이요　　　　　그리스도
　나타날 영광에 참여할 자니라　　　　　그분의 고난 & 영광

2. 　²너희ᵇ⁾ 중에 있는　　　　　　　　　너와 함께한 양 떼를 치라
　　하나님의 양 무리를 치되

3. 　억지로 하지 말고 하나님의 뜻을 따라　억지로 하지 말고
　　자원함으로 하며　　　　　　　　　　자원함으로

4. 　더러운 이득을 위하여 하지 말고　　　더러운 이득이 아닌
　　기꺼이 하며　　　　　　　　　　　　열정으로

5. 　³맡은 자들에게 주장하는 자세를 하지 말고　책임을 갖고
　　양 무리의 본이 되라　　　　　　　　양의 본이 되라

6. ⁴그리하면 목자장이 나타나실 때에　　그리스도
　　시들지 아니하는 영광의 관을 얻으리라　목자장 & 영광

---

a) 저자는 "therefore" 추가. RSV와 ESV는 "so"를 추가
b) BAGD, p. 259. 바우어(Bauer)는 "누군가를 함께 동반하는 사람들을 소개하기 위해서" *en* 의 사용을 언급한다. 이런 의미의 미묘한 차이는 적절해 보인다. RSV는 "in your charge", ESV는 "among you"라고 읽는다.

표 9.1. 목자들과 목자장(벧전 5:1-4)

　　이전 본문과 동일하게 우리는 이 본문의 문학적인 구조를 살피고 나서 본문의 신학적·윤리적 내용으로 넘어가게 될 것이다.

수사법

　　본문의 수사학적 양식은 단순 명료하다. 4개의 구절들은 6개의 순환 구성

법으로 나타난 카메오로 구성되어 있다. 이 순환 구성법의 완결은 4절 끝에서 이루어지며 5절은 새로운 주제를 첨언한다.

주석

이 간략한 본문은 접속사 운(oun)을 사용하면서 시작된다. 바우어 신약사전(Bauer New Testament Lexicon)은 이 단어를 "먼저 일어난 것의 추론이나 결과"를 소개하는 어떤 것으로 정의한다."[3] 바우어는 oun을 "그래서", "그러므로", "결과적으로", "따라서", "그 다음에" 등으로 번역한다.[4] 우선 베드로는 이 단어를 6차례 사용하고 있다(벧전 2:1, 7; 4:1, 7; 5:1, 6). 각각의 경우, 본문은 뒤따라오는 내용이 선행하는 것과 상당한 관련이 있다는 것을 보여준다. 베드로전서에 나타난 oun의 6차례 경우를 관찰하면서, 현대 주석가들은 일반적으로 "그러므로"와 "그래서"를 사용하고 있지만, "그러므로"를 더 선호한다. 히에로니무스는 유명한 불가타 역본에서 단어 ergo(therefore)를 사용했다.[5] 그러나 여기에는 한 가지 문제가 있다.

가장 오래된 그리스어 신약성경은 베드로전서 5:1의 초두에 이 단어를 포함하고 있다. 하지만 5세기경을 지나면서 몇몇 역본들은 이 단어를 삭제한다. 수세기에 걸쳐 전해져 내려온, 킹제임스 성경 번역자들에 의해 사용되었던 "수용 사본"은 이 단어를 포함하지 않는다. 우리는 이 단어가 왜 생략됐는지 알 길이 없다. 우리는 초기 그리스어 성경의 장 구분이 베드로전서 5:1에서 새로운 주제의 시작을 보여준다는 사실을 주지해

---

3) BAGD, p. 593.
4) Ibid.
5) 히에로니무스는 자신의 그리스어 텍스트에서 약간 다르게 ουν이 아닌 τους를 사용했다. 라틴어 텍스트에서는 여전히 ergo를 사용한다.

왔다.6) 아마도 몇몇 필사자들은 베드로전서 5:1-4이 베드로전서 4:12-19에 연결되지 않는다고 판단하고, 따라서 단어 *oun*("그러므로")을 본문에서 생략했던 것 같다. 현대 번역자들은 이런 흐름에 부분적으로 영향을 받아, "그러므로"보다 "그래서"를 선호하는 경향을 보인다. "그래서"는 영어권에서 "and"와 같은 단순 연결사로 읽힐 수 있다.7) "그러므로"는 앞서 있던 내용에 따라붙어 그 내용을 명확하게 해주는 역할을 한다. 히에로니무스의 불가타와 더불어 가장 오래된 초기 그리스어 사본의 조합에서, 나는 베드로전서 4:12-19과 5:1-4 사이를 연결해주는 지시어로서 단어 "그러므로"를 선택했다. 그렇다면 이 둘을 함께 "묶어주는 끈"은 무엇일까?(표 9.2. 참조)

1. ^{5:1}너희 중 장로들에게 권하노니
　　나는 함께 장로 된 자요
　　그리스도의 고난의 증인이요　　　　그리스도
　　나타날 영광에 참여할 자니라　　　　그분의 고난 & 영광

표 9.2. 고난과 영광(벧전 5:1)

베드로는 자신을 가리켜 "동료 장로"(함께 장로 된 자)라고 밝히고 있다. 백 년 전 찰스 빅(Charles Bigg)은 베드로의 "그냥 동료 장로가 아닌 너희가 잘 아는 동료인 장로"라는 표현에 주의를 기울였다.8) 따라서 베드로는 다른 사람들을 관장하는 어떤 형태의 지도력을 가정하고 있다. 베드로는

---

6) 장의 분할은 *kefalaia*라고 불린다.
7) "그래서(So) 그 다음에 무슨 일이 일어났는가?"는 "그리고(And) 그 다음에 무슨 일이 일어났는가?"와 거의 일치한다.
8) Charles Bigg, *Epistles of St. Peter and St. Jude*, International Critical Commentary (Edinburgh: T & T Clark, 2002), p. 186.

"장로"이면서 동시에 타인과 함께 일한다는 측면에서, 그들과 함께 사역하는 "동료"다.9) 개인의 지도력과 팀사역은 함께한다. "동료 장로"로서 베드로는 교회의 지체들에게 그들의 지도력이 부르심에 적합한지 권면할 권리가 있었으며, 동시에 그는 그들과 함께하는 동료였던 것이다. 베드로는 계속해서 자신의 정체성을 분명히 한다.

그는 스스로를 "그리스도의 고난의 증인"이라고 밝힌다. 에드워드 셀윈(Edward Selwyn)은 상세한 베드로전서 연구에서 "왜 베드로는 스스로를 부활의 증인(참고. 눅 24:12, 34; 행 1:22)이나 혹은 수난과 부활의 증인으로(참고. 행 1:8; 5:32; 10:39) 묘사하지 않았을까?"라고 질문한다.10) 이에 대하여 셀윈은 본문에 나타난 고난과 영광의 주제가 이 서신서 전체에 두드러지며, 현재의 본문에서 베드로는 "오히려 너희가 그리스도의 고난에 참여하는 것으로 즐거워하라 이는 그의 영광을 나타내실 때에 너희로 즐거워하고 기뻐하게 하려 함이라"고 권면하고 있다는 사실을 지적함으로써 이에 관한 해답을 제시한다(벧전 4:13). 베드로전서 5:1에서 베드로는 이 고난과 영광의 주제를 이어가는데, 이 주제는 우리의 본문과 선행 본문의 연결점이 될 것으로 보인다. 그러나 "고난과 영광"이라는 중요한 주제로 들어서기 전에 먼저 요구되는 질문들이 있다.

우리는 베드로가 부활을 증거했다는 것을 알고 있다. 또한 우리는 그가 예수가 잡히던 날 예수와 함께 뜰에 있었으며, 산헤드린 공회 앞에서 예수에 대한 재판이 진행 중일때도 뜰에 머물렀다는 사실을 알고 있다. 하지만 베드로는 성금요일 사건의 나머지에 대해서도 증언했는가? 간단히 말해 베드로는 수난 주간 중 다락방에서 호언장담했으며 겟세마네 동

---

9) 동료 장로(*sympresbyteros*)라는 단어는 신약성경 전체에서 오직 여기에만 등장한다.
10) Edward G. Selwyn, *The First Epistle of St. Peter* (London: Macmillan, 1947), p. 228.

산에서 한 사람(편주-요한복음 18:10은 그가 베드로였다고 증언)을 다치게 했으며 예수의 재판 동안 그를 부인하고 그 후 사라져버렸다. 과연 베드로가 "그리스도의 고난의 증인"이라고 정당하게 주장할 수 있는가? 이상하게도 셸윈은 이런 질문을 하지 않는다.

한 걸음 더 나아가, 베드로는 본문 1절에서 그가 순교자, 눈과 귀로 확인한 증인이었음을 진술한다.[11] 그는 잔혹한 사건이 집행되는 동안 "마을"에 남아 있던 사도 무리의 멤버는 아니었다. 우리는 이 본문을 어떻게 이해해야 하는가? 이에 대한 답변은 또 다른 질문으로써 풀어갈 수 있을 것이다. 즉 "그리스도의 고난은 단지 그의 공생애 마지막 20시간에 제한되는가, 아니면 그의 삶의 더 많은 영역과 연계되는가?"라는 질문이다.

작고한 케네스 크레그는 나와의 대화에서 인간의 영혼에 경험되는 가장 큰 고통은 "거절된 사랑으로 인해 생기는 고통"이라고 설명한 적이 있다.[12] 분명히 "자기 땅에 오매 자기 백성이 영접하지 않은"(요 1:11) 현실은 고난 주간의 목요일 밤 예수의 체포에서 시작하여 24시간도 채 안되어 종결되었던 단일 사건에 국한되지 않는다! 오히려 공적 사역 초기에 예수의 고향 회당에서(눅 4:16-30), 그의 메시지는 마을 주민들을 격노하게 했고, 이에 예수를 쫓아내어 죽이려 들었던 사건으로 확대되었다.[13] 비록 예수가 암살을 당하지 않고 그 자리를 피했으나, 과연 예수가 이때 아무런 고통을 느끼지 못했을까? 예수가 바리새인 시몬의 집에서 받은 무례한 공개적인 망신은 그에게 굴욕을 주었다(눅 7:36-50).[14] 요한복음 6:67의 "너

---

11) BAGD, p. 494.
12) 1958년 7월 예루살렘에 있는 성 조지 칼리지(St. George's College) 강의 중에 그가 이 표현을 사용하는 것을 들었다.
13) Kenneth E. Bailey, *Jesus Through Middle Eastern Eyes* (Downers Grove, IL: IVP Academic, 2008), pp. 147-69.
14) Ibid., pp. 239-60.

희도 가려느냐?"는 간절한 질문 뒤에도 역시 고통이 있다. 마가복음 3:6의 이른 시점에서 이미 바리새인들과 헤롯당들은 예수를 파멸하고자 하는 계획을 도모한 상태였다. 이 두 당은 정치적인 앙숙이었다. 그럼에도 예수를 향한 이 두 집단의 불타는 적개심은 그들을 하나로 묶기에 충분했다. 이 모든 것이 "그리스도의 고난"에 속한 것이 아니고 무엇이란 말인가? 예수야말로 "멸시받고 버림받은 슬픔의 사람이요 비통의 사람"이지 않았는가?(사 53:3) 비록 십자가 사역의 절정의 순간에 바로 그 현장에는 없었지만, 베드로는 이 고통의 목격자다. 따라서 그가 자신을 "그리스도의 고난의 증인"으로 정직하게 선포할 수 없다는 말인가? 나는 당연히 할 수 있다고 생각한다.

본문은 계속해서 "나타날 영광에 또한 참여한 자(koinōnos)"라고 말한다. 이 두려운 구절은 세 가지 질문을 불러일으킨다. 본문에서 언급된 "영광"의 본질은 무엇인가? 본문은 누구의 영광을 논하고 있는가? 마지막으로 고통과 영광 사이의 관계는 무엇일까? 20세기 초, A. R. 휘텀(A. R. Whitham)은 이 "영광"을 설명하면서 다음과 같이 기록했다. "영어 성경에는 '영광'보다 더 평범하고 정의하기 어려운 단어는 거의 없다.…명성(reputation), 칭찬(praise), 명예(honor; 참과 거짓), 광휘(splendor), 광채(light), 완전함(perfection), 보상(rewards) 등 이 모든 다양한 개념들이 바로 이 단어와 대체될 수 있을 것 같다."[15] 미국 남북전쟁 동안(1861-1865) 남부 군대의 장군이었던 로버트 리(Robert E. Lee)는 북군이 주둔하고 있는 게티즈버그의 결전장으로 전면공격을 명령했다. 채 몇 분이 지나지 않아 남부쪽 군인들은 수천의 사상자와 희생자를 남기고 퇴각했다. 퇴각하

---

15) A. R. Whitham, "Glory," in *A Dictionary of Christ and the Gospels*, ed. James Hastings (Edinburgh: T & T Clark, 1906), 1,648.

는 병사들 사이에서 로버트 리는 비극적인 참패의 책임자인 소령을 다음과 같이 위로했다. "피켓 소령, 당신과 당신 부하들은 영광을 얻었소." 이때 피켓은 이렇게 대답했다. "리 장군, 이 세상의 모든 영광도 우리 시대가 만들어낸 고아들과 과부들에게 보상할 수는 없을 것입니다."[16] 여기서 사용된 단어 **영광**은 현재의 본문에서 영어권 독자들을 더욱 혼란스럽게 한다. 리 장군이 사용한 단어 **영광**은 참혹한 전쟁 속에서 수많은 사람들을 죽인 후, 쉴새없는 박수갈채로 지지하는 군중 가운데서 사용되어야 했다. 그렇다면 성경 문학에서 이 핵심 단어가 의미하는 바는 무엇인가?

일반적으로 그리스어 영광(*doxa*)은 단지 작가나 화자에 의해 표현되는 "한 의견"을 의미한다. 그러나 그리스어 구약성경의 *doxa*는 무게를 나타낼 때만 사용되는 히브리어 *kabod*를 번역한 단어다. 히브리 성경에서 *kabod*(파생 단어 포함)는 375번 나타난다.[17] 특별히 에스겔서에는 "성전에 있었고 다시 찾아올" 하나님의 영광(무게)이 나온다.[18] 사람에게 이 단어를 적용하면 "사회에서 '무게감' 있는 자로서 그는 명예롭고 인상적이며 존경받을 가치가 있는 사람으로" 평가된다.[19] 개리 버지는 "고대 시대에는 명예, 구별, 존경, 영광보다 더 중요한 개념은 거의 없었다"고 지적한다.[20] 쾰러 바움가트너 사전(Koehler Baumgartner lexicon)은 *kabod*를 "무게, 명예, 명성, 광휘, 광채, 신성" 등으로 번역했다.[21] 게르하르트 폰 라트(Gerhard von Rad)는 "*kabod*는 사회 속에서 한 사람의 무게감 있고 인상

---

16) Allen C. Guelzo, *Gettysburg: The Last Invasion* (New York: Knopf, 2013), pp. 428-29.
17) John N. Oswalt, "*kābēd*," *Theological Wordbook of the Old Testament* (Chicago: Moody Press, 1980), 1,426.
18) Gerhard von Rad, "*kābôd* in the OT," *TDNT*, 2.241.
19) Oswalt, "*kābēd*," *TWOT* 1.426.
20) Gary M. Burge, "Glory," in *Dictionary of Jesus and the Gospels* (Downers Grove, IL: IVP Academic, 1992), p. 269.
21) LVTL, *Lexicon*, pp. 420-21.

적이며 엄숙한 위치를 구성하는 의미"라고 지적했다.[22]

성경에서 영광은 최소한 5가지로 적용 가능하다. 이것은 아래 5가지를 통해 확인된다.

1. 하나님의 영광
　　"하늘이 하나님의 영광을 선포하고"(시 19:1)
　　"지극히 높은 곳에서는 하나님께 영광이요"(눅 2:14)
2. 예수의 영광
　　"우리가 그의 영광을 보니"(요 1:14)
3. 나타날 영광(만물의 마지막에서)
　　"나타날 영광…시들지 아니하는 영광의 관"(벧전 5:1, 4)
4. 영광과 신자들
　　"나타날 영광에 참여할 자니라"(벧전 5:1)
　　"그의 영광의 풍성함을 따라 그의 성령으로 말미암아 너희 속 사람을 능력으로 강건하게 하시오며 믿음으로 말미암아 그리스도께서 너희 마음에 계시게 하시옵고…하나님의 모든 충만하신 것으로 너희에게 충만하게 하시기를 구하노라"(엡 3:16-19)
5. 영광과 고난
　　"너희가 그리스도의 이름으로 치욕을 당하면 복 있는 자로다 영광의 영 곧 하나님의 영이 너희 위에 계심이라"(벧전 4:14)
　　"나는 함께 장로 된 자요 그리스도의 고난의 증인이요 나타날 영광에 참여할 자니라"(벧전 5:1)
　　"모든 은혜의 하나님 곧 그리스도 안에서 너희를 부르사 자기

---

22) Von Rad, "*kābēd* in the OT," TDNT 2:238.

의 영원한 영광에 들어가게 하신 이가 잠깐 고난을 당한 너희를 친히 온전하게 하시며 굳건하게 하시며 강하게 하시며 터를 견고하게 하시리라"(벧전 5:10)

베드로전서 5:1, 4에서, 우리는 특별히 고난의 문맥에서 영광과 신자들에게 관심을 가지고 있다. 이런 본문들에서 "영광"은 마치 다이아몬드처럼 다양한 방향으로 그 빛을 비춘다. 우리는 그 본문들 중 얼마를 요약하기 위하여 그리스도의 영광이 변화산에서 그리고 그의 다시 오심의 약속에만 국한되지 않는다는 점에 주목해야 한다. 그리스도를 위해 고난 받는 자들은 "복이 있다 영광의 영 곧 하나님의 영이 너희 가운에 임하기 때문이다." 하나님의 영광이, 바로 지금 현재 고난 당하는 자를 격려하시며 축복하신다! 그렇다. 베드로는 진실로 고난 받는 자신의 독자들에게 미래의 영광을 보여주고 있다. 동시에 "영광의 영"은 지금 그들과 함께하시며 "회복시키고 터를 견고하게 하며 강하게" 할 것이다(벧전 5:10).

셀윈은 고난과 영광이 함께 다루어지는 것이 "본 서신의 특징"이라고 언급한다.[23] 셀윈은 베드로전서 5:1-4에서 베드로가, 그리스도의 영광이 야고보와 요한과 더불어 자신에게 드러났던 변화산 사건을 논의하고 있다고 주장한다.[24] 이것은 분명히 베드로전서 5:1, 4의 배경 일부를 형성하고 있기는 하지만 여기에는 확실히 그 이상의 무엇인가가 있다.

바로 여기가 구약성경의 히브리어 단어인 "영광"(*kabod*)이 결정적으로 중요하게 여겨지는 부분이다. 우리는 성경에서 "영광"을 이야기할 때 (히브리어 성경이나 그리스어 성경), 땅의 권세나 부가 아닌 무게와 지혜를 논

---

23) Selwyn, *St. Peter*, p. 228. 셀윈은 벧전 1:11; 3:18-22; 4:13, 14; 5:10에 나타나는 고통과 영광 사이의 접촉점을 그가 분명히 주시했음을 지적한다.
24) Ibid., pp. 228-29.

하게 된다. 칼뱅이나 루터 모두, 그들이 영광의 신학(*theologia gloriae*)이라 부른 것에 저항하여 십자가의 신학(*theologia crucis*)을 주장하고 있다. 그들이 선택한 어휘는 그들의 시대에는 적절했으나, 우리에게는 도움이 못된다. 즉 하나님의 진정한 영광은 십자가의 고통과 연약함을 통해 빛을 발한다. 개혁주의자들이 논의했던 "영광의 신학"은 왕이나 황제의 부, 광휘, 그리고 권력이라는 배경 속에서 다루어진다.25) 그리고 그들은 이것을 올바르게 거부했다. 우리 시대에도 동일하게 이런 "영광의 신학"이 존재한다. 우리 시대에 이 메시지는 "만약 당신이 **진정한** 그리스도인이 된다면, 당신은 부를 얻게 될 것이다"라고 전한다. 이런 왜곡된 관점을 지지하는 부류들 사이에서, 오늘날 이런 사고 방식은 인기 있는 "영광의 신학"으로 불리고 있다. 이런 관점은 신구약성경 *kabod*(무게/영광)에서 온 것이 아니라, 현대 (미국) 문화로부터 영향을 받은 영광의 정의를 취한 결과다.

베드로는 자신이 예수의 수난의 목격자였으며, (그리스도의) 영광에 참여한 자(*koinōnos*)라고 말한다. 즉 베드로는 예수가 당한 거절의 고통을 보았고, 예수가 그 거절에 대해 어떻게 반응했는지를 목격했던 것이다. 사도 무리의 일원으로 베드로는 그 고통 가운데서 그리스도와 연합했던 것이다. 베드로는 예수가 "거절된 사랑의 고통"을 어떻게 감당했는지 보았고, 그 고통은 어느새 베드로 자신의 고통이 되었다. 마가복음 6장에서(5장 참고) 예수는 사촌(세례자 요한)의 암살에 직면했다. 예수는 이에 대해 무언가 대응해야 하는 압력을 받았고, 호수 주위에 있던 거대한 군중은 예수의 반응을 탐지하기 위해 그에게로 모여들었다. 이때 예수는 어떤

---

25) 나는 탁월한 강의를 보내준 보니 패터슨 박사(Dr. Bonnie Pattison)에게 큰 빚을 졌다. "The Suffering Church in Calvin's *Se Scandalis*: An Exercise in Luther's *Theologia Crucis*" (lecture, International Calvin Congress, South Africa, 2010; and Evangelical Theological Society, Atlanta, 2010).

보복도 퇴각도 선택하지 않았다. 예수가 오천 명을 먹일 때, 이 용기 있고 지혜로우며 영광스러운(무게/지혜) 반응이 그가 취한 선택이었으며, 헤롯이 차려놓은 잔인한 "죽음의 연회"의 공개적인 도전에 맞서 "생명의 연회"를 베풀었던 것이다. 예수의 대응에는 진중함, 지혜, 영광이 나타난다. 베드로는 고통 속에 태어난 영광스런 대응을 증언하고 여기에 참여했다. 바울은 고린도 교인들에게 "우리의 속사람은 날로 새로워지도다 우리가 잠시 받는 환난의 경한 것이 지극히 크고 영원한 영광의 중한 것을 우리에게 이루게 함이니"라고 썼다(고후 4:16-17). 우리는 우리의 반사 신경을 재훈련할 필요가 있다. 우리는 "영광"이 사람에게 적용되었을 때 직관적으로 **권력**이나 **부**가 아닌 **고통에서 태어난 지혜**에 대해 생각해야 한다. "광휘"나 "광채"는 올바른 표현이지만 결코 세속적인 권력이나 찬사 또는 군대나 호전적인 의미로는 사용되지 않는다.

어떤 종류의 인간 고통이라도 선과 악에 대한 독특한 잠재력을 지닌다. 이미 언급했듯이, 히브리어 성경에서 **영광**은 **무거움**을 뜻한다(히브리어 *kabod*; 그리스어 *doxa*). 이 단어(weight/gravitas)가 사람에게 적용되었을 때, 이 무게와 엄중함은 상당한 중요성을 가지게 된다. 중동에서는 진중함(*gravitas*)을 뜻하는 단어인 영광의 성경적인 정의가 성경에만 국한되지 않는다. 이 단어는 중동 사회의 모든 지역에 걸쳐서 적용되며, 나의 가족과 나는 수십 년 동안 그 사실을 주지해왔다. 아랍에서 *rajul thaqil*(무거운 자)은 현명하고 명예롭고 믿을 만하고 고귀하고 타당한 충고를 하는 사람을 묘사할 때 사용된다. 이런 사람은 당신이 곤란한 상황에 처했을 때 당신이 문제를 해결할 수 있도록 도울 것이다. 그들의 사고 방식은 깊이가 있고 균형 감각을 갖추고 있다. 아수라장이 되어 모두가 절망에 빠진 순간에도, 그/그녀는 무엇을 해야 할지 분명히 알고 있다. 반대로 *rajul khafeef*(가벼운 자)는 산만하고 천박한 자로서 쓸모가 거의 없는 주장에

핏대를 세운다. 그런 사람은 무책임하며 진정성이 결여돼 있다. 또한 압박감을 못 이기고 맥없이 쓰러지기 일쑤다. 무게와 지혜가 연계된 영어권 문화에서도 학생들은 교수에 대해 사적으로 이야기할 때, "아무개 교수는 가벼운데, 아무개 교수는 무게가 있어"라고 평하곤 한다.[26]

더군다나 중동 문화에서 "지혜"와 "고통"의 접목은 그 뿌리가 고대 그리스까지 거슬러 올라간다. 아이스킬로스(Aeschylus, 그리스 아테네의 비극작가로 기원전 456년에 작고)는 이것을 잘 이해했으며, 다음과 같은 말을 남겼다. "배우려는 자는 반드시 고난을 경험해야 한다. 잠을 자는 중에도 잊히지 않는 고통은 한 방울 한 방울 우리 심장 위로 떨어진다. 절망 속에서, 우리 의지에 반하며, 하나님의 엄청난 은혜에 의한 지혜가 도래할 때까지 말이다."[27]

하지만 이 일은 자동적으로 일어나지 않는다. 고통은 우리를 괴로움, 절망, 복수에 대한 열망, 두려움, 정체로 이끌 수 있으며, 고난 받는 자의 의지를 굴복시키기 위해 위협하는 몽둥이로서 (실제이든 상상이든) 과거의 고통을 사용한다. 이기적인 관념으로 "피해자의식"(victimism)은 전 세계에 있으며, 형언할 수 없는 잔혹함이라는 화염에 계속해서 휘발유를 붓고 있다. 사람이 심각한 고통에 처하게 되면, 그 고통은 그들이 반드시 빠져 나와야만 하는 지옥이 된다. 그들은 어떤 길을 선택할 것인가? 괴로움과 복수로 이끄는, 그리고 죽음으로 나아가는 단서가 될 것인가? 혹은 정의를 향한 끝임없는 분투의 한복판에서 용서와 화해를 가져오는 지혜와 영광의 길로 나아갈 것인가?

2013년 12월, 남아프리카공화국의 전 대통령이었던 넬슨 만델라

---

26) 이러한 정보는 대학교 카탈로그에서는 찾아볼 수 없다!
27) Edith Hamilton, *The Greek Way to Western Civilization* (New York: Mentor, 1948), p. 44에서 인용

(Nelson Mandela)가 타계했다. 27년간의 부당한 투옥을 경험했던 그는 자신의 조국에서 최초의 흑인 아프리카인 대통령이 되었다. 만델라의 임종을 두고 남아공의 대주교 데스몬드 투투(Desmond Tutu)는 다음과 같이 기록했다. "나는 그의 형기(刑期)가 필연적이었다고 생각하는데, 그 이유는 감옥에 투옥될 때 그는 몹시 화가 난 상태였기 때문이다.…물론 고통은 어떤 사람을 원통하게 만들기도 하지만 또 다른 사람들을 고상하게 만들기도 한다. 감옥은 도가니가 되어 불순물을 태워버린다."[28]

이어서 투투는 만델라가 남아공 대통령이 될 때 취임식에서 자신의 투옥 당시의 교관을 VIP석에 초대한 장면과, 재판장에서 자신을 사형시키기 위해 혼신을 다했던 검사를 연회에 초대했던 장면에 주목했다. 그뿐 아니라 만델라는 또 다른 간수들을 자신의 대통령 경호관들로 임명하기도 했다. 만델라가 죽었을 때 해당 경호관은 공식적인 발언을 통해, 만델라가 아니었다면 남아공은 또 하나의 이라크나 아프가니스탄에 해당하는 사례로 남았을 것이라고 말했다. 만델라는 "정의로운 재판"보다는 "진실과 화해 위원회"를 구성했으며, 대주교 데스몬드 투투가 그 의장직을 맡았다. 만델라는 영혼의 도가니 속에서 자신의 고통을 진중함(*kabod*)으로 승화시켰다. 그는 은혜로 자신의 분노를 다스릴 수 있었으며, 자신의 삶으로부터 나온 그 은혜는 그의 조국과 세계 곳곳으로 흘러나갔다. 만델라야말로 중동(그리고 성경)에서 말하는 "진중한 사람"의 전형적인 모델이었다. 동시에 그의 영광(지혜/무게)은 광휘를 포함한다. 고통 가운데 태어난 고요한 광휘는 값비싼 올가미들을 필요로 하지 않는다. 만델라는 그 예를 충분히 보여주었다. 그는 기독교 학교에서 교육을 받았다.

---

28) Desmond Tutu, "Jail Embitters Some but It Ennobled Him," *Guardian Weekly*, December 13-19, 2013, p. 5.

다음과 같은 시나리오를 가정해보자. 예를 들어, 만델라가 남아공의 대통령직을 수행하는 동안 나이지리아에서 심각한 종족 분열이 터졌다고 하자. 미국의 대통령이나 영국의 총리가 문제를 해결하기 위해 나이지리아의 협상 테이블로 초대된다. 이런 대국의 수장들이라면 협상 테이블에 경제적·군사적 권력을 들고 나타날 것이다. 그런데 이 자리에 만델라가 초대되어 함께하게 되었다고 상상해보라. 만델라는 분쟁의 해결을 위해 거액의 돈이나 대량의 총자루를 들고 나타나지 않을 것이다. 그렇다면 무엇을 가져올까? 그는 빈손으로 나올 것이다. 그가 회의실로 들어서는 순간 모든 참석자들은 의제가 바뀌었음을 깨닫는다. 종족 문제를 해결하기 위한 방법으로서 원한과 보복은 만델라의 강력한 등장으로 인해 무산되며 동시에 새로운 해결책이 제시될 것이다. 그는 분노를 은혜로 바꾼 산 증인이다! 그의 출현과 함께 엄숙함/영광의 보이지 않는 광휘가 회의실을 가득 채울 것이며, 영광은 바로 그가 경험한 개인적 **고통**에 놓여 있다.

2차 세계대전 동안, 남아공의 작가 로렌스 반 데르 포스트(Laurens van der Post)는 대부분의 생을 일본 전쟁 포로 수용소에서 보냈다. 종전 후 그는 자신의 전쟁 기간의 경험을 회상하며 다음과 같이 썼다.

> 타인으로부터 심각한 고통을 겪은 자라면 용서가 어렵지 않다는 걸 알며, 심지어 자신에게 고통을 가한 자를 이해할 수도 있게 된다. 고통과 슬픔을 진실하게 인내함으로써 영광에 대한 직관적 감각이 생겨나므로 용서를 어렵지 않게 할 수 있다. 창조적인 진리의 인식은 순간적으로 찾아온다. 우리도 우리 자신이 무엇을 하는지 모르기에, 우리 자신을 용서하는 것처럼 타인도 용서하는 것이다.[29]

---

29) Laurens van der Post, *Ventures to the Interior* (London: Penguin, 1952), p. 26.

우리는 서신서들을 통해 지혜/엄숙함을 만들어내는 고통의 지속적인 사례를 볼 수 있다. 바울은 고린도후서 11:23-29에서 자신의 고통을 다음과 같이 묘사한다. 그는 사십에 하나 감한 매를 다섯 번 맞았으며 세 번 태장으로 맞고 한 번 돌로 맞고 죽도록 방치되었다. 고통의 목록은 계속 이어진다.

바울은 영광스런 반응을 한다. "누가 약하면 내가 약하지 아니하며 누가 실족하게 되면 내가 애타지 아니하더냐"(고후 11:29). 그의 고통은 약한 자를 향해서는 깊은 동정심을, 불의에 대하여는 격렬한 분개를 생산해낸다. 그는 엄숙하며 "무게 있는" 사람이었다. 고린도 교인들을 향한 그의 첫 번째 서신에서 그는 "모욕을 당한즉 축복하고 박해를 받은즉 참고 비방을 받은즉 권면하니"라고 기록했다(고전 4:12-13). 그의 고통은 영광/위엄을 만들어냈다.[30]

동일한 장면이 고린도후서 4:6-11에 나타난다.

어두운 데에 빛이 비치라 말씀하셨던 그 하나님께서 예수 그리스도의 얼굴에 있는 **하나님의 영광을** 아는 빛을 우리 마음에[31] 비추셨느니라

(그리고)[32] 우리가 이 보배를 질그릇에 가졌으니 이는 심히 큰 능력은 하

---

30) Kenneth E. Bailey, *Paul Through Mediterranean Eyes* (Downers Grove, IL: IVP Academic, 2011), pp. 110-11.
31) 그리스어 전치사 εν은 "원인을 나타내는 연결사 혹은 조격(助格)"의 의미를 갖는다. LSJ, *Greek-English Lexicon*, p. 552; BAGD, p. 260; F. Blass and A. Debrunner, *A Greek Grammar of the New Testament* (Chicago: University of Chicago, 1962), pp. 117-18 (par. 219)을 참고하라. 여기에서 단어 εν이 히브리어 단어 ב를 나타내고 있다. 블라스(Blass)와 드브루너(Debrunner)는 바울의 구문 "그리스도의 보혈 안에서" 즉 "그리스도의 보혈을 통하여"를 주목했다(Ibid. 롬 3:25과 다른 곳들을 보라).
32) 셈어 번역에서 연결사 δε는 and의 의미로 6절과 7-8절 사이의 연속성을 가리킨다. 그들 중 대부분은 그리스어 δε를 아랍어 *inna*로 번역하는데 그 뜻은 "참으로" 혹은 "진실로"이며 둘 다 연결사 and를 가리켜 이어지는 내용을 강조한다. KJV와 다른 영역본들은 이것을

나님께 있고 우리에게 있지 아니함을 알게 하려 함이라 우리가 사방으로 우겨쌈을 당하여도 싸이지 아니하며 답답한 일을 당하여도 낙심하지 아니하며 박해를 받아도 버린 바 되지 아니하며 거꾸러뜨림을 당하여도 망하지 아니하고 우리가 항상 예수의 죽음을 몸에 짊어짐은 예수의 생명이 또한 우리 몸에 나타나게 하려 함이라 우리 살아 있는 자가 항상 예수를 위하여 죽음에 넘겨짐은 예수의 생명이 또한 우리 죽을 육체에 나타나게 하려 함이라

바울은 "하나님의 영광을 아는 빛"이 우리의 마음을 "통해" 다른 사람에게 비추인다고 말한다. (그리스도의 얼굴 안에 있는)하나님의 영광은 바울 스스로에게 깊은 영향을 주었다. 바울은 그와 함께 십자가(예수의 죽음)를 짊어졌다. 부활(예수의 생명)은 또한 그의 삶에서 실제적 힘이 되었다. 다시 한 번 고통과 영광이 여기서 확고히 연결된다.

다른 방법으로 표현해보자. "하늘이 하나님의 영광을 선포하고"(시 19:1). 그 영광은 창조의 경이와 지혜로 이루어져야 한다. 하나님은 창조만 하신 것이 아니라 또한 그것을 지탱하신다. 게다가 하나님은 역사를 관리하시며, 하나님 나라를 이루어내신다. 바로 이것이, 그분이 누구이신가에 대한 영광스러운 부분이다. 이 창조의 경이로움과 무엇보다 중요한 역사에 대한 통제가 놀라운 정도로 함께 이루어져 우리의 이해를 초월한다. 그러나 고통 안에서 그리고 고통을 통하여 우리는 그 영광과 위엄에 참여하기 시작할 수 있다. 만물의 마지막에 우리는 바울과 함께 "그때에는 주께서 나를 아신 것같이 내가 온전히 알리라"(고전 13:12)고 말할 수 있을 것이다.

성경에 나타난 고통에서 영광으로의 이런 이동은 다음과 같이 정리될 수 있다. 하나님의 영광/임재/엄숙함은 성전 안에 유일하게 남아 있다. 예

---

but으로 번역해 대조법으로 표시했다.

수는 새 성전이었고, 제자들은 하나님의 영광이 예수의 고통을 통하여 비치는 것을 목격했다. 제자들은 믿음과 세례를 통해 예수와 연합했으며, 예수의 생명은 그들 속에서 고통이 영광/위엄으로 재생되는 능력을 만들어냈다. 따라서 베드로전서 5:1은 장로들이 용기를 얻고 들어갈 수 있는 열린 문으로 안내한다. 베드로는 예수에 대한 고통이 어떻게 은혜/영광/위엄을 일으키는지를 보아왔다. 실제로 베드로는 예수와 함께 그 고통에 "동참했다."

베드로는 자신의 거절당함 속에서 예수의 고통을 느꼈다. 그리고 베드로 자신이 그랬던 것처럼, 모든 신자들 역시 자신의 고통을 예수를 통해 바꿀 수 있으리라는 사실을 깨달았다. 성경에 나타난 이런 변화에 대한 고전적인 이미지는, 많은 고난을 견디고 자신의 양 떼를 위해 목숨까지 버리며 자신의 일상적인 삶을 위기에 빠뜨리는 선한 목자의 모습이다. 선한 목자는 더위와 추위, 바람과 비, 굶주린 늑대들과 무자비한 강도들에 맞서 양 떼를 위해 반드시 지혜와 대담한 리더십을 발휘해야 한다. 이런 모습의 최종 결과는 선한/아름다운/존귀한 목자의 모습이다. 바로 이것이 베드로가 여기서 그리고 있는 모습이다. 요한이 "우리가 그의 영광을 보니"(요 1:14)라고 진술할 때, 그는 역사의 끝에 계시될 미래의 영광(지혜/위엄)을 부인하지 않는다. 그러나 요한은 그들이 참여하고 있는 현재의 상황에 초점을 맞추고 있다.

계속해서 본문은 다음과 같이 말한다(표 9.3. 참조).

2.	²너희 중에 있는 하나님의 양 무리를 치되	너와 함께한 양 떼를 치라
3.	억지로 하지 말고 하나님의 뜻을 따라 자원함으로 하며	억지로 하지 말고 자원함으로
4.	더러운 이득을 위하여 하지 말고 기꺼이 하며	더러운 이득이 아닌 열정으로
5.	³맡은 자들에게 주장하는 자세를 하지 말고 양 무리의 본이 되라	책임을 갖고 양의 본이 되라

표 9.3. 선한 목자와 그의 지도력 형태(벧전 5:2-3)

베드로는 교회의 지도자들에게 양 떼를 "치라/목양하라"고 부탁한다. "하나님의 양 떼"는 그들이 인도하는 회중을 의미하고 있다. 이런 표현은 전통적인 양식에서 벗어나 있다. 시편 23편은 "양 떼"를 언급하지 않는다. 시편 전체는 선한 목자가 보살피고 데려온 잃어버린 한 마리 양에 관한 이야기다. 예레미야는 이 이미지를 확장하여 "내 목장의 양 떼"에 대해서 말한다(렘 23:1). 계속해서 이 본문은 "나의 양 떼"인 "나의 사람들"에 대해 언급하고 있다(2-3절). "나의 양 떼"가 이스라엘을 의미하며 하나님이 목자라는 사실은 의심의 여지가 없다. 에스겔도 동일한 언어를 사용했다. 베드로가 이런 이미지를 사용한다는 것은 상당한 함의를 가진다. 히브리어 성경에 나타난 "하나님의 양 떼"를 향한 그분의 모든 약속은 이제 교회라는 새로운 양 떼에 의해서 제기될 수 있는 약속들로 바뀐다. 베드로는 계속해서 다음과 같이 설명한다.

| 3. | 억지로 하지 말고 하나님의 뜻을 따라 자원함으로 하며 | 억지로 하지 말고 자원함으로 |
| 4. | 더러운 이득을 위하여 하지 말고 기꺼이 하며 | 더러운 이득이 아닌 열정으로 |

표 9.4. 선한 목자가 자신의 양 떼를 돌보는 방법(벧전 5:2)

목자는 반드시 양 떼를 인도해야 하는데 이때 외부의 압력에 의해서가 아니라 자원함으로 자발적으로 할 필요가 있다. 이는 결코 쉽지 않은 일이지만, 양 떼에 대한 깊은 사랑이 있을 때, 이 일은 기쁜 소명이 된다. 그리고 카메오 3의 "하나님의 뜻을 따라"는 선한 목자 전통 전체에 나타나는 선한 목자이신 하나님에 대한 언급과 함께 울려 퍼진다. 천상의 목자이신 하나님은 자신의 임무를 어떻게 수행하고 있는가? 시편 23편에서 목자는 양식, 물, 휴식, 안전, 악과 사망의 두려움으로부터 구원을 제공한다. "하나님의 방법"의 중심은 성육신이다. 시편 23편은 "주께서 나와 함께하심이라"고 노래한다. 예레미야서와 더욱이 에스겔서에서, 선한 목자이신 하나님은 직접 양 떼를 모을 것이라고 약속한다. 앞서 언급한 바와 같이, 이 성육신의 약속은 예수의 사역을 위해 예수와 신약의 저자들에 의해서 제기되어온 것들이다. 따라서 본서에서 다루어온 선한 목자 본문들은 자기 양 떼와 함께하는 "하나님의 방법"으로 가득 차 있다. 이런 본문들은 베드로가 여기서 조언하고 있는 성경적 이해에 필수적이다.

카메오 4의 마지막 부분에 등장하는 단어인 *aischrokerdōs*는 그 사용이 매우 드문 단어로서, 문자적으로 부끄럽게 취득한 이득에 대한 애정을 말한다. 문제는 "돈에 대한 사랑"일 뿐 아니라 부끄러운 방법으로 획득한 돈을 사랑한다는 데 있다. 이는 비밀스런 방식으로 획득된 돈에 부여된 특별한 행복감으로 보인다. 오늘날 흔한 표현으로서 "그건 비즈니스야"라는 말은 "돈이 된다면 윤리적인 제약 같은 건(당연히) 문제 삼을 필요가 없다"는 의미로 자주 사용된다. 지하실에서 불법적으로 제조하는 마약이 수천 명의 방황하는 청소년들의 삶을 폐허로 만들게 된다는 사실 따위는 안중에도 없고 오직 "이윤"이 모든 걸 정당화한다. 1세기 교회에서 이미 이런 문제가 대두되었다는 사실은 실로 놀랍다. 유대 전통은 어느 누구도 토라를 가르치는 대가로 돈을 받지 않는다고 말한다.[33] 이와는 반대로 예수는 제자들에게 복음전파에 따르는 대가를 허락했다(눅 10:7; 고전 9:14). 그러나 이것이 맘몬을 일깨워 잠재적인 타락을 끌어들였다. 이것은 고질적인 문제다.

목자들은 자신의 양 떼를 열심을 다해(*prothymōs*) 열정적으로 인도해야 한다. 베드로는 범사에 열정적이었다. 그는 하나님의 새로운 양 떼의 목자들이 자신과 같은 열정으로 목양하는 일에 매진하길 원했다. 복음을 위한 열정은 매우 중요한 문제이지만, 보상은 사소한 문제였다. 예수와 바울은 자신의 강의에 대해 얼마의 수강료를 요구했을까? 로마서를 집필한 바울에게 얼마의 수수료가 떨어졌을까?

베드로는 계속해서 말한다.

5.	³맡은 자들에게 주장하는 자세를 하지 말고 양 무리의 본이 되라	책임을 갖고 양의 본이 되라

표 9.5. 온유한 음성으로 인도함(벧전 5:3)

베드로는 신약성경에서 드물게 사용되는 단어를 선택한다. *katakyrieuō*는 *kyrios*(주인, 대왕)처럼 행동하는 것을 의미한다. 선한 목

---

33) Mishnah *'Abot* 1:13; 3:5.

자는 몽둥이나 돌 자루를 들고 투석기로 무장한 채로 그의 양 떼를 지도하지 않으며, 그들을 자신이 이끄는 방향으로 함부로 몰지도 않는다. 그는 앞장서서 자신만의 부드러운 음성으로 양 떼를 인도하며, 양들이 그를 따르도록 초대한다. 선한 목자는 양 떼를 위해 푸른 풀밭과 잔잔한 물가를 찾아주며 또 사망의 음침한 골짜기에서조차 양들에게 안전을 제공한다. 바울은 고린도 교인들에게 "내가 그리스도를 본받는 자가 된 것같이 너희는 나를 본받는 자가 되라"(고전 11:1)고 말했다.

베드로는 이제 이 간략한 수사적 부분을 마무리한다.

6. ⁴그리하면 목자장이 나타나실 때에 시들지 아니하는 영광의 관을 얻으리라	그리스도 목자장 & 영광

표 9.6. 영광의 면류관(벧전 5:4)

"목자장"은 예수다. 예수가 그들의 목자이며, 이것은 모든 세대에 걸쳐 기독교 지도자들에게 하나의 모델을 제공했다. 이제 본문의 모든 것이 영광으로 마무리된다. 경주가 끝날 때, 목자장은 끝까지 인내한 신자들에게 이에 대한 보상으로 영광의 면류관을 베푼다. 그리스인들은 그들이 조직한 다양한 국제 대회에서 승자에게 면류관을 주었다. 올림픽 게임은 월계관을 제공한다. 이스트미아 게임(Isthmian Games; 편주-올림픽과 함께 고대 그리스의 4대 경기 중 하나임)에서는 셀러리(celery)로 만든 화관(금, 은, 동메달은 없었다)으로 시상했다. 자연히 월계관이나 푸른 셀러리 화관은 쉽게 색이 바래 시들어버린다.[34] 여기서 베드로는 절대로 시들지 않는 "영광의

---

[34] 독일의 동방 정교회 전문가 오토 메이날더스(Otto Meinardus)는 이스트미아 화관이 "신선한 것으로 만든 것이 아니라, 시들어버린 야생 셀러리로 만든 것"이라고 했다(Otto Meinardus, *St. Paul in Greece* [Athens: Lycabettus Press, 1972], p. 85).

면류관"을 말하고 있다. 베드로는 이미 독자들에게 "썩지 않고 더럽지 않고 쇠하지 아니하는 유업을 잇게 하시나니"라고 진술한다(벧전 1:4). 그 유업은 "예수 그리스도께서 나타나실 때에 칭찬과 영광과 존귀"를 포함한다(벧전 1:7). 바울도 동일한 이미지를 사용하여 고린도 교인들에게 "썩지 않을" 화관을 약속한다(고전 9:25).35)

바울 역시 고린도 교인들에게 "우리의 영화"를 위해 만세 전에 이미 선포된 "하나님의 지혜"를 말했다. 이 영화는 광휘나 갈채 속에서 세워진 것이 아니라, 말세에 믿는 자들에게 드러나게 될 "하나님의 지혜" 위에 세워진 것이다(고전 2:7). 계속해서 그는 "이 시대의 통치자들"이 이에 대해 어떤 것도 이해하지 못했는데, 왜냐하면 그들이 "만일 알았더라면 영광의 주를 십자가에 못 박지 아니하였으리라"고 말한다(고전 2:8). 고린도전서의 해당 본문은 바울이 "영광"을 말할 때, 실제로는 명성이나 환호가 아닌 하나님의 지혜를 의미하는 무게를 떠올렸다는 사실을 분명하게 해준다. 이런 하나님의 지혜는 십자가에 못 박힌 "영광의 주"로부터 나온다(고전 2:8). 여기서 우리는 다시 한 번 영광에 대해 잘못된 개념을 가지고 있음을 알게 된다.

수년 동안 이 본문은 나를 크게 당혹스럽게 만들었다. 나는 바울이 논의하고 있는 "영화"의 본질을 제대로 이해할 수 없었다. 이것은 "만세 전에 미리 정하신 것"이기 때문에 상당히 중요하다(고전 2:7). 이 영광은 광휘나 명성으로 설명되어야 하지 않는가? 리 장군이 피켓 소령의 영광을 확신하며 명성과 찬미를 약속하지 않았던가?36) 그렇다면 어떻게 신자에게 대중적인 칭송이 어느 시대에나 가치 있는 목표로서 환영받을 수 있을까? 만약 영광이 하나님의 지혜의 선물을 나누어주는 것과 관련이 있다면, 본문

---

35) 바울은 여기서 동일한 운동 비유를 하지만 다른 단어를 사용하고 있다.
36) 이 책의 9장 각주 16번을 보라.

전체는 근본적으로 다른 의미를 가지게 된다. 바울은 여호와의 크신 날에 "그때에는 주께서 나를 아신 것같이 내가 온전히 알" 것이며(고전 13:12), 이 일은 위엄(gravitas)으로 이해된 **영광**으로 이루어지게 되리라고 말한다. 하나님의 지혜/위엄은 신자들에게 더 이상 신비로 감추어 있지 않고, 그들이 이해하며 나눌 수 있는 썩지 않을 영광스러운 상속물이 될 것이다.

우리가 시편 23편으로부터 베드로전서 5:1-4까지 천 년에 걸쳐 이어져온, 선한 목자에 대한 오랜 전통에 대해서 무엇을 생각할 수 있는가? 그 전통의 어떤 요소들이 베드로가 말하는 목자로서의 지도자의 모습에 반영되고 있는가? 베드로전서 본문과 연관된 사항들은 다음과 같다.

1. **선한 목자와 그의 정체성**. 베드로전서에는 세 종류의 목자가 등장한다. 본문의 상당 부분은 양 떼를 돌보는 "장로들"에게 초점을 맞추고 있다. 베드로는 임무를 공유하는 틀 안에서 지도자적 역할을 감당하는 "동료 장로"다. 그리고 "목자장"이신 예수가 등장하는데, 그의 삶과 사역은 목자인 모든 장로들의 모델이 된다.

2. **잃어버린 양/잃어버린 양 떼**. 잃어버린 양에 대한 특별한 언급은 없다. 그러나 돈을 사랑하고 권력을 남용하는 모습을 한 부적절한 목자들이 다루어진다.

3. **대적들**. 대적들은 보이지 않는 곳에 존재한다. 양 떼의 원수들은 두 가지 유형이 있다. (1) 교회를 핍박하는 그리스도의 원수들. 먼저 베드로전서 5:1-4에는 원수들의 이름이 없다. 아마도 상황이 안전하지 않기 때문인 것 같다. 그러나 성도들의 고통은 1-4장에 걸쳐 반복적으로 언급된다. 그리고 4절에서 신실한 자들은 "영광의 면류관"을 받는데, 이 부분은 강력한 압제 속에서도 흔들리지 않는 확고함을 암시한다(선한 목자 전통에는 신실한 자들을 대적하는 원수들로 가득 차 있다). (2) 억지로 목

양하는 악한 목자들. 그들은 하늘의 목자장의 모습을 따르지 않는다. 그들은 "돈을 위해 일하며" 양 떼의 본이 되기는 커녕 양 떼를 협박한다(이런 행태에 대해 요 10장은 "삯꾼"으로, 예레미야서, 에스겔서, 스가랴서는 악한 목자들로 표현했다).

4. **선한 목자와 선한 주인**(여주인?). 선한 목자는 이상적 모습으로 설정되어 있지만 그의 여성성은 빠져 있다.

5. **목자의 성육신**. 베드로는 고난 당하는 신적 목자이신 예수의 초림과 미래에 "목자장"으로 나타날 재림 중간에 이 서신을 기록했다. 따라서 성육신은 과거에도 있었고 미래에도 있을 것이다.

6. **목자는 막대한 대가를 지불하여 잃어버린 양을 회복시킨다**. 베드로는 그가 목격한 "그리스도의 고난"과 그가 이미 참여했던 "영광"에 대해 말한다. 비록 직접적으로 언급되거나 설명되어 있지 않지만, 그리스도의 고난의 구속적 본질이 전제되어 있다.

7. **회개/돌이킴**(동사 *shuv*의 사용). 악한 목자들은 자신들의 고약하고 오만한 방법을 단념하고 양 떼의 본이 되는 모습을 보여줄 것이 요청된다. 확실히 회개야말로 이 가당치 않는 지도자들이 변화될 수 있는 방법이다. 그런데 동사 *shuv*는 여기에 나타나지 않는다.

8. **나쁜 양**. 이 주제는 베드로전서 5:1-4에서 논의되고 있지 않지만, 베드로전서 2:25 초반에 "너희가 전에는 양과 같이 길을 잃었더니"라는 내용으로 나타난다. 구약성경 본문들은 양 떼를 흩어놓은(하나님이 다시 모아야만 하는) 악한 목자의 잘못들에 집중하고 있다. 여기 본문은 에스겔 34:17-22처럼 양 떼를 책망하고 있다.

9. **연회 식사**. 발전된 양상이 선한 목자 전통에 나타난다. 시편 23편에서 나타나고 누가복음 15장에서 기쁨의 연회로 세 번 등장했던 식탁이 시상식으로 바뀐다. 이것은 1세기 때 인기 있던 운동 경기와 겹치는 부분

이다. 올림픽과 이스트미아 게임에선 월계수관이나 셀러리화관으로 승자에게 시상했다. 베드로는 신실한 성도들 각자가 "시들지 않는 영광의 면류관"을 받게 될 보다 더 거대한 연회를 제시한다.

10. **이야기의 결말의 위치**(집 혹은 땅). 베드로는 이 고전적인 전통을 알고 있으며, 이를 본문에 반영하면서도 그것을 훨씬 뛰어넘는다. 베드로 버전의 선한 목자 이야기는 집이나 땅이 아닌 역사의 끝인 하늘 법정에서 끝난다.

놀랍게도 베드로는 선한 목자의 오랜 전통에 나타난 10가지 요소 가운데 8가지 내용을 어떤 식으로든 반영하거나 재구성하고 있다. 마지막으로 선한 목자 이야기의 이 마지막 본문에 어떤 윤리적·신학적 내용이 함축되어 있는지 알아보자.

베드로전서 5:1-4에 나타난 신학적 클러스터

1. **기독론**. 본문의 기독론은 성육신으로 고통 가운데서 양 떼와 함께 거했던, 그리고 역사의 끝에서 영광의 면류관을 들고 나타날 (하나님으로서) 선한 목자이신 예수 안에서 확인될 수 있다.
2. **지도력과 협동**. 베드로는 스스로를 "동료 장로"라고 칭했다. 따라서 그는 장로들(목사들) 가운데 지도자적인 위치에 있었음에도 동료로서의 협력의 필요성에 대해 진술한다.
3. **고통과 영광**. 그리스도의 이름으로 받는 고통은 우리를 "영광"의 자리로 이끌어주고, 이 영광은 부와 명성이 아닌 무게와 지혜로서 다루어져야 할 것이다. 영광은 현재의 잠재 능력이며, 미래의 희망이다.
4. **교회와 이스라엘을 향한 하나님의 약속**. 지금까지 검토한 구약성경의

모든 본문에서 "하나님의 양 떼"는 이스라엘로 언급되었다. 동일한 언어가 여기서는 교회에게 적용되고 있다. 따라서 이스라엘을 대상으로 했던 약속과 축복을 "하나님의 양 떼"에게 적용할 수 있으며 그 약속은 곧 교회로 이어지게 된다.

5. **장로와 목자**. 기독교 지도력의 기본 모델은 목자다. 이 이미지는 "하나님의 뜻을 따라 양 떼를 돌보라"는 명령 속에서 정교하게 제시된다. 이 표현은 독자가 이 전통에 나타난 "선한 목자이신 하나님"에 대한 것을 알고 있다는 사실을 가정한다. 이것은 곧 여기에 소개된 지도력이 예언자적 양식으로 표현된다는 것을 의미한다.

6. **돈에 의해 오만하게 되거나 부패하지 않는 지도력**. 부패한 맘몬(부와 재물)과 폭압적인 리더쉽은 언제나 교회의 영적 건강을 위협하는 위험 요소로 작용해왔다.

7. **지도력의 형식**. 중요한 질문은 "목자가 양들을 강제로 몰고 가느냐 아니면 인도하느냐?" 하는 것이다.

8. **결말**. 장로/목자들은 "목자장"이 나타났을 때 시들지 않는 영광의 면류관을 받게 될 것이라는 약속을 듣는다. 이 약속은 조건적이지 않다. 장로들(목사들)이 "너희가 나의 충고를 들으면 내가 면류관을 줄 것이다"라는 약속을 받은 것이 아니다. 영광의 면류관은 조건 없이 약속되었다. 이 말은 모든 목회자들에게 격려를 안겨주는 회복의 메시지가 된다.

지금까지 선한 목자와 함께한 모든 여정에서 우리는 드높은 산과 깊은 골짜기를 헤쳐 나왔다. 이 여정 길에서 푸른 풀밭과 잔잔한 물을 통해 기운도 회복했다. 이제 우리에게 남은 것은 우리가 헤쳐 나왔던 역경의 산과 고난의 골짜기로부터 배운 것에 관한 고찰이다.

후기

시편 23편에서 베드로전서 5장으로 이어지는 천 년의 여정을 마무리하면서, 우리는 보고 들었던 본문을 묵상하며 그 가운데서 과연 무엇을 말할 수 있을까? 우리가 연구했던 각각의 본문은 나름의 배경과 강조점을 가지고 있기에 여기서 다시 전체를 요약하는 것은 적절하지 않은 것 같다. 하지만 언급할 만한 가치가 있는 몇 가지 중요한 요점들이 있다. 긴 순례의 길을 마치면서 나는 5가지 내용을 묵상하려 한다.

1. **선한 목자 전통**. 여정의 초반에 우리는 이 여정에 한 개의 길이 있었다는 사실을 주목했다. 9개의 본문으로 묶인 선한 목자 전통의 10가지 양상은 이 전통의 다양한 표현 사이에 존재하는 연속성을 (유연한 방식으로) 보여준다. 내가 책 전체에서 제안하는 한 가지는 이것이다. 현대 독자들이 확신을 가지고 추정할 수 있는 것은 고대의 독자/청중이 선한 목자 이야기의 기본적인 흐름을 알았으며, 그 전통 속에서 이미 존재했던 이야기들에 대한 기억의 도움으로 이 이야기의 색다른 구성에 대해 신선하게 들었을 것이라는 사실이다. 우리가 검토해온 각각의 본문은 이전에 존재했던 선한 목자 본문에 의해 더욱 풍성해진다. 이 인식은 일련의 본문으로

부터 또 다른 문서들로 인도해온 오래된 길 위에서 새로운 독법과 배움을 시작할 수 있는 가능성을 열어준다.

2. **예수가 말한 기독론**. 선한 목자 전통에 나타난 다양한 주제들 가운데 가장 중요한 내용을 꼽으라면 아마도 선한 목자의 정체성이 될 것이다. "선한 목자이신 하나님"의 주제는 분명히 "선한 목자이신 예수"로 이동하고 결국 "선한 목자는 교회 장로들에 대한 모델"로서 귀결된다. 이 세 가지 주제는 이제 우리에게 매우 익숙하다. 시편 23편의 시들지 않는 인기 덕분으로 "여호와는 나의 목자시니"라는 구절은 누구에게나 친숙하게 들린다. 마지막 주제 또한 많은 현대 교회들이 지역 교회들의 임명된 지도자를 "목사", "목자"로 부른다는 측면에서 잘 알려져 있다. 따라서 하나님과 지역 교회의 목회자에 대한 이해는 지금껏 우리가 연구했던 선한 목자에 관한 본문들에 관한 배경 속에서 수세기에 걸쳐 전해져 왔다. 또한 "선한 목자이신 예수"는 예수께서 직접 들려주신 두 가지의 선한 목자 비유로 인해서 훨씬 더 많이 알려져왔다(마 18장; 눅 15장). 하지만 "선한 목자이신 예수"는 항상 선한 목자 전통의 조명 아래서만 연구되지는 않는다.

모두가 아는 바대로 사도행전은 예루살렘으로부터 시작되어 로마로 이어지는 교회의 확장을 추적하고 있다. 감격스럽고 감사한 일이다. 그러나 만약 바울이(누가와 함께) 유럽이 아닌 바빌론과 인도에 복음을 들고 갔다면 어떻게 되었을까? 만약 실제로 그렇게 되었다면 사도행전은 전혀 다른 이야기를 들려주었을 것이며 또한 바울은 하나님의 메시야에 관한 자신의 이해를 다른 언어를 사용하여 구성했을 것이다.[1] 일반적으로 중동 사람들

---

[1] 이런 구분은 유대교 내에서 일어났다. 아람어로 기록된 권위 있는 바빌론 탈무드(*Babylonian Talmud*)와 미드라쉬 라바(*Midrash Rabbah*)는 그리스어로 생각하고 글을 썼던 알렉산드리아의 필론(Philo of Alexandria)의 작품(그리고 다른 작품들)과는 뚜렷하게 구분된다. 예루살렘과 서구는 예루살렘과 동방과 달랐다.

은 "개념을 설명"하지 않는다. 그들은 "이미지를 연상시킨다." 다양한 생각들과 의사소통에서 기본적인 접근 방식 중 하나는 광범위한 속담의 사용이다.2) 서구인은 다음과 같이 말할 수 있다. "성경의 해석은 독자가 본문을 이해하는 것을 돕는다." 반면 중동인은 이렇게 말할 것이다. "미드라쉬[해석]는 성경이라는 모루에 잠들어 있는 불꽃을 깨우는 망치와 같다." 바울이 동쪽으로 선교여행을 떠났더라면, 그는 그곳에 맞는 방식을 찾아 청중 및 독자들과 자신의 신학을 나누었을 것이다. 그리스-로마 세계와 관련하여 인간 예수에 대한 교회의 이해는 기원후 325년 니케아 신조에 의해 구체화되었다. 니케아 신조 가운데 기독론에 관한 부분은 아래와 같다.

> 우리는 한 분 주 예수 그리스도, 하나님의 유일하신 아들을 믿으며,
> 그는 성부 하나님으로부터 나오셨으며,
> 하나님으로부터 나온 하나님, 빛으로부터 나온 빛,
> 참된 하나님으로부터 나온 참된 하나님이시고,
> 출생하셨지만 만들어지지 않으신 분으로서, 성부와 동일한 본질이십니다.

나는 이 신조를 전적으로 따르며 진실한 마음으로 고백한다. 동시에 누가복음 15장에서 왜 자신이 "죄인들"을 영접하고 그들과 함께 식사를 나누었는지에 대해 질문을 받았을 때, 예수는 이에 대한 대답으로 선한 목자, 선한 여인, 선한 아버지의 비유를 들려주었다. 이 모든 비유 안에는 기독론이 나타나 있다. 첫 번째 비유(선한 목자)에서, 예수는 명백하게 자

---

2) 아니스 프레이하(Anis Freyha)는 자신의 마을 라스 알-메탄(Ras al-Metan)에서 전해지고 사용된 잠언들을 선별적으로 수집하였다. 잠언 모음이 4,248편에 달했을 때 그는 그것을 책으로 출간했다. 나도 그처럼 이집트, 예멘, 팔레스타인에서 잠언들을 수집했다. Anis Freyha, *A Dictionary of Modern Lebanese Proverbs* (Beirut: Librairie du Liban, 1995)를 참고하라.

신이 히브리 성경의 선한 목자 전통과 관련됨을 시사한다. 예수가 확언한 이 기독론은 히브리 성경 안에서 비유적인 언어를 사용하여 예수가 스스로 자신이 누구라고 생각하는지를 우리에게 말하고 있다. 니케아 신조의 기독론이야말로 선한 목자 전통의 조명 아래서 해석된 누가복음 15장의 선한 목자 비유와 상당 부분, 심오한 의미에서 겹쳐져 있지 않은가?

이슬람과의 피할 수 없는 신학적인 조우에서, 예수 스스로가 자신을 누구라고 하는지에 대한 성경적인 이해와 그 의미에 대한 타협이 없이 예수의 입으로부터 전달된 이 기독론이야말로 오랫동안 지속되어온 상호 이해의 걸림돌을 피하고 새로운 대화의 물꼬를 틔워줄 수 있는 잠재력을 가지고 있다. 예수는 예레미야 23장, 에스겔 34장, 스가랴 10장에서 약속되고, 누가복음 15장, 마가복음 6장, 마태복음 18장, 요한복음 10장에 나타났던 선한 목자였다.

3. **구원**. 구원 교리의 렌즈는 선한 목자 전통에서 특별히 중요한 세 번째 양상이다. 우리가 살펴본 모든 본문에서 선한 목자는 어떻게 해서든 "잃어버린 양을 찾아 구원하기 위해" 대가를 치른다(눅 19:10). 따라서 선한 목자 전통은 구원의 의미와 목적을 반영한다.

4. **기독교 지도력**. 여기서 연구했던 본문들은 모든 세대의 기독교 지도력을 위한 성경적인 비전 속에서 독보적인 시각을 제공한다. 시편 23편에서 베드로전서 5장으로 이어지는 선한 목자는 모든 세대의 선한 목자들을 위한 안내자가 된다.

5. **신학자 예수**. 예수는 선한 목자에 관한 사복음서 각각의 해석에서 중심 인물이다. 그의 가르침과 극적인 행동들은 단지 윤리적인 기준이나 일련의 가치들을 장려할 뿐만 아니라, 나사렛 예수에 의해 설명된 하나님의 깊은 것들에 대한 심오한 신학적 발견 속에서 모습을 드러낸다. 사복음서 저자들에 의해 편집된, 이곳에서 논의된 예수의 비유와 극적인 행동

들은 그가 단지 행동하는 자가 아니라 사유하는 자였으며, 윤리학자였을 뿐 아니라 신학자였음을 보여준다.

나의 바람은, 이 선한 목자라는 성경의 문학적 전통에 대한 지금까지의 연구가 우리로 하여금 "새것과 옛것을 그 곳간에서 내오는"(마 13:52) 그분을 더욱 온전하게 따르게 하는 데 일조하는 것이다.

Soli Deo Gloria

참고 문헌

일반 문헌

Albright, William F., and C. S. Mann. *Matthew*. Anchor Bible Commentary. New York: Doubleday, 1971.

Badr, Habib, ed. *Christianity: A History in the Middle East*. Beirut: Middle East Council of Churches Studies & Research Program, 2005.

Bailey, Fred, ed. *Mark I Manuscript Study Manual*. Revised and abridged by Andrew T. Le Peau. Unpublished manual, InterVarsity Christian Fellowship/ USA, July 2010.

Bailey, Kenneth E. *Finding the Lost: Cultural Keys to Luke 15*. St. Louis: Concordia Press, 1992.

_____. *Jacob and the Prodigal: How Jesus Retold Israel's Story*. Downers Grove, IL: IVP Academic, 2003.

_____. *Jesus Through Middle Eastern Eyes: Cultural Studies in the Gospels*. Downers Grove: IVP Academic, 2008.『중동의 눈으로 본 예수』(새물결플러스 근간).

_____. *Paul Through Mediterranean Eyes: Cultural Studies in 1 Corinthians*. Downers Grove: IVP Academic, 2011.

_____. *Poet and Peasant Through Peasant Eyes*. Grand Rapids: Eerdmans, 1980.

Barclay, William. "The Good Shepherd," in *Jesus As They Saw Him*. New York: Harper & Row, 1962.

Barnett, Paul. *Finding the Historical Christ*. Grand Rapids: Eerdmans, 2009.

Bauckham, Richard. *Gospel Women: Studies of the Named Women in the Gospels*. Grand Rapids: Eerdmans, 2002.

Bauer, Walter. *A Greek-English Lexicon of the New Testament and Other Early Christian Literature: A Translation and Adaptation of the Work of Walter Bauer*. Edited by William F. Arndt, F. Wilber Gingrich and Frederick W. Danker. Chicago: University of Chicago Press, 1959.

Bengel, John A. *Bengel's New Testament Commentary*. Translated by C. T. Lewis and M. R. Vincent. 2 vols. Grand Rapids: Kregel 1981.

Bigg, Charles. *Epistles of St. Peter and St. Jude*. International Critical Commentary. Edinburgh: T & T Clark, 1902.

Billard, Jules, ed. *Ancient Egypt: Discovering its Splendors*. Washington, D.C.: National Geographic Society, 1978.

Bishop, Eric F. F. *Jesus of Palestine: The Local Background to the Gospel Documents*. London: Lutterworth, 1955.

_____. *Prophets of Palestine: The Local Background to the Preparation of the Way*. London: Lutterworth, 1962.

Black, Matthew. *An Aramaic Approach to the Gospels and Acts*. Oxford: Clarendon Press, 1967.

Blass, F., and A. Debrunner. *A Greek Grammar of the New Testament*. Chicago: University of Chicago Press, 1962.

Borger, Joyce, ed. *Lift Up Your Hearts: 2013 Calvin Symposium on Worship Sampler*. Grand Rapids: Faith Alive Christian Resources, 2013.

Broadt, Lawrence. "Ezekiel, Book of." In *Anchor Bible Dictionary*. Vol. 2. New York: Doubleday, 1992.

Brown, Raymond. *The Gospel According to John*. Vol. 2. Anchor Bible Commentary. New York: Doubleday, 1966.

_____. *An Introduction to the Gospel of John*. Edited by Francis J. Moloney. New York: Doubleday, 2003.

Bultmann, Rudolf. "ἔλεος: The OT and Jewish Usage." In *Theological Dictionary of the New Testament*. Edited by Gerhard Kittel and G. Friedrich. Grand Rapids:

Eerdmans, 1964.

Burge, M. Gary. "Glory." In *Dictionary of Jesus and the Gospels*. Downers Grove, IL: IVP Academic, 1992.

_____. *Interpreting the Gospel of John*. Grand Rapids: Baker 2013.

_____. *John*. NIV Application Commentary. Grand Rapids: Zondervan, 2000.

Calvin, John. *A Harmony of the Gospels*. Translated by T. H. L. Parker. Vol. 2. Grand Rapids: Eerdmans, 1972.

Chrysostom, John. *Homilies on the Gospel of Saint Matthew*. Nicene and Post-Nicene Fathers 10. 1851. Reprint, Grand Rapids: Eerdmans, 1983.

Cranfield, C. E. B. *St. Mark*. Cambridge Greek Testament Commentary. Cambridge: University Press, 1963.

Cyril of Alexandria. *Commentary on the Gospel of Saint Luke*. Translated by R. Payne Smith. N.p.: Studion, 1983.

Dahood, Mitchell. *Psalms I, 1-15*. Anchor Bible Commentary. New York: Doubleday, 1965.

Davies, W. D., and Dale C. Allison. *The Gospel According to Saint Matthew: A Critical and Exegetical Commentary*. Vol. 2. London: T & T Clark, 2004.

Dodd, C. H. *More New Testament Studies*. Grand Rapids: Eerdmans, 1968.

Elliott, John H. "Peter, First Epistle of." In *Anchor Bible Dictionary*. Vol. 5. New York: Doubleday, 1992.

Fitzmyer, Joseph A. "The First Epistle of Peter." In *Jerome Biblical Commentary*. Vol. 2. Englewood Cliffs, NJ: Prentice-Hall, 1968.

_____. *The Gospel According to Luke X-XXIV*. Vol. 2. New York: Doubleday, 1985.

Flusser, David. *Jesus*. 2nd ed. Jerusalem: Magnes Press, 1997.

_____. *Judaism and the Origins of Christianity*. Jerusalem: Magnes Press, 1988.

France, R. T. *The Gospel of Mark*. Grand Rapids: Eerdmans, 2002.

Freedman, David Noel. Prolegomenon to *The Forms of Hebrew Poetry*, by G. Buchanan Gray. 1915. Reprint, Brooklyn, NY: KTAV, 1972.

Freyha, Anis. *A Dictionary of Modern Lebanese Proverbs*. Beirut: Librairie du Liban, 1995.

Gillihan, Yonder M. "Associations." In *The Eerdmans Dictionary of Early Judaism*.

Edited by John J. Collins and D. C. Harlow. Grand Rapids: Eerdmans, 2010.

Glueck, Nelson. *Hesed in the Bible*. Translated by Alfred Gottshalk. 1927. Reprint, Eugene, OR: Wipf & Stock, 2011.

Gray G. Buchanan. *The Forms of Hebrew Poetry: Considered with Special Reference to the Criticism and Interpretation of the Old Testament*. 1915. Reprint, Brooklyn, NY: KTAV, 1972.

Guelzo, Allen C. *Gettysburg: The Last Invasion*. New York: Knopf, 2013.

Gundry, Robert H. *Matthew: A Commentary on His Literary and Theological Art*. Grand Rapids: Eerdmans, 1982.

Harris, R. Laird. "ḥsd." In *Theological Wordbook of the Old Testament*. Vol. 1. Chicago: Moody Press, 1980.

Hamilton, Edith. *The Greek Way to Western Civilization*. New York: Mentor, 1948.

Hengel, Martin. *The Zealots: Investigations into the Jewish Freedom Movement in the Period from Herod I until 70 A.D.* Edinburgh: T & T Clark, 1976.

Hill, David. *The Gospel of Matthew*. London: Oliphants, 1972.

Holladay, William L. *A Concise Hebrew and Aramaic Lexicon of the Old Testament Based upon the Lexical Word of Ludwig Koehler and Walter Baumgartner*. Grand Rapids: Eerdmans, 1971.

Hooker, Morna D. *The Gospel According to Mark*. London: A & C Black, 1991.

Hultgren, Arland J. *The Parables of Jesus*. Grand Rapids: Eerdmans, 2000.

Ibn al-Salibi, Dionesius. *Kitab al-Durr al-Farid fi Tafsir al-'Ahd al-Jadid* [The Book of Precious Pearls in the Interpretation of the New Testament]. 2 vols. Cairo: 'Abd al-Masih al-Dawlayani, 1914. Note: Ibn al-Salibi wrote in Syriac and died in 1164 a.d. This commentary was translated into Arabic in the Monastery of Za'farani (Southeast Turkey) in 1728.

Ibn al-Tayyib, Abdallah. *Tafsir al-Mishriqi*. 2 vols. Cairo: Tawfiq Press: 1910.

Jastrow, Marcus. *Dictionary of Talmud Babli and Jerushalmi, and the Midrashic Literature*. 2 vols. New York: Pardes, 1950.

Jeremias, Joachim. *The Eucharistic Words of Jesus*. New York: Scribner's, 1966.

_____. *Jerusalem in the Time of Jesus*. Philadelphia: Fortress, 1976.

_____. *The Parables of Jesus*. London: SCM Press, 1963.

Johnson, Robert M. *Parabolic Interpretations Attributed to Tannaim*. Vol. 1. PhD diss., Hartford Seminary Foundation, 1977.

Khalil, Samir. "The Role of Christians in the Abbasid Renaissance in Iraq and in Syria (750-1015)." In *Christianity: A History in the Middle East*, ed. Habib Badr. Beirut: Middle East Council of Churches Studies & Research Program, 2005.

Keller, Phillip. *A Shepherd Looks at Psalm 23*. Grand Rapids: Zondervan, 1970.

Koehler, Ludwig, and Walter Baumgartner. *Lexicon in Vetris Testamenti Libros*. Leiden: E. J. Brill, 1958.

_____. *Supplementum ad Lexicon in Veteris Testamenti Libros*. Leiden: E. J. Brill, 1858.

Lewis, C. S. "The Inner Ring." In *Screwtape Proposes a Toast and Other Pieces*. London: Collins, 1965.

Lund, Nils W. *Chiasmus in the New Testament*. 1942. Reprint, Peabody, MA: Hendrickson, 1992.

Manson, T. W. *The Sayings of Jesus*. 1937. Reprint, London: SCM Press, 1964.

McVey, Kathleen. *Ephrem the Syrian: Hymns*. New York: Paulist Press, 1989.

Meinardus, Otto. *St. Paul in Greece*. Athens: Lycabettus, 1972.

Meyendorff, John. Preface to *Ephrem the Syrian: Hymns*, by Kathleen McVey. New York: Paulist Press, 1989.

Midrash Rabbah. Edited by H. Freedman. 10 vols. New York: Soncino Press, 1983.

Minear, P. S. *Saint Mark*. London: SCM Press, 1962.

Montefiore, C. G. *Rabbinic Literature and Gospel Teachings*. London: Macmillan, 1930.

Moore, George Foot. *Judaism in the First Centuries of the Christian Era*. 2 vols. 1927. Reprint, New York: Schocken, 1971.

Neusner, Jacob. "Pharisaic Law in New Testament Times." *Union Seminary Quarterly Review*, 26 (1971).

Oppenheimer, Aharon. *The 'Am ha-Aretz: A Study in the Social History of the Jewish People in the Hellenistic-Roman Period*. Leiden: Brill, 1977.

_____. "People of the Land." In *The Eerdmans Dictionary of Early Judaism*. Edited by John J. Collins and Daniel C. Harlow. Grand Rapids: Eerdmans, 2010.

Oswalt, John N. "kābēd." *Theological Wordbook of the Old Testament*. 2 vols. Chicago: Moody Press, 1980.

Peck, William H. "The Constant Lure." In *Ancient Egypt: Discovering Its Splendors*. Edited by Jules B. Billard. Washington, D.C.: National Geographic Society, 1978.

Perowne, Stewart. *The Later Herods: The Political Background of the New Testament*. London: Hodder & Stoughton, 1958.

_____. *The Life and Times of Herod the Great*. London: Hodder & Stoughton, 1956.

Petersen, David L. "Zechariah, Book of." In Anchor Bible Dictionary. Vol. 6. New York: Doubleday, 1992.

Rad, Gerhard von. "kābôd in the OT." *Theological Dictionary of the New Testament*. Vol. 2. Grand Rapids: Eerdmans, 1964.

Selwyn, Edward G. *The First Epistle of St. Peter*. London: Macmillan, 1947.

Simpson, William. "The Gift of Writing." In *Ancient Egypt: Discovering Its Splendors*. Edited by Jules B. Billard. Washington, D.C.: National Geographic Society, 1978.

Smith, J. Payne. *A Compendious Syriac Dictionary*. 1903. Reprint, Oxford: Clarendon Press, 1967.

Tanielian, Anoushavan. "Biographical Introduction (to the life and ministry of Archbisop Nerses Lambronac'i)." In *Archbishop Nerses Lambronac'i: Commentary on Wisdom of Solomon*. Introduction, Translation, and Diplomatic Edition of the Armenian Text by Bishop Anoushavan Tanielian. New York: Skewra Press, 2007.

Thomson, W. M. *The Land and the Book: Biblical Illustrations Drawn from the Manners and Customs, the Scenes and Scenery of the Holy Land*. 2 vols. 1871. Reprint, New York: Harper & Row, 1958.

Trench, Richard C. *Notes on the Parables of Our Lord*. 7th ed. London: John W. Parker, 1857.

Tutu, Desmond. "Jail Embitters Some but It Ennobled Him." *Guardian Weekly*. December 13-19, 2013, p. 5.

Urbach, Ephraim. "The Powers of Repentance." In *The Sages: Their Concepts and Beliefs*. Vol. 1. Jerusalem: Magnes Press, 1987.

Volf, Miroslav. *The End of Memory: Remembering Rightly in a Violent World*. Grand

Rapids: Eerdmans, 2006.

Weatherhead, Leslie D. *A Shepherd Remembers: Studies in the Twenty-Third Psalm*. New York: Abingdon, 1938.

Wehr, Hans. *A Dictionary of Modern Written Arabic*. Edited by J. Milton Cowan. Ithaca, NY: Cornell University Press, 1961.

Weiser, Artur. *The Psalms*. Philadelphia: Westminster Press, 1962.

Whitham, A. R. "Glory." In *A Dictionary of Christ and the Gospels*. Edited by James Hastings. Vol. 1. Edinburgh: T & T Clark, 1906.

선한 목자에 대한 특수 참고 문헌

이 참고문헌은 특정 시점에 중동에서 살았거나 목자였던 중동인에 의해 저술된 책과 논문을 정리한 것이다. 또한 면밀하게 자신의 양들을 돌보는 중동의 목자들을 관찰한 (동서양의) 저자들에 의해 쓰여진, 중동의 목양에 대한 묘사들을 포함한다.

Freeman, James M. *Handbook of Bible Manners and Customs*. New York: Nelson & Phillips, 1874.

Haboush, Stephen A. *My Shepherd Life in Galilee: With an Exegesis of the Shepherd Psalm*. New York: Harper, 1927.

Krikorian, M. P. *The Spirit of the Shepherd: An Interpretation of the Psalm Immortal*. Grand Rapids: Zondervan, 1939.

Lamsa, George M. *The Shepherd of All: The Twenty-Third Psalm*. Philadelphia: A. J. Holman, 1939.

Moghabghab, Faddoul. *The Shepherd Song on the Hills of Lebanon: The Twenty-Third Psalm Illustrated and Explained*. New York: E. P. Dutton, 1907.

Porter, J. L. *The Giant Cities of Bashan and Syria's Holy Places*. New York: n.p., 1866.

Rihbany, Abraham Mitrie. *The Syrian Christ*. 1916. Reprint, New York: Houghton Mifflin, 1926.

Scherer, George H. *The Eastern Colour of the Bible*. London: National Sunday School Union, n.d.

주요 유대 문헌

The Babylonian Talmud (Hebrew-English Edition). Edited by I. Epstein. 32 vols. London: Soncino Press, 1980.

The Tosefta. Edited by Jacob Neusner. 6 vols. Hoboken: KTAV, 1977–1986.

The Mishnah. Translated by Herbert Danby. 1933. Reprint, Oxford: Oxford University Press, 1980.

Midrash Rabbah. Edited by H. Freedman. 10 vols. New York: Soncino Press, 1983.

중동 성경 번역본과 주석 리스트

– 시리아어

Syriac Bible (Peshitta). Geneva: United Bible Societies, 1979.

The Holy Bible from Ancient Eastern Manuscripts: Containing the Old and New Testaments Translated from the Peshitta, the Authorized Bible of the Church of the East. Translated by George M. Lamsa. Philadelphia: A. J. Holman, 1957.

Evangeleion Da-Mepharreshe. The Curetonian Version of the Four Gospels, with the readings of the Sinai Palimpsest and the Early Syriac Patristic Evidence Edited, Collected, and Arranged, by F. Crawford Burkitt. 2 vols. Cambridge: Cambridge University Press, 1904.

– 아랍어

The Holy Bible Containing the Old and New Testaments, in the Arabic Language. Newcastle-upon-Tyne: Sarah Hodgson, 1811. The text is taken from the Arabic of the London Polyglot (1657) and revised by J. D. Carlyle of Cambridge University.

Al-Kitab al-Muqaddas [The Holy Bible]. Beirut: The Bible Society of the Near East, 1980. This is the Bustani-Vandyke version, c. 1865.

Al-Kitab al-Muqaddas [The Holy Bible]. 1880. Reprint, Beirut: Catholic Press, 1960.

Al-Kitab al-Muqaddas [The Holy Bible]. Beirut: The Bible Society In Lebanon, 1993. This is the ecumenical version of the Middle East

Ibn al-Salibi, Dionesius. *Kitab al-Durr al-Farid fi Tafsir al-'Ahd al-Jadid* [The Book of Precious Pearls in the Interpretation of the New Testament]. 2 vols. Cairo: 'Abd al-Masih Al-Dawlayani, 1914. Ibn al-Salibi wrote in Syriac and died in a.d.

1164. This commentary was translated into Arabic in the Monastery of Za'farani (Southeast Turkey) in 1728.

Ibn al-Tayyib, Abdallah. *Tafsir al-Mishriqi* [The One from the East]. 2 vols. Cairo: Tawfiq Press, 1910. A commentary on the four Gospels. Ibn an-Tayyib was a Syriac scholar of the Church of the East (Nestorian).

Matta al-Miskin. *The Gospel According to Luke* (Arabic). Cairo: Monastery of Saint Maqar, 1998.

_____. *The Gospel According to Saint Matthew* (Arabic). Cairo: Monastery of Saint Maqar, 1999.

Sa'id, Ibrahim. *Sharh Bisharit Luqa* [Commentary on the Gospel of Luke]. Cairo: Middle East Council of Churches, 1980.

_____. *Sharh Bisharit Yuhanna* [Interpretation of the Gospel of John]. Cairo: Dar al-Thaqafa, n.d., c. 1965.

– 아르메니아어

Nerses the Graceful of Lambron. On Psalm 23 [22]. In *Commentary on the Psalms. Manuscript 1526* (Classical Armenian). The Mesot Nashotots Institute of Ancient Manuscripts, Yerevan, Armenia, twelfth century.

이것은 북미 뉴욕의 아르메니아 정교회 교구의 주교인 아누샤반 타니엘리언 (Anoushavan Tanielian)이 나를 위해 번역해준 것이다. 타니엘리언 주교는 12세기 아르메니아 램브론의 대주교 네르세스 (Nerses Lambronac'i)의 삶과 사역에 대한 상세하고 유익한 개론서의 저자이다. Anoushavan Tanielian, "Biographical Introduction," in *Archbishop Nerses Lambronac'i: Commentary on Wisdom of Solomon*을 보라.

현대 저자와 문헌 색인

A

Albright, W. F.(올브라이트, W. F.) 289

Allison, Dale C.(앨리슨, 데일) 279, 285n.7, 289n.14

B

BAGD(Greek-English Lexicon) 171nn.17,18, 240n.10, 240n.12, 247, 291n.18, 296n.25, 317n.8, 377, 378n.3, 381n.11, 391n.31

Bailey, Kenneth E.(베일리, 케네스) 24n.13, 32n.5, 45n.2, 80nn.51,52, 83, 163n.1, 170n.13, 174n.25, 175, 179n.30, 183n.35, 185n.38, 191n.42, 196, 197n.53, 208n.76, 210, 216n.78, 222n.88, 286n.9, 301n.32, 307n.33, 314n.3, 317n.6, 318n.10, 329n.20, 338n.31, 344n.41, 352n.45, 381n.13, 391n.30

Baker, Henry 62n.24

Barnett, Paul(바네트, 폴) 192

Bauckham, Richard(보컴, 리처드) 287n.10, 290n.17

Bauer, Walter, W. F. Arndt, F. Wilber Gingrich and Frederick W. Danker (Lexicon). BAGD 참조.

Behm, J.(벰, J.) 198, 199n.55

Bengel, Johann A.(벵겔, 요한) 291, 359

Bigg, Charles(빅, 찰스) 379

Bishop, Eric E. F.(비숍, 에릭) 21, 58n.16

Black, Matthew 174n.24

Blass, Friedrich 391n.31

Boynerian, Avidis(보이네리안, 아비디스) 19n.3, 319

Boadt, Lawrence(보트, 로렌스) 115

Brown, Raymond 103n.4, 313n.1

Bultmann, Rudolf(불트만, 루돌프) 86

Burge, Gary(버지, 개리) 25, 358n.51,

359n.53, 383n.20

C

Couturier, Guy(쿠튀리에, 기) 103
Cragg, Kenneth(크레그, 케네스) 361, 381
Cranfield, C. E. B.(크랜필드, 찰스) 192

D

Dahood, Mitchell(다훗, 미첼) 74n.41
Davies, W. D.(데이비스, W. D.) 279, 285n.7, 289n.14
Debrunner, Albert(드브루너, 알버트) 391n.31
Dodd, C. H.(도드, C. H.) 358
Dunn, James 193n.46

E

Elliott, John(엘리엇, 존) 376
Fitzmyer, Joseph A.(피츠마이어, 조셉) 103n.4, 218n.82, 375

F

Flusser, David(플루서, 다비드) 194
France, R. T.(프랑스, R. T.) 236n.8
Freedman, David N.(프리드만, 데이비드) 115n.2, 143n.1, 182n.33, 190n.41, 342
Freeman, James 321
Freyha, Anis(프레이하, 아니스) 405n.2

G

Gibran, Kahlil(지브란, 칼릴) 52

Gillihan, Yonder M.(길리한) 166
Glueck, Nelson 86n.58
Goodwin, Doris(굿윈, 도리스) 37
Gray, G. Buchanan(그레이, 부캐넌) 342, 343n.40
Grundman, Walter(그룬드만, 월터) 331
Guelzo, Allen 383n.16
Gundry, Robert(건드리, 로버트) 289

H

Haboush, Stephen, A.(하부쉬, 스테판) 20, 323
Hamilton, Edith 388n.27
Harris, R. Laird 86n.60
Hengel, Martin 244n.13
Holladay, William(Lexicon; 할러데이, 윌리엄) 44, 147n.2
Hooker, Morna D.(후커, 모르나) 229n.2, 236n.8, 256n.25, 260, 267n.31
Hultgren, A. J.(헐트그렌, A. J.) 204n.65, 217n.80, 220

I

Ibn al-Salibi(이븐 알-살리비) 22, 219, 254n.21, 322, 324, 348n.44, 363-4
Ibn al-Tayyib(이븐 알-타입) 22, 164, 173, 219, 287-8, 293, 330-1, 333, 362-3

J

Jastro, Marcus(Lexicon) 339n.33
Jeremias, Joachim 165, 182n.32, 280n.2

Johnson, Robert(존슨, 로버트) 177, 179n.29

K
Keller, Phillip(켈러, 필립) 21, 54n.12
Khalil, Samir 22n.12, 164n.4
Koehler-Baumgartner(Lexicon). LVTL을 보라.
Krikorian, M. P.(크리코리안, M. P.) 18, 59n.20, 65, 70n.33, 189, 200-201, 297, 322n.14

L
Lamsa, George(람사, 조지) 19-20, 54, 58, 63, 66, 75n.42, 76
Lewis, C. S.(루이스, C. S.) 291-2
LSJ(Liddell, Scott and Jones, Lexicon) 54, 330n.22, 391n.31
Lund, N. W.(룬드, N. W.) 46n.3
Luther, Martin(루터, 마르틴) 50
LVTL(Koehler and Baumgartner, Lexicon) 70n.32, 73n.37, 74n.41, 85n.57, 97, 119, 207n.72, 338n.32, 383n.21

M
Mann, C. S. 289n.16
Manson, T. W.(맨슨, T. W.) 202, 234n.3
Mertz, Barbara 82n.54
Matta al-Miskin(마타 알-미스킨) 22-3, 172

McVey, Kathleen 36n.6
Meinardus, Otto(메이날더스, 오토) 397n.34
Metzger, Bruce 207n.75
Meyendorff, John(메이엔도르프, 존) 36
Minear, Paul S.(미니어, 폴) 229, 250n.18, 276n.32
Moghabghab, Faddout(모갑갑, 페도울) 19, 75n.42, 200-1
Montefiore, C. G.(몬티피오리, C. G.) 204
Moore, George F.(무어, 조지) 166, 169n.12, 204, 205n.67, 205n.69
Murphy, Roland 103n.4

N
Nerses the Graceful of Lambron (램브론의 대주교 네르세스) 24, 26, 51, 64, 354-5
Neusner, Jacob(누스너, 야콥) 171, 177
Niles, D. T.(나일스, D. T.) 235

O
Oppenheimer, Aharon(오펜하이머, 아론) 166
Oswalt, John 383n.17-18

P
Pattison, Bonnie(패티슨, 보니) 386n.25
Peck, William 70n.34
Perowne, Stewart(페로운, 스튜어트) 331n.24

Petersen, David L. 143n.1

Porter, J. C. 321n.12

R

Rihbany, Ibrahim M.(리바니, 이브라힘) 20n.7, 256

Roy, Andrew(로이, 앤드류) 297

S

Sa'id, Ibrahim(사이드, 이브라힘) 23, 202, 334n.29, 346n.42

Schaff, Philip(샤프, 필립) 27, 28n.1, 28n.2

Selwyn, Edward(셀윈, 에드워드) 380, 385n.23

Simpson, William 70n.35

Smith, Payne(Lexicon) 339n.33

Snodgrass, Klyne(스노드그라스, 클라인) 117n.27

Stanley, A. P.(스탠리, A. P.) 22

T

Tanielian, Anoushavan(타니엘리언, 아누샤반) 26, 355

Thiselton, Anthony(티슬턴, 앤서니) 60

Thomson, W. M.(톰슨, W. M.) 20-21, 314n.5, 322-3

Toplady, Augustus 371n.58

Trench, Richard C.(트렌치, 리처드) 29

Tutu, Desmond(투투, 데스몬드) 389

U

Urbach, Elphraim(우어바흐, 에프라임) 137

V

van der Post, Laurens(반 데르 포스트, 로렌스) 390

von Rad, Gerhard(폰 라트, 게르하르트) 383-4

Volf, Miroslav(볼프, 미로슬라브) 107

W

Watts, Isaac 63n.25

Weatherhead, Leslie D.(위더헤드, 레슬리) 21

Wehr, Hans(Lexicon) 339n.34

Weiser, Arthur 45

Whitham, A. R.(휘텀, A. R.) 382

Wilson, Victor 314n.3

Würthwein, Ernst 199n.54

고대 저자와 문헌 색인

구약 위경
    바룩의 묵시록 344
미드라쉬 라바
    출애굽기 190
    아가 182
미쉬나
    Abot 396n.33
    Berakot 234n.3
    Demai 78n.46
바빌론 탈무드
    Abot de Rabbi Nathan 171n.15
    Baba Kamma 185n.39
    Bekorot 166n.9
    Kallah Rabbathi 172n.19
    Yoma 205n.68
소포클레스 299
아이스킬로스 388
외경
    므낫세의 기도 207

요세푸스 165, 237, 238
크리소스토모스 67n.30, 289, 297, 330, 331, 333, 354
키릴로스, 알렉산드리아의 184n.37
토세프타
    Demai 165n.7
페시크타 라바티 206

중동 신약성경 버전 색인

그리스어역(LXX) 72, 198

아르메니아어역(Classical) 61

시리아어역 (Old Syriac; Peshitta) 20, 35, 45, 61, 87, 183, 282, 338

라틴어역(Vulgate) 378, 379

아랍어역(9세기부터 20세기까지를 대표하는 15개의 버전들) 42n.1, 44, 61, 73, 87, 174n.24, 183, 191n.43, 240n.11, 252, 334, 339, 362

히브리어역(Modern Bible Society, 1817) 338

성경 색인

구약성경

창세기
1:27 78, 216, 221
1:28 101
4:1 344
18:1-8 77
27:1-35 222
48:16 293
49:31 222

출애굽기
3:14 270, 271
14:1-2 271
14:6 271
14:8 271
14:10 271
14:13 271
14:21 265n.29, 271
14:22 271

레위기
27:32 71

민수기
27:17 260n.27

신명기
4:7 69

여호수아
5:2-3 72
8:1-29 106

사사기
4:4-22 215

사무엘상
17:34-35 71

사무엘하
11장 85
13장 85
18장 85

열왕기하
25:6-7 123

에스더
5:3 238

욥기
30:1 297

시편
2:9 72
19:1 384, 392
23:1 50, 255
23:1-6 108, 137, 156, 210,

273, 305, 364
23:2 54, 119
23:3 60, 98, 102, 111, 124, 136, 148, 225
23:4 64, 69, 102, 135, 149, 153
23:5 74, 79, 81, 82, 83, 170, 211, 216, 255, 256, 272, 273
23:6 84, 87
31:11 45, 81
69:22 83n.56
77:20 253
78:18-20 254
78:19 76, 77n.45
103:13 49
105:43 204, 206
115:3 204
131:2 49, 224
139:7-10 69

잠언
9:1-5 77
9:2 76
9:2-5 79

전도서
3:8 150
7:20 208
10:20 245

이사야
5:1-7 177
5:26 153
6장 172
6:5 172
8:6 58
8:7-8 58
9:5-6 103
11:1 103n.3
11:1-9 103
21:5 76, 77
28:14-18 32, 33, 34, 328, 336n.30, 338n.31
40-66장 314n.3
40:11 41
42:1 206
42:13 49, 79
42:13-14 216
42:14 49, 224
43:14 79
49:1-7 197
49:5 187, 197, 198
51:1-2 216
53:3 382
55:7 198, 205
55:10-11 176, 177
61:1 81
63:11 42
63:16 49, 50n.9
64:8 49, 50n.9
65:11 76

66:12-13 49
66:13 224

예레미야
16:14-15 104
21:1-24:10 95
23장 30, 111, 134, 146, 279, 306, 339, 340, 368, 406
23:1 394
23:1-4 212
23:1-8 95-112, 137
23:2 100, 185, 348
23:3 97, 132
23:3-4 101
23:5 135
23:5-6 102
23:7-8 104, 135
23:8 107
31:31-35 110
33:12 44

에스겔
6:1-7 128
23:41 76
33:22 115
33:23-27 116
33:28 128
33:31-32 116
34장 30, 115-139, 146, 212, 263, 279, 340,

368, 406
34:1-10 118, 122, 123,
　　131, 183, 248, 322,
　　348, 350
34:1-31 137, 138
34:3 348
34:5 248n.17
34:10 186
34:11-13 127
34:11-16 119, 122, 127
34:13 128
34:15-16 129, 130
34:17-22 120, 122, 131,
　　400
34:19 59n.20
34:23-30 122, 133
34:23-31 122
34:28 135
34:31 122
36:22-32 64
37:24-28 134n.7
40:1-4 106
47:13-48:35 135
47:21-23 106

호세아
3:5 103

아모스
3:12 201
9:11 103

미가
5:1-5 103
5:4 42
6:8 168, 203

스바냐
3:17 206

스가랴
1:1 143
7:1 143
9:9-10 150, 159
9:13 143
9:16 157, 159
10장 30, 143, 150, 279,
　　340, 406
10:1 147n.3
10:2 147, 260
10:2-3 146, 348
10:2-12 143-160, 212,
　　260
10:3-5 148, 186
10:4 159
10:4-6 368
10:5 260
10:6 151
10:7 152
10:8-9 153
10:10 154, 157, 159
10:11 155
10:12 155

11:4 143
11:15-17 143

외경
유딧서
13장 215

므낫세의 기도
1:8 207

집회서
38:24-29 167
38:32 167
38:33 167

신약성경
마태복음
1:23 69
5:3 290
5:5 290
5:14-15 216n.79
9:36 260n.27
10:6 193
10:10 234
13:52 407
13:56 171n.18
15:11 168
15:24 193
18장 30, 31, 324, 404

18:1 286
18:1-4 287
18:4 288
18:5-6 288
18:6 289
18:10-14 277-310, 336n.30, 364
18:12 184n.37
18:12-13 284
18:14 279, 303
21:2 151
25:31-46 343
25:40 298
27:1 361
27:1-35 222
27:25 361
27:35 350

마가복음

1:14 231, 236
1:38 192
1:45 281
2:15-17 165
2:17 165
3:6 281, 382
3:7 281
6장 31, 81, 151, 163, 225, 229-31, 263, 272, 274, 279, 339-40, 366, 386, 406
6:1-6 235n.4

6:1-52 31
6:6-13 233
6:7-52 229, 231, 232, 236, 262, 273-75
6:14-20 231-32, 236
6:14-29 236
6:20 240
6:30 240, 242
6:30-32 241-42
6:34 193, 246-47, 260, 272
6:34-46 247
6:35-36 249
6:37-41 251
6:38-41 253
6:41 258, 262
6:41-42 256
6:42-44 259
6:45-46 259
6:46 262
6:47 265
6:47-52 264
6:48 266
6:49-50 269
6:50 262, 270
6:51-52 270
6:52 326
11:32 241
14:12-25 255

누가복음

1:36 240

2:14 384
3:22 207
4:16-30 381
4:23 165
5:21 171n.18
7:35-50 81
7:36-50 286n.9, 381
7:39 171n.18
8:3 244, 290n.17
9:18-22 341
9:43 341
10:7 396
12:32 207
13:10-17 181
13:15-16 75
13:18-21 216n.79
13:34 216n.79, 224
14:1 170
14:1-5 75
14:1-6 181n.31
15장 31, 184n.37, 339, 367, 404
15:1-3 164
15:1-7 212
15:1-10 161-225
15:1-31 50
15:1-32 75
15:2 165
15:3-4 178
15:3-10 79
15:4 242

15:4-6 188

15:4-7 163, 175, 178-79,
191-92, 195, 199, 200,
210, 230, 235, 272-74,
279, 285-86, 295, 305,
307, 336, 364, 366

15:4-10 210

15:6 167, 191n.43

15:6-7 300

15:7 178, 196-97, 203, 208

15:8-10 163, 176, 210,
214, 217, 223, 272-73,
366

15:8-19 214

15:11-31 303

15:11-32 79n.50, 80, 304

15:22-23 78

15:25-32 213

15:32 178

18:13 283

19:1-10 81, 195, 307

19:6 207

19:10 126n.4, 406

19:14 171n.18

20:1-8 241

22:7-13 79n.48

23:6-11 261n.28

23:11 272

23:26-49 349

23:35 282

23:48 282

24:10 290n.17

요한복음

1:1-18 357

3:1-12 224

3:1-15 313n.2

3:16 313n.2, 357

4:32 333

5:20 357, 358

6:15 260, 274

6:52 171n.18

6:66 281

7:15 171n.18

10장 31, 34, 35, 279, 319,
338, 340, 341, 348,
365, 366, 367, 400, 406

10:1 316

10:1-5 367

10:1-6 315

10:1-18 311, 313, 314,
315, 317, 319, 321,
323, 325, 327, 329,
331, 333, 335, 337,
339, 341, 343, 345,
347, 349, 351, 353,
355, 357, 359, 361,
363, 365, 367, 369, 371

10:2-3 146, 318

10:5 326

10:6-10 367

10:7-10 327

10:9 332

10:10 333

10:11 193, 335, 337, 339,
342

10:11-14 350

10:11-15 337, 368

10:11-18 336, 352

10:12-13 347

10:14-15 344

10:16 353, 354, 368

10:17 357, 358, 362, 368

10:17-18 356, 359, 360,
361, 363, 369

13:3 360, 369

15:7-17 329n.20

18:3-4 320

18:31 349

19:10 360

19:23 350

20:21 283

사도행전

2:37-38 283

5:36-37 330

12:15 293

13:51 234

15:22 375n.1

18:6 234

18:10 353

로마서
3:25 391n.31
5장 369
5:6-11 357
16:7 290n.17

고린도전서
1:10-4:16 352
1:17-2:2 329n.20, 338n.31
2:7 398
2:8 369, 398
4:12-13 391
4:17-7:40 352
4:21 72
8:1-11:1 352
9:14 396
9:19-22 352
9:25 398
10:16-21 83
10:21 83
11:1 397
13장 343
13:12 392, 399
15 352, 370
15:1-11 356
15:1-58 352
15:26 349

고린도후서
4:6-11 391
4:16-17 387
11:23-29 391
11:25 72
11:29 391

에베소서
3:16-19 384

빌립보서
2:8-9 368

골로새서
3:1-3 67n.30

히브리서
1:14 293
12:2 87

야고보서
5:14 81

베드로전서
1:1 375
1:4 398
1:7 398
1:11 385n.23
1:23 224
2:1 378
2:13-17 375
2:25 376, 400
3:18-22 385n.23
4:1 378
4:12-19 379
4:13 380 385n.23
4:14 384
5장 31, 403, 406
5:1 378, 379, 380, 384, 385, 393, 399, 400, 401
5:1-4 373, 375, 377, 379, 381, 383, 385, 387, 389, 391, 393, 395, 397, 399, 400, 401
5:1-6 371
5:2 395
5:2-3 394
5:3 396
5:4 397
5:10 385
5:12 375

요한1서
2:1 294n.23
3:9 224

요한계시록
2:1 293
2:27 72
3:1 293
12:5 72

선한 목자
시편 23편을 통해 본 성경적 참 목자상

Copyright ⓒ 새물결플러스 2015

1쇄 발행 2015년 11월 20일
5쇄 발행 2022년 12월 5일

지은이   케네스 E. 베일리
옮긴이   류호준·양승학
펴낸이   김요한
펴낸곳   새물결플러스

편　집   왕희광 정인철 노재현 정혜인 이형일 나유영 노동래
디자인   박인미 황진주
마케팅   박성민 이원혁
총　무   김명화 이성순
영　상   최정호 곽상원
아카데미 차상희

홈페이지 www.holywaveplus.com
이메일   hwpbooks@hwpbooks.com
출판등록 2008년 8월 21일 제2008-24호
주　소   (우) 04118 서울특별시 마포구 마포대로19길 33
전　화   02) 2652-3161
팩　스   02) 2652-3191

ISBN 979-11-86409-30-5 03230

책값은 뒤표지에 있습니다.